● 福建省高水平专业化产教融合基地项目
—— 幼儿体育产教融合实训基地成果

大学体育与健康

（第二版）

主　编　蓝开辉　郭向荣

副主编　郑加敏　梅继伟　黄艳治　赵国营

编　委　赵　轩　陈明瀚　许凯强　蔡宇君

张立欣悦　张思晗　汪自强　林炳宏

厦门大学出版社 XIAMEN UNIVERSITY PRESS
国家一级出版社
全国百佳图书出版单位

图书在版编目（CIP）数据

大学体育与健康 / 蓝开辉，郭向荣主编. -- 2 版. 厦门 ：厦门大学出版社，2024. 8. -- ISBN 978-7-5615-9451-3

Ⅰ. G807.4 ；G647.9

中国国家版本馆 CIP 数据核字第 2024CC8097 号

责任编辑 郑　丹
美术编辑 李嘉彬
技术编辑 许克华

出版发行 厦门大学出版社
社　　址 厦门市软件园二期望海路 39 号
邮政编码 361008
总　　机 0592-2181111　0592-2181406(传真)
营销中心 0592-2184458　0592-2181365
网　　址 http://www.xmupress.com
邮　　箱 xmup@xmupress.com
印　　刷 厦门市明亮彩印有限公司

开本　787 mm×1 092 mm　1/16
印张　22.25
字数　556 千字
版次　2019 年 8 月第 1 版　2024 年 8 月第 2 版
印次　2024 年 8 月第 1 次印刷
定价　45.00 元

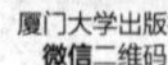

前　言

大学体育课程是高校人才培养的重要一环，是贯彻落实“五育并举”的重要途径。为了适应新时代高职高专教育的发展需要，实现大学生在校园体育文化生活中“享受乐趣、增强体质、健全人格、锤炼意志”的培养目标，就必须不断加强体育课程建设，提高体育教学质量。我们按照《全国普通高等职业(专科)院校公共体育课程教学指导纲要(试行)》《关于全面加强和改进新时代学校体育工作的意见》《关于深化体教融合 促进青少年健康发展的意见》《国务院办公厅关于深化产教融合的若干意见》等文件精神，组织本校教师和产教融合基地导师共同编写了本教材，以满足新形势下职业院校教育教学改革需要。

本书具有以下特点：

1. 体现产教融合特色

依托产教融合基地企业的优质资源，共同组建教材编写团队。吸纳企业一线专业技术人员深度参与教材开发，编写体现协同育人、彰显类型特色的职业教育优质教材。

2. 育体、育心、育人

以立德树人为根本任务，融入课程思政元素，育体、育心、育人，引导学生积极参与体育运动，培养学生的体育素养和体育精神，让学生学会制订和实施简单的个人锻炼计划，能够自我评价体育锻炼效果，并养成终身从事体育锻炼的意识和习惯。

3. 立体化新形态

融合“互联网＋”的理念，覆盖图、文、视频，实现课堂、课外立体化的学习形式，在体育课堂教学之余，融入大量生动的教学视频，从课堂延伸到课外，拓展第二课堂的内容，使学生易学、乐学、好学，提高学生学习的兴趣和效率。

4. 教会、勤练、常赛

引导学生按照《国家学生体质健康标准》要求，积极参加学校组织的各项体育活动，提高学生的速度、力量、耐力、灵敏、柔韧等基本的体能素质。引导学生基本掌握两项以上的体育技能，不断提高运动能力，形成自己的运动爱好和专长，尽自己的能力参加班级、学校和更高级别的体育运动比赛。

5. 职业性

本书依据高职院校各专业的职业特点，立足本位，重视教学与职业技术、技能相结合，帮助学生认识体育在学前教育中的重要性，促进学生掌握与专业相关的体育运动技能，提高学生与职业相关的体育能力，使学生在将来的工作岗位上对幼儿体育基本动作、体育游戏、编操、做操、领操等一系列的体育活动能做到顺利开展、运用自如。

6. 实用性

本书科学体育锻炼理论篇包括体育与健康概述、科学体育锻炼、国家学生体质健康测试理论与方法；身体锻炼技术实践篇包括田径运动、三大球、小球、基本体操、啦啦操、武术、跆拳道、游泳、幼儿体育基本动作与游戏实践等内容，介绍了十余种运动项目，采用项目式、任务式等方式，便于教师教学和学生自主学习，实现理论、实践、技术和技能一体化学习的实用性目标。此外，在帮助学生培养良好的情绪、坚强的意志品质，培养“竞争、团结、友谊、合作”的精神，提高协调与沟通能力等方面，亦有广泛的实用价值。

本书分为两篇，共十四个学习项目，内容涵盖我校三年专、五年专各专业的体育教学内容。本书由本校教师与幼儿体育产教融合基地企业导师共同编写完成，感谢泉州热魂体育发展有限公司、泉州市丰泽区泉明星青少年足球俱乐部、福建省潮希体育文化有限公司、福建省佳宾体育发展有限公司、永春白鹤拳德艺研究会对本书的顺利出版给予的支持。本书由蓝开辉副教授、郭向荣副教授担任主编，郑加敏、梅继伟、黄艳治、赵国营（企业导师）担任副主编，赵轩、陈明瀚、许凯强、蔡宇君、张立欣悦、张思晗、汪自强（企业导师）、林炳宏（企业导师）参与编写。编写及有关工作主要分工如下：全书统筹、统稿、审核及项目四、项目八、项目十三由蓝开辉完成；项目一、项目三由郭向荣完成；项目六由郭向荣、张思晗完成；项目二由张立欣悦完成；项目五由陈明瀚、林炳宏完成；项目七由赵轩、汪自强完成；项目九由郑加敏完成；项目十由黄艳治完成；项目十一由梅继伟完成；项目十二由许凯强完成；项目十四由蔡宇君、赵国营完成。

感谢参与本书教学视频拍摄和制作的老师和学生！本书在编写过程中参考了相关书籍、报刊和网络资料，在此谨向所有引用的文献著者致以诚挚的谢意！由于编写时间和编写者的水平有限，书中难免有错误和不妥之处，恳请广大读者批评指正。

本书编写组

2024年7月

目 录

科学体育锻炼理论篇

身体锻炼技术实践篇

科学体育锻炼理论篇

项目一　体育与健康概述

■ 教师寄语

我运动，我健康，我快乐！

——郭向荣

■ 学习目标

知识目标：掌握体育和健康的基本知识。了解亚健康状态。了解幼儿师范高等专科学校体育的目的、任务与特点。了解中华人民共和国体育事业的发展历程。

能力目标：能够判断自身健康状况。能够科学、有效地进行体育锻炼。

素质目标：提升学生的健康意识和知识水平。

■ 项目思维导图

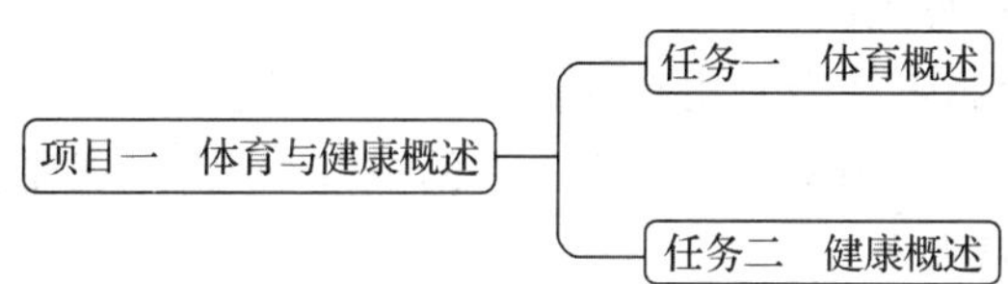

■ 课程思政

2020年5月28日，教育部印发的《高等学校课程思政建设指导纲要》明确指出，体育类课程要树立健康第一的教育理念，培养学生顽强拼搏、奋斗有我的信念，激发学生提升全民族身体素质的责任感。党的二十大报告指出："广泛开展全民健身活动，加强青少年体育工作，促进群众体育和竞技体育全面发展，加快建设体育强国。"高校体育社团众多、场地充足，具备资源优势。大学生应积极参加课内外体育运动，树立正确的体育意识，在体育锻炼过程中享受乐趣、增强体质、健全人格、锤炼意志。

任务一　体育概述

一、体育的概念与分类

(一)“体育”一词的由来

体育是人类社会特有的文化现象，它是和人类社会的产生与发展相适应的。体育作为一种社会现象，其概念并非不变的，随着社会的发展和人类需求层次的不断提升，人们对体育的理解和认识也在进一步深化。

我国体育历史悠久，但“体育”一词直到19世纪末20世纪初才出现，它是一个外来词。在我国，“体育”经历了从译作“身体(之)教育”“体教”“身教”到译作“体育”的演变过程。“体育”在刚传入我国时，是指身体的教育，是与维持和发展身体的各种活动有关联的一种教育过程。它是作为教育的一部分出现的，与国际上理解的“体育”(physical education)相一致。随着西方文化不断涌入我国，体育活动在城市和学校里逐步开展起来，当时学校体育的内容也从单一的体操逐渐向多种项目发展，课堂上开始出现了篮球、田径、足球等，随之竞赛活动也日益兴起，其目的和内容都大大超出了原来“体育”的范畴。1923年，在《中小学课程纲要草案》中，正式把“体操课”改为“体育课”。体育的概念也出现了“广义”与“狭义”解释。

(二)体育的概念

体育分为广义体育和狭义体育。广义体育(亦称体育运动)，是人们根据社会生产和生活的需要，遵循人体生长发育和机能活动规律，以身体练习为基本手段，为达到增强体质、提高运动技术水平、进行思想品德教育、丰富社会文化生活而进行的一种有目的、有意识、有组织的社会活动。体育属于社会文化教育范畴，它是伴随人类社会的发展而逐步建立和完善起来的一个专门的科学领域，是社会总文化的一部分，其发展受社会政治经济的影响和制约，也为社会政治经济服务。

狭义的体育(通常指学校体育，又称体育教育)是全面发展人的身体，增强体质，传授锻炼身体的知识、技术和技能，提高运动技术水平，培养道德和意志品质的一种有目的、有计划、有组织的教育过程。它是现代体育的基础，也是现代教育的重要组成部分。

(三)现代体育的构成

从广义体育的外延来看，它包括有学校体育、竞技体育、社会体育，它们共同构成了现代体育。

1. 学校体育

学校体育是学校教育内容的重要组成部分，也是全民体育的基础，是国家体育事业发展的战略重点。学校体育为了达到教育、教养及发展身体素质的总目标，根据学校教育要树立“健康第一”的指导思想，按照学校教育目标和不同年龄阶段学生身心发展的特点，面向全体学生，通过体育课堂教育、课余体育训练和课外体育活动，运用多种多样的身体练习手段，达到全面发展学生身体，增强体质，传授体育基本技能，全面实现学校体育的各项任务。学校体育作为教育与体育的交叉点和结合部，在贯彻落实党的教育方针的同时，与德育、智育、美育、劳动技能教育等相配合，促进学生素质的全面提高，共同承担培养全面发展的人的任务。

高等职业院校幼儿师范类体育同样是学校教育的重要组成部分，在按照学校体育的一般规律促进学生身心发展的同时，还要进行幼儿园体育与健康领域的职前训练，为将来成为全面发展的合格幼儿教师奠定基础。

2. 竞技体育

竞技体育亦称(竞技运动)，是指为了战胜对手，以取得优异的运动成绩为目的，最大限度地发挥和提高个人、集体在体格、体能、心理及运动能力等方面的潜力所进行的科学的、系统的训练和竞赛。它包含运动训练和运动竞赛两种形式，其特点：一是充分调动和发挥运动员的体力、智力、心理等方面的潜力；二是具有激烈的对抗性和竞赛性；三是参加者有充沛的体力和高超的技艺；四是按照统一的规则竞赛，具有国际性，成绩具有公认性；五是具有娱乐性。

竞技运动是整个体育中最活跃、最积极的因素，对推动各项体育运动的发展起着积极的促进作用。

3. 社会体育

社会体育亦称"大众体育"或"群众体育"，是在社会上广泛开展的体育活动的总称。社会体育是现代社会的一种生活方式，是现代人的一种生活需要，也是提高生活质量、生命质量必不可少的手段之一。它以健身、健美、娱乐、医疗保健为目的，是一种活动内容丰富、表现形式多样、适应性较强、参加人数最多的群众性体育活动。社会体育主要形式有集体的也有个人的，如锻炼小组、运动队、辅导站、体育之家、体育活动中心、体育俱乐部以及个人自由体育锻炼等。社会体育的对象是广大民众，包括男女老幼及病残者，其活动领域遍及整个社会及家庭，特别追求自我教育、精神和情绪的放松以及锻炼效果。开展群众体育活动应遵循因人、因地、因时制宜和业余、自愿、小型、多样、文明的原则，特别追求自我教育、精神和情绪的放松以及锻炼效果。广泛开展群众性体育活动，是发挥体育的社会功能，提高民族素质和完成体育任务的重要途径。

以上三方面体育因其各自不同的内容和特点，既相互区别又互相联系、互相渗透，他们共同构成了体育的整体。

二、幼儿师范高等专科学校体育的目的、任务与特点

高等职业院校体育是学校教育的重要组成部分，和其他学科领域一样，其目的和学校教育的总目的相一致，它们共同承担着贯彻执行党的教育方针，培养合格社会主义接班人的重任。幼儿师范高等专科学校的体育不仅要具有一般高职院校体育目的和任务，还需要承担着未来从事幼儿教育的"双重任务"。

(一)幼儿师范高等专科学校体育的目的

幼儿师范高等专科学校体育的目的是通过体育教学、课外体育活动和教育实践等活动，向学生进行体育理论与方法的教学和身体锻炼的实践，全面锻炼学生身体，增进学生健康，增强体质，促进身心发展，培养学生热爱幼儿教育事业并初步具有担任幼儿体育工作的能力，成为德、智、体等方面全面发展的幼儿教师。

在实现体育双重目标的过程中，高校体育不仅要使学生的体质得到增强，促进智力的发展，培养敏锐的感知力、灵活的思维和丰富的想象力，还要培养学生高尚的思想道德品质，勇

敢顽强的意志品格和爱国主义精神。充分认识体育在素质教育中的重要意义，明确“立德树人，健康第一”的指导思想，培养学生养成自觉锻炼身体的良好习惯。

（二）幼儿师范高等专科学校体育的任务

为使学生在校期间能顺利完成学习任务，把学生培养成合格的专门人才，为未来更好地走上工作岗位奠定基础，幼儿师范高等专科学校体育必须完成以下任务：

1. 全面锻炼身体，增强学生体质

培养挺拔、健美的身体姿态和良好的形象；促进身体正常发育、身体素质和基本活动能力的全面发展；提高身体生理机能水平，增强适应外界的能力和抵抗疾病的能力；促进学生身心全面发展。

2. 掌握体育的基础知识、基本技术和基本技能，提高体育文化素养

学习和掌握体育的基础理论知识、基本技术和基本技能；学会科学锻炼身体的方法，懂得一般的体育与健康知识和体育娱乐的方法；培养对体育的兴趣、爱好，逐步养成经常参加体育锻炼的习惯和良好的卫生习惯，为终身体育奠定基础。

3. 培养从事幼儿体育工作的职业能力

掌握幼儿体育的基础理论知识和幼儿体育活动的组织教法；培养初步具有担任幼儿体育教学、卫生保健工作以及组织幼儿体育活动的能力；培养对幼儿体育活动的兴趣，初步掌握从事幼儿体育工作的职前技能，使其能够基本上胜任幼儿体育的全面工作。

4. 培养良好的思想品德，促进学生身心健康和个性发展

加强学生的品德教育，培养学生热爱祖国、热爱幼儿教育事业；树立正确的世界观、人生观和价值观，培养学生具有良好的社会公德和教师的职业道德；培养学生的竞争意识、创新、合作和应变能力；发展学生个性，培养勇敢顽强、艰苦奋斗等优良品质，促进心理健康，陶冶情操。

（三）幼儿师范高等专科学校体育的特点

1. 突出“健康第一”的指导思想

幼儿师范高等专科学校体育的目的任务中，秉承“全面发展，健康第一”的指导思想。体育是健康教育的重要内容和手段，把全面锻炼学生身体、增进健康、增强体质作为教学的主要目的。在教学要求中，把培养学生挺拔、健美的身体姿态，促进身体正常的生长发育，提高生理机能水平，增强适应外界自然环境和抵抗疾病的能力，摆在了首要位置。在贯彻执行体育课程标准的要求中，突出了体育必须以“健康第一”作为指导思想，把体育与健康教育相结合，把学生的健康发展作为幼儿师范高等专科学校体育的目标之一。

2. 突出幼儿教育的职业特点

幼儿师范高等专科学校的培养目标是使学生将来成为合格的幼儿园教师，这也是幼儿师范高等专科学校体育教学的最终目标。通过对学生的专业思想教育，培养他们热爱幼儿、热爱幼教事业的心理品质；通过幼儿体育的基础理论的学习，培养学生开展和组织幼儿体育活动的能力；通过幼儿体育的职前技能学习，使其掌握幼儿园体育所需的基本动作和教学组织技能技巧，使学生从思想上、理论上、专业技术技能上全方位提升综合素质与能力，为成为合格的幼儿教师打下坚实基础。

3. 流行项目不断涌现

社会发展快，新生事物层出不穷，一些在社会上新兴的体育项目也率先在校园内崭露头角。对大学生而言，他们似乎更容易接受新鲜事物，很多流行时尚元素在街头一出现，立刻会转移到大学校园内。对那些新颖、多感官参与的运动项目，如普拉提、啦啦操、健身操等，它们既能塑造体形、富有韵律，又能展示当代大学生青春朝气，一经出现，立刻吸引了他们，深受学生们的喜爱。

4. 突出理论与实践相结合

在体育的必修教材中，主要包括理论知识内容和技能实践内容两大部分。在认真学习并掌握体育基础知识的基础上进行体育实践和体育的职前技能训练。其中内容在学习体育基础知识和基本技能的同时，侧重学生自身的体验感受，使学生在实践学习中掌握幼儿园所需要的基本体育能力，如基本体操的领操、带操和创编；体育游戏的组织与改编等，通过课堂教学与实践，不断强化理论与实践的结合，全面完成体育的教学目标。

三、新中国体育事业的发展历程

（一）第一阶段：从“东亚病夫”到第一个世界冠军的诞生

体育，贯穿着中国上下五千年的历史，是随着社会的变革而变化发展的。体育运动自古就有，骑马、射箭、摔跤、钓鱼、龙舟、棋类等体育活动广为流传，几千年来源远流长，武术更是中华灿烂文化中的瑰宝，但近代体育的发展较晚。在 19 世纪末随着近代体育传入我国，丰富了中国人民体育活动的内容。但由于当时的中国是一个长期遭受战争炮火摧残、破坏和腐败统治的半封建、半殖民地社会，经济落后，人民灾难深重，体育活动只局限在少数人的范围内，没能得到广泛开展。因此，中华人民共和国成立之前，尽管也曾派员参加过三次奥运会，但一块奖牌也没拿到，被外国人嘲笑为“东亚病夫”。

中华人民共和国成立后，中国的体育随着国家的不断强大而得以迅速发展和广泛普及。1952 年中华全国体育总会成立时，毛泽东为大会题词“发展体育运动、增强人民体质”，向全国人民发出了发展体育运动的号召，指出增强人民体质是发展体育运动的根本目的，为中国体育事业的健康发展确定了指导方针。1959 年乒乓球运动员容国团在联邦德国多特蒙德举行的第 25 届世界乒乓球锦标赛中为中国夺得了中国体育史上的第一个世界冠军！此后，中国的乒乓球运动长盛不衰。1971 年 4 月，中国乒乓球队参加了在日本名古屋举行的第 31 届世乒赛。其间，美国球员科恩无意中搭上中国球员的交通车，我国乒乓球运动员庄则栋主动赠送一幅绣有黄山风景图的杭州织锦给科恩，而科恩后来回送庄则栋一件带有和平标志的运动衫。这一两国球员的互赠互送事件成为轰动性新闻。4 月 7 日，毛泽东主席在比赛闭幕前夕决定邀请美国队访华，美国总统尼克松立即同意了中方的邀请，于是美国乒乓球代表团实现了对中国的历史性访问，成功开启了中美人民的交往和中美两国外交的大门。因此，有人称赞中国“小小银球转动了地球”。这就是被周恩来总理称为小球推动大球的“乒乓外交”。

（二）改革开放：从“五连冠”到跻身世界竞技大舞台

1981 年 11 月 16 日在第 3 届女排世界杯比赛中，中国女排以不败战绩赢得了中国三大球的第一个世界冠军，随后不断建功，创造了“五连冠”的奇迹。1984 年，以邓小平为核心的第二代领导集体在《中共中央关于进一步发展体育运动的通知》（以下简称《通知》）中提出了加快我国体育事业发展的指导思想、主要任务和工作措施，指明了“中华民族一定能跻身世界体育强国之林”的体育发展前进目标。在《通知》精神指导下，大力开展全民健身活动，推行“奥运争光计划”，群众体育蓬勃开展，人民体质普遍增强。当年7月，第23届奥运会在美国洛杉矶举行，中国政府决定重返奥运赛场。于是，中国奥委会派出了由225名运动员组成的大型体育代表团参加了这次除足球、曲棍球、拳术、马术、现代五项以外的其余16个大项的比赛。刚刚重返奥运大家庭的中国，便取得了历史性的突破，中国射击运动员许海峰在男子手枪慢射比赛中摘取了这届奥运会的第一块金牌，实现了我国在奥运史上金牌“零的突破”。虽然我国的体育事业取得了举世瞩目的成就，对促进经济发展和社会进步起到了重要作用。但是我们也应该看到，目前我国人均体育场地、人均体育消费和经常参加体育活动的人数，与世界发达或较发达国家相比，仍处在较低水平；地区之间、城乡之间体育发展程度差距较大；竞技体育优势项目不多，后备力量不足。1995年6月，经国务院批准，《全民健身计划纲要》在全国颁布实施。它是一项由国家领导、社会支持、全民参与，有目的、有任务、有措施的系统工程；以全国人民为实施对象，以青少年和儿童为重点；目的是为努力实现体育与国民经济和社会事业的协调发展，全面提高中华民族的体质与健康水平，基本建成具有中国特色的全民健身体系。《全民健身计划纲要》的及时颁布和实施，极大地促进了广大群众的健身热情，一股轰轰烈烈的全民健身热潮在全国各地迅速掀起。

（三）进入21世纪：从实现“百年奥运梦”到向体育强国的迈进

2001年7月13日在国际奥委会第112次全会上，中国北京获得第29届夏季奥运会的主办权，实现了百年奥运梦。2008年8月8日，第29届夏季奥林匹克运动会在中国北京开幕。随着北京奥运会、残奥会的成功举办，中国奥运代表团以51枚金牌、17银、14铜的傲人成绩雄踞金牌榜首。2008年奥运会和残奥会的成功举办，将我国群众体育工作推向新的高度。基于新的时代背景，中国政府再一次明确提出“推动我国由体育大国向体育强国迈进”的奋斗目标，为进入新阶段的中国体育标定了历史方位，明确了发展方向。

为纪念北京奥运会的成功举办，为满足广大人民群众日益增长的体育需求，国务院批准了从2009年起，每年8月8日为“全民健身日”，这是我国第一个全国性体育节日；我国第一部以全民健身为宗旨的行政性法规——《全民健身条例》亦从2009年10月1日起正式实施。2011年2月15日，国务院发布了《全民健身计划（2011—2015年）》（以下简称《计划》）的通知，提出全民健身的五年目标和任务。根据国家体育总局相关人士介绍，经过几年的研究，我国已初步形成一套全民健身发展评价体系，将从机制上保证《计划》各项目标任务的贯彻落实。如今，全民健身理念深入人心。

历史经验证明，国运盛、体育兴，体育兴、民族强。体育的命运与国家的命运、民族的命运息息相关，体育事业只有主动融入并创造性服务于中华民族伟大复兴的历史进程，才能获得强大的发展动力和广阔的施展舞台，才能创造更加辉煌的成就。

任务二 健康概述

一、健康的基本概念与内容

健康是一个综合的概念。人们对健康的认识,是主体反映健康现实,在意识中创造理想化健康模型的思维活动的成果,与实际的健康活动相对应。在人类获取健康和与疾病做斗争的历史发展过程中,随着医学科学的发展和人类健康需求的不断提高,人类对健康的认识不断地发生改变,健康的定义也不断更新。

(一)传统健康的概念

18 世纪中叶以前,人们在给健康下定义时,往往以疾病为参考,常以“是否有病”作为唯一的标准,有病为不健康,无病为健康。人们普遍认为健康是在人们的生命活动中没有疾病时的状态。反映此概念的健康观在其历史发展阶段,主要有神灵主义、自然哲学、机械论三种表现形式。

(二)现代健康的概念

20 世纪初,由于社会的发展和医学的进步,以及人类对健康的需求不断提高,健康的概念亦逐步趋向完善。

20 世纪 30 年代,美国健康教育学专家鲍尔和霍尔指出,“健康是人们在身体、心情和精神方面都自觉良好、精力充沛的一种状态”,首先提出了一个比较全面的健康定义。他们认为人们健康的基础在于机体一切器官组织功能正常,并掌握和施行物质、精神、环境和健康生活的科学规律。另外,还要形成一种态度,也就是不把健康看作是生活的最终目的,而看作是争取使生命质量更好所必备的必需物质条件。

1948 年,世界卫生组织(WHO)成立时,在宪章中指出:“健康不仅仅是没有疾病和虚弱现象,而是一种躯体上、心理上和社会适应方面的完好状态。”这一概念改变了以往健康仅指无生理功能异常、免于疾病的单一概念。

1978 年,世界卫生组织在《阿拉木图宣言》中修改了健康的概念,将健康定义为“健康不仅仅是疾病与体弱的匿迹,而是身心健康、社会健康的完美的状态”,并同时指出“健康是人的基本权利,达到尽可能健康水平是世界范围内一项重要的社会性目标”。

1989 年,世界卫生组织又提出了“身体健康、心理健康、道德健康、社会适应良好”四个方面的健康新标准,把道德修养纳入了健康的范畴。

20 世纪 90 年代,健康定义强调了环境因素,认为健康是生理、心理、社会、环境的和谐统一。

纵观健康概念的演化过程,可以看出现代健康的概念体现了人的自然属性和社会属性,既包含了作为生物机体的人的生理健康,又置入了作为完整的高级生命复合体的人所特有的心理及社会两方面的内容,把健康看成是人类拥有的一种基本权利以及体现人类社会价值的最重要标志。

进入 21 世纪以来,随着医学的空前发展和科技的巨大进步,人们相继发现和阐明许多疾病的成因和机理,对疾病的防治和对健康的认识有了很大的提高,并逐渐形成了现代的健康观，即人们认为理想健康不是身体没有疾病，真正的健康是心理健全和身体强壮的完美结合，是一个人的身心、社会方面的综合反应。人们对健康的需求既要保持整体（或全面）健康，提高生活质量，又要维持终身健康，增强健康期望寿命，延年益寿。世界卫生组织（WHO）对健康提出了一个明确和全面的定义：健康是指个体在身体、心理和社会各方面都处于完美的状态，而不仅是没有疾病和摆脱虚弱状态。

二、健康的分类和亚健康

根据不同角度对健康的看法，健康分类的方法也有所不同，常见的方法有：

（一）根据健康的定义分类

根据健康的定义可将健康分为：生理健康、心理健康、社会适应健康和道德健康。

1. 生理健康

生理健康又称躯体健康或身体健康，是指人体各器官组织结构完好和功能正常，否则就不能称为健康。生理健康具有相对性，人体通常不断地通过各种机制调节各种器官和组织的功能，以适应并保持与外环境之间的平衡。由于外环境的变化，机体的内环境与外环境的平衡是相对的。目前人们认为的生理健康只是限于利用当代科技手段对人体进行观察和测定，如果未发现异常即认为生理健康。

2. 心理健康

心理健康又称精神健康，是指人的心理处于完好状态。这种心理上的完好状态主要有三方面的含义：

(1)正确认识自我。过高估计自己，过分夸耀自己，过度自信，工作没有弹性，办事不留后路，一旦受挫，引起心理障碍；反之，过低估计自己，缺乏自尊心、自信心，胆小怕事，缺乏事业的成就感，缺乏责任感。这些都是心理不健康的表现。

(2)正确认识环境。正确认识环境是指个人对过去的、现在的以及将要发生的一切要有客观的认识。

(3)及时适应环境。及时适应环境是指自己的心理与环境相协调和平衡的过程，要求人们主动控制自我，改造环境与适应环境。由于人能够通过自我控制和改造环境，使自己与环境的关系完美无缺，所以通常仅把需要进行治疗的人称为病人。

就生理健康与心理健康的关系而言，生理健康是心理健康的基础，而心理健康是生理健康的必要条件。没有心理健康，生理健康就没有保证。生理活动和心理活动是相互联系、相互影响的。心理活动对人体各器官、各系统的活动有重要的作用，与人们的正常生活以及发病原因、症状和康复密切相关。健康的心理既有防病、抗病的能力，又给治疗和康复以积极的影响。只有身心健康的人，才是完美的健康人，也只有身心健康的人，才能具备良好的适应环境的能力。

3. 社会适应健康

社会适应健康是人们参与生活活动时的完好状态，它包括三方面的含义：(1)每个人的能力应在社会系统内得到充分的发挥。(2)作为健康人应有效扮演与其身份相适应的角色。(3)每个人的行为与社会规范相一致。

4. 道德健康

人们在现代社会复杂变化的社会关系中活动，各种行为随时都可能受到自身道德意识的批判。当一个人能够克服内心矛盾,作出合理的抉择并加以执行时,就会感到心安理得,否则就会产生不安或内疚。在影响健康的众多因素中,人们还面临着外在的客观挑战与内在的主观挑战之间的有效平衡,当长期不能达到平衡状态时,人的道德信念和道德行为将产生矛盾,造成内心紧张。这样的人即使躯体健康,仍不能称为健康。

(二)根据健康状况评估分类

根据健康状况评估,可将健康分为第一状态、第二状态和第三状态。

健康状态评估是通过分析、研究个体和人群的健康水平及其发展变化,探讨个体和人群存在的主要健康问题,筛选影响人体的健康水平及其发展变化的主要因素,评估各种健康计划、方案、措施的效果。通过对健康状况评估的综合判断,将健康分为第一状态(健康状态)、第二状态(疾病)和第三状态(亚健康状态)。

(三)亚健康的状态

亚健康有广义和狭义之分。广义的亚健康是指健康与疾病之间的灰色状态、第三状态、潜病状态、次健康状态、病前状态。狭义的亚健康是指慢性疲劳综合征和代谢疾病的早期生理、生化等方面的改变(潜在病理改变),无临床症状,或症状感觉轻微,或有明显的自觉症状,却没有客观的理化指标改变,或有一些轻微早期生理改变(如血糖、血脂、血黏度),已有潜在的病理信息,但不够诊断标准,是人们在身心、情感等方面处于健康与疾病之间的健康低质量状态及其体验。

1. 亚健康状态的范畴

(1)无自觉症状或症状轻微,但已有潜在病理信息者。(2)亚临床的带菌者、带病毒者、带原虫等其他病原体者。(3)已有免疫状态改变者,如过敏体质、免疫机能低下。(4)不合理膳食、缺少运动所致的肥胖。(5)长期大量吸烟、酗酒者。(6)轻度或临界的代谢异常:离子、血脂、血黏度、尿酸、纤维蛋白原、氧自由基、半胱氨酸等血液成分改变,高胰岛素血症、糖耐量异常等。(7)慢性疲劳综合征。(8)心理障碍、情绪障碍、神经质、神经症、心身失调。(9)信息过剩综合征。(10)疾病治愈恢复期的虚弱状态。(11)生理性衰老。(12)隐性遗传疾病。(13)情感的、行为的、道德的、社会适应能力的亚健康状态。(14)生物节律的脆弱期:如更年期、经前期、老年期等。

2. 亚健康产生的原因

据世界卫生组织界定,人类的健康和长寿40%依靠遗传因素和客观条件,其中15%为遗传因素、10%为社会因素、8%为医疗条件、7%为气候条件。而另60%则靠自己建立的生活方式和心理行为习惯。亚健康产生的原因有:(1)不良生活方式和行为习惯影响。(2)社会心理因素的影响。(3)环境因素的影响。(4)生物学因素的影响。根据世界卫生组织的一项全球调查结果显示,全世界真正健康者仅占5%,找医生诊治疾病者约占20%,剩下的75%就属于亚健康者。

三、体育活动对健康的促进作用

健康是人类生存和发展的一个基本要素,没有健康就一事无成,健康既属于个人,也属于社会。体育运动可以使人体新陈代谢旺盛,增强各器官、系统的机能,从而达到增强体质、延年益寿的目的。随着社会的发展,人们的生活水平不断提高,思想观念也随之转变,愈来愈注重生活生命的质量,健康就是人们不懈追求的起码目标,它是高质量生活的根本保证和基本内涵。现代人正以自己的行动创造幸福生活和美好未来,健康就是前提,健康就是保证,健康就是重要的组成部分。

(一)体育运动对消化系统的影响

1. 提高胃肠的消化和吸收

经常参加体育运动,体内物质能量消耗较多,运动后必须靠加强消化、吸收活动来补充。这时消化腺分泌消化液增多,消化管的蠕动加强,因此提高了胃肠的消化和吸收功能。

2. 增强食欲,消化能力提高

运动时,由于呼吸加深加快,膈肌大幅度的升降活动以及腹肌的收缩和舒张活动,对胃肠起到按摩作用,消化系统的血液循环得到改善,胃肠的消化能力得到提高。

3. 提高对消化道疾病预防

体育运动可加速肠道运送,减少肠黏膜与致癌物的接触,从而降低大肠癌的发病率。通过促进胆囊运动,影响胰岛素、缩胆囊素的分泌,减少胆石症的发生。同时体育运动可使结肠动力增加、胃肠道机械撞击增多,以及腹肌收缩致结肠压力增加,这些均可减少便秘的发生。因此,适量的体育运动对消化管疾病具有潜在的益处。

4. 过度运动对消化系统的影响

作为一种应激原,剧烈、过量或违背体育卫生要求的体育运动会对消化系统产生不良的影响。

(1)胃黏膜出血和糜烂。运动疲劳可使胃排空延迟,剧烈运动使胃黏膜缺血、胃黏膜分泌减少而破坏胃黏膜的防御机能,因此导致胃黏膜出血和糜烂。

(2)胃肠道菌群结构稳态失衡。在人体进行竭力性耐力运动项目(如中长跑、自行车、足球和游泳)时,常见恶心、呕吐、反胃、腹痛、腹泻和便血等运动性胃肠综合征的表现,虽然目前还不能确定其原因,但认为存在大强度运动导致胃肠道血流量急剧减少,胃排空减慢,胃肠受到强烈机械震荡损伤等因素。研究者认为与剧烈运动导致胃肠道菌群结构稳态失衡有关。

(二)体育运动对呼吸系统的影响

长期坚持科学合理的体育运动,对呼吸系统的结构和功能都有良好的影响。

1. 呼吸器官的构造和机能发生变化

经常参与体育运动的人骨性胸廓发达,呼吸肌也发达,因此胸围增大。

2. 呼吸肌力量增强

运动时,机体消耗大量的氧气和养料,同时也产生较多的二氧化碳,因此必须加强呼吸运动,这样可以增强呼吸肌的力量。有实验表明,让受试者吹水银柱,运动员能使水银柱升高 100～200 mm,一般人只能使水银柱升高 60～100 mm。

3. 肺活量、通气量增大

一般人肺活量平均值,男性为 3500 mL,女性为 2500 mL,而经常参加体育运动的人可达到 5000 mL 以上。

4. 呼吸差加大

呼吸差即深吸气时与深呼气时的胸围大小之差,一般人只有 5～7 cm,运动员则有 7～11 cm。

5. 静态呼吸深度加强

呼吸深度是指每一呼吸周期中吸入或呼出的气量，一般人只有400～500 mL，运动员达到500～700 mL。

6. 安静时呼吸频率降低

一般人每分钟12～18次，运动员每分钟8～12次。运动后，能较快恢复到正常呼吸速率。

7. 肺泡血管数目增加

经常参与体育运动，肺的通气量增大，促进了肺的良好发育，使肺泡血管数目增加，交换气体功能增强，每次呼吸更有效，并且组织对氧的利用能力得到提高，能够适应和满足运动对呼吸系统的要求。体育运动对呼吸系统的影响是多方面的，科学适宜的运动对呼吸系统是有益的。

（三）体育运动对心血管系统的影响

经常从事体育运动是心脏健康的必由之路，对心血管系统的形态结构产生了不同程度的影响。有规律的体育运动，使肌肉得到更多的血液供应，以补充消耗的氧气和营养物质，同时运输更多的二氧化碳和代谢产物，从而加大心的工作量。因此，经常从事体育运动，可以减慢静止时和运动时的心率，这样可以减少心脏的工作时间，增加了心脏功能，保持了冠状动脉血流畅通，可更好地供给心肌所需要的营养，可使心脏病的危险率减少。

1. 对心脏的影响

（1）出现运动员心脏——功能性心脏增大（一般人约为300克，运动员可能为400～500克）

表现：心脏扩大，心肌纤维增粗，心壁增厚，收缩力增强。

原因：体育运动时，肌肉活动加强，心脏工作量加大，血液供应和新陈代谢加强，产生适应性反应，引起心脏增大，可提升心脏的工作能力。

（2）心脏容量增大

表现：安静时脉搏频率低，一般活动时脉搏频率升高少，紧张活动时脉搏频率升高很多，但活动结束后恢复快，说明有良好的储备力量。

原因：经常参加体育活动，心肌纤维伸展性较长，心脏容量增加，心肌收缩有力，致使心脏每搏输出量和每分输出量增加。

2. 对血管的影响

（1）体育锻炼可以增加血管壁的弹性，这对人健康的远期效果来说是十分有益的，人随着年龄的增加，血管壁的弹性逐渐下降，因而可诱发高血压等退行性疾病，通过体育运动可增加血管壁的弹性，可以预防或缓解退行性高血压症状。

（2）体育运动可以促使大量毛细血管开放，由此加快血液与组织液的交换，提高了新陈代谢的水平，增强机体能量物质的供应和代谢物质的排出能力。

（3）体育运动可以显著降低血脂含量（胆固醇、b-蛋白质、三酰甘油等）、改变血脂质量，有效地防治冠心病、高血压和动脉粥样硬化等疾病。

（4）体育运动还可以使人在安静时脉搏徐缓和血压降低。

四、体育运动对神经系统的影响

体育运动是发展和保持神经系统功能的有效手段。经常从事体育运动，对神经系统的形态、功能会产生不同程度的影响。体育运动时，一定要科学地安排好运动负荷，这对于保证神经系统的功能正常和预防运动中神经系统的损伤有重要作用。

(一)体育锻炼能促进神经系统的良好发育

(1)大脑神经细胞的发育明显变好。

(2)经常进行左右手臂屈伸练习能加速大脑对侧半球语言区的成熟,肢体肌肉运动有助于大脑神经细胞的生长发育。

(二)体育锻炼能提高神经系统的功能

(1)可使运动分析器的敏感度提高。比如:球类运动员对球的感觉,体操运动员对器械的感觉,游泳运动员对水的感觉等。

(2)经常参加体育锻炼,可以促进神经系统功能的改善和发展,增强兴奋与抑制过程,提高神经活动的均衡性与灵活性,有利于大脑皮层神经细胞工作能力的提高和智力的发展。

(3)经常参加体育锻炼有利于神经系统的功能提高。体育锻炼能改善神经系统的调节功能,提高神经系统对人体活动时错综复杂的变化的判断能力,并及时做出协调、准确、迅速的反应。

神经系统在机体其他系统的配合下,构成了神经—体液调节系统,它是人体全自动控制系统的中枢,主要负责维持人体的稳定状态。

(4)经常参加体育运动可以使神经—体液调节系统得到锻炼和加强。使中枢神经系统对兴奋和抑制的调节能力更趋完善,从而进一步活跃全身各个系统和器官的功能,使它们的活动更加协调,工作效率提高,对外界刺激的反应迅速、灵敏,以适应外界环境的变化并增强抵抗各种疾病因素的能力。

(5)经常参加体育锻炼可以改善和提高神经系统的反应能力。表现为思维敏捷,调控身体运动更准确协调。进行锻炼时,特别是到大自然中去锻炼,可以改善神经系统,尤其是大脑的供血、供氧情况。一方面,可以使中枢神经系统及其主导部分大脑皮层的兴奋性增强,抑制加深,抑制兴奋更加集中,改善神经过程的均衡性和灵活性,提高大脑皮层的分析、综合能力,以保证机体对外界不断变化的环境有更强的适应性。另一方面,体育锻炼可以改善和提高中枢神经系统对身体内部各器官、组织的调节能力,使各器官、组织的活动更加灵活、协调,机体的工作能力得到提高。

(6)经常参加体育锻炼能有效地消除脑细胞的疲劳,提高学习和工作效率。神经系统是由神经细胞所构成,其活动是依靠神经细胞的兴奋、抑制过程不断相互转化、相互平衡来实现的。例如:我们看书学习是由有关思维和记忆的大脑皮质细胞在接受外界刺激“书籍”下引起兴奋来完成的。那么在一定的强度下,经过一段时间就会随着细胞本身的能量消耗和长时间处于兴奋状态而产生疲劳,如出现头昏脑涨、看书效率降低等现象。出现这种现象,实际上就表明相应的细胞需要休息才能消除疲劳、恢复机能。

课后练习与作业

1. 简述体育的由来及你对体育概念是如何理解的?
2. 试述幼儿师范高等专科学校体育的目的与任务。
3. 简述新中国体育事业的发展历程。
4. 什么是健康?
5. 体育运动对健康有什么作用?

项目二　科学体育锻炼

教师寄语

坚持科学运动，享受健康生活。

学习目标

知识目标：了解运动健康的基础知识；了解科学锻炼对身体的促进作用；了解运动保健常识；掌握运动处方的设计方法。

能力目标：能够根据对自身情况的评估，进行基础的体育运动保健，制订科学的体育锻炼计划和运动处方。

素质目标：积极参加运动，保持健康状态，提高自身体能素质和体育素养，形成终身体育意识。

项目思维导图

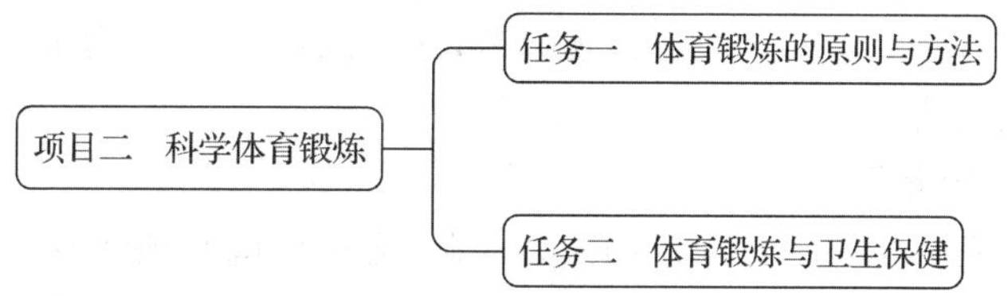

课程思政

党的二十大报告指出："广泛开展全民健身活动，加强青少年体育工作，促进群众体育和竞技体育全面发展，加快建设体育强国。"通过对健康的了解和对人体机能相关知识的学习，同学们可以更加深入地了解自己，并根据个人情况制订科学运动计划；在体育锻炼过程中增强体质、增强意志，形成终身体育意识。

任务一 体育锻炼的原则与方法

体育锻炼是人们运用各种身体练习方法，并结合自然力和卫生因素以及发展身体、增进健康、增强体质、调节精神、丰富文化生活为目的的身体活动。要想使体育锻炼能够有效地增强体质，提高健康水平，达到预期的最佳效果，就必须按照科学的原理，遵循一定的原则，讲究锻炼的方法。

一、体育锻炼的基本原理与原则

(一)体育锻炼的基本原理

体育应该是一个确有实效，而又能不断提高的实践活动；体育锻炼则应是人们所进行的、有效的、合理的身体活动。而要使这种身体活动有效和合理，就必须遵循一定的依据，这种依据就是所谓的体育锻炼的原理。因此可以说，体育锻炼原理并没有概念上的意义，它只是从体育锻炼实践中产生出来的具有原则意义的理论。这种理论是多方面的，以下就主要的几点做简要的介绍。

1. 刺激与适应性的改变和增强

体育锻炼实际上就是对身体施加的一种运动刺激。在运动的刺激下，引起了机体的多种反应，并随着刺激次数的增加与时间的延续、负荷量与强度的增长，使人体在形态、机能、素质、体能等方面，产生适应性的变化和增强。

2. 运动疲劳与疲劳恢复

体育锻炼的过程就是：运动—疲劳—休息—恢复。有人讲“没有疲劳，就没有锻炼”，这话是有一定科学道理的。运动中只有出现疲劳，才可能通过休息，使体力得以恢复，进而提高身体对疲劳的耐受力。

3. 能量消耗与营养补充

运动必然要消耗体内更多的能量物质。因此，运动后就必须注意营养物质的补充。这样才能使体内的机能代谢逐步提高到新的水平上。这不仅能够加强人体对营养物质的吸收和利用，而且可使体质的增强得到充分的物质保障。

4. 用进废退

人的各种运动能力，人体各组织、器官、系统的生理机能，无一不遵循着“用进废退”的自然法则。人的各种原本就有的运动能力，是能够在不使用、不锻炼中渐渐消退的；而这些能力又能在经常的锻炼中得到惊人的提高和发展。这就是游泳运动员的肺活量为什么会比一般人大得多、球类运动员的反应比一般人快得多，体操运动员又能做出令人叹为观止的难新动作的最基本道理。人们常讲，“生命在于运动”，这句话是颇有哲理性和科学性的。

(二)体育锻炼的基本原则

体育锻炼的原则主要是体育锻炼客观规律的反映，是体育练习者从事体育锻炼实践，达到理想效果所必须遵循的基本原则。在体育锻炼的过程中，只有正确地理解和运用体育锻炼的原理，才能使体育锻炼获得最佳效果。

1. 从实际出发的原则

从实际出发的原则是指锻炼身体应从个人的实际情况和外界环境条件的实际出发，确定锻炼目的、选择适宜的运动项目、合理地安排运动时间和运动负荷。这是增强身体素质及提高运动水平必须遵循的原则。

2. 自觉性原则

自觉性的原则是指体育锻炼者应有明确的锻炼目的，要有“善其身者无过于体育”的思想认识，自觉积极地进行体育锻炼。

3. 循序渐进原则

循序渐进原则是指体育锻炼的内容、方法和运动负荷等，必须根据人对事物的认识规律、动作技能形成规律和生理机能的负荷规律，由小到大、由易到难、由简到繁、由低级到高级地逐步进行。在体育锻炼中，最忌急于求成，想“一口吃个胖子”，这样只能事与愿违，甚至还会造成伤害事故或给身体带来某些生理损伤。因此，进行体育锻炼时，学习动作要由易到难，运动量由小到大，运动强度（刺激强度）应由弱到强。同时，还应根据年龄、性别、身体素质水平，因人而异地安排练习的内容，这样才能收到良好的效果。

4. 全面性原则

全面性原则是指身体锻炼应全面发展身体的各个部位、各器官系统的机能、各种身体素质和活动能力，追求身心的和谐发展。

体育锻炼，不仅应包括不同身体部位的活动，更重要的是应该包括多种项目和不同性质的活动，进行全面锻炼。身体各系统都是相互联系、相互制约的，身体某一方面的发展必然会影响到其他方面的发展，而全面发展，就能相互促进，共同提高。目前，大学生年龄多处在17～23岁，为身体发育逐渐成熟的阶段，具有一定的可塑性。因此，在体育锻炼中贯彻全面性原则尤为重要。

5. 经常性原则

经常性原则是指身体锻炼必须持之以恒，使之成为日常生活中的重要内容。

我们做什么事情都要有恒心，体育锻炼也是这样。运动技术的形成和提高，人体各组织系统机能的改善，是肌肉活动反复多次强化的结果。锻炼不经常，后一次锻炼时，前次锻炼的痕迹已经消失，失去了累积性的影响作用，因此效果也就很小，甚至不起作用。同时，运动技能的形成，人体结构、机能的改善，身体素质的提高，都受着生物界“用进废退”规律的制约。不经常锻炼，对已取得的效果也会逐渐消退。俗话说，“拳不离手，曲不离口”，所提示的就是这个道理。

上述锻炼身体应遵循的几项原则，是互相联系、互相制约的。只有科学地、有目的地、全面地贯彻这些原则，才能不断增强体质，取得预期效果。

二、体育锻炼的方法与计划

（一）体育锻炼的方法

体育锻炼的方法很多，这里仅将常用的几种方法介绍如下：

1. 提高身体素质的方法

它是最基本和常用的练习方法。运用这种方法能有效地提高身体素质，提高基本活动能力，增强体质。身体素质练习包括：力量、速度、耐力、柔韧和灵敏性的练习。其中力量、速

度、耐力尤为重要,现做简要介绍:

(1)发展力量的因素及发展力量的方法。

①负荷。开始练习时以身体最大负荷的60%～70%进行练习,增长力量效果最好,随着练习水平的提高,负荷量应不断增加。

②动作速度。在力量练习中,动作速度不同,练习效果也不同。如投掷需要爆发力,短跑需要快速力量,它取决于肌肉收缩的力量与速度。这就宜采用较少的负荷做快速的运动。

③训练间隔。开始训练时以隔日训练为好。实践证明,隔日训练的力量增长为77%,而每日进行力量训练增长只有47%。每次练习间隔以3～5分钟为宜。

④练习内容:常见的有投掷重物、举重、引体向上、双臂屈伸、俯卧撑、跳跃、负重下蹲、负重跳等。

(2)发展速度的方法。

①提高步频。主要是通过加快运动中枢兴奋和抑制的转换速度来提高。

②以增加髋关节柔韧性和腿部力量的训练来加大步幅。

③练习内容:高抬腿跑、小步跑、加速跑、跨步跑、后踢跑、折返跑、斜坡跑等。

(3)发展耐力的方法。

进行耐力练习应注意以下几个因素。

①心血管的负荷量。为了提高耐力,使身体处于较长时间的运动状态下而不产生疲劳,首先应提高心血管的机能,赋予心、血管系统一定的负荷和持续时间。在体育锻炼中应使负荷量达到心血管系统最大功能的70%,并要求至少持续5 min。

②运动时应有一定的间隔时间。每次负荷之间的间歇时间,一般是以脉搏频率恢复到120～130次/分,再进行下次负荷练习为宜(通常需要3～4 min)。

③动作速率,即跑的速度。一般说进行中速运动或者是匀速跑步而脉搏保持在150次/分的训练对耐力的增长较为有效。

其练习内容有定时跑、折返跑、中长距离跑、马拉松跑、越野跑和爬山等。

(4)发展灵敏度的方法

①提高神经系统的功能。即通过信号刺激的训练提高大脑皮层的反应能力。

②增加力量素质。肌肉力量强大可使动作迅速、灵敏。

③熟练地掌握运动技能。消除动作的紧张和僵硬,达到动作灵敏而协调、精确、省力。

④练习内容:发展灵敏素质应采用多种方法练习。常言道:“熟能生巧。”动作技能掌握得愈多、愈熟练,就愈灵敏。体操、技巧、各种球类活动、游戏以及一些专门性辅助练习,都是发展灵敏素质的有效手段。

2. 民族形式的锻炼方法

民族形式体育是指具有民族传统和民族特点的体育项目,如我国的武术、气功等。

(1)武术。武术运动不受场地、器材、条件等因素的限制,运动量可大可小,内容丰富多彩,是我国的优秀文化遗产。初学武术,应从基本功入手,学会一些简单的套路,边学套路边练基本功,经过一段时间练习后再学较复杂的套路和器械,然后再学些对练。这样就能培养自己的兴趣、爱好,并逐步提高和巩固武术的运动技术水平。

(2)太极拳。太极拳是一种合乎生理规律的柔和、缓慢而轻灵的拳术,它不仅在我国流传甚广,在国外也广为传播。现已成为人们增进健康、防病、治病的医疗体育项目之一。

(3)气功。气功是我国医学宝库的珍贵遗产，是具有民族特色的一种医疗保健体育项目。

气功是通过练习者发挥主观能动作用，对身体进行自我锻炼的一种良好方法，是一种有效的"生理学预防疾病"的措施。任何一种气功的锻炼方法，都是从调身(调整身体形态)、调息(呼吸)、调心(神经状态)入手。

3. 利用自然因素锻炼身体的方法

人们赖以生存的自然界是千变万化的。人们为了生活和生存，对自然界的适应能力也是很强的。同时，自然界也包括许多对人体健康十分有益的因素。也就是说，人体不仅要适应外界环境的变化，而且还应该利用各种自然条件进行锻炼，以进一步提高对外界的适应能力，增进健康和增强体质。

日光、空气、水等自然条件，对身体健康具有重要意义。如日光，对机体的作用是多方面的，其中紫外线具有杀菌、抗佝偻病等作用，又能提高皮肤抵抗力和关节的活动性；红外线能起温热作用，提高新陈代谢、改善组织营养等。又如气温、湿度、气流对皮肤的刺激，特别是低温的刺激，通过神经的发射作用，改善体温调节系统，促进血液循环。还有空气中的阴离子，对人体神经系统、血液循环、呼吸及内分泌活动等，都能产生良好的刺激作用。因为机体对外界环境具有巨大的适应性，变化了的环境条件作用于机体，大脑皮层立刻进行调节，使机体适应变化了的外界环境，保持机体与环境在新的条件下的平衡。新的刺激，又形成新的反射，从而进一步提高机体的适应能力。

4. 跑步健身法

跑步对正在成长的青少年学生来讲，是发展速度、耐力、灵敏、协调等身体素质，促进运动器官和内脏机能的发展，增强体质的有效手段。对中老年人来说，跑步也是增强各器官系统的机能、延年益寿、强身祛病的最好方法。

跑步可以锻炼心脏，保护心脏，预防冠心病。据观察，长期练习跑步的人，心肌的代谢比较正常，能保证有足够的血液供给心肌，不易发生缺血性心脏病。

跑步可以活血祛瘀，改善循环，防止下肢静脉淤血和盆腔腹腔淤血，从而预防痔疮和血栓性静脉炎。跑步还能促进代谢，控制体重，预防肥胖症。

开始练习跑步的体弱者，可先进行短距离慢跑。从 50 m 开始，逐渐增至 100 m、200 m 以至更多。速度一般为 30～40 s 跑 100 m。体力稍好的可进行长跑，距离从 1000 m 开始，适应后再逐步增加距离，一般可增至 3000～5000 m，速度为 6～8 min 跑完 1000 m。

跑步最好于早晨进行。运动量要根据跑时每分钟最高脉搏数来掌握。

(二)体育锻炼计划的制订

制订身体锻炼计划，目的在于使自己的学习、工作和锻炼有一个科学合理的安排，做到德、智、体全面发展，避免盲目性和片面性。同时也便于检查锻炼效果和总结锻炼经验。

1. 制订锻炼计划的依据

(1)从实际出发。制订计划时，考虑主观因素和客观因素。如年龄、性别、体质、基础、场地、器材、气候、时间等因素，订出切实可行的计划。通过反复实践，不断修改充实，使计划更科学、更完善。

(2)全面锻炼、循序渐进。在制订计划时，必须根据自己的体质条件、素质水平和爱好等，既要注意全面发展，又要注意自己的特点和弱点，既要考虑自己的爱好，又要注意锻炼的效果。在整个计划的内容安排上应遵循由简到繁、由易到难原则；在运动量的安排上应遵循从小到大、逐步增加的原则。做到既科学又全面，既要达到增强体质的目的，又不要影响一天的学习与工作。

(3)《国家学生体质健康测试标准》与体育课学习相结合。锻炼内容要与“国家体育锻炼标准”和体育课内容相结合，这样既能通过一段时间的锻炼，达到“国家体育锻炼标准”，又能使体育课所学内容得以复习、巩固和提高。

(4)自我监督和医务监督。在制订和执行锻炼计划时，要注意自我监督和医务监督，最好能写锻炼日记，以便及时发现问题，及时加以调整，使锻炼计划不断完善，锻炼效果不断提高。

2. 锻炼计划的内容

体育锻炼计划一般可分为长远计划、阶段计划、每周计划和每次计划。对学生来讲，做到阶段计划、周计划和每次计划就可以了。

(1)阶段计划内容

①确定阶段计划的时间。对学生来讲，最好以一个学期为一个阶段，这样便于安排和检查。

②任务和要求。根据每个人的情况，确定每个阶段的锻炼任务，如田径项目中的短跑，球类项目中的足球等，并明确要求，便于检查。

③内容和办法。根据自己的爱好和特长，结合季节的气候特点，逐项进行安排，并提出具体的实施办法。

④锻炼时间。根据课表安排，确定在什么时间锻炼，切实落实。

⑤检查措施。要订出切实可行的检查措施及成绩考核办法。

(2)每周计划内容

①本周锻炼的任务和要求。确定本周以发展某项身体素质为主，并学习有关基本知识等。

②锻炼时间。确定课外体育活动的次数及每次锻炼的时间。

③检查措施。星期六下午安排一定时间写锻炼日记。

(3)每次计划内容

①确定内容。根据每周计划确定每次的锻炼项目，拟定练习的具体动作和方法、练习的时间和重复次数等。

②科学分配和安排。在具体安排练习时，一般先安排重点项目。就身体素质而言，先练速度和灵敏项目；就运动量而言，先小后大；就技术而言，应先易后难；就锻炼部位而言，应当上下肢搭配；如有类似项目，应当间隔练习。

③写出实施办法。主要是写出每次锻炼计划表。要包括准备活动、主要内容和整理活动三个方面，并在时间分配上也要做合理安排。身体锻炼一段时间后，体质也会逐步增强。因此，在主要锻炼内容的负荷安排上，也应逐渐增加，不能总停留在同一运动负荷上。

任务二　体育锻炼与卫生保健

一、制订运动处方

（一）运动处方的概念与分类

运动处方概念的提出是20世纪50年代美国生理学家卡波维奇最先提出的。世界卫生组织于1969年开始使用运动处方术语，从而在国际上得到认可。运动处方的概念可以概括为："对从事体育锻炼者或病人，根据医学检查资料（包括运动试验及体力测验），按其年龄、性别、健康、体力以及心血管功能状况，结合生活环境条件和运动爱好等个体特点，用处方的形式规定适当的运动项目、强度、时间及频率，并指出运动中的注意事项，以便有计划地经常性锻炼，达到健身或治病的目的。"

运动处方按锻炼目的和对象的不同，可以分为以下四类：

（1）健身性运动处方：是健康人群以增强体质、提升健康水平为目的的计划安排。

（2）治疗性运动处方：是亚健康人群以预防疾病、辅助治疗某些慢性病为目的的计划安排。

（3）康复性运动处方：是某些疾病患者以恢复身体运动功能及病后康复为目的的计划安排。

（4）竞技训练运动处方：是竞技运动员以提高专业运动成绩为目的的计划安排。

（二）制订运动处方的基本原则

（1）全面性原则：运动处方应遵循身心全面发展的原则，在运动处方的制订和实施中，要注意维持人体生理和心理的平衡，以达到全面身心健康的目的。

（2）安全性原则：制订运动处方时，应考虑服务对象的身体情况，对锻炼者进行全面的健康诊断和体力测试，保证其在安全的运动负荷和运动量范围内进行锻炼或康复活动，有效避免运动损伤的发生。在制订和实施运动处方时，应严格遵循各项规定和要求，以确保安全。

（3）有效性原则：运动处方的制订和实施应使参加锻炼者或病人的功能状态有所改善，遵循科学要求，在运动处方的实施过程中，要对运动量和运动强度进行有效的监测和监督，根据实际情况及时对运动处方进行调整，确保锻炼者获得最佳的锻炼效果。

（4）针对性原则：运动处方服务的对象多种多样，每个人的需求都不一样，在制订运动处方时应根据每一个参加锻炼者或病人的具体情况，制订出符合个人身体客观条件及要求的运动处方，切忌千篇一律。

（5）调整性原则：再好的运动处方，也不一定适合所有的人或人的一生，一个安全有效的处方应该是自己制订的，而且应在实施过程中不断调整。一般情况下，坚持锻炼8周就能收到较好的锻炼效果；若再按原处方规定的运动负荷锻炼，则效果不大，此时，就需对运动处方进行调整。

（三）制订运动处方的基本内容

运动处方包括运动目的、运动种类、运动强度、运动时间、运动频率、注意事项与微调整。

(1)运动目的:有消遣娱乐、强身保健、健美减肥、预防文明病或老年病、增强肌肉力量、提高运动成绩等。目的主要根据锻炼者的性别、年龄、职业、爱好和身体健康状况等的不同而定。

(2)运动种类:一方面,应根据运动者所要达到的目标来选择运动种类。另一方面,应考虑运动者是否经过医学检查的许可、运动者的体力、运动水平、个人喜好、场地器材设备以及有无同伴或指导者,这些均会对运动种类的选择产生影响。

(3)运动强度:运动强度是运动处方制订的核心部分,不同锻炼者的运动能力是有差异的,需要通过科学的监测来确定适宜的运动强度。运动强度是指单位时间内的运动量。常用心率来确定和控制运动强度。

(4)运动持续时间:每次运动的持续时间为 15～60 min,一般须持续 20～40 min。而要达到适宜心率的时间须在 15 min 以上,这是为了给予呼吸、循环系统有效的刺激,使各种生理功能充分调动起来,达到恒常运动的时间(轻运动时为 5 min 左右,强运动为 3 min 左右)。可见,5 min 以内的运动对呼吸、循环系统的刺激还是不充分的,因此在达到恒常运动以后还需要继续运动一些时间,合计要 10 min 左右,再加上准备活动和整理活动的时间至少 5～8 min。所以,实际所需要的时间为 15～20 min,这是比较客观的最低限度。推荐的运动持续时间见表 2-2-1。

表 2-2-1 运动持续时间

项目	A 准备活动	B 健身操	C 有氧锻炼	D 整理放松活动
时间/min	5～10 min	5～10 min	15～40 min	5～10 min

在运动处方的设计中,运动量的确定是至关重要的,它将直接影响锻炼的效果;而运动量是由运动强度和运动时间共同决定的(运动量＝运动强度×运动时间)。当运动量确定时,运动强度与运动时间成反比。运动强度较大则运动时间较短,运动强度较小时运动时间较长,前者适宜于年轻及体力较好者,后者适宜于老年及体力较弱者。

(5)运动频率:即每周锻炼的次数。

每周锻炼 3～4 次,即:隔一天锻炼一次,运动效果可得到较好蓄积,锻炼效果好。但每周最低不能少于 2 次。

(6)注意事项及微调整。在运动处方中,为确保锻炼者安全,必须提出相应的注意事项:

①提出禁忌的运动项目和易发生危险的动作:如心脏病人禁做大强度、高刺激的运动;学生不应在缺保护的器械上做腾空、翻转等动作。

②提出运动中自我观察指标及出现异常时停止运动的标准:如心脏病人在运动中出现全身无力、头晕、气短,运动中或运动后关节疼痛或背痛等就应停止运动。

③每次锻炼前、后要做好准备活动和整理活动。

在运动处方实施过程中,应根据实际情况进行必要的微调整:

由于运动环境、个人身体条件等的变化性,使得运动前制订的处方可能有不适合的地方,人们只有通过在实践中反复地调整、修正,才能使运动处方更科学合理,保证人们在安全、有效的运动中愉悦身心、增强体质。所以,体育锻炼者必须时刻注意调整自己的运动处方。

（四）制定锻炼计划和运动处方的步骤

（1）健康诊断。了解锻炼者的基本情况，对其健康状况做出判断，这是制定运动处方的重要依据之一。对于有特殊情况的锻炼者应予以特殊对待。

（2）运动负荷与体能的测定。运动负荷的测定是对其身体承受运动能力的检测和评价，通常采用心跳频率、最大吸氧量等机能指标，通过测定，找出科学锻炼处方的负荷指标。体能测定主要是对锻炼者身体素质的鉴定，也可将所得结果与较大样本进行对比，确定该项素质的优劣程度，从而有的放矢地实施运动处方。

（3）确定锻炼目标。根据个人需要确立客观的训练目标。

（4）选择运动项目。根据训练目标选择合适的运动项目。

（5）运动处方的制定与实施。根据以上调查测定的结果和科学锻炼身体的基本原则，为锻炼者提供包括锻炼内容、强度、时间等在内的锻炼方案；在贯彻实施时应注意对于锻炼的强度持续时间、间隔时间及锻炼次数要严格控制，使运动处方规范化。

（6）对身体形态、机能及素质的再测试分析。运动处方实施一定时间后，要对锻炼者的身体形态、机能及素质进行再测试分析，以检验该运动处方是否有效。

（7）运动处方的优化与综合。对于一个运动处方应反复修改、优化，使之日臻完善。为了使锻炼者的各项身体素质得以全面发展，还要把各单项运动处方综合起来使用并不断优化。

（五）锻炼计划与运动处方示例（表 2-2-2）

表 2-2-2　锻炼计划与运动处方示例

姓　名	林晓晓
性　别	女
年　龄	20
职　业	学生
体育爱好	乒乓球
健康检查	良好，身高 1.58 m，体重 68 kg，体质超重，病史无特殊
运动负荷测定	台阶实验，安静脉搏 78 次/分，血压 75/110 mmHg，肺活量 3000 mL。
体能测定	50 m 跑：10.01 s，立定跳远 1.60 m，800 m 跑：5′30″，仰卧起坐 28 个/分
体质评定	健康状况，良：体重过重，速度和耐力较差
运动目的	减肥和健身，提高耐力跑运动成绩达到 5′
运动项目	乒乓球、有氧耐力跑、啦啦操、排球等
动强度	由小逐渐加大，心率在靶心率范围 140～170 次/分
运动时间	12 周（减少体重 3～4 公斤），每次 40′～60′
运动频率	4～5 次/周或间隔一天

续表

姓　名	林晓晓
运动内容	(1)准备活动 10 min:热身慢跑 800～1000 m,腿部柔韧性练习 (2)基本部分 30 min:加速跑 100～200 m 3 次;6～8 min 中等速度跑,心率控制在 140～170 次/分;做柔韧活动(坐跪压、分腿压)5 min;走跑交替 10 min,跑时应注意控制速度和呼吸 (3)整理活动 5 min:放松操或拉伸
注意事项	适当控制饮食,减少油脂、糖的摄入,可吃一定的蔬菜、水果,运动后相对控制水的摄入量,有病发烧应停止运动
自我监督	心率
处方者	年　月　日

二、体育锻炼的自我调控和自我监督

(一)自我调控与自我监督

1. 自我调控

自我调控是指锻炼者在体育锻炼过程中,根据自我感觉情况,对运动负荷的调节和控制。自我调控是科学锻炼身体的重要内容,是将适宜的运动负荷加于身体的积极与主动的手段,掌握了这种手段,可以有目的、有针对性地进行体育锻炼,促进身体的正常生长发育。自我调控主要是根据自我监督的情况进行。

2. 自我监督

自我监督又称自我检查,是锻炼者在体育锻炼过程中,对自己健康状态和生理功能变化做连续观察,并定期记录,供本人、指导教师和医师参考。目的在于评价锻炼效果,调整锻炼计划,防止过度疲劳和运动性损伤发生,促进健康水平的提高。经常性自我监督对于增进信心、坚持科学锻炼,防止过量或不足,对提高锻炼效果和养成运动卫生习惯等都有重要意义。因此自我监督也是运动医务监督的一个补充方法,是指导者和医师作为掌握和评价运动者情况的一项依据。

(二)体育锻炼中自我监督的主要内容

自我监督的内容包括主观感觉和客观检查,可依据自我监督表的内容实施和观察。

1. 主观感觉

(1)一般感觉。

自我监督可反映整个机体的功能状况,尤其是中枢神经系统的状况。一般感觉好的人,在运动过程中总是精神饱满、精力充沛、心情愉快、积极性高。但在患病或过度训练时,就会感到精神萎靡不振、疲倦、乏力、头晕或心情易激动等。在进行自我监督时,根据情况可填写为良好、一般或不好。

(2)运动心情。

一个身体健康、精神状况良好的人,在参加体育锻炼时,总是心情愉悦,乐于参加运动的。若出现对运动不感兴趣,表现冷淡或厌倦,不服从教师或教练员的指导,情绪容易冲动,可能是教学和训练不当或出现疲劳,也可能是早期过度训练的征象。根据个人的运动意愿,可填写为很想训练、愿意训练、不想训练、冷淡或厌倦等。

(3)不良感觉。

指运动训练或比赛后的不良感觉,如肌肉酸痛、关节疼痛、四肢无力等。一般来说,在强度较大的训练或比赛后,由于机体疲劳,大部分人会产生一些不良的感觉,但这些现象经过适当休息后就会消失。如果运动时或运动后除上述不良感觉外,还有心悸、头晕、头痛、气喘、恶心甚至呕吐、心前区或上腹部疼痛等症状,说明机体对运动负荷不适应,或身体功能状况和健康状况不良。在自我监督记录表中,可填写具体的不良感觉。

(4)睡眠。

正常的睡眠状态应是入睡快,睡得深,不做或很少做梦。经常参加体育活动的青少年学生和运动员,睡眠应当是良好的。体育活动参加者和运动员中出现失眠、睡眠不好的现象,大多是对运动负荷不适应或是过度训练的早期反应。记录时可填写睡眠的时间以及睡眠状况,如良好、一般、不好或失眠、多梦、易醒等。

(5)食欲。

生活规律、健康状况正常的青少年学生和运动员,食欲应该是正常的。经常参加体育活动的人或运动员,由于能量消耗多,一般食欲良好,食量也较大。但健康状况不良或过度训练时,食欲便会减退,食量减少。此外,运动训练刚结束后马上进餐,食欲也是较差的。记录时可填写食欲良好、一般、不好或厌食等。

(6)排汗量。

运动时人体排汗量的多少,与运动负荷或运动强度、气温、湿度、风速、训练水平、情绪、衣着量、饮水量以及汗腺的数目等因素有关。如果训练水平较高的运动员,运动时出现大量排汗的情况,可能是过度训练的征象。根据排汗情况,记录时可填写为汗量较多、一般、不多或其他。

(7)月经。

女生从事体育锻炼要注意观察月经周期是否正常、经期长短、经血量多少、是否有痛经等不良反应。

2. 客观检查

(1)基础心率(清晨):即为清晨起床前测定晨醒后的脉搏。可用来评定训练水平和了解身体机能状况。正常值为每分钟 60~80 次;运动员每分钟 44~66 次。评定标准:

①基础心率稳定或逐渐下降,表明身体机能状态良好,运动量适宜;

②在运动量加大时的机体适应阶段,基础心率会略有增加,但一般不超过 6 次/分钟。

③基础心率经常保持较快脉率,超过 12 次/分,持续三天以上,而又无生病发烧等原因,表明身体机能状态不良,应考虑运动量安排不当或负担量过大。

根据心率测量情况,记录时可填写为正常、过快、心律不齐、缓慢。

(2)体重:刚参加体育锻炼者体重一般要经历三个阶段的变化:在最初的几周内,因身体里的水分和脂肪大量消耗,可使体重下降 2~3 kg;经过一段时间的锻炼后,体重才比较稳定;长期坚持锻炼使肌肉发达,体重有所增加,并保持在一定的水平上。如果体育锻炼期间发现体重明显下降,则可能是运动量安排不当或过度训练。

(3)肺活量。有条件时,应在运动前做一次肺活量检查。参加有氧代谢运动后,肺活量会增加一些。如持续下降则表明肺功能不良。根据肺活量测量情况,记录下测量的数据。

(4)握力、背力。在系统锻炼之后,握力、背力应增加,疲劳时则下降。

(5)血压、心电图。在有条件时,或某些患有心脑血管疾病者,要定期检查,并做运动前后对比的试验。

(6)锻炼情况及成绩。记录完成计划情况、训练量和测验成绩等。

(7)其他记录。记录缺席情况、受伤情况、中断运动时间和气象条件等。

(8)指导员和医师的评语。主要是对运动量、锻炼方法、运动操作和某些注意事项方面给予指导。

(三)自我监督记录表(表 2-2-3)

表 2-2-3　自我监督记录表

姓名:　　　　　　　　　　　　　　　　　　　　　　　　时间:　　年　　月

	内容	数据/反应						备注
主观感觉	一般感觉	良好		一般		不好		
	运动意愿	愿意训练		不愿意训练		厌倦训练		
	不良感觉	恶心		头晕		心悸		
	睡眠	良好		一般		失眠		
	食欲	良好		一般		厌食		
	排汗量	增多		一般		减少		
	月经	正常		量过多		量偏少		
客观检查	脉搏	次/分		节律		早搏次数		
	体重	kg						
	握力	kg						
	肺活量	mL						
	血压	/mmHg						
	运动成绩/运动项目							
伤病情况								

三、体育运动中常见的生理反应与疾病

在体育锻炼过程中,人体的生理平衡受到暂时性破坏,并出现某种生理反应,这种反应称之为“运动生理反应”。常见的运动生理反应及处理方法如下:

(一)肌肉酸痛

不少同学有过这样的体会,在一次运动量较大的锻炼后,或是隔了较长的时间没有锻炼,刚开始锻炼之后,往往会出现肌肉酸痛,这种酸痛不是发生在运动结束后即刻,而是发生在运动结束后一两天内,因此称肌肉延迟性疼痛。

1. 原因和症状

近代生理学的研究表明，由于运动时呼吸系统、循环系统的活动与肌肉活动的需求不相适应（运动开始不久，运动系统的肌肉等可以很快进入快速的、剧烈的运动，而心脏跳动、呼吸的频率不能一下子就达到很快、很高的水平），肌肉的氧气供应不足，使肌肉在收缩过程中产生的大量乳酸不能及时氧化而排出，乳酸堆积在肌肉中，刺激了肌肉中的感觉神经末梢，从而引起了酸痛，这是一种正常的生理现象。

这种肌肉酸痛现象，一般来说坚持锻炼两三天后，就会因为机体机能逐步适应锻炼而自然消失。如果肌肉酸痛得厉害，可以休息一天，隔天再进行锻炼。如果肌肉在锻炼隔天后仍持续酸痛，并且感到身体疲劳、精神不振、不想吃饭、睡眠不好等，就说明运动负荷太大了，或者局部有肌肉轻度拉伤现象，应适当休息几天，等酸痛消除，体力恢复，感到身体有劲后，再坚持锻炼。

2. 处理和预防

(1)处理。

①局部温热和涂擦药物。锻炼后用温热水泡洗可减轻肌肉酸痛。局部涂擦油剂、糊剂或按摩擦剂也可减轻疼痛。②牵伸肌肉的运动可减轻酸痛。牵伸肌肉可加速肌肉的放松和拮抗肌的缓解，有助于紧张肌肉的恢复，但注意不可用力过猛，以免牵拉肌纤维损伤。这种肌肉牵伸练习也为预防锻炼时的拉伤打下基础。③按摩。按摩有使肌肉放松，促进血液循环的作用，有助于损伤修复及痉挛缓解。④口服维生素 C。维生素 C 有促进结缔组织中胶原合成的作用，有助于受伤组织的修复，从而减轻或缓解酸痛。⑤针灸、电疗等手段对缓解酸痛也有一定的作用。

(2)预防。

预防肌肉酸痛可以采取以下措施：①锻炼安排要合理。根据不同的体质，不同的状况科学地安排运动负荷，负荷不要过大，也不宜增加过猛；②避免局部锻炼。锻炼时，尽量避免长时间锻炼身体的某一部分，以免局部肌肉负荷过重；③做好锻炼时的准备活动和整理活动。准备活动中，注意对即将练习时活动负荷重的肌肉活动得更充分一些，对损伤有预防作用；整理活动除进行一般性的放松练习外，还应重视进行肌肉的伸展牵拉练习，这种伸展性练习有助于预防局部肌纤维痉挛，从而避免了酸痛的发生。

（二）肌肉痉挛

1. 原因和症状

肌肉痉挛（俗称抽筋）是肌肉不自主的强直收缩的表现。引起肌肉痉挛的常见原因有：

(1)寒冷刺激。肌肉在寒冷环境下兴奋性会增高，而易发生肌肉痉挛。因此，在寒冷环境下参加运动时，既要注意做好准备活动，还要注意开始运动时服装不能穿得太少，要随着运动的进行逐渐减少衣服，运动结束后要尽快穿上衣服。

(2)电解质丢失过多。运动中大量出汗会伴随有大量电解质（主要是钠、钾、钙）的丢失。这些电解质在人体内的浓度水平与神经肌肉兴奋性有关，当丢失过多时，肌肉兴奋性增高，肌肉易发生痉挛。这种情况多见于天气炎热或进行长时间剧烈运动时，在这种情况下要特别注意水分及电解质、维生素的补充。另外，在有体重级别项目赛前急性减体重时，也要注意脱水时电解质的丢失问题，如不进行补充会影响比赛时水平的发挥。

(3)疲劳。疲劳的肌肉比正常肌肉硬,即张力大,训练或比赛中用力越多、越疲劳的肌肉越容易发生痉挛。

(4)肌肉连续收缩过快。这引起肌肉的收缩与放松不能协调地进行,特别是不能放松,而引起肌肉痉挛,这多见于训练水平低的运动员身上。在运动中较容易发生的部位是小腿和脚趾。

2. 处理和预防

(1)处理。

解除肌肉痉挛的方法,主要是牵引痉挛的肌肉,使它伸长和松弛。例如,小腿肚痉挛和脚趾向下痉挛时,可将痉挛腿的膝关节伸直,用力将脚掌和脚趾向上扳,即可使痉挛缓解。如果效果不行,小腿肚痉挛还可用手指重按承山穴,脚趾向下痉挛则重按涌泉穴,然后对小腿后面做自下而上的快速重推摩,全手揉捏和轻拍以帮其缓解。缓解后再轻推、缓慢揉捏一会,并注意保暖。如果游泳时发生腿肚或脚趾痉挛,就应立即用两手和没有痉挛的脚仰游回岸,或先吸一口气,仰浮于水面呼救,切不可慌张,以免发生溺水。

(2)预防。

为了预防肌肉痉挛,夏季锻炼应适当饮用淡盐水;冬季锻炼要注意保暖和做好准备活动,在水中运动时间不宜过长,当有寒战或疲劳感觉时应及时出水。

(三)运动中腹痛

1. 原因和症状

运动中腹痛多数在中长跑时产生,主要是因为准备活动不充分,开始时运动过于剧烈,或者跑得过快,内脏器官尚没有达到竞赛状态,致使脏腑功能失调,引起腹痛;也有的是因为运动前吃得过饱,饮水过多,以及腹部受凉,引起胃肠痉挛;少数是因为运动时间过长,或过于剧烈,使下腔静脉压力上升,引起血液回流受阻,或者因肝脾瘀血,膈肌运动异常,致使两胁部腹痛。

2. 处理和预防

(1)处理。

如果没有器质性病变迹象,一般可采用减速慢跑,加深呼吸,按摩疼痛部位或弯腰跑一段等方法处理,疼痛常可减轻或消失,如果疼痛仍不减轻或消失,甚至加重,就应该立即停止运动,并口服十滴水或揉按内关、足三里、大肠俞等穴位。如仍不见效,就应送医院作进一步检查。

(2)预防。

饭后一小时才可以进行锻炼,做好预防活动,运动量循序渐进,并注意呼吸节奏,夏季运动要注意补充盐分;对于各种慢性病症引起的腹痛,应就医检查。病愈之前,应在医生或体育教师的指导下进行锻炼。

(四)运动性贫血

1. 原因和症状

血液中红细胞数目或血红蛋白量低于正常值,称为贫血。由于运动训练因素而导致的贫血,称为运动性贫血,它的诊断标准是男运动员的红细胞数目低于400万个/立方毫米,血红蛋白低于12 g/dl;女运动员红细胞数目低于350万/立方毫米,血红蛋白低于10.5 g/dl;

14 岁以下儿童低于 12 g/dl。在通常情况下，运动性贫血的发病率女性高于男性。

目前的研究结果表明造成运动性贫血的原因主要有以下两个：

(1)红细胞破坏增加。运动时，由于内分泌的改变，红细胞的机械性脆性增加，红细胞膜的抵抗力因而减弱，再加上运动时血流加速，使红细胞之间，红细胞与血管壁之间的撞击和摩擦增加，使红细胞破裂和溶血。

(2)蛋白质和铁的摄入量不足和消耗增加。运动时，新陈代谢旺盛，肌肉增长使蛋白质的需求增加，而且运动时大量排汗使铁的排泄量增多，而这两种物质都是红细胞的重要组成成分。

红细胞的主要生理功能为携带氧气，以供机体所需，它的携氧功能是通过血红蛋白来实现的，而运动是由于大量消耗，机体对氧的需求大大增加，一旦有运动性贫血发生，其主要症状为头昏，眼花，乏力，易倦，食欲不振，体力活动差，运动时易出现心悸、气促、心跳加快。而这些症状尤其在运动时表现得更为明显，从而对身体造成伤害，限制运动水平的提高，并进一步使运动成绩下降。

2. 处理和预防

(1)处理。

在治疗运动性贫血时，应注意对蛋白质和铁的补充。而对铁源的选择，应以有机铁为好，在补铁的同时还要注意维生素 B 族的补充。

(2)预防。

遵循循序渐进和个别对待原则，如运动时经常有头晕现象时，应及时诊断医治，以利正常参加体育锻炼。

(五)运动性昏厥

1. 原因和症状

在运动中或运动后由于脑部一时性血供不足或血液中化学物质的变化引起突发性、短暂性意识丧失(LOC)、肌张力消失并伴随跌倒的现象，称为运动性晕厥。运动性昏厥产生的原因：

(1)心输出量减少。平时缺乏锻炼者，突然参加较大运动量的锻炼，心脏机能一时跟不上运动需要，加上平时缺乏训练，动作不协调、憋气等，造成血液回流量减少，心输出量也随之明显减少，因而出现暂时性脑缺血。而又因平时缺乏锻炼，机体对这种情况的适应能力较差，便更容易发生晕厥。

(2)重力性休克。如久站不动、久蹲突然起身、跑步后突然停止活动等，均可因重力作用使血回流量减少，而形成脑缺血。

症状：先是出现全身乏力、头晕、耳鸣、眼前发黑、面色苍白等前驱症状，紧接着失去知觉，突然倒地，出现手足发凉、脉慢而弱、血压下降、呼吸缓慢、瞳孔缩小等症状。轻者由于倒地后，脑部得到血液补充，使缺血消除，片刻可醒，但醒后仍有头昏、精神欠佳、乏力等感觉。

2. 处理和预防

(1)处理。

有前驱症状时，应下蹲或卧下休息片刻，可避免发生昏倒。已晕厥者应使其平卧，头低足高，解松衣领，注意保暖，下肢作向心性揉推按摩。不醒者可指掐或针刺人中、百会、涌泉、合谷等穴位，或嗅氨水，一般可醒。如停止呼吸者，可做人工呼吸，此时头要转向一侧，注意防止痰液或呕吐物阻塞喉头。

(2)预防。

①坚持科学系统的训练原则,避免过度疲劳、过度紧张等状况。

②参加长时间剧烈运动项目者必须是经过训练的运动员。

③疾病恢复期和年龄较大者参加运动时必须按运动处方进行。

④避免在夏季高温、高湿或无风条件下进行长时间训练及比赛。

⑤进行长距离运动时要及时补充糖、盐和水分。

⑥疾跑后不要骤停,应继续慢跑一段并做深呼吸。

⑦不宜在闭气下作长距离游泳,水下游泳应有安全监督措施。

⑧运动员应定期进行体格检查,尤其在重大比赛和高强度训练前。

⑨对有晕厥史的运动员应全面查明原因,避免再次晕厥。

⑩除队医外,运动员和教练员应有预防和简单处理运动中发生晕厥的能力。

(六)极点和第二次呼吸

1. 极点

(1)原因和症状:在剧烈运动时,特别在中长跑时,能量消耗大,下肢回流血量减少,氧债不断积累,并达到一定的程度,就会出现呼吸急促、胸闷难忍、下肢沉重、动作不协调,甚至有恶心现象,这在运动生理学上称为"极点"。

(2)预防和处理:充分做好准备活动,使植物性神经提前兴奋,当极点出现时,放慢跑速,减小强度,加深呼吸。

2. 第二次呼吸

"极点"出现后,先适当地减慢运动速度,并注意加深呼吸坚持下去,上述生理反应就会逐渐缓解与消失。随后机能得到重新改善,氧供应增加,运动能力得到提高,动作变得协调有力,这种现象标志着"极点"已经有所克服,生理过程出现新的平衡,运动生理学上称之为"第二次呼吸"。"第二次呼吸"出现以后,循环机能将稳定在较高的水平上。

"极点"与"第二次呼吸"是长跑运动中常见的生理现象,无需疑虑和恐惧,只要坚持经常锻炼和处理得当,"极点"现象是可以延缓和减轻的。

(七)运动中暑

1. 原因和症状

在较高的温度下,长时间进行体育锻炼,易发生中暑,尤其在温度高、通风不良的条件下,头部缺乏保护,被烈日直接照射,容易发病。

中暑早期,头晕、头痛、呕吐现象逐步发展为体温升高、皮肤干燥,严重者可能精神失常、虚脱、抽搐、心律失常、血压下降,甚至昏迷危及生命。

2. 处理和预防

(1)处理。

①脱离高温环境。迅速将中暑者转移至阴凉通风处休息,使其平卧,头部抬高,松解衣扣。

②补充液体。如果中暑者神志清醒,并无恶心、呕吐,可饮用含盐的清凉饮料、茶水、绿豆汤等,以起到既降温、又补充血容量的作用。

③人工散热。可采用电风扇吹风等散热方法,但不能直接对着病人吹风,防止造成

感冒。

④冰敷。头部冷敷，应在头部、腋下、腹股沟等大血管处放置冰袋(用冰块、冰棍、冰激凌等放入塑料袋内，封严密即可)，并可用冷水擦浴直到皮肤发红。每 10～15 min 测量 1 次体温。

(2)预防。

在高温炎热的季节进行锻炼时，应适当减少运动量和运动的时间，避免在烈日下长时间进行锻炼。夏天在室外锻炼时，应戴白色的凉帽，穿宽敞的衣服，在室内锻炼时，应保持良好的通风，并随身携带低糖的饮料。

课后练习与作业

1. 简述体育锻炼的原则和方法。

2. 如何选择体育锻炼的内容?

3. 针对自己的实际情况，制订一份体育锻炼计划。

4. 制订运动处方的步骤?

5. 体育锻炼中自我监督的主要内容是什么?

6. 简述肌肉酸痛、肌肉痉挛、运动中腹痛、运动性贫血、运动性晕厥生理反应的预防和处理。

项目三　国家学生体质健康测试

■ 教师寄语

运动强健体魄，活力领跑未来。

——郭向荣

■ 学习目标

知识目标：了解学生体质健康测试的评价指标与权重，了解测试意义；掌握测试方法。

能力目标：能够评估自己的体质健康水平。

素质目标：积极参与体育锻炼，养成自觉锻炼的习惯。

■ 项目思维导图

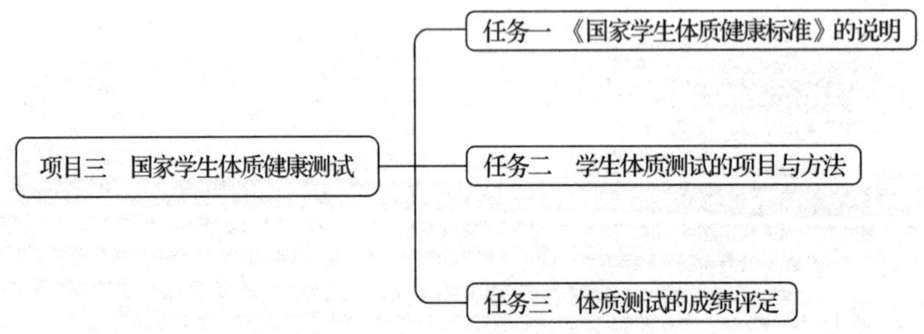

■ 课程思政

"少年强则国强"，学生作为国家未来的筑梦者，健康的体魄是最基本的保障。学生体质健康测试从身体形态、身体机能和身体素质等方面评定学生的体质健康水平，是促进学生体质健康发展、激励学生积极进行体育锻炼的手段。我们要树立健康第一的理念，推动健康素养提升入脑入心入行，关注身心健康、培养运动兴趣、掌握运动技能、养成运动习惯，实现全面发展。

任务一　《国家学生体质健康标准》的说明

一、什么是《国家学生体质健康标准》

2007 年 4 月，教育部、国家体育总局正式下发了关于实施《国家学生体质健康标准》(以下简称《标准》)的通知(教体艺〔2007〕8 号)。《标准》是《国家体育锻炼标准》的一个组成部分，是《国家体育锻炼标准》在学校中的具体应用，是国家学校教育工作的基础性指导文件和教育质量基本标准，是评价学生综合素质、评估学校工作和衡量各地教育发展的重要依据。

2014 年教育部在坚持健康第一，落实《国家中长期教育改革和发展规划纲要(2010—2020 年)》、《国务院办公厅转发教育部等部门关于进一步加强学校体育工作若干意见的通知》(国办发〔2012〕53 号)和《教育部关于印发〈学生体质健康监测评价办法〉等三个文件的通知》(教体艺〔2014〕3 号)的有关要求，着重提高《标准》应用的信度、效度和区分度，着重强化其教育激励、反馈调整和引导锻炼的功能，着重提高其教育检测和绩效评价的支撑能力，在认真总结 2007 年《标准》的基础上，经过修改、完善，重新颁布了《国家学生体质健康标准》(以下简称新《标准》)。

二、进行《国家学生体质健康标准》测试的意义

新《标准》从身体形态、身体机能和身体素质等方面综合评定学生的体质健康水平，是促进学生体质健康发展、激励学生积极进行身体锻炼的教育手段，是国家学生发展核心素养体系和学业质量标准的重要组成部分，是学生体质健康的个体评价标准。

通过《标准》的测试，可以及时了解自己的体质与健康状况，有助于在新的一年设定合适的锻炼目标，选择有针对性的锻炼方法和内容，制订切实可行的锻炼计划，有利于学生体质健康水平的提高。

三、新《标准》等级评定与登记

(1)新《标准》的学年总分由标准分与附加分之和构成，满分为 120 分。标准分由各单项指标得分与权重乘积之和组成，满分为 100 分。附加分根据实测成绩确定，即对成绩超过 100 分的加分指标进行加分，满分为 20 分；大学的加分指标为男生引体向上和 1000 米跑，女生 1 分钟仰卧起坐和 800 米跑，各指标加分幅度均为 10 分。

(2)根据学生学年总分评定等级：90.0 分及以上为优秀，80.0～89.9 分为良好，60.0～79.9 分为及格，59.9 分及以下为不及格。

(3)每个学生每学年评定一次，记入《〈国家学生体质健康标准〉登记卡》。特殊学制的学校，在填写登记卡时可以按规定和需求相应地增减栏目。学生毕业时的成绩和等级，按毕业当年学年总分的 50%与其他学年总分平均得分的 50%之和进行评定。

(4)学生测试成绩评定达到良好及以上者，方可参加评优与评奖；成绩达到优秀者，方可获体育奖学分。测试成绩评定不及格者，在本学年度准予补测一次，补测仍不及格，则学年成绩评定为不及格。普通高中、中等职业学校和普通高等学校学生毕业时，新《标准》测试的

成绩达不到50分者按结业或肄业处理。

(5)学生因病或残疾可向学校提交暂缓或免予执行新《标准》的申请,经医疗单位证明,体育教学部门核准,可暂缓或免予执行新《标准》,并填写《免予执行〈国家学生体质健康标准〉申请表》,存入学生档案。确实丧失运动能力、被免予执行新《标准》的残疾学生,仍可参加评优与评奖,毕业时新《标准》成绩需注明免测。

任务二 学生体质测试的项目与方法

一、《国家学生体质健康标准》的测试项目及权重

根据新《标准》的要求,大学生需要完成八项测试,分别是身高、体重、肺活量、50米跑、坐位体前屈、立定跳远、引体向上(男)/1分钟仰卧起坐(女)、1000米跑(男)/800米跑(女)。具体各项目和权重见表3-2-1。

表3-2-1 大学生《标准》测试项目及权重

测试对象	单项指标	权重(%)
大学各年级	体重指数(BMI)	15
	肺活量	15
	50米跑	20
	坐位体前屈	10
	立定跳远	10
	引体向上(男)/1分钟仰卧起坐(女)	10
	1000米跑(男)/800米跑(女)	20

注:体重指数(BMI)=体重(千克)/身高^2(平方米)

二、各测试项目的意义及方法

(一)身高

(1)测试目的:与体重测试相配合。测试学生身高,然后与《学生身高标准体重表》对应比较,确定学生的身体匀称度,评价学生生长发育及营养状况的水平。

(2)测试方法:被测试者赤足,立正姿势站在身高测量仪的底板上,上肢自然下垂,足跟并拢,足尖分开约60°,头部正直,两眼平视,足跟、骶骨及两肩胛间与立柱接触。待测量身高的部分开始向上升起时,即可离开测量仪。测试方法见视频3-2-1。

视频3-2-1 身高体重测试方法

(二)体重

(1)测试目的:与身高测试相配合。测试学生的体重,然后与《学生身高标准体重表》对应比较,确定学生的身体匀称度,评价学生生长发育及营养状况的水平。

(2)测试方法:体重秤放在平坦地面上,被测试者赤脚平稳踏上秤面,并站在秤面中央,约3秒钟左右可稳定显示测量者的体重值,单位为公斤。测量时保持身体平衡,确保测量精度。

(三)肺活量

(1)测试目的:测试学生的肺通气功能。它是指人体尽全力深吸气后,再尽全力呼出的气体总量,即一次深呼吸的气量,是呼吸动态过程中的一部分。

(2)测试方法:被测试者进行一两次较平日深一些的呼吸动作后,更深地吸一口气,向吹嘴处慢慢呼出至不能再呼出气体为止。每位测试者测三次,每次间隔15秒。测试仪自动计算出最大通气量,并在机箱上显示,测试结束。

(3)注意事项。

①吹嘴要紧靠面部,否则气体易溢出,影响测量结果。

②吹气时气流不可中断,一旦中断,仪器便自动记为一次测量结束。

③呼吸时要求做到:轻、细、深、长,没有声音。

(四)50米跑

(1)测试目的:测试学生的速度、灵敏及神经系统灵活性的发育水平。

(2)测试方法:测试者至少两人一组测试。站立起跑,受试者听到“跑”的口令后开始起跑。发令员在发出口令同时要摆动发令旗。计时员看旗动开表计时,测试者躯干部到达终点线的垂直面停表。

(3)注意事项。

①受试者测试最好穿运动鞋或平底布鞋。

②发现有抢跑者,要当即召回重跑。

③如遇风时一律顺风跑。

(五)坐位体前屈

(1)测试目的:测试学生身体柔韧素质的发展水平。

(2)测试方法:被测试者坐在连接于箱体的软垫上,两腿伸直,不可弯曲,脚跟并拢,脚尖分开约10～15 cm,踩在测量仪垂直平板上,两手并拢;两臂和手伸直,渐渐使上体前屈,用两手中指尖轻轻推动标尺上的游标前滑(不得有突然前伸动作),直到不能继续前伸时为止。机箱自动显示测试成绩,测试完毕。测试两次,取最好的成绩。测试方法见视频3-2-2。

视频3-2-2 坐位体前屈测试方法

(3)注意事项。

①身体前屈,两臂向前推游标时两腿不能弯曲。

②受试者应匀速向前推动游标,不得突然发力。

(六)立定跳远

(1)测试目的:测试学生下肢肌肉力量及身体协调能力的发展水平。

(2)测试方法:被测试者两脚自然分开站立在起跳线后,脚尖不得踩线。两脚原地同时起跳,不得有垫步或连跳动作。每位测试者试跳三次。落地后应从正前方走出测试垫,不得踏踩测试垫两边的测量杆,测试成绩显示机箱上,测试完毕。测试方法见视频3-2-3。

视频3-2-3 立定跳远测试方法

(3)注意事项。

①发现犯规时,此次成绩无效。三次试跳均无成绩者,应允许再跳,直至取得成绩为止。

②可以赤足,但不得穿钉鞋、皮鞋、塑料凉鞋参加测试。

(七)仰卧起坐

(1)测试目的:通过对被测试者 1 分钟内仰卧起坐次数的测定,反映个体腹部肌群的耐力。

(2)测试方法:受试者仰卧于垫上,两腿稍分开,屈膝呈 90°左右,两手指交叉贴于脑后。另一同伴压住其踝关节,以固定下肢。受试者坐起时两肘触及或超过双膝为完成一次。仰卧时两肩胛必须触垫。测试人员发出“开始”口令的同时开表计时,记录 1 分钟内完成次数。1 分钟到时,受试者虽已坐起但肘关节未达到双膝者不计该次数,精确到个位。测试方法见视频 3-2-4。

视频 3-2-4 仰卧起坐测试方法

(3)注意事项。

①如发现受试者借用肘部撑垫或臀部起落的力量起坐时,该次不计数。

②测试过程中,观测人员应向受试者报数。

③受试者双脚必须放于垫上。

(八)引体向上

(1)测试目的:测试学生的上肢肌肉力量和耐力的发展水平。

(2)测试方法:受试者跳起双手正握杠,两手与肩同宽成直臂悬垂。静止后,两臂同时用力引体(身体不能有附加动作),上拉到下颌超过横杠上缘为完成一次。记录引体次数。

(3)注意事项。

①受试者应双手正握单杠,待身体静止后开始测试。

②引体向上时,身体不得做大的摆动,也不得借助其他附加动作撑起。

③两次引体向上的间隔时间超过 10 秒则停止测试。

(九)800 米或 1000 米跑

(1)测试目的:测试学生耐力素质的发展水平,特别是心血管呼吸系统的机能及肌肉耐力。

(2)测试方法:受试者至少两人一组进行测试,站立式起跑。当听到“跑”的口令后开始起跑。计时员看到旗动开表计时,当受试者的躯干部到达终点线垂直面时停表。以分、秒为单位记录测试成绩,不计小数。

(3)注意事项。

①心脏有病的学生不能参加测试。

②凡办理过《免于执行国家学生体质健康标准》申请者不再测试。

任务三　体质测试的成绩评定

一、各测试项目的具体评分表

各测试项目具体评分情况见表 3-3-1 至表 3-3-7。

表 3-3-1　体重指数(BMI)单项评分表(单位:千克/平方米)

等级	单项得分	男生				女生			
		高一	高二	高三	大学	高一	高二	高三	大学
正常	100	16.5～23.2	16.8～23.7	17.3～23.8	17.9～23.9	16.5～22.7	16.9～23.2	17.1～23.3	17.2～23.9
低体重	80	≤16.4	≤16.7	≤17.2	≤17.8	≤16.4	≤16.8	≤17.0	≤17.1
超重	80	23.3～26.3	23.8～26.5	23.9～27.3	24.0～27.9	22.8～25.2	23.3～25.4	23.4～25.7	24.0～27.9
肥胖	60	≥26.4	≥26.6	≥27.4	≥28.0	≥25.3	≥25.5	≥25.8	≥28.0

注:体重指数(BMI)＝体重(千克)/身高^2(平方米)

表 3-3-2　肺活量单项评分表(单位:毫升)

等级	单项得分	男生					女生				
		高一	高二	高三	大一大二	大三大四	高一	高二	高三	大一大二	大三大四
优秀	100	4540	4740	4940	5040	5140	3150	3250	3350	3400	3450
优秀	95	4420	4620	4820	4920	5020	3100	3200	3300	3350	3400
优秀	90	4300	4500	4700	4800	4900	3050	3150	3250	3300	3350
良好	85	4050	4250	4450	4550	4650	2900	3000	3100	3150	3200
良好	80	3800	4000	4200	4300	4400	2750	2850	2950	3000	3050
及格	78	3680	3880	4080	4180	4280	2650	2750	2850	2900	2950
及格	76	3560	3760	3960	4060	4160	2550	2650	2750	2800	2850
及格	74	3440	3640	3840	3940	4040	2450	2550	2650	2700	2750
及格	72	3320	3520	3720	3820	3920	2350	2450	2550	2600	2650
及格	70	3200	3400	3600	3700	3800	2250	2350	2450	2500	2550
及格	68	3080	3280	3480	3580	3680	2150	2250	2350	2400	2450
及格	66	2960	3160	3360	3460	3560	2050	2150	2250	2300	2350
及格	64	2840	3040	3240	3340	3440	1950	2050	2150	2200	2250
及格	62	2720	2920	3120	3220	3320	1850	1950	2050	2100	2150
及格	60	2600	2800	3000	3100	3200	1750	1850	1950	2000	2050

续表

等级	单项得分	男生					女生				
		高一	高二	高三	大一大二	大三大四	高一	高二	高三	大一大二	大三大四
不及格	50	2470	2660	2850	2940	3030	1710	1810	1910	1960	2010
	40	2340	2520	2700	2780	2860	1670	1770	1870	1920	1970
	30	2210	2380	2550	2620	2690	1630	1730	1830	1880	1930
	20	2080	2240	2400	2460	2520	1590	1690	1790	1840	1890
	10	1950	2100	2250	2300	2350	1550	1650	1750	1800	1850

表 3-3-3　50 米跑单项评分表(单位:秒)

等级	单项得分	男生					女生				
		高一	高二	高三	大一大二	大三大四	高一	高二	高三	大一大二	大三大四
优秀	100	7.1	7.0	6.8	6.7	6.6	7.8	7.7	7.6	7.5	7.4
	95	7.2	7.1	6.9	6.8	6.7	7.9	7.8	7.7	7.6	7.5
	90	7.3	7.2	7.0	6.9	6.8	8.0	7.9	7.8	7.7	7.6
良好	85	7.4	7.3	7.1	7.0	6.9	8.3	8.2	8.1	8.0	7.9
	80	7.5	7.4	7.2	7.1	7.0	8.6	8.5	8.4	8.3	8.2
及格	78	7.7	7.6	7.4	7.3	7.2	8.8	8.7	8.6	8.5	8.4
	76	7.9	7.8	7.6	7.5	7.4	9.0	8.9	8.8	8.7	8.6
	74	8.1	8.0	7.8	7.7	7.6	9.2	9.1	9.0	8.9	8.8
	72	8.3	8.2	8.0	7.9	7.8	9.4	9.3	9.2	9.1	9.0
	70	8.5	8.4	8.2	8.1	8.0	9.6	9.5	9.4	9.3	9.2
	68	8.7	8.6	8.4	8.3	8.2	9.8	9.7	9.6	9.5	9.4
	66	8.9	8.8	8.6	8.5	8.4	10.0	9.9	9.8	9.7	9.6
	64	9.1	9.0	8.8	8.7	8.6	10.2	10.1	10.0	9.9	9.8
	62	9.3	9.2	9.0	8.9	8.8	10.4	10.3	10.2	10.1	10.0
	60	9.5	9.4	9.2	9.1	9.0	10.6	10.5	10.4	10.3	10.2
不及格	50	9.7	9.6	9.4	9.3	9.2	10.8	10.7	10.6	10.5	10.4
	40	9.9	9.8	9.6	9.5	9.4	11.0	10.9	10.8	10.7	10.6
	30	10.1	10.0	9.8	9.7	9.6	11.2	11.1	11.0	10.9	10.8
	20	10.3	10.2	10.0	9.9	9.8	11.4	11.3	11.2	11.1	11.0
	10	10.5	10.4	10.2	10.1	10.0	11.6	11.5	11.4	11.3	11.2

表 3-3-4　坐位体前屈单项评分表(单位:厘米)

等级	单项得分	男生					女生				
		高一	高二	高三	大一大二	大三大四	高一	高二	高三	大一大二	大三大四
优秀	100	23.6	24.3	24.6	24.9	25.1	24.2	24.8	25.3	25.8	26.3
	95	21.5	22.4	22.8	23.1	23.3	22.5	23.1	23.6	24.0	24.4
	90	19.4	20.5	21.0	21.3	21.5	20.8	21.4	21.9	22.2	22.4
良好	85	17.2	18.3	19.1	19.5	19.9	19.1	19.7	20.2	20.6	21.0
	80	15.0	16.1	17.2	17.7	18.2	17.4	18.0	18.5	19.0	19.5
及格	78	13.6	14.7	15.8	16.3	16.8	16.1	16.7	17.2	17.7	18.2
	76	12.2	13.3	14.4	14.9	15.4	14.8	15.4	15.9	16.4	16.9
	74	10.8	11.9	13.0	13.5	14.0	13.5	14.1	14.6	15.1	15.6
	72	9.4	10.5	11.6	12.1	12.6	12.2	12.8	13.3	13.8	14.3
	70	8.0	9.1	10.2	10.7	11.2	10.9	11.5	12.0	12.5	13.0
	68	6.6	7.7	8.8	9.3	9.8	9.6	10.2	10.7	11.2	11.7
	66	5.2	6.3	7.4	7.9	8.4	8.3	8.9	9.4	9.9	10.4
	64	3.8	4.9	6.0	6.5	7.0	7.0	7.6	8.1	8.6	9.1
	62	2.4	3.5	4.6	5.1	5.6	5.7	6.3	6.8	7.3	7.8
	60	1.0	2.1	3.2	3.7	4.2	4.4	5.0	5.5	6.0	6.5
不及格	50	0.0	1.1	2.2	2.7	3.2	3.6	4.2	4.7	5.2	5.7
	40	−1.0	0.1	1.2	1.7	2.2	2.8	3.4	3.9	4.4	4.9
	30	−2.0	−0.9	0.2	0.7	1.2	2.0	2.6	3.1	3.6	4.1
	20	−3.0	−1.9	−0.8	−0.3	0.2	1.2	1.8	2.3	2.8	3.3
	10	−4.0	−2.9	−1.8	−1.3	−0.8	0.4	1.0	1.5	2.0	2.5

表 3-3-5　立定跳远单项评分表(单位:厘米)

等级	单项得分	男生					女生				
		高一	高二	高三	大一大二	大三大四	高一	高二	高三	大一大二	大三大四
优秀	100	260	265	270	273	275	204	205	206	207	208
	95	255	260	265	268	270	198	199	200	201	202
	90	250	255	260	263	265	192	193	194	195	196
良好	85	243	248	253	256	258	185	186	187	188	189
	80	235	240	245	248	250	178	179	180	181	182

续表

等级	单项得分	男生					女生				
		高一	高二	高三	大一大二	大三大四	高一	高二	高三	大一大二	大三大四
及格	78	231	236	241	244	246	175	176	177	178	179
	76	227	232	237	240	242	172	173	174	175	176
	74	223	228	233	236	238	169	170	171	172	173
	72	219	224	229	232	234	166	167	168	169	170
	70	215	220	225	228	230	163	164	165	166	167
	68	211	216	221	224	226	160	161	162	163	164
	66	207	212	217	220	222	157	158	159	160	161
	64	203	208	213	216	218	154	155	156	157	158
	62	199	204	209	212	214	151	152	153	154	155
	60	195	200	205	208	210	148	149	150	151	152
不及格	50	190	195	200	203	205	143	144	145	146	147
	40	185	190	195	198	200	138	139	140	141	142
	30	180	185	190	193	195	133	134	135	136	137
	20	175	180	185	188	190	128	129	130	131	132
	10	170	175	180	183	185	123	124	125	126	127

表 3-3-6 男生引体向上、女生一分钟仰卧起坐单项评分表(单位:次)

等级	单项得分	男生引体向上					女生仰卧起坐				
		高一	高二	高三	大一大二	大三大四	高一	高二	高三	大一大二	大三大四
优秀	100	16	17	18	19	20	53	54	55	56	57
	95	15	16	17	18	19	51	52	53	54	55
	90	14	15	16	17	18	49	50	51	52	53
良好	85	13	14	15	16	17	46	47	48	49	50
	80	12	13	14	15	16	43	44	45	46	47
及格	78						41	42	43	44	45
	76	11	12	13	14	15	39	40	41	42	43
	74						37	38	39	40	41
	72	10	11	12	13	14	35	36	37	38	39
	70						33	34	35	36	37

续表

等级	单项得分	男生引体向上					女生仰卧起坐				
		高一	高二	高三	大一 大二	大三 大四	高一	高二	高三	大一 大二	大三 大四
及格	68	9	10	11	12	13	31	32	33	34	35
	66						29	30	31	32	33
	64	8	9	10	11	12	27	28	29	30	31
	62						25	26	27	28	29
	60	7	8	9	10	11	23	24	25	26	27
不及格	50	6	7	8	9	10	21	22	23	24	25
	40	5	6	7	8	9	19	20	21	22	23
	30	4	5	6	7	8	17	18	19	20	21
	20	3	4	5	6	7	15	16	17	18	19
	10	2	3	4	5	6	13	14	15	16	17

表 3-3-7 耐力跑单项评分表(单位:分·秒)

等级	单项得分	男生 1000 米					女生 800 米				
		高一	高二	高三	大一 大二	大三 大四	高一	高二	高三	大一 大二	大三 大四
优秀	100	3′30″	3′25″	3′20″	3′17″	3′15″	3′24″	3′22″	3′20″	3′18″	3′16″
	95	3′35″	3′30″	3′25″	3′22″	3′20″	3′30″	3′28″	3′26″	3′24″	3′22″
	90	3′40″	3′35″	3′30″	3′27″	3′25″	3′36″	3′34″	3′32″	3′30″	3′28″
良好	85	3′47″	3′42″	3′37″	3′34″	3′32″	3′43″	3′41″	3′39″	3′37″	3′35″
	80	3′55″	3′50″	3′45″	3′42″	3′40″	3′50″	3′48″	3′46″	3′44″	3′42″
及格	78	4′00″	3′55″	3′50″	3′47″	3′45″	3′55″	3′53″	3′51″	3′49″	3′47″
	76	4′05″	4′00″	3′55″	3′52″	3′50″	4′00″	3′58″	3′56″	3′54″	3′52″
	74	4′10″	4′05″	4′00″	3′57″	3′55″	4′05″	4′03″	4′01″	3′59″	3′57″
	72	4′15″	4′10″	4′05″	4′02″	4′00″	4′10″	4′08″	4′06″	4′04″	4′02″
	70	4′20″	4′15″	4′10″	4′07″	4′05″	4′15″	4′13″	4′11″	4′09″	4′07″
	68	4′25″	4′20″	4′15″	4′12″	4′10″	4′20″	4′18″	4′16″	4′14″	4′12″
	66	4′30″	4′25″	4′20″	4′17″	4′15″	4′25″	4′23″	4′21″	4′19″	4′17″
	64	4′35″	4′30″	4′25″	4′22″	4′20″	4′30″	4′28″	4′26″	4′24″	4′22″
	62	4′40″	4′35″	4′30″	4′27″	4′25″	4′35″	4′33″	4′31″	4′29″	4′27″
	60	4′45″	4′40″	4′35″	4′32″	4′30″	4′40″	4′38″	4′36″	4′34″	4′32″

续表

等级	单项得分	男生1000米					女生800米				
		高一	高二	高三	大一大二	大三大四	高一	高二	高三	大一大二	大三大四
不及格	50	5′05″	5′00″	4′55″	4′52″	4′50″	4′50″	4′48″	4′46″	4′44″	4′42″
	40	5′25″	5′20″	5′15″	5′12″	5′10″	5′00″	4′58″	4′56″	4′54″	4′52″
	30	5′45″	5′40″	5′35″	5′32″	5′30″	5′10″	5′08″	5′06″	5′04″	5′02″
	20	6′05″	6′00″	5′55″	5′52″	5′50″	5′20″	5′18″	5′16″	5′14″	5′12″
	10	6′25″	6′20″	6′15″	6′12″	6′10″	5′30″	5′28″	5′26″	5′24″	5′22″

(二)加分指标评分表

1. 引体向上、一分钟仰卧起坐加分

引体向上、一分钟仰卧起坐均为高优指标，学生成绩超过单项评分100分后，以超过的次数所对应的分数进行加分。（表3-3-8）

2. 耐力跑加分

1000米跑、800米跑均为低优指标，学生成绩低于单项评分100分后，以减少的秒数所对应的分数进行加分(表3-3-9)。

表3-3-8　男生引体向上、女生仰卧起坐加分评分表(单位:次)

加分	男生引体向上					女生仰卧起坐				
	高一	高二	高三	大一大二	大三大四	高一	高二	高三	大一大二	大三大四
10	10	10	10	10	10	13	13	13	13	13
9	9	9	9	9	9	12	12	12	12	12
8	8	8	8	8	8	11	11	11	11	11
7	7	7	7	7	7	10	10	10	10	10
6	6	6	6	6	6	9	9	9	9	9
5	5	5	5	5	5	8	8	8	8	8
4	4	4	4	4	4	7	7	7	7	7
3	3	3	3	3	3	6	6	6	6	6
2	2	2	2	2	2	4	4	4	4	4
1	1	1	1	1	1	2	2	2	2	2

表 3-3-9　耐力跑加分评分表(单位:分·秒)

加分	男生 1000 米					女子 800 米				
	高一	高二	高三	大一 大二	大三 大四	高一	高二	高三	大一 大二	大三 大四
10	−35″	−35″	−35″	−35″	−35″	−50″	−50″	−50″	−50″	−50″
9	−32″	−32″	−32″	−32″	−32″	−45″	−45″	−45″	−45″	−45″
8	−29″	−29″	−29″	−29″	−29″	−40″	−40″	−40″	−40″	−40″
7	−26″	−26″	−26″	−26″	−26″	−35″	−35″	−35″	−35″	−35″
6	−23″	−23″	−23″	−23″	−23″	−30″	−30″	−30″	−30″	−30″
5	−20″	−20″	−20″	−20″	−20″	−25″	−25″	−25″	−25″	−25″
4	−16″	−16″	−16″	−16″	−16″	−20″	−20″	−20″	−20″	−20″
3	−12″	−12″	−12″	−12″	−12″	−15″	−15″	−15″	−15″	−15″
2	−8″	−8″	−8″	−8″	−8″	−10″	−10″	−10″	−10″	−10″
1	−4″	−4″	−4″	−4″	−4″	−5″	−5″	−5″	−5″	−5″

课后练习与作业

1.《国家学生体质健康测试》的测试项目及分值是怎样规定的?

2. 根据新《标准》的体质健康评分表自评个人体质健康水平。

身体锻炼技术实践篇

项目四　田径运动

■ 教师寄语

感受速度与力量，不断超越自我。

——苏炳添

■ 学习目标

知识目标：了解田径运动的基础知识，领会田径运动的锻炼价值，了解田径运动中的跑、跳、投等基本技能。

能力目标：能够运用跑、跳、投基本技术、技能，进行科学的锻炼。

素质目标：积极参加各类田径项目运动，保持健康体魄，提高自身体能素质和体育素养。

■ 项目思维导图

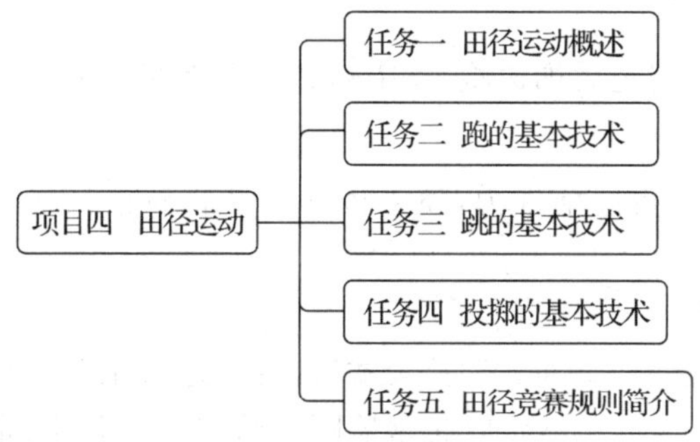

■ 课程思政

不管是古代还是现代奥运会，人类在田径比赛中一次次突破极限，“更快、更高、更强”的奥运精神得到了充分诠释。刘翔、巩立姣、苏炳添、刘诗颖、吴艳妮等优秀运动员不断涌现，惊喜了国人，惊艳了世界。中国田径取得的成绩离不开运动员们和教练员们用心训练、绝不服输的坚定意志和奋勇向前的拼搏精神。希望同学们能够学习田径、享受田径、热爱田径，在近距离感受田径运动的力量和速度的同时，了解田径运动员拼搏的故事，将体育精神厚植于心，并运用到学习、生活、工作中。

任务一　田径运动概述

田径或称田径运动是田赛、径赛和全能比赛的全称。“田”是指广阔的空地，在跑道所围绕的中央或临近的场地上举行的跳跃、投掷，统称为田赛，田赛是用米尺丈量所跳的高度、远度和所投器械的远度的项目。“径”是指跑道，在跑道上举行的竞走和各类形式的赛跑都属于径赛，是以时间计算成绩的竞走和跑的项目。简单来说，田赛用距离来衡量，径赛用时间来衡量。

此外，田径运动还包括田径全能运动，它是由若干跑、跳、投项目组合而成的，男子十项全能分别是：100 米跑、跳远、铅球、跳高、400 米跑、110 米跨栏、铁饼、撑竿跳高、标枪、1500 米跑；女子七项全能分别是：100 米栏跑、跳高、铅球、200 米跑、跳远、标枪和 800 米跑。田径比赛由田赛、径赛、马拉松、竞走和越野跑组成，田径运动是各项运动的基础，它能全面、有效地发展身体的速度素质、耐力素质、力量素质、协调素质、灵敏素质，培养人的智力和非智力因素，提高集体主义意识，促进人的全面发展，因此，被誉为“运动之母”。

任务二　跑的基本技术

一、短跑的基本技术

短跑可分为起跑、起跑后加速跑、途中跑和终点跑四个阶段。

（一）起跑

起跑技术任务是获得向前冲力，使身体迅速摆脱静止状态，为起跑后加速创造有利的条件。

1. 起跑器的安装

起跑器安装的方法有“普通式”“拉长式”两种。通常采用“普通式”，前起跑器安装在起跑线后一脚半（约 40～45 cm）处，后起跑器距离前起跑一脚半；前、后起跑器的支撑面与地面分别成 40°～45°和 70°～80°；两个起跑器的中轴线间隔约 15 cm。

2. 起跑技术

起跑技术包括“各就位”“预备”“鸣枪”（或“跑”）三个阶段。

听到“各就位”口令后，做 2～3 次深呼吸，轻快地走到起跑器前，两手撑地，两脚依次踏在前、后起跑器的抵足板上，后膝跪地，两手放在紧靠起跑线后沿处，两臂伸直，肩与起跑线平行，两手间隔比肩稍宽，四指并拢和拇指成八字形支撑，颈部自然放松，两眼视前下方40～50 cm 处，注意听“预备”口令。

听到“预备”口令后，随之吸一口气，平稳地抬起臀部，与肩同高或稍高于肩，重心适当前移，肩部稍超出起跑线，这时体重主要落在两臂和前腿上。“预备”姿势应该稳定，两脚贴起跑器抵足板，注意力高度集中。

听到枪声，两手迅速推离地，两臂屈肘有力地做前后摆动，两腿迅速蹬起跑器，使身体向前上方运动，前腿快速有力地蹬伸髋、膝、踝三个关节。

短跑起跑技术见图 4-2-1 或视频 4-2-1。

视频 4-2-1
短跑起跑技术

图 4-2-1　短跑起跑技术

（二）起跑后的加速跑

加速跑是从后腿蹬离起跑器，到途中跑之间的一个跑段，其任务是充分利用向前的冲力，在较短距离内尽快地获得高速度。当后腿蹬离起跑器并结束前摆后，便积极下压着地，第一步的着地应尽量靠近身体重心投影点，脚着地后迅速转入后蹬，前腿在蹬离起跑器后，也迅速屈膝向前摆动。起跑后的最初几步，两脚沿着两条相距不宽的直线前进，随着跑速的加快，两脚着地点，就逐渐合拢到假定的一直线两侧。加速跑的距离，一般约为 25～30 m。

起跑后的加速见图 4-2-2 和视频 4-2-2。

视频 4-2-2
起跑后加速跑

图 4-2-2　起跑后加速跑

（三）途中跑技术

途中跑是短跑全程中距离最长，速度最快的一段，其任务是继续发挥和保持高速度跑，摆动腿的膝关节，迅速有力地向前上方摆出，支撑腿在摆动腿积极前摆的配合下，快速有力地伸展髋、膝和踝关节，蹬离地面，形成支撑腿与摆动腿协调配合动作。

途中跑技术见图片 4-2-3 和视频 4-2-3。

视频 4-2-3
途中跑技术

图 4-2-3 途中跑技术

(四)终点跑的技术

终点跑是全程跑的最后一段,任务是尽力保持途中跑的高速度跑过终点,要求在离终点线 15～20 m 处,尽量保持上体前倾角度,加快两臂摆动的速度和力量,在跑到距离终点线一步时,上体急速前倾用胸部或肩部撞终点线,并跑过终点,然后逐渐减慢跑速。

终点跑技术见图 4-2-4 和视频 4-2-4。

视频 4-2-4
终点跑的技术

图 4-2-4 终点跑的技术

(五)腾空阶段

小腿随着蹬地后的惯性和大腿的摆动,迅速向大腿靠拢,形成大小腿边折叠边前摆的动作。与此同时,摆动腿以髋关节为轴积极下压,膝关节放松,小腿随摆动腿下压的惯性,自然向前下伸展,准备着地。

(六)弯道跑技术

从直道进入弯道跑时,身体应有意识地向内倾斜,加大右腿的蹬地力量和摆动幅度,右臂亦相应地加大摆动的力量和幅度,有利于迅速从直道跑进弯道。弯道跑中,身体应向圆心方向倾斜,后蹬时右腿用前脚掌的内侧用力,左腿用前脚掌的外侧用力,弯道跑的蹬地与摆动方向都应与身体向圆心方向倾斜趋于一致。

弯道跑技术见图 4-2-5,视频 4-2-5。

视频 4-2-5
弯道跑技术

图 4-2-5　弯道跑技术

二、跑的练习方法

(一)跑的专门练习训练

(1)摆臂:沉肩屈肘,以肩为轴前后摆,前摆高度不超过嘴角,后摆手腕过腰,左右不超过身体中线,摆臂时力求自然放松、大幅快频。

(2)小步跑:步幅小、频率快,上体正直或稍前倾,大腿下压,小腿随大腿下压动作惯性前伸,并以前脚掌快速积极着地,着地后膝关节伸直,骨盆前送,两臂屈肘前后摆动,动作放松自然。

(3)高抬腿跑:上体正直或前倾,保持高重心,摆动腿前摆大腿抬平,膝关节放松,小腿自然下垂,随后大腿积极下压,小腿自然下落并用前脚掌着地。支撑腿髋、膝、踝三关节伸直,骨盆前送,两臂屈肘前后摆动。

视频 4-2-6
跑的专门练习
训练:摆臂

视频 4-2-7
跑的专门练习
训练:小步跑

(4)后蹬跑:上体稍前倾,支撑腿以较小后蹬角快速有力蹬伸,摆动腿以膝领先,大腿带动髋部向前摆,然后大腿积极下压用前脚掌着地,两臂配合前后摆动。注意方向要正,重心移动平稳,动作轻快有弹性。

摆臂、小步跑、高抬腿跑、后蹬跑四种练习的视频见视频 4-2-6 至视频4-2-9。

视频 4-2-8
跑的专门练习
训练:高抬腿跑

视频 4-2-9
跑的专门练习
训练:后蹬跑

(二)专门练习的综合练习

结合摆臂练习的后蹬跑+后踢折叠跑;后踢折叠跑+高抬腿跑;高抬腿跑+小步跑;后蹬跑+后踢折叠跑+高抬腿跑;后蹬跑+后踢折叠跑+高抬腿跑+小步跑等,主要体会跑的专门练习技术之间动作合理正确地衔接。

(三)专门练习过渡到跑的练习

根据专门练习在短距离跑技术中的作用,进行专门技术的强化体验训练。一般是专门练习+过渡+完整跑练习,在过渡中体验专门练习动作技术在跑动中的运用,如先练习 10 米小步跑(或高抬腿跑,或后蹬跑等),再进行 10 米过渡跑,最后是 10 米完整跑练习等。

(四)强化某一跑的动作训练

有负重摆臂、负重抬腿、扶肋木后蹬、推人前跑、牵引跑、跨跑低栏练习等。

(五)行进间技术训练

有反复的30～80米的慢跑、中距离跑、加速跑、快跑;30～60米变换速度的波浪跑、惯性跑、往返跑、放松大步跑;30～50米的行进跑等练习。训练中要注意整体协调放松有弹性,大步快频节奏好;屈蹬快摆有力量,"扒地"、后蹬、高抬要到位;初练不宜比赛和计时,重点放在技术的正确与自然放松上。

三、中长跑的基本技术

中长跑的技术动作与短跑基本相同,下面仅介绍中长跑需注意的技术要点。

(一)起跑

中长跑采用站立式起跑,分为"各就位"和"鸣枪"两个阶段。

(1)各就位

站立式起跑,两腿前后开立,有力脚在前,全脚掌着地,脚尖紧靠起跑线后沿,后脚脚尖着地;上体前倾,两膝弯曲;有力脚异侧臂置于体前,同侧臂放于体侧;身体重心落于前脚,目视前下方3～5 m处,保持稳定姿势。

(2)鸣枪

听到枪声后,两腿用力蹬离地面,后腿蹬地后迅速前摆,前腿蹬直,两臂用力加速摆动,使身体快速向前冲出。

(二)起跑后加速跑

中长跑的起跑后加速跑与短跑技术基本相同,不同的是上体前倾幅度和蹬摆力度稍小。加速跑的距离需根据项目、参加人数、个人训练水平和战术要求等情况而定。

(三)途中跑

中长跑的途中跑与短跑技术相比,动作幅度略小,脚着地柔软而有弹性,一般由脚跟着地过渡到脚尖着地,跑步过程中保持匀速而有节奏。

(四)终点跑

终点跑的距离需根据自己的体力情况、战术要求和临场情况而定,一般为到达终点前的100～200 m。

(五)中长跑的呼吸

中长跑体力消耗大,对氧气的需求量较大,因此呼吸时要有一定的频率和深度,并与跑步的节奏相配合,一般为2～3步一呼,2～3步一吸。随着疲劳的出现,呼吸的频率会有所增快,此时应注意深呼气,以充分呼出二氧化碳,吸进大量新鲜氧气。

四、接力跑的基本技术

(一)基本技术

接力跑是由短跑和传接棒组成的集体项目。

1. 起跑

(1)持棒起跑。

第一棒运动员起跑时,需一手持棒,采用蹲踞式起跑。常用的持棒方法是用右手的中指、无名指和小指握住棒的末端,拇指和食指分开撑地。

(2)接棒人起跑。

接棒人采用站立式起跑。接棒人站在预跑区内或接力区后端,头转向侧后方,注视传棒人和标志线,当传棒人到达标志线时,迅速起跑。

2. 传接棒的方法

传接棒的方法一般有上挑式和下压式两种。

(1)上挑式。

接棒人手臂自然向后伸出,掌心向后,四指并拢,虎口张开朝下。传棒人将棒由下向上挑,送入接棒人手中。

上挑式传接棒技术见图 4-2-10。

图 4-2-10　上挑式传接棒

(2)下压式。

接棒人的手臂后伸,掌心向上,拇指向内,其余四指并拢向外,虎口张开朝后。传棒人将棒的前端由上向前下压,放入接棒人手中。

下压式传接棒见图 4-2-11。

图 4-2-11　下压式传接棒

3. 传接棒的位置

接棒人起跑后，与传棒人先后跑进接力区，传棒人距接棒人约 1.5 m 时，发出接棒信号，将接力棒迅速传给接棒队员。

视频 4-2-10
4×100 米接力传接棒过程

4×100 米接力传接棒过程见视频 4-2-10。

跑步的正式国际比赛项目如下表 4-2-1。

表 4-2-1 跑步的正式国际比赛项目

距离	项目
短距离跑	男子组 100 米、200 米、400 米
	女子组 100 米、200 米、400 米
中距离跑	男子组 800 米、1500 米、3000 米
	女子组 800 米、1500 米
长距离跑	男子组 5000 米、10000 米
	女子组 5000 米、10000 米
跨栏跑	男子组 110 米栏(1.067 米) 400 米栏(0.914 米)
	女子组 100 米栏(0.84 米)　400 米栏(0.762 米)
马拉松	男女组 42.195 公里
障碍跑	男女 3000 米
接力跑	男女组 4×100 米、4×400 米

任务三　跳的基本技术

一、跨越式跳高

跳高初学者多采用的是跨越式跳高，跨越式跳高是急行跳高姿势之一，是跳高过杆技术中最早采用和最简易的一种。

跨越式跳高由助跑、起跳、腾空过杆、落地等紧密衔接的四个部分组成。助跑采用侧面直线助跑，左侧助跑者右腿为起跳腿，左腿为摆动腿，右侧助跑则相反。助跑应逐渐加速，起跳时用起跳脚全脚掌着地，摆动腿稍屈膝积极向前上方摆起，当摆过横杆后，向杆下内转下压，两臂下垂。过杆时，躯干向横方向侧倒并向起跳腿方向扭转，两臂上举，同时起跳腿迅速向上高抬，完成跨越动作。过杆后，身体侧对横杆，用摆动腿先落地，接着起跳腿落地，稍有缓冲。

跨越式起跳角度是 30°～45°，起跳路线是直线，步点可以在起跳点开始反向助跑。跨越式跳高的起跳点在横杆的外侧 30 cm 处。先在横杆中间外侧 30 cm 左右地方确定起跳点，然后，跑 7～8 步用力起跳的那一点就是起跳点，然后跳几次，如果起跳点太靠近，则将起跳点向后移动相应距离。如果起跳点太远，则将起跳点向前移动相应距离。经过反复练习，就可以找到适合自己的起跳点。

跨越式跳高技术见图 4-3-1 和视频 4-3-1。

图 4-3-1　跨越式跳高

视频 4-3-1
跨越式跳高

二、背越式跳高

跳高技术种类较多，目前较为常用的是背越式跳高技术。背越式跳高可分为助跑、起跳、过杆和落地四个阶段。

1. 助跑

背越式跳高的助跑分直线跑和弧线跑两个阶段，

(1)直线助跑一般为 4～5 步加速跑，两腿后蹬和前摆的幅度较大，身体重心较高，动作轻松、自然、有弹性。

(2)弧线助跑一般为 4～5 步，助跑时身体略向圆心倾斜，脚落地时由脚跟过渡到前脚掌，摆臂与弯道途中跑相似。倒数第二步，步幅稍大，用全脚掌着地；最后一步稍小，速度较快，准备起跳。

2. 起跳

(1)背越式跳高以远离横杆的腿为起跳腿，向身体对侧迈出，踏上起跳点，以脚跟外侧着地，迅速过渡到全脚掌，屈膝缓冲，身体向起跳腿一侧倾斜。

(2)摆动腿大腿积极向前上方摆至水平位置，小腿自然下垂，身体转为正直。

(3)摆动腿屈膝内扣，向异侧肩上方摆动，并带动髋部向内转动，起跳腿迅速蹬伸髋、膝、踝关节，完成起跳动作。

3. 过杆和落地

(1)保持起跳腿蹬伸，躯干充分伸展；上体转动成背对横杆，起跳腿自然下垂。

(2)当头和肩越过横杆后，迅速沉肩，两臂置于体侧，髋关节向上挺起，形成“背弓”，两膝自然弯曲，小腿自然下垂。

(3)当髋关节过杆后，大腿向上摆动，小腿上踢，使整个身体过杆。

(4)两肩继续下潜，含胸收腹，自然下落，以肩部领先着垫。

图 4-3-2　背越式跳高

三、跳远的基本技术和练习方法

跳远可分为助跑、起跳、腾空和落地四个阶段。

1. 助跑

(1)原地站立或行进中起动开始助跑，上体前倾、大腿积极摆动，后蹬充分，摆臂有力。

(2)助跑途中上体逐渐抬起，腿和手臂加速用力摆动，加快助跑速度，重心较高，身体平稳，节奏性强。

(3)助跑几步步频加快，保持较高的身体重心和较快的助跑速度，头部正直或者微微抬头，准备起跳。

(4)助跑距离，高水平运动员助跑距离一般为男子 35～45 m，女子 30～35 m。大学生男子助跑距离为 14～18 步，大学女生助跑距离为 12～16 步。

2. 起跳

起跳动作是从助跑最后一步摆动腿后蹬开始，至起跳腿蹬离地面结束。

(1)助跑最后一步，摆动腿用力蹬地，使身体尽快向起跳板方向运动。起跳腿快速前摆，大腿积极下压，踏上起跳板，由脚跟过渡到全脚掌着地。

(2)起跳腿着地瞬间，髋、膝、踝关节被迫弯曲缓冲；同时，身体重心前移，起跳腿快速用力蹬伸，摆动腿大腿积极向前上方摆至水平位置，小腿自然下垂。

(3)起跳腿同侧臂屈肘向身体前上方摆动，异侧臂屈肘向体侧摆动，提肩、拔腰，向上顶头。

3. 腾空

(1)起跳腿蹬离地面后，上体正直，摆动腿保持起跳时水平姿势，小腿自然下垂，起跳腿自然弯曲留在体后，形成空中的跨步飞行。

(2)腾空的姿势分为蹲踞式和挺身式。

①蹲踞式：接近腾空最高点时，起跳腿屈膝上提，与摆动腿并拢；双腿屈膝，大腿靠近胸部，上体稍前倾；两臂由前向下、向后摆动；落地前，两小腿向前伸出，准备落地。

②挺身式：腾空后，摆动腿自然放下，小腿向后下方做弧形摆动；两臂向下、经体侧向后上方摆动；摆动腿与起跳腿并拢，髋部向前，胸、腰前挺，头、肩后展，成挺身展体姿势；落地前，两臂由后上方经体前、向后摆动；同时两大腿上抬，收腹举腿，上体前倾，小腿前伸，准备落地。

4. 落地

(1)小腿尽力前伸，脚跟首先触地，前脚掌下压，两腿迅速屈膝缓冲。

(2)两臂屈肘前摆，身体向前或向侧方倒。

助跑、起跳、腾空、落坑技术见视频 4-3-2。

视频 4-3-2
跳远：助跑、起跳、腾空、落坑

四、立定跳远

(一)立定跳远的技术动作

立定跳远技术动作由预摆、起跳、腾空、落地四个部分组成。

(1)预摆：两脚左右开立，与肩同宽，两臂前后摆动，前摆时，两腿伸直，后摆时，屈膝降低重心，上体稍前倾，手尽量往后摆。要点：上下肢动作协调配合，摆动时一伸二屈降重心，上体稍前倾。

(2)起跳、腾空：两脚快速用力蹬地，同时两臂稍曲由后往前上方摆动，向前上方跳起腾空，并充分展体。要点：蹬地快速有力，腿蹬和手摆要协调，空中展体要充分，强调离地前的前脚掌瞬间蹬地动作。

视频 4-3-3
立定跳远

(3)落地缓冲：收腹举腿，小腿往前伸，同时双臂用力往后摆动，并屈膝落地缓冲。要点：小腿前伸的时机把握好，屈腿前伸臂后摆，落地后往前不往后。

立定跳远技术见视频 4-3-3。

(二)立定跳远的辅助练习

视频 4-3-4　立定跳远的辅助练习：挺身跳、单足跳前进、收腹跳

(1)挺身跳：原地屈膝开始跳，空中做直腿挺身动作，髋关节完全打开，做出背弓动作，落地时屈膝缓冲。

(2)单足跳前进练习：一般采用左(右)去右(左)来的方法进行练习，距离控制在 20～25 m 左右，完成 3～4 组。

(3)收腹跳练习：从原地直立开始起跳，空中做屈腿抱膝动作或双手在腿前击掌，落地时一定要屈膝缓冲。

挺身跳、单足跳前进、收腹跳技术见视频 4-3-4。

任务四　投掷的基本技术

一、推铅球

推铅球的技术有侧向滑步、背向滑步和旋转式 3 种，下面我们仅介绍运用最普遍的背向滑步推铅球的技术。背向滑步推铅球可分为握球和持球、预备姿势、滑步、最后用力和维持身体平衡 4 个阶段。

1. 握球和持球(以右手为例，下同)

(1)五指自然分开，手腕背屈，将铅球放在食指、中指和无名指的指根处，拇指与小指自然扶于球的两侧。

(2)球握好后，屈肘，手持球放在肩上锁骨窝处，贴于颈部，右肘外展略低于肩，掌心向前，右臂自然上举。

2. 预备姿势

(1)持球后，背对投掷方向，两脚前后开立，相距 20～30 cm。

(2)右脚尖贴近投掷圈后沿，脚跟正对投掷方向；左脚以前脚掌着地，自然弯曲；上体正直、放松。

(3)左臂自然上举，身体重心落于右腿上。

3. 滑步

(1)滑步前需先做 1～2 次预摆。预摆时，左腿向投掷方向摆出，右腿协调配合向下蹬伸，上体前俯，左臂前伸；左腿收回靠近右腿，右腿屈曲，重心下降，预摆结束。

(2)左腿用力向投掷方向摆出，右腿用力蹬伸。

(3)当右脚蹬离地面后，身体向投掷方向快速平稳移动，此时迅速收拉右小腿，右脚尖向内转扣，以右前脚掌落于投掷圈中心附近；左脚迅速在抵趾板偏右侧位置以前脚掌内侧蹬踩着地，准备最后用力。

4. 最后用力和维持身体平衡

（1）右脚用力向投掷方向蹬转，同时带动右髋向投掷方向转动，左臂向左侧摆动，上体逐渐抬起。

（2）随髋部扭转，身体重心逐渐移至左腿，上体向投掷方向转动，挺胸抬头。

（3）当左臂摆至体侧时制动，两脚积极蹬伸，右臂迅速用力将铅球向前推送。当铅球快离手时，手腕推送、手指拨球，将球推出。

（4）铅球离手后，两腿迅速换位，降低身体中心，以维持身体平衡。

原地、侧向滑步、背向滑步推铅球技术见视频 4-4-1。

视频 4-4-1
推铅球技术

二、掷标枪

（一）握法和持枪

（1）握法：常见的有现代式和普通式两种。

现代式握法：标枪斜放于掌心，大拇指和中指握在标枪缠绳把手末端第一圈的上沿，食指自然弯曲斜握在枪杆上，无名指和小指自然地握在缠绳把手上。这种握法可加长投掷半径，便于控制标枪出手角度和飞行的稳定性，为多数运动员所采用。普通式握法，手腕紧张，不利于控制出标角度，很少有人采用。

标枪握枪方法见图 4-4-1。

图 4-4-1　标枪握枪方法

（2）持枪：现在多数人都采用肩上持枪。

持枪于右肩上方，稍高于头，枪尖稍低于枪尾这种持枪法手腕放松，便于向后引枪。目前采用的人多。持枪于右肩上方右耳旁，枪身与地面几乎平行。这种方法引枪时，能较好地控制标枪的角度，但投掷臂与手腕比较紧张。

持枪于头右侧，枪尖稍向上。这种持枪法使臂和手腕紧张，很少有人采用。

标枪持枪方法见图 4-4-2。

图 4-4-2　标枪持枪方法

（二）助跑

（1）助跑的目的，是为了在最后用力前获得预先速度，并在助跑中做好引枪动作，为最后用力创造条件。助跑的距离一般为 25～35 m。

（2）预跑阶段：从第一标志线到第二标志线，为预跑段，大约 16～20 m。跑双数步约 8～12 步，跑单数步约 9～13 步。预跑时动作自然，上体微前倾，逐渐加速，用前脚掌着地，持枪臂随跑的节奏自然前后摆动，从容地进入投掷步。

（3）投掷步阶段：从第二标志线到起掷弧线为助跑的第二阶段。投掷步一般采用五步，也有采用六步或七步的。

投掷步的第一步是：左脚踏上第二标志线，右脚积极向前迈步，脚掌落地部位稍偏右，右肩向右转动并开始向后引枪，左肩向标枪靠近，左臂在胸前自然摆动，眼前视。

投掷步的第二步是：当右脚落地、左脚离地前迈时，髋轴向右转动，右肩继续向右转动并完成引枪动作。上体转成侧对投掷方向，左脚掌落地后，与投掷方向成较大的角度，左臂摆至身体左侧，上体正直，眼前视。

投掷步的第三步（交叉步）：投掷步第二步左脚落地时，右股自然弯曲，大腿带动小腿积极向前迈步，左腿猛蹬伸，使右大腿加速前迈，成交叉步，左臂自然摆至胸前，投掷臂伸直充分后引，右脚尖与投掷方向成 45°左右，躯干与右腿成一条直线。

投掷步的第四步是从助跑过渡到最后用力的衔接步。交叉步结束前，左腿积极迈第四步，用脚掌内侧落地。

（三）最后用力和缓冲

最后用力：投掷步第四步落地后，右腿积极蹬地转髋，肩轴向投掷方向转动，投掷臂上臂向上转动，带动前臂和手腕向上翻转。当上体转到正对投掷方向时，投掷臂翻到肩上，左肩内，成“满弓”姿势。然后，上臂带动前臂向前做爆发式的“鞭打”动作，使标枪向前飞出。在标枪离手的一刹那，甩腕指，使标枪沿纵轴顺时针方向转动。

缓冲：标枪出手后，运动员随着向前的惯性，继续向前运动，为了防止犯规，应及时向前跨一至二步，身体稍向左转，并降低身体重心，维持平衡。

标枪出手发力动作见图 4-4-3。掷标枪完整动作见视频 4-4-2。

视频 4-4-2
掷标枪完
整技术

图 4-4-3 标枪出手发力动作

三、掷铁饼技术

(一)握法

五指自然分开,拇指和手掌平靠铁饼,其余四指的最末指节扣住铁饼边沿,铁饼的重心在食指和中指之间,手腕微屈,铁饼的上沿靠在前臂上,持饼臂自然下垂于体侧。铁饼握法见图 4-4-4。

图 4-4-4 铁饼握法

(二)预备姿势和预摆

预备姿势:背对投掷方向,两脚左右开立约一肩半,站于圈内靠后沿处的投掷中线两侧。两脚平行开立或左脚稍后,持饼臂自然下垂于体侧,眼平视。

预摆:预摆是为了获得预先速度,为旋转创造有利条件。目前常见的预摆有两种。

左上右后摆饼法:开始时,持饼臂在体侧前后自然摆动,当铁饼摆到体后时,身体重心靠近右腿,接着以躯干带动持饼臂向左上方摆起,当铁饼摆到左上方时,左手在下托饼,身体重心靠近左腿,上体稍左转。回摆时,躯干带动持饼臂将铁饼摆到身体右后方,身体向右扭紧,身体重心处于右腿上,上体稍前倾,左臂自然微屈于胸前,眼平视,头随上体的转动而转动。

身体前后摆饼法:开始时,持饼臂在体侧前后自然摆动,当铁饼摆向体前左方时,手掌逐渐向上翻转,右肩稍前倾,身体重心靠近左腿。铁饼回摆到体后时,手掌逐渐翻转向下,身体重心由左向右移动，上体向右后方充分转动，使身体扭转拉紧。这种方法动作放松，幅度大，被目前大多数优秀选手采用。

（三）旋转

预摆结束后，弯曲的右腿蹬地，上体向左转动，同时左膝外展，身体重心由右脚向边曲边转的左腿移动。接着两腿积极转动，并以左脚前脚掌为轴向投掷方向转动，身体向投掷方向倾斜，投掷臂在身后放松牵引铁饼。当左膝、左肩和头即将转向投掷方向时，右膝自然弯曲，以大腿发力带动整个腿绕左腿向投掷方向转扣（右脚离地不能过高），这时左髋低于右髋，身体成左侧单腿支撑旋转，接着以左脚蹬地的力量推动身体向投掷圈的中心移动，右腿、右髋继续转扣。当左脚蹬离地面，右腿带动右髋快速内转下压，左腿屈膝迅速向右腿靠拢，左肩内扣，上体收腹稍前倾。接着，左脚积极后摆，以脚掌的内侧着地，落在投掷圈中线左侧，圆圈前沿稍后的地方，身体处于最大限度的扭转拉紧状态，铁饼远远留在右后方，左臂自然微屈于胸前，为最后用力做好准备。

（四）最后用力和维持身体平衡

当左脚着地时，右脚继续蹬转，使右髋积极向投掷方向转动和前送。接着，头向投掷方向转动，左臂微屈于胸前，胸部开始向前挺出，身体重心逐渐移向左腿。当身体重心移向左腿时，右腿继续蹬伸用力，以爆发式的快速用力向前挺胸挥饼。与此同时，左腿迅速用力蹬伸，左肩制动，成左侧支撑，使身体右侧迅速向前转动，将全身的力量集中在铁饼上，当铁饼挥至右肩同高并稍前时，用小指到食指依次用力拨饼出手，使铁饼顺时针方向转动向前飞行。

视频 4-4-3
掷铁饼技术

铁饼出手后，应及时交换两腿，身体顺惯性左转，同时降低身体重心，维持身体平衡。

掷铁饼技术见视频 4-4-3。

四、投掷实心球技术

（一）握球和持球

握球的方法：两手十指自然分开把球放在两手中，两手的食指、中指、无名指和小指放在球的两侧将球夹持（男生两食指接触，女生两食指中间距离为 1～2 cm），两手的大拇指紧扣在球的后上方成“八”字，以保持球的稳定。握球后，两手下垂自然置于身体前下方，这样可以节省力量，在预摆时增大摆动幅度，握球和持球时应注意：①球应握稳，两臂肌肉放松；②在动作过程中能控制好球并有利于充分发挥两臂、手指和手腕的力量。

（二）预备姿势

两脚前后开立，前脚掌离起掷线约 20～30 cm，前后脚距离约一脚掌，左右脚间距离半脚掌，后脚脚跟稍微离地，两手持球自然，身体肌肉放松，重心落在两脚中间偏前，眼睛看前下方。

（三）预摆

预摆是为最后用力提高实心球的初速度创造良好条件，预摆次数因人而定，一般是一至二次，当最后一次预摆时，此时球依次是从前下方经过胸前至头后上方，加速球的摆速，此时上体后仰，身体形成反弓形，同时吸气。

掷实心球预摆动作见图 4-4-5。

图 4-4-5 掷实心球预摆动作

(四)最后用力

最后用力是投掷实心球的主要环节,动作是否正确直接影响球的初速度及抛球角度。最后用力动作是当预摆结束时两手握球用力积极从后上方向前上方前摆,此时的动作特点是蹬腿、送髋、腰腹急震用力,两臂用力前摆并向前拨指和腕,旨在提高手臂的鞭打速度。

视频 4-4-4
掷实心球技术

掷实心球完整动作见视频 4-4-4。

五、知识拓展:掷垒球

(一)动作方法

面对投掷方向,右手持球于头的右前上方;助跑几步,迈右腿的同时,身体向右转,右臂靠近身体经下向后引球,左腿迅速向前一步;左腿用力蹬地,右腿迅速向前交叉,当右脚刚一落地,迅速蹬地、转髋、挺胸,身体左转,重心前移,左腿积极落地蹬伸,上体向前鞭打,挥臂将球经肩上快速投出。

(二)垒球的握法

用拇指、中指和无名指握住球,小指弯曲顶在球的下面,掌心不着球。

(三)方法口诀

右手持球准备好,左腿先上要记牢;右腿上步要引臂,左腿快跟奋力投。

(四)重点与难点

重点:上步动作连贯协调。难点:助跑与投掷不脱节,连贯快速。

(五)易犯错误和纠正方法

(1)投掷时肘关节低,转肩不够,做不出鞭打挥臂动作。纠正方法:做各种转肩练习,发展肩关节的灵活性,做甩腕或掷纸飞机等动作,体会鞭打挥臂动作。

(2)投掷时用不上腿和躯干力量。纠正方法:双手从头后向前掷实心球,体会用腿和躯干发力的感觉和用力顺序；多做增强腿部力量的练习和增强协调性的练习。

(3)投掷步减速。纠正方法：做连续交叉步的练习，要求蹬摆配合迅速、有力，徒手或持球做完整动作练习，要求控制助跑速度与交叉步和最后用力紧密衔接。

(六)教学方法

(1)滚实心球。如：两人面对面双手互滚实心球；正向单手滚实心球比远；反向双手滚实心球比远；打简易保龄球等。

(2)抛实心球。如：双手从头后向前抛实心球；双手从体前向前抛实心球；双手胯下向后抛实心球。

(3)原地或自然向上掷轻物。

(4)通过图片讲解、示范等直观教学手段，建立助跑投掷垒球的完整技术概念。

(5)徒手或持球做三步交叉的慢动作练习。

(6)徒手或持球做完整的交叉步练习。

(7)徒手或助跑 4～6 步，结合投掷步做徒手或持球的练习。

(8)四人一组进行练习，同学之间互相评价，相互指导，纠正错误。

(9)教师对学生动作完成情况进行检查反馈，及时给予评价指导。

(10)助跑 4～6 步，做完整投掷垒球技术的练习。

(11)找优秀学生进行示范，互相观摩评价。

掷垒球动作方法见图 4-4-6 和视频 4-4-5。

图 4-4-6　掷垒球最后用力动作方法

视频 4-4-5
掷垒球动作方法

任务五　田径竞赛规则简介

一、跑类项目竞赛规则

(一)径赛场地

(1)场地:国际标准的径赛场地为 400 m 半圆式田径场,其跑道由两段相等并平行的直段和两段半圆弯道组成,半圆的外沿直径为 36.5 m。

(2)跑道:每条跑道宽 1.22 m(包含右侧分道线),分道线宽 5 cm。

(3)分道编号:从左手最内侧分道开始,从内向外依次为第 1~8 号跑道。

(4)跑进方向:左手靠内场,按逆时针方向进行。

(5)接力跑中,各跑段分界线的前后各 10 m 为接力区,未到达接力区前有 10 m 的预跑区。

(6)径赛各项目起点如图 4-5-1 所示。

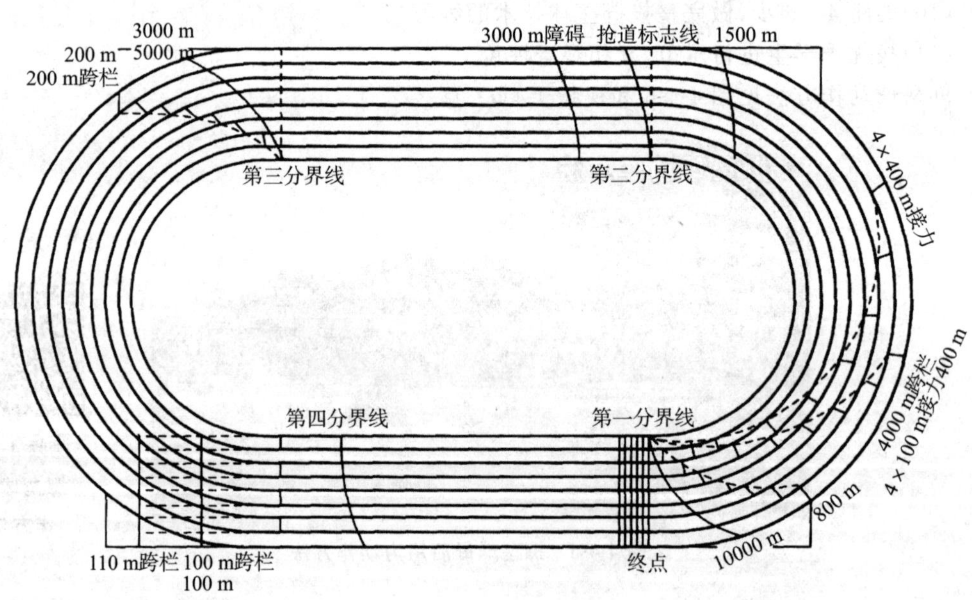

图 4-5-1　径赛场地图

(二)起跑器

起跑器主要包括两块倾斜的抵脚板,供运动员起跑时蹬踏。两抵脚板中轴之间距离为 10~15 cm;前后抵脚板与地面的夹角分别为 40°~45°和 70°~80°;前后抵脚板的距离可以调整,通常为一脚半长。

(三)比赛规则

(1)名次判定:参赛运动员的名次取决于其身体躯干(不包括头、颈、臂、腿、手或足)抵达终点线后沿垂直面为止时的顺序,以先到达者名次列前。

(2)起跑：400 m 及 400 m 以下(包括 4×100 m、4×400 m 接力的第一棒)各径赛项目，必须采用蹲踞式起跑及起跑器。400 m 以上径赛项目采用站立式起跑。

(3)起跑犯规：

①在枪声响起前有任何起跑动作，均属起跑犯规。除此之外，在“各就位”口令发出后，以声音或动作扰乱他人，也应判为起跑犯规。

②起跑中犯规的运动员将被取消该项目的比赛资格(除全能项目之外)。

(4)分道跑：

①在分道跑和部分分道跑径赛项目中，参赛者越出跑道，获得实际利益或冲撞、阻碍其他参赛者，将被取消比赛资格。

②在 800 m 和 4×400 m 接力赛中，运动员通过抢道标志线以后才能离开自己的跑道，切入里道。

(5)接力跑：

①运动员必须手持接力棒跑完全程，如发生掉棒，必须由掉棒运动员捡起。

②接力棒的传递必须在接力区内进行。

③运动员在接棒之前和传棒之后，应留在各自分道或接力区内，直到跑道畅通，如果运动员跑离所在位置或跑出分道、故意阻碍其他接力队员，则取消该接力队的比赛资格。

二、跳跃类项目竞赛规则

(一)跳高场地及器材

(1)助跑道：呈扇形，长度不限，最少为 15 m。

(2)落地区：跳高落地区的长至少为 5 m，宽为 3 m。

(3)跳高架：有足够的高度，须配有稳定放置横杆的横杆托，两立柱之间距离为 4.00～4.04 m。

(4)横杆：跳高横杆全长为 4 m(±2 cm)，最大重量为 2 kg。

(二)跳远场地及器材

(1)助跑道：助跑道的长至少为 40 m，宽为 1.22 m。

(2)起跳板：起跳的标志，长 1.22 m，宽 20 cm，一般用木料制成，漆成白色。

(3)起跳线：指起跳板靠近落地区一侧的边沿。

(4)落地区：宽 2.75～3 m，跳远起跳线至落地区远端的距离至少为 10 m，落地区内应填充湿沙，沙面与起跳板齐平。

(5)橡皮泥显示板：位于起跳板前，用来帮助裁判员判断运动员是否犯规。

(三)跳高比赛规则

跳高比赛中，有下列情况之一，即被判为犯规：

(1)使用双脚起跳。

(2)由于运动员的试跳动作致使横杆未能停留在横杆托上。

(3)在越过横杆之前，身体触及立柱前沿垂直面以外的地面或落地区。但如果裁判员认为运动员并没有受益，则不应由此而判该次试跳失败。

(4)试跳时，运动员有意用手或手指把即将从横杆托上掉下的横杆放回。

(四)跳远比赛规则

跳远比赛中,有下列情况之一,即被判为犯规:

(1)运动员以身体任何部位触及起跳线之前的地面。

(2)从起跳板两端之外起跳,无论是否超过起跳线的延长线。

(3)触及起跳线和落地区之间的地面。

(4)在落地过程中触及落地区以外的地面,而落地区外的触地点较落地区内的最近触地点更靠近起跳线。

(5)在助跑或跳跃中采用任何空翻姿势。

(6)运动员在试跳通知发出前进行试跳,不论成功与否,都被判为试跳失败。

三、投掷类项目竞赛规则

(一)铅球场地及器材

铅球场地如图 4-5-2 所示。

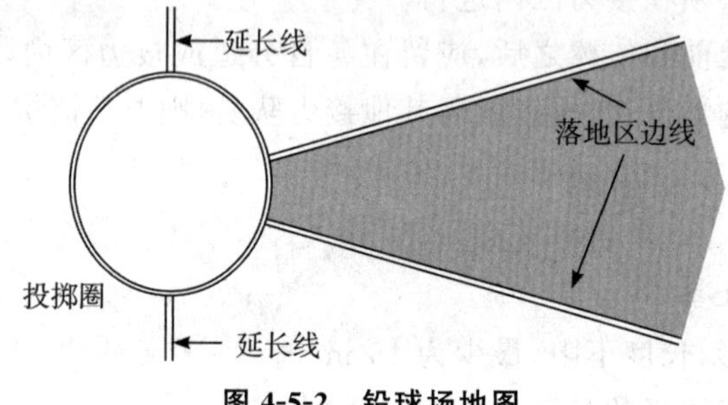

图 4-5-2　铅球场地图

(1)投掷圈:铅球投掷圈直径为 2.135 m,投掷圈外围金属镶边,厚度为 6 mm,顶端涂白。

(2)落地区:铅球落地区为 34.92°的扇形区域。

(3)抵趾板:投掷圈正前方木质挡板,长 1.21～1.23 m,用来防止运动员滑出圈外。

(4)铅球:用实心的铁、铜或者其他任何硬度不低于铜的金属制成,表面必须光滑。男子铅球重量为 7.26 kg,女子铅球重量为 4 kg。

(二)标枪场地及器材

标枪场地如图 4-5-3 所示。

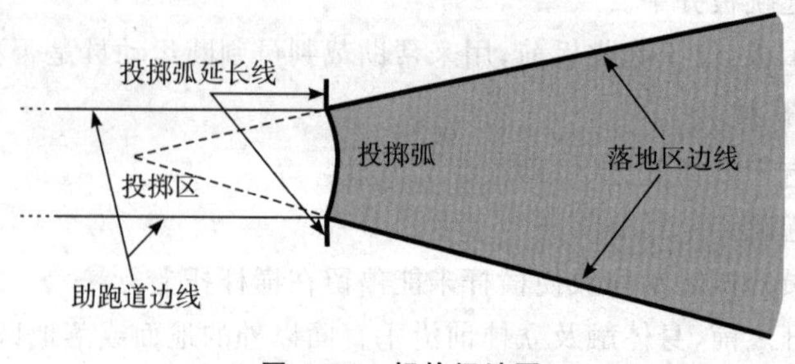

图 4-5-3　标枪场地图

(1)投掷区：标枪投掷区是一条宽 4 m，长约 30～36.5 m 的助跑道。

(2)边线：助跑道两边两条宽 5 cm 的边界线。

(3)投掷弧：助跑道前端半径为 8 m 的弧线。投掷弧可以画出，也可用木料或金属制成，弧宽 7 cm，涂成白色，与地面齐平。

(4)落地区：标枪的落地区为 29°的扇形区域。

(5)标枪：标枪分枪身、枪头和缠绳把手。枪身是光滑的金属杆，两端逐渐变细；枪头是固定在枪身前端的锋利金属尖；缠绳把手包绕枪的重心。男子标枪重量为 0.8 kg，女子标枪重量为 0.6 kg。

(三)竞赛规则

在比赛过程中，运动员违反下列规则，则被判为犯规，成绩无效。

(1)投掷铅球和标枪技术不符合规则规定(规则要求铅球和标枪必须由单手从肩上掷出)。

(2)在投掷铅球的过程中，身体和器械的任何一部分不得触及投掷圈上沿、圈外地面及抵趾板的上面，否则为投掷失败。

(3)在投掷标枪过程中，身体和器械的任何一部分不得触及投掷弧、延长线及线以外地面任何一部分，否则为投掷失败。

(4)只有当器械落地以后，运动员才允许离开投掷圈或助跑道。标枪运动员在投出的枪落地前，不能在投掷后转身完全背对其投出的标枪。

(5)完成投掷后，铅球运动员必须从投掷圈后半圈的延长线后面退出；标枪运动员必须从投掷弧以及延长线以后退出。

(6)在没有犯规的情况下，参赛者可以中止已开始的试掷动作，将器材放下以后暂时离开投掷区，并重新开始，但是必须在规定的时限内完成投掷。

课后练习与作业

1. 进行走、跑、跳、投、跨中的任何一项，归纳总结出田径运动的主要技术和练习方法。

2. 在分道跑的比赛中，运动员跑出自己的跑道如何判罚？

项目五　篮球运动

■ 教师寄语

篮球场，是真正热爱和激情的舞台。

——陈明谭翰

■ 学习目标

知识目标：认识篮球运动的基本知识与基本理论，了解篮球竞赛规则，掌握篮球基本技术与战术。

能力目标：能够在实践中运用篮球基本技术与战术，培养学生对体育运动的兴趣。

素质目标：通过练习，发展学生的篮球基本技术，提高学生身体素质和协调性。

■ 项目思维导图

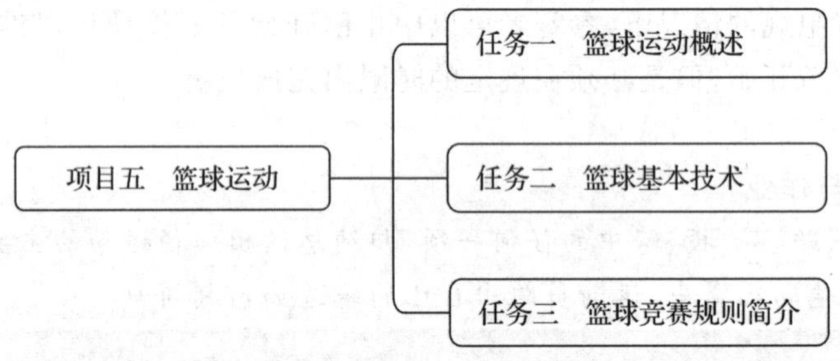

■ 课程思政

通过合作学习，培养团结协作精神，提高协作学练能力；以人为本，树立健康第一的理念；加强公平竞争教育，培养遵守规则意识。

任务一　篮球运动概述

一、篮球运动概述

篮球运动于1891年由美国马萨诸塞州斯普林菲尔德市基督教训练学校体育教师詹姆仕·奈史密斯博士发明的。由于这项运动深受人们的喜爱，因此传播很快，1892年传入加拿大和墨西哥，1893年传入法国，1895年由基督教青年会传入中国。1904年美国青年会男子篮球队首次在第三届奥运会上进行了表演。此后，篮球运动逐步在中美洲、亚洲、欧洲和大洋洲开展起来。随着这项运动的发展，参赛人数由最初的无限制到规定为5人，规则由1892年的13条发展到现在的61条。1932年6月18日，国际业余篮球联合会在瑞士日内瓦成立，1936年第11届奥运会上，男子篮球被列为正式比赛项目。1968年成立国际小篮球委员会，1976年第21届奥运会又增加了女子篮球比赛。从此，篮球运动登上国际竞技运动的舞台。

中华人民共和国成立后，篮球运动得到了蓬勃的发展，在建立健全篮球等级制度和运动员等级制度的同时，运动水平迅速提高。篮球运动是我国开展最普及、最广泛、最受群众喜爱的运动项目之一。近年来，随着广播电视、网络服务业的迅猛发展，越来越多的人从各种渠道欣赏到世界各国高水平篮球队的表演，特别是在国际赛场上一些世界著名球星的精湛技艺更是征服了亿万观众的心，同时也吸引了更多的人从事篮球运动。

二、篮球运动的特点

（一）对抗性

篮球运动是同场对抗项目，为了争夺球的控制权和投球入篮，竞赛的双方运用不同的技术、战术开展立体型的攻防，并不断进行攻、守转换。篮球竞赛始终是在对抗中进行的，这就要求运动员不仅具有高超的技巧，而且需要良好的身体素质、心理素质和较强的对抗能力。没有对抗能力，一个运动员不可能成为优秀运动员；没有对抗能力，一个球队也不可能成为真正的强队。

（二）综合性

篮球运动的发展是一个由简单到复杂、由低级到高级的过程，至今已成为一项具有科学含量的竞技运动。篮球比赛过程较其他球类项目复杂、技术动作繁多、战术形式多样，优秀运动队和明星队员创造性地运用篮球技战术已达到艺术化的程度，促使篮球比赛过程充满生气。围绕篮球竞赛所展开的活动不仅仅是技术和战术，而是身体、技术、战术、作风、心理的全面对抗。在这种对抗背后是生命科学、教育科学、训练学、军事学、管理学、社会学乃至哲学的全面抗衡。

（三）健身性

篮球运动属综合性的非周期性的集体运动，从事篮球运动有助于促进参与者特别是青少年的身体形态、素质和机能的全面发展。

（四）教育性

篮球运动是一项有广泛群众基础和特殊社会影响的体育项目，篮球竞赛和各种篮球活动过程中充满教育因素。因此，它对提高参与人员素质，促进青少年的社会化进程，培养集体主义观念和顽强拼搏精神，增强民族的自尊、自强都有积极的意义。

（五）国际性

篮球运动发明以后，很快就成为一项国际性的运动项目。近年来，篮球运动的国际化特点更加突出。NBA 的外籍队员已达近百名，在队中发挥的作用越来越大；世界各国的篮球联赛中也不乏美籍篮球运动员和教练员的身影；非洲的球星也开始在欧洲、亚洲现身。篮球运动的国际化趋势不断加强，极大地推动了篮球运动向更高水平发展。

任务二　篮球基本技术

一、移动技术

（一）基本站立姿势

基本站立姿势：即队员在球场上经常保持的一种既稳定又能突然起动的站立姿势。

动作要领：两脚前后（或左右）开立，两脚之间的距离与肩同宽或略比肩宽，脚掌着地，两膝弯曲（膝部角度约为 135°），身体重心在两脚前掌内侧，上体微前倾，两手臂肘部弯曲于胸、腹前，两眼平视。

（二）起动

起动是在静止或行进间利用突然快跑甩开对手的一种方法，它在比赛中运用最多，这种方法是行之有效的。起动可分为面向前方的起动，侧向前方的起动，背向前方的转身起动。

动作要领：在基本站立姿势的基础上，起动时，前脚掌用力蹬地使动作具有突然性。起动后的前 2～3 步短而快，同时身体前倾，加快跑的速度。

（三）急停（跨步、跳步急停）

急停是队员在跑动中突然制动速度的一种方法，急停不仅能够直接摆脱防守，而且可以衔接脚步动作的各种变化，从而更有效地完成攻守任务。急停分跨步急停（两步急停）和跳步急停（一步急停）。

(1)跨步急停（两步急停）：在高速奔跑中采用，以摆脱防守或接球后突破。

动作要领：急停时，一只脚先向前跨出一大步，脚后跟先着地，上体后仰，身体重心下降，用腰部力量控制身体前冲，另一只脚向前跨出一步，脚尖稍向内转，前脚掌内侧用力蹬地，屈腿身体侧转，重心放在两腿之间，两臂微保持平衡，如图 5-2-1 所示。

(2)跳步急停（一步急停）。

动作要领：在跑动中，用单脚跳起（不要太高），起跳后身体稍后仰，双脚同时落地停住。两脚平行或稍有前后同时落地，屈膝，重心下降，保持身体平衡，如图 5-2-2 所示。

图 5-2-1　　图 5-2-2

(四)转身(前转身、后转身)

转身是指队员以一脚做中枢脚进行旋转,另一脚蹬地向前后跨步,改变原来身体方向的一种动作方法。它可与急停、跨步、持球突破结合运用,有效地摆脱防守创造传球、投篮机会。转身分为前转身和后转身。

(1)前转身:移动脚向中枢脚脚尖方向跨出,改变身体方向为前转身。

动作要领:向右做前转时,右脚为中枢脚,重心移到右脚,右脚掌用力碾地,左脚前掌内侧蹬地。转身过程中,身体重心在一个水平线上,不能上下起伏,如图 5-2-3 所示。

(2)后转身:移动脚向中枢脚脚跟方向,改变身体方向为后转身。

动作要领:向右做后转身时,左脚为中枢脚,重心移到左脚,左脚前脚掌用力碾地,右脚掌内侧蹬地,同时用力向右后方转跨、转肩;右脚蹬地后,迅速从左脚后面跨步落地。身体不要上下起伏,如图 5-2-4 所示。

图 5-2-3　　图 5-2-4

(五)滑步

滑步是队员防守时移动技术中的主要动作方法。它易于保持身体平衡,可向任何方向移动。滑步可分为侧滑步、前滑步和后滑步三种。

动作要领:防守的基本姿势是两脚开立略比肩宽,屈膝,略低重心,两臂张开,上体稍向前倾。向左(右)做侧滑步时左(右)脚向左(右)跨步,同时右(左)脚蹬地向左(右)滑动。前、后滑步动作相同,只是前后进行。滑步时要始终保持屈膝、低重心的姿势便于随时滑动,如图 5-2-5 所示。

图 5-2-5

(六)后撤步

后撤步是变前脚为后脚的一种方法。当进攻者持球向防守者前脚方向突破时,防守者必须运用后撤步结合侧滑步来堵截对方突破路线,保持正确的防守位置。

动作要领:做后撤步时,用前脚向侧蹬地,重心后移,前脚移到后脚的斜方向,紧接滑步。保持防守姿势,后撤的角度不易过大,保持身体重心稳定。

二、传、接球技术

传、接球是在篮球比赛中进攻队员之间有目的地支配球、转移球的方法。

(一)双手胸前接球

动作要领:接球时,两眼注视来球,手指自然分开,两拇指成八字形,手指向前上方,两手成一个半圆形。当手指触球后,两臂随球后引来球的力量,手指握球于胸前。保持身体平衡,做好传球、投篮或突破的准备,如图 5-2-6 所示。

(二)双手胸前传球

视频 5-2-1
双手胸前传球

动作要领:两脚微屈前后开立,上体稍前倾,重心放在两脚掌上,两手手指自然分开,手心突出,两拇指成八字形,双肘弯曲持球于胸前。原地传球时,后脚蹬地,身体重心前移,两前臂迅速向前方伸直,手腕翻转,拇指下压,手腕前屈,用食、中指用力拨球将球传出,如图 5-2-7 和视频 5-2-1 所示。

图 5-2-6　　图 5-2-7

(三)单手肩上传球

动作要领:原地在右手肩上传球时,两脚前后站后,左脚向前,侧对传球方向,右肩上托球于头侧,掌心空出,以转体、挥臂、甩腕以及用手指拨球的力量将球传出,如图 5-2-8 和视频 5-2-2 所示。

视频 5-2-2
单手肩上传球

图 5-2-8

（四）双手头上传球

动作要领：传球时，两脚前后开立，面对传球方向，双手举球于头上，双肘自然弯曲，以蹬地、收腰、甩腕以及手指拨球的力量将球传出，如图 5-2-9 和视频 5-2-3 所示。

视频 5-2-3
双手头上传球

图 5-2-9

（五）单手体侧传球

动作要领：传球时，两脚前后分开，双腿微屈，双手持球于胸前。传球时，右手持球后引，经体侧向前作弧线摆动，手腕前屈，用手指力量拨球将球传出，如图 5-2-10 和视频 5-2-4 所示。

视频 5-2-4
单手体侧传球

图 5-2-10

（六）反弹传球

动作要领：反弹传球时，双手持球于胸前，利用手腕、手指的抖动力量，使球通过地面反弹给同伴，球的着地点应根据两个队员之间的距离而定。球弹起的高度最好是在接球队员的腰部以下。

（七）行进间传球

动作要领：行进间传球是运用单、双手传球完成的配合动作。动作要点与单、双手传球相同，但是，它是在行进间进行的。行进间传球时，手臂与脚步配合要协调，接球后，中枢脚提起跨步，必须在中枢脚着地以前将球传出，否则“带球跑”违例。因此，传球时手臂动作应迅速，球出手快，向跑动中的同伴传球时，一定要将球传到同伴的腰前约一步距离，做到“球领人”。传球动作要柔和。

三、投篮技术

（一）原地双手胸前投篮

动作要领：双手持球于胸前，肘关节自然下垂，两脚前后或左右开立，两膝微屈，重心落在两脚之间，目视瞄准点。投篮时，上肢随着脚蹬地两臂向前上方伸出，同时两腕内旋，拇指下压，手腕前屈，食、中指用力拨球，通过指端将球投出。球出手后，两手心自然向下向外翻，脚跟提起，身体随投篮出手方向自然伸展。使球向后旋转飞行，如图 5-2-11 和视频 5-2-5 所示。

图 5-2-11

视频 5-2-5 原地双手胸前投篮

（二）原地单手肩上投篮

动作要领：以右手投篮为例，右手在前走脚在后开立，双腿微屈，身体重心在两脚之间，上体稍前倾，两手将球移到右肩前上方，五指自然张开，手指扣住球，掌心空出，手腕后屈托球，左手扶球作保护，肘下垂，眼睛注视球篮，下肢蹬地，接着右手托球向前上方伸展，手腕前屈，食、中指拨球，使球向后旋转投出，如图 5-2-12 和视频 5-2-6 所示。

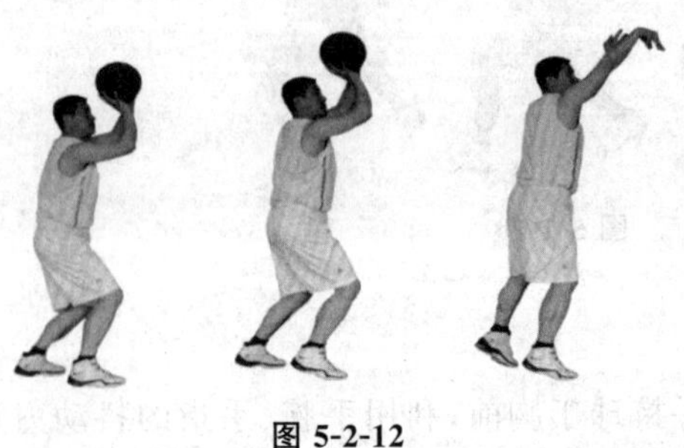

图 5-2-12

视频 5-2-6 原地单手肩上投篮

（三）行进间单手高手投篮

动作要领：以右手投篮为例，跑动中接球时，右脚跨出一步接球后，左脚再跨出第二步，应比第一步小并用力蹬地跳起，右腿屈膝高抬，左脚蹬地起跳的同时，双手举球前上方，右手五指自然分开，掌心托球，手腕后屈托球，左手持球保护，肘下垂，眼睛注视球篮，接着右手托球向上伸展，手腕前屈，手指拨球，将球击板反弹入篮。落地时，屈膝缓冲，保持身体平衡，如图 5-2-13 和视频 5-2-7 所示。

图 5-2-13

视频 5-2-7
行进间单手
高手投篮

（四）行进间单手低手投篮

动作要领：以右手为例，在跑动中接球或运球上篮时，应先跨右脚接球或拿球后，接着第二步跨左脚起跳，左脚跨步应稍小一些，右腿屈膝上抬，身体上升到最高点时，右臂向上方伸出，掌心向上，用手指和手腕力量，将球上拨，如图 5-2-14 和视频 5-2-8 所示。

图 5-2-14

视频 5-2-8
行进间单手
低手投篮

（五）原地跳起单手肩上投篮

动作要领：以右手投篮为例，两手持球于胸前，两脚前后开立，两腿微屈，重心在两脚之间。起跳时两腿迅速屈膝，脚掌用力蹬地向上起跳，双手举球到肩上，右手托住球，左手扶球于左后侧方，身体接近最高点时，左手离开球，右臂向前上方伸出，手腕前屈，用食、中指拨球，将球投出，落地时要屈膝缓冲，如视频 5-2-9 所示。

视频 5-2-9
原地跳起单手
肩上投篮

四、运球技术

（一）原地运球

动作要领：两脚左右或前后开立，上体稍前倾，重心落在前脚掌上。运球时，以肘关节为轴，五指自然分开，掌心空出，用手指、手腕和前臂的力量，柔和地随球向下拍按运球。依次连续地运球。

(二)行进间的直线运动

动作要领:向前运球时,两腿微屈,上体前倾,手指按在球的后上方,跑的步法和球弹起的高度、速度应协调一致。手臂动作与原地运动相同。

视频 5-2-10
运球急停、急起

(三)运球急停、急起

动作要领:运球急停时,可采取两步急停,跨出第一步时,身体后仰,运球手按球的下方,降低球的反弹高度,同时身体重心下降,用腿和另一臂保护球,急起时,手按球的后下方,身体重心移至前脚掌,后脚迅速蹬地,加速向前运球超越对方,如视频 5-2-10 所示。

(四)体前变方向换手运球

动作要领:以右手变左手为例,变方向前,一般左脚在前,右手拍球到右上方,使球从体前向左侧运行,然后突然改变运球方向。右脚蹬地,上体左转,以臂和上体保护球。球反弹后,左手立即运球,向前推进,如视频 5-2-11 所示。

视频 5-2-11
体前变方向
换手运球

(五)运球后转身

动作要领:以右手运球为例,防守者位于运球者左侧时,右脚在前,应迅速上左脚(为中枢脚),右手按球的前上方,随之后转身,将球拉到身体后侧方,换左手拍球的后上方,运球到右侧,右脚贴近防守者的右侧,以防守者的右侧突破后,继续用左手运球,如图 5-2-15 和视频 5-2-12 所示。

图 5-2-15

视频 5-2-12
运球后转身

五、突破技术

(一)徒手突破(空切)

动作要领:以防守者右侧空切为例。一对一摆脱防守,先往防守者左侧跑动,在做空切时右脚前脚掌内侧用力蹬地,蹬地脚落在防守者右侧方,随之右肩向左前方转动,迅速地向前跑动,将防守者压在后面。

(二)原地持球突破(同侧步、交叉步)

原地持球突破也叫持球过人。原地持球突破分为交叉步突破和同侧步(顺步)突破。

(1)交叉步突破的动作要领:以右脚为中枢脚,以防守者左侧突破时,左脚掌内侧用力蹬地,迅速向前跨步,同时身体向右转动,左肩向着前方下压,在右脚离地之前,右手向右脚的侧前方拍球,然后右脚急速上步超越对手,如图 5-2-16 和视频 5-2-13 所示。

图 5-2-16

视频 5-2-13
交叉步持球
突破

(2)同侧步(顺步)突破的动作要点:以左脚为中枢脚,以防守者左侧突破时,左脚掌内侧用力蹬地,左脚迅速向右前方跨出一步的同时,上体向右转,左肩向前进方向下压,在右脚离地之前,右手向右脚的侧前方拍球,左脚继续用力蹬地,快速上步超越对手,如图 5-2-17 和视频 5-2-14 所示。

图 5-2-17

视频 5-2-14
顺步持球突破

六、个人防守技术

(一)防无球队员

动作要点:两脚左右或斜前方开立,两脚弯曲,身体重心降低,上体稍向前倾,张开两臂扩大防守空间范围,两眼平视,观察球的变化,随时准备脚步移动断球、打球或者堵截进攻者接球的路线。

(二)防有球队员

动作要点:防守者应保持低重心的防守姿势,与进攻者的距离保持在既能阻止对方投篮,又能防对方突破,两手上、下伸展。当进攻者持球突破时,防守者采用后撤步结合侧滑步的移动,始终抢前堵截运球突破者的进攻路线,使对方改变方向或停止运球。

(三)断球

动作要点:打球是要击落对方手中的球,在进攻队员持球,运球或投篮时,防守队员可用快速的脚步移动,抢占有利位置,把握时机进行打球。

七、抢篮板球技术

(一)抢进攻篮板球

动作要点:在进攻队员抢篮板球时,就在根据场上所处的位置,进攻队员及时判断球可能反弹下落的方向与落点,利用快速起动,直接冲向篮下或借助于闪晃的假动作迅速绕过对手去抢占有利位置,积极去争抢篮板球。

(二)抢防守篮板球

动作要点:在防守队员抢篮板球时,防守队员虽然处于进攻队员和球篮之间较近有利位置,但首先要挡住对手,密切注视球的反弹方向和进攻队员的动向,贯彻“先挡人,后抢球”的原则。

任务三　篮球竞赛规则简介

一、场地设备与比赛通则

(一)场地设备

篮球场是长方形,无障碍物。球场长 28 m,宽 15 m,球场的丈量是从界线的内沿量起。篮圈的内径最小为 45 cm,最大为 45.7 cm,其距离地面的高度为 3.05 m。篮球的外壳由皮革、橡胶或合成物质制成。球的圆周不得小于 74.9 cm,不得大于 78 cm;重量不得少于 567 g,不得多于 650 g。充气后,使球从 1.8 m 的高度(从球的底部量起)落到球场的地面上,反弹起来的高度不得低于 1.2 m,不得高于 1.4 m(从球的顶部量起),如图 5-3-1 所示。

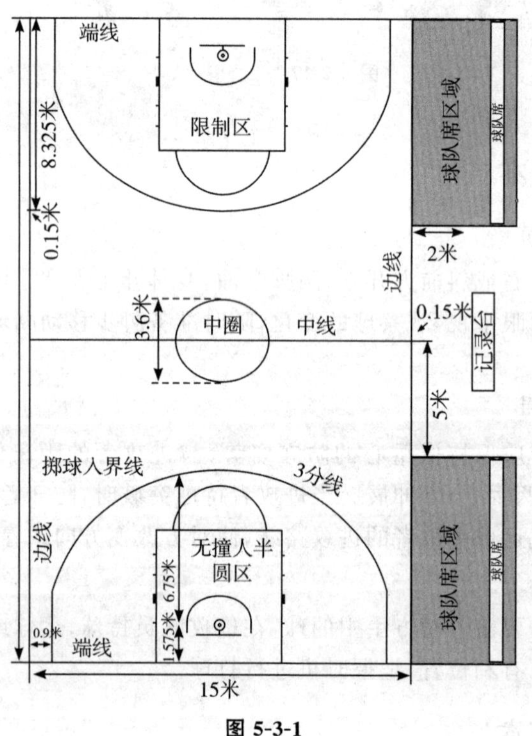

图 5-3-1

(二)比赛通则

每场比赛由两个队参加,每场出场 5 名队员,如果某队在场上准备比赛的队员不满 5 名时,比赛不能开始。

比赛由 4 节组成,每节 12 min。第 1 节和第 2 节、第 3 节和第 4 节之间的休息时间为

2 min;第 2 节和第 3 节之间的休息时间为 15 min。如果第 4 节结束时得分相等,要延长 5 min作为决胜期继续比赛,必要时延长几个决胜期,直到分出胜负为止。

对于 4×12 min 的比赛,每队每半时(两节)的比赛时间内可以允许请求 3 次暂停,每一决胜期内准许 1 次暂停。

二、违例部分

违例是违犯规则,罚其失去球权,将球判给对方在最靠近发生违例的地点掷界外球。

(一)带球走规则

(1)确定中枢脚。队员静立时接球或双脚同时着地接到球,可用任何一脚作中枢脚。

一脚抬起的一刹那,另一脚就成为中枢脚,队员在移动过程中接到球,如果脚分先后着地,只能用先着地的脚做中枢脚。

(2)确定中枢脚后。在传球或投篮时,可抬起中枢脚,但必须球离手后,中枢脚才能落回地面。开始运球时,在球离手前,不能抬起中枢脚。

(二)运球规则

(1)运球开始。队员控制球后,将球掷、拍或滚在地面上,并在球触及另一队员前在触及球为运球开始。

(2)运球结束。运球过程中,队员用双手同时触球或使球在一手或两手间停留的瞬间运球即完毕。

①投篮。②球被对方队员触及。③传球或漏接,然后球触及了另一队员或被另一队员触及。

(三)球回后场规则

(1)如何划分前、后场。对方球篮的端线与中线的场区(不包括中线)是某队的前场;本方球篮的端线与中线之间的场区(包括中线)是某队的后场。

(2)如何判断球回后场。①前场控制活球的球队队员使球进入后场。②球进去后场后,最先触球的是该队队员,则构成球回后场违例。

(四)罚球规则

(1)罚球队员规则。

①可用任何方式投篮,但罚球队员在处理球时,必须在 5 s 内投球出手;投篮的球必须从篮圈上方进入球篮或触及篮圈。②在球触及篮圈前不得触及罚球线或罚球线前的地面。③当球已在飞翔球篮的途中不得触及球。

判罚:违反规则,罚中不得分;如果是仅有的一次罚球或最后一次罚球,则将球判给对方队员,在罚球线的延长部分掷界外球。

(2)非罚球队员规则。

①不得占据非罚球队员无权占据的位置区。②在球离开罚球队员的手之前不得进入限制区、中区区域或离开位置区。③不得干扰罚球队员。④在球飞向球篮的途中不得触及球;当球与篮筐接触时不得触及篮球或篮板。

判罚:①两队同时违例,球中篮计得分;罚球不成功,判给对方队员掷界外球。②罚球队员的对方队员违例,球中篮计得分;罚球不成功,判给罚球队员重罚一次。

（五）时间规则

（1）3 s 规则。某队在场上控制球并且比赛计时钟正在走动时，该队的队员不得在对方的限制区内停留超过持续的 3 s。

（2）8 s 规则。当一名队员在后场得控制活球时，该队必须在 8 s 内使球进入前场。

（3）24 s 规则。当一名队员在场上获得一个控制活球时，球队在 24 s 内设法投篮，并且投篮的球只有在进入篮圈或触及篮圈时，24 s 装置才能恢复。

（六）干扰球规则

（1）当投篮的球在飞行下落，并完全在篮圈水平面时，进攻或防守队员都不得触及球，在投篮中，当球碰击篮板后并完全在篮圈水平面时，也不可以触及球。

（2）当投篮的球接触篮圈时，进攻或防守队员都不得触及球篮或篮板。

判罚：

①如果进攻队员违例，不能得分，将球判给对方队员在球线的延长线部位掷界外球。

②如果防守队员违例，判给投篮队员得两分；如在三分区投篮，则判得 3 分。

三、犯规部分

犯规是违反规则的行为，含有与对方队员的身体接触或有违反体育道德的举止。

（一）犯规的类型及其判罚

1. 侵人犯规及其判罚

（1）一般性侵人犯规。主要有阻挡、非法用手、拉人、推人、非法掩护和持球撞人等。在上述情况下都要登记犯规队员的每一次侵人犯规。如果对没有做投篮动作的队员犯规，球中篮并判给一次罚球；如果对已在做动作的队员犯规，投球进篮计分并判给一次罚球；如果两分投篮没有成功，则判给两次罚球，如果三分球没有投中，则给三次罚球。如果是控制球队的队员犯规，由非犯规队在犯规处的界外掷界外球。

（2）双方犯规。指两名对抗的队员大约同时发生接触犯规的情况。登记每个队员一次侵人犯规，不判给罚球；如果犯规时某队已经控制球或未控制球但已拥有球权，则应判给该队做界外球；如果犯规时，两队都不控制球，则由裁判根据轮流进攻的原则判罚；如果犯规时投篮有效并得分，则由得分队的对方队员在端线掷界外球。

（3）违反体育道德的犯规。指队员蓄意、过分地对对方队员造成侵人犯规。登记犯规队员违反体育道德的犯规，判给非犯规队两次罚球再加一次中线界外球。

（4）取消比赛资格的犯规。指侵人犯规、违反体育道德的犯规及技术犯规中任何十分恶劣的道德的犯规。登记一次取消比赛资格的犯规，判给非犯规队两次罚球再加一次中线处掷界外球。

（5）特殊情况下的犯规。指在一起犯规或一起违例后的同一个停止比赛计时钟期间，又发生一起或多起犯规。登记每个犯规队员一次犯规。如果几乎同时宣判双方球队多起犯规，裁判员必须确定犯规发生的次序。双方球队的犯规涉及相同的裁罚，它们要互相抵消；双方球队的犯规不涉及相同的罚则，要按犯规发生的次序判罚和执行。

2. 技术犯规及其罚则

技术犯规是指所有不包括与对方队员发生接触的犯规。主要包括队员、教练员、替补队员或随队人员的技术犯规及比赛休息时间内的技术犯规。

(1)队员技术犯规。登记违反者一次技术犯规，判给对方一次罚球再加一次中线处掷界外球。

(2)教练员、替补队员或随队人员的技术犯规。登记教练员一次技术犯规，判给对方两次罚球再加一次中线处掷界外球。

(3)比赛休息时间内技术犯规。如果是队员犯规，则登记该队员一次技术犯规，判给对方两次罚球，该犯规要计入全队犯规之中；如果是教练员或随队人员技术犯规，则对教练员进行登记，判给对方两次罚球，该犯规不计入全队犯规之中。

(二)全队犯规的处罚规则

(1)在每节比赛中，当一个队的队员侵人犯规累计已达 4 次时，所有以后发生的队员侵人犯规要判给对方两次罚球。

(2)如果是控制球队的队员犯规，则判给对方掷界外球。

(3)在任何一决胜期内发生的所有全队犯规要看作第 4 节发生犯规的一部分。

四、篮球考试的内容与评分标准

(一)考试内容

1. 基础班(共计 100 分)

(1)1 分钟运球行进间投篮(50 分)。

(2)双手胸前传接球(50 分)。

2.提高班(共计 100 分)

(1)1 分钟自投自抢(50 分)。

(2)体前变向换手运球(50 分)。

(二)考试办法和评分标准

1.基础班

(1)1 分钟运球行进间投篮(左右手不限)：学生持球于端线后，计时开始，运球至另一端行进间投篮(三步上篮，高低手不限)，球投进回身继续运球至另一端行进间投篮，直至 1 分钟计时结束；如球没有投进，可选任一点原地投篮，直至投进再进行下一个行进间投篮。最后统计投进球数量和行进间投篮的技术计评。

技评标准：运球技术要流畅，对球的控制力要稳定；每一个篮前必须做行进间投篮的技术动作，要动作连贯，避免走步违例，总计 50 分(表 5-3-1)。

表 5-3-1　1 分钟运球行进间投篮考核标准与分值

性别	及格	良	良好	优秀	技评
男生	5 个 10 分	6 个 20 分	7 个 30 分	8 个 40 分	10 分
女生	4 个 10 分	5 个 20 分	6 个 30 分	7 个 40 分	10 分

(2)双手胸前传接球：两人一组，同时技评。两人间距 4～5 米(短距离传球)，于端线外开始做行进间传接球(不许运球)，至另一侧端线，两人位置不变返回。

技评标准：从两个人的传接球技术动作、有无违例(如走步、两次运球等)、传球稳定性、运行速度等方面进行具体评价，总计 50 分。

2.提高班

(1)1 分钟自投自抢(左右手不限)：学生位于罚球线外(罚球线距篮筐距离的弧线外)，进行 1 分钟的自投自抢。

计评标准：运用所学的单手肩上投篮或双手胸前投篮，其他动作扣技术分；统计投中数量，总计 50 分(表 5-3-2)。

表 5-3-2 1 分钟自投自抢考核标准与分值

性别	及格	良	良好	优秀	技评
男生	4 个 10 分	5 个 20 分	6 个 30 分	7 个 40 分	10 分
女生	3 个 10 分	4 个 20 分	5 个 30 分	6 个 40 分	10 分

(2)体前变向换手运球(左右手都要考核)：学生持球，遇到设置的标志物进行体前变向换手运球，然后行进间运球投篮，左右手都要技评，总计 50 分。

技评标准：从动作连贯性，变向幅度，跨步、侧肩标准，换手接球稳定性，护球意识，启动加速突破效果等方面进行计评。

课后练习与作业

1. 现代篮球运动的发展趋势。
2. 篮球运动的进攻基础战术有哪些？
3. 区域联防与进攻区域联防的全队战术有哪些？

项目六　气排球运动

■ 教师寄语

点燃青春激情，传承女排精神。

——郭向荣　张思晗

■ 学习目标

知识目标：了解气排球运动的起源、发展现状、特点及功能。掌握各项基本技术的动作方法和要点。了解各项基本技术在实践中易犯的错误与纠正方法。掌握气排球比赛的基本站位要求，了解阵容配备方法。

能力目标：对各项基本技术做到会讲、会示范。能在比赛中运用各项基本技术。能在实践中安排比赛队伍的阵容。

素质目标：提高身体素质和运动能力，提高心理素质，提高判断能力，培养团队合作精神和竞争意识。

■ 项目思维导图

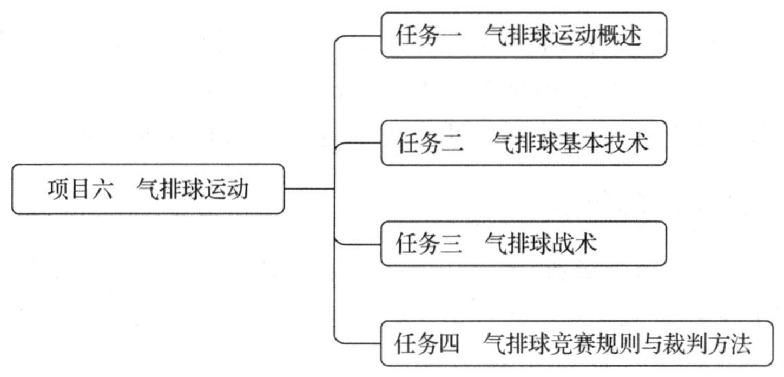

■ **课程思政**

中国女排五连冠辉煌给予中国人民极大的鼓舞,"祖国至上、团结协作、顽强拼搏、永不言败"是中国女子排球队顽强战斗、勇敢拼搏的总概括。女排精神具体表现为:扎扎实实、勤学苦练、无所畏惧、顽强拼搏、同甘共苦、团结战斗、刻苦钻研、永攀高峰。学生通过参与气排球运动,能提高身体素质和运动能力,调节心理状态,保持积极向上的生活态度,培养团结协作意识。

任务一　气排球运动概述

一、气排球运动的起源与发展

气排球是我国土生土长的一项群众性排球活动。1984 年,呼和浩特铁路局济宁分局为了开展老年人体育活动,在没有规则限制的情况下,组织离退休职工用气球在排球场上打着玩儿。由于气球过轻且易爆,他们将两个气球套在一起打,最后又改用儿童软塑球。随后又参照 6 人排球规则制定了简单的比赛规则,并将这个活动项目取名为"气排球"。气排球一经发明就显示出很强的娱乐性、竞技性与团体性,受到广大群众的喜爱。1991 年 10 月,火车头老年体协派出了气排球活动考察小组,到呼和浩特进行实地考察,并编写了第一本《气排球竞赛规则》,同时在上海特制了比赛用的气排球。规则和比赛专用球的诞生,标志着气排球活动走向规范。1992 年 11 月 10 日至 15 日,在武汉市举行了首届铁路系统老年气排球比赛,这是我国历史上第一次全铁路系统的气排球比赛,至此,气排球活动在我国正式开展起来。

2004 年,中国老年人体育协会在浙江丽水市举行了第一届老年人气排球比赛。2005 年 7 月,中国老年人体育协会在福建省莆田市制定了全国第一部统一的《老年气排球竞赛规则》,这部规则的诞生,规范了全国气排球比赛,推动了气排球的发展。

二、气排球运动的特点

气排球运动是一项集运动、休闲、娱乐为一体的群众性体育项目,作为一项新的体育运动项目,如今已经受到越来越多的青年学生的青睐。气排球运动有以下特点。

(一)简单又易学,适合群体广

球体大,球质软,富有弹性,在空中飘游缓慢、容易控制,手感舒适,不易伤人。基本动作和规则相对室内排球容易掌握,较少受到性别、年龄、体质和技术水平的限制,没有基础的人同样可以参与,享受气排球运动的乐趣。气排球比赛运动量适宜。在活动时,有跑、跳、蹲、转身,使脑、眼、手、腰、脚等都运动,充分调动了全身器官参与活动,但运动量不大,有利于强身健体。

（二）技术全面，集体性强

在气排球比赛中，任何位置的运动员都要参与防守和进攻，场上4～5名队员处于全攻全守状态，随着在场上位置的轮转，每名队员都必须掌握各项气排球技术。气排球由于重量轻、圆周大、比赛场区小、球网低等特性，创新出了与室内排球不同的特色技术。气排球规则规定所有运动员在离中线2米外才能进行下压的进攻性击球，所以，气排球比赛中比较有威胁性的击球大多是远网扣球，完成起来有较大的难度。在水平较高的比赛中几乎是每球必扣，每球必拦，攻防转换快，来回球多，技术含量较高。气排球比赛要求参与者心态平稳，技术全面，协调配合，充分发挥团队优势，采用合理的技战术。如此才能扬长避短，取得比赛的胜利。

（三）观赏性和趣味性强，亲和力好

气排球活动对于参与者的技战术水平要求不高，即便是未从事过该活动的人，也很容易加入气排球的竞技性比赛中。同时，气排球弹性较好、重量轻、飞行速度较慢、不易落地，这些特点能使比赛中的来回球增多，对抗性加强。同时，气排球运动的竞技性成分较少，参与者可以带着比较放松的心情对待比赛，在这种较好的心理状态下，比赛的精彩场面更容易出现，这让大家更深切地感受到运动的乐趣。气排球比赛和室内排球比赛一样隔网进行，双方身体接触少，不易受伤，比较适合于人们娱乐和休闲。在参与者的年龄上没有明显的限制，老少皆宜，可以加强交流和沟通，是继软式排球后又一项具有亲和力的室内排球的衍生项目。

任务二　气排球基本技术

一、气排球技术概念

气排球技术是在比赛规则允许的条件下所采用的各种合理击球动作和配合动作的总称。由于气排球的球体体积较大、击球面大、重量轻等特点，在运行中受气流的影响易产生“晃动”、“下沉”和“变线”的现象，由此创造出气排球独特的“双手插托球”“抱球”“捧球”“单手托球”等击球技术动作。

二、气排球技术分类

根据有无击球，可将气排球技术分为有球技术和无球技术，其中有球技术（击球动作）包括：发球、防守击球、传击球、扣球、拦网；无球技术（配合动作）包括：准备姿势和移动。

（一）准备姿势和移动

准备姿势和移动是气排球运动中各项技术的基础技术，是较好完成各项技术的前提。任何一项气排球技术在比赛中运用的效果，在很大程度上取决于准备姿势和移动技术。良好的准备姿势可以迅速启动及快速移动，以接近来球，保持好人球关系，占据良好的击球位置，以便完成各种击球动作。

准备姿势和移动学习难点是：对准备姿势和移动重要性的认识及习惯养成，控制下肢及腰腹力量，对球的判断以及变向的灵活性。

1. 准备姿势

准备姿势是身体的“临战”状态，有利于起动、移动。根据身体重心的高低，可分为稍蹲准备姿势、半蹲准备姿势和全蹲准备姿势(图 6-2-1)。

(1)准备姿势的种类与技术方法。

①稍蹲准备姿势的动作方法。

稍蹲准备姿势比半蹲准备姿势身体重心稍向前移，两膝弯曲小于半蹲准备姿势。动作方法与半蹲准备姿势基本相同。

②半蹲准备姿势的动作方法。

图 6-2-1　准备姿势

视频 6-2-1
准备姿势

两脚左右开立稍比肩宽，一脚在前，两脚尖稍内扣，两膝弯曲成半蹲。脚跟稍提起，身体重心稍前倾，两臂放松，自然弯曲，双手置于腹前。身体适当放松，两眼注视来球，两脚始终保持微动。

③低蹲准备姿势的动作方法。

低蹲准备姿势的身体重心更低、更靠前，两脚左右、前后的距离更宽些，膝关节的弯曲程度更大些，上身前倾，肩部投影过膝，双手置于胸腹之间(视频 6-2-1)。

(2)准备姿势的技术分析。

脚跟稍抬起，两脚稍内收，膝关节适当弯曲，便于向各个方向进行快速有力的蹬地。身体前倾，重心前移，便于向前或斜前方蹬地接起较低的球。两臂自然弯曲，置于腹前，利于伸臂接各种弧度和不同方向的来球及移动时的摆臂。两脚保持微动，可使神经系统处于良好的兴奋状态，便于肌肉快速收缩和克服静止的惯性。两眼注视来球，可使注意力高度集中，预先判断来球。

2. 移动

从起动到制动之间的位移动作称为移动。移动的完成动作包括起动、移动、制动三个环节。移动是接好球的重要条件。无论任何方向的来球，身体必须面对来球方向。因此，要尽快地移动取得好位置，做好接球前的准备姿势，移动速度的快慢取决于这样几种因素，预判和判断的能力；从看到信号到做出动作的反应速度以及起动的速度；移动步法的熟练程度和速度，以及变向移动的能力；移动后的制动技术；完成动作的速度，以及完成动作后立即保持击球前的身体姿势的速度。

起动是移动的开始，它是在准备姿势基础上交换身体重心的位置，破坏准备姿势重心的稳定，使身体便于向某一方向移动。移动则是在起动的基础上，利用脚步动作来改变运动员在场上的位置，完成技术动作和战术配合的行动，通常采用的几种移动步法是：滑步、交叉步、跨步、跨跳步、跑步、后退步等。制动是移动的结束，要及时克服身体的惯性冲力，保持好击球前的身体姿势。

(1)起动的技术方法。

起动是从静止到移动发力动作的过程。在准备姿势的基础上，迅速抬腿收腹，使身体重心倾向移动方向，同时移动方向的异侧腿(交叉步除外)迅速蹬地，使整个身体向来球方向起动。起动速度主要取决于反应速度和腿部腰部的力量。

(2)移动的种类与动作方法。

①并步:当来球距离身体较近时采用这种步法。并步法和上步法称为一步移动。用并步法向前移动时,前脚先迈出一步,同时后脚蹬地,当前脚落地时,后脚迅速并上成准备姿势。向左、右移动时,同侧脚先向侧迈出一步,动作要领同前。并步的要点是容易保持身体平衡,便于做击球动作。并步有利于保持身体的平衡,快速做到制动,便于做击球动作。并步可向前、后、左、右各方向移动。

②滑步:连续的并步动作称为滑步。

③交叉步:两脚左右开立,向右侧交叉步时,上体稍向右转,左脚从右脚前面向右交叉迈出一步,然后右脚再向右跨出一大步,同时身体转向来球方向,保持击球前的准备姿势。交叉步的要点是步子大,动作快且制动强,主要用于二传、拦网和防守。

④跨步:跨步前膝部弯曲,上体前倾,身体重心移至跨出脚上。跨步时,一脚用力蹬地,另一脚跨出一大步,后腿随重心前移自然跟上,两臂做好迎球动作。跨步的特点是,跨距大,便于向前、斜前方降低重心进行低点击球。

⑤跑步:当来球的落点距身体很远时采用跑步移动。跑步时,两臂用力摆动,以加快速度,并逐步降低重心去接近球。跑步可以向各个方向移动,要点是速度快,但制动较困难,需要做两三步的减速后方可制动,主要是追击远距离的球。

(3)制动的动作方法。

所谓的制动就是由快速移动转为突停状态的过程。制动是移动的结束,也是击球动作的开始。击球前,身体重心必须相对稳定,才有利于完成各种击球动作,并控制好击球方向、路线和落点。

(4)移动技术分析。

①起动技术分析:起动是移动的开始,起动的快慢是速度的关键;起动的力学原理是破坏平衡,移动时身体应向移动的方向前倾,重心降低,使后蹬脚角度减小,增大后蹬水平分力;起动时主要用力在于蹬地腿的爆发力,爆发力越大,起动速度越快。

②移动技术分析:移动是一“由平衡—不平衡—平衡”的过程。

③制动的实质是恢复平衡。当移动后跨出一大步,跨出脚给地面以蹬力,地面支撑反作用力的水平分力和身体重心移动方向相反,从而使身体重心移动速度减小,起到制动作用。移动后身体重心后移或降低,有利于减小蹬地角,加大制动的水平分力。

3. 准备姿势和移动常见错误及纠正方法(表 6-2-1)

表 6-2-1　准备姿势和移动常见错误及纠正方法

常见错误	纠正方法
臀部后坐,全脚掌着地	讲清楚要领,反复示范;强调含胸、收腹、身体前倾
身体重心起伏过大,移动速度慢	强调移动后要保持准备姿势,强化全面身体素质的训练,结合视觉信号多做起动练习,多做短距离的抛接球练习

(二)发球

队员在发球区用一只手将自己抛起的球直接击入对方场区的技术动作称为发球。发球是比赛的开始,同时也是气排球比赛进攻的开始。现代的发球技术已越来越具有强大的攻击能力。攻击力强的发球不但可以直接得分,更主要是可以破坏对方的接发球,削弱其进攻威力,减轻我方的防守压力,取得比赛的主动权。发球技术的动作结构可以分为准备姿势、抛球、击球手形、挥臂击球四个技术环节。以下发球方法均以右手发球为例。

发球的种类很多,不管采用哪一种发球,要想把球发好,必须注意以下几点:

(1)抛球稳:抛球是基础,要求掌心向上平稳地把球抛起。每次抛球的高度和身体的距离应基本固定。

(2)挥臂快:手臂的挥动速度与球的飞行速度成正比,手臂挥动快,则球的速度快。

(3)击球准:用力方向必须和所要发出球的方向相一致。

(4)正确的手法:击球手法不同,发出球的性能也不同。不同的发球种类应使用不同的击球方法。

1. 正面下手发球

这种发球简单易学,失误率较小。但速度慢、力量小、攻击性差,适用于初学者(图 6-2-2)。

(1)准备姿势:发球前面对球网,两脚前后站立,左脚在前,右脚在后,两膝微屈,上体前倾,左手持球置于腹前,右臂自然下垂。

(2)抛球:发球时,左手将球在体前右侧抛起,离手 20～30 厘米。在抛球的同时右臂向后摆动。

(3)击球:右脚蹬地,身体重心前移,右臂伸直,以肩为轴,向前摆动到腹前,用虎口或掌根击球的后下部。随着击球动作重心前移,迅速入场(视频 6-2-2)。

图 6-2-2 正面下手发球

视频 6-2-2
正面下手发球

(4)技术分析。

①击球手臂应以肩为轴向后摆起,再以肩为轴直臂向前摆动,在击球前手臂不应有屈肘动作,有利于快速挥臂和控制击球出手角度和路线并加强准确性和攻击性。

②手触球时,五指张开或拇指张开其余四指并拢成勺形,手指、手腕要适当紧张,以全掌击球后下部。

2. 侧面下手发球

这种发球动作简单,容易掌握,可借助转体力量来击球,便于用力,适合女子初学者。发球失误少,但攻击力不强。

(1)准备姿势:左肩对网站立,两脚左右开立,与肩同宽,两膝微屈,上体稍前倾,重心落在两脚间或稍偏右脚,左手持球置于腹前。

(2)抛球:左手将球抛至胸前,约离身体一臂之远。

(3)击球:在抛球的同时,右臂摆至右侧后下方,手指微屈而紧张,利用右脚蹬地和向左转体的力量，带动右臂向前摆动，在腹前用全掌击球的后中下部，也可半握拳以拳心击球，将球击出。击球时，手臂要伸直，眼睛要看球（视频 6-2-3）。

视频 6-2-3
侧面下手发球

（4）技术分析。

①将球抛在身体的正前方，距身体约一臂之远，且不可高于胸部。球击出时仰角大，球飞行就高，仰角太小，则不易过网。

②利用蹬地向左转体的动作，带动右臂向前摆动。击球手臂应由体侧向右下方向斜前上方挥动。

3. 正面上手大力发球

正面上手发球是发球队员面对球网站立，利用转体、收腹带动手臂加速击球，在头的右前上方用全手掌击球过网的发球方法（图 6-2-3）。这种发球击球点高，可以充分利用腰腹和上肢的爆发力，加之用手掌的推压动作使球呈上旋飞行，不易出界，因此有较大的攻击性和准确性。

图 6-2-3　正面上手大力发球

（1）准备姿势：面对球网，两脚自然开立、微屈，左脚在前，左手持球在体前。

（2）抛球：用抬臂和手掌的平托上送，将球垂直抛于头上方，高于头 1 米左右。

（3）击球：在左手抛球的同时，右臂抬起，屈肘后引，肘与肩平，手指自然张开拉至耳边，上体稍向右侧转动。击球时，利用蹬地，使身体向左转动，同时收腹，带动手臂挥动，完成鞭甩动作。在右肩上方伸直手臂用全手掌击球的中下部。击球后身体随重心前移，迅速入场（视频 6-2-4）。

视频 6-2-4
正面上手
大力发球

（4）技术分析。

①抛球到位。抛球应在手臂上抬、手掌平托上送的动作将球抛在身前 30 cm处，球离手约1 m高度为宜。球一定要平稳上抛，不要屈腕。

②击球时重心在左脚，腰腹发力很关键。

③用力顺序：腰带肩—肩带上臂—上臂带前臂—前臂带手腕—传递到手。

4. 正面上手发飘球

上手发飘球是采用正面上手的形式，发出的球不旋转，而是不规则地飘晃飞行的一种发球方式。这种球使接发球队员难以判断其飞行路线和落点。

（1）准备姿势：近似正面上手发球，但左手持球的位置稍高，约在胸前。所站位置离端线的距离变化较大，可站在靠近端线处，也可站在离端线 8 米左右处发。

(2)抛球与引臂:左手将球平稳地抛于右肩前上方,高度应稍低于正面上手发球,并稍靠前些。在抛球的同时,右臂上举后引,肘部适当弯曲并高于肩,两眼盯住球的击球部位。

(3)挥臂击球:与正面上手发球一样做甩鞭动作,但击球前手臂的挥动轨迹不呈弧形,而是自后向前做直线运动。击球时,五指并拢,手腕稍后仰,用掌根的坚实平面击球的中下部,使作用力通过球体重心。击球结束,手臂要有突停动作(视频 6-2-5)。

视频 6-2-5 正面上手发飘球

(4)技术分析。

①将球送到右肩前上方,略比手高的击球点。

②直线挥臂,用掌根击球,作用力通过球心。

③击球结束,手臂有突停动作。

5. 侧面勾手发球

侧面勾手发球能充分利用转体收腹的力量来带动手臂猛烈挥动击球,发出的球速度快、力量大、弧线低、旋转力强,容易造成对方接发球困难,在心理上给对方造成较大威胁。

(1)准备姿势:发球队员左肩对球网,两脚左右开立,与肩同宽,两膝弯曲,上体前倾,重心落在两脚之间,左手持球于胸腹前,两眼注视对方。

(2)抛球与摆臂:左手将球平稳抛至左肩上方,高度适中,高出左肩 60 cm 左右。在抛球的同时,右腿弯曲,重心移至右脚。上体向右侧转动和倾斜、右臂向身体右侧后下方摆动。同时挺胸抬头,两眼注视球体。

(3)挥臂击球:击球时,右脚用力蹬地,身体向左转动带动手臂沿弧线轨迹向上挥动,在右肩前上方击球。同时身体重心移向左脚,手臂充分伸直保持高点击球,手掌手指自然张开呈勺形,以全手掌击球的后中下部。在击球的一瞬间,手腕手掌要做快速的明显向前推压动作,使球呈上旋飞行。击球后,随着重心前移,迅速入场(视频 6-2-6)。

视频 6-2-6 侧面勾手发球

6. 跳发大力球

跳发大力球是发球队员在端线后,采用助跑起跳在空中,像扣球似的将球击入对方场地的发球方式。这种发球由于是空中击球,击球点高,身体可以充分伸展,有利于充分发力,因此力量大、旋转强、速度快(图 6-2-4)。

图 6-2-4 跳发大力球

(1)准备姿势:发球队员面对球网,站在距离端线 2～2.5 m 处,以右手或者双手持球置于体侧或腹前。

(2)抛球:用右手将球抛至右肩前上方,抛球的高度不宜过高,一般在肩上方 1 m 左右,落点在端线附近或在场内距端线 1 m 处。

(3)助跑起跳:随着抛球动作,队员迅速向前做 1 步或 2～3 步助跑起跳。起跳时,两臂要协调而积极地摆动,摆幅要大。

(4)挥臂击球:大力跳发球时正确的挥臂动作是高划弧、长送臂,同时注意手掌包球,手腕卷腕的动作,轨迹近似于半圆。

(5)落地:击球后,尽量使双脚同时落地,两膝顺势弯曲缓冲,迅速入场。

7. 发球的常见错误和纠正方法(表 6-2-2)

表 6-2-2　发球的常见错误和纠正方法

常见错误	纠正方法
抛球动作不准确,抛球不稳定	讲清抛球方法,多做固定目标抛球练习。
抛球与挥臂击球不协调	徒手做挥臂击球练习;反复结合抛球做摆臂练习。
击球点不准确,击球点过高、过低或偏左、偏右	将球固定在墙上或一人双手持球站于高处,让练习者击固定球练习;多做对墙发球练习。

(三)防守击球

防守击球是指用双手、单手或身体的任何部位将对方的来球击起的动作。防守击球是气排球的主要技术之一,在气排球活动和比赛中占有重要地位,防守击球通常用于接发球、接扣球、接拦回球,也可以用于组织进攻。

防守击球主要有双手插托击球、抱球、捧球、单手托球、正面双手小臂垫球等。

1. 双手插托击球

双手插托击球:面对来球,在腰部以下空间高度接球的技术,是气排球中特有的一项技术动作。它的明显特征是:一手掌心朝上,五指朝前,另一只手掌心朝前,五指朝侧,两手在球的后下方形成一个与球吻合的弧形。动作方法(以右手上左手下为例)分析如下所示。

(1)准备姿势:面对来球,两脚开列与肩同宽,根据来球的速度和力量,呈半蹲或稍蹲姿势站立。

(2)迎球动作:当来球接近体前时,开始蹬地、伸膝、手指张开从腹前迎球,全身各部位动作应协调一致。

(3)击球手型、击球部位和击球点:双手形成一个与球体相吻合的弧形,一只手在球下,这只手我们称之为"托球手";另一只手在球后,称之为"护球手"。触球时,两肘弯曲,托球手五指分开,掌心朝前上且手指朝前呈勺型(手心空出不触球),用手指、指根触及球的后下部,护球手五指分开,掌心朝向来球的方向且手指朝侧呈勺型,手指触球的后方。

(4)用力方法:在迎球动作的基础上,当手和球即将接触前,手腕和手指要有顺势后下展的动作,击球时,托球手手掌、手指给球体以撩拨动作,手掌手指的撩拨用力从球体重心的后下方通过,使球在向前上方抛起的同时产生上旋。护球手同时翻顶球的中后部,利用托、翻、拾的合力将球传出(图 6-2-5)(视频 6-2-7)。

(a)

(b)

图 6-2-5 双手插托击球

视频 6-2-7
双手插托击球

2. 抱球

抱球技术是指将离身体较远的正面来球或低球接起的技术动作。它的明显特征是:双手掌心相对,手腕自然下垂,五指自然张开,形成一个与气排球大小吻合的弧形。

动作方法:面对来球,两脚开列与肩同宽,根据来球的速度和力量,呈半蹲或稍蹲姿势站立;当来球接近体前时,开始蹬地、伸膝、手指张开从腹前迎出,全身各部位动作应协调一致:两肘弯曲,上臂与前臂夹角大于 90°,双手位于腹前,两手掌心斜相对,两个大拇指的距离大于小拇指的距离,十指张开呈弧形;双手形成一个弧形(手心空出),以手指和指根部触击球,左手击球的左后下部,右手击球的右后下部;击球瞬间,两手托住来球左右后下部,靠手腕的抖动、手指的弹拨及抬臂的力量将球击出(图 6-2-6)。

(a)

(b)

图 6-2-6 抱球

视频 6-2-8
抱捧球

3. 捧球

捧球主要用于处理速度较快的来球。其明显的特征是:双手掌心朝上,手十指张开且朝前,双手形成一个弧底形。

图 6-2-7 捧球

动作方法:面对来球,两脚并列与肩同宽,根据来球的速度和力量,呈半蹲或稍蹲姿势站立,两肘弯曲,上臂与前臂夹角约 90°,分别位于腰部两侧;来球时,双手掌心向上,手指张开,十指朝前,形成弧底形,手指、手腕与前臂基本形成一个平面;双手形成一个弧形,以全手掌触击球的下部;双手捧球击球时,大臂夹紧身体,手指、手腕与前臂在一个平面上,靠手指、手腕与前臂上托的瞬间发力动作将球击出,其动作幅度较小(图 6-2-7)。

4. 正面双手小臂垫球

正面双手垫球是双手在腹前垫击来球的一种方法，是最基本的垫球方法，适合接速度快、弧度平、力量大、落点低的各种来球。

(1)准备姿势：采用稍蹲和半蹲准备姿势，正面对准来球方向。

(2)垫击球手型：两手掌根相靠，两手手指重叠，手掌互握，两拇指平行向前，手腕下压，两前臂外翻成一个平面(图 6-2-8)。

(3)垫击球动作：当球飞到腹前约一臂距离时，两臂夹紧前伸，插入球下，同时配合蹬地、跟腰、提肩、顶肘、压腕等全身协调动作迎向来球，身体重心随着击球动作向前上方移动。

(4)击球空间位置：保持在腹前高度。

(5)球触手臂部位和击球部位：用前臂的手腕关节以上 10 cm 左右的两小臂桡骨内侧所构成的平面击球的后下部。击球部位：手臂的触球部位在腕关节以上 10 cm 左右小臂内侧的平面上。击球的部位在球的后中下部。

(6)击球后动作：在击球瞬间，两臂要保持稳定，耸一下肩往前送，身体重心继续协调地向拍臂及送球方向移动，垫击动作结束后，立即松开双臂做好下一动作的准备(视频 6-2-9、视频 6-2-10)。

(7)技术要点：正面双手垫球应掌握插、夹、提三个动作要领。插：移动取位，两臂伸直，插到球下。夹：两臂夹紧，含胸收肩，用两前臂的平面击球。提：提肩送臂，身体重心随出球方向前移。垫击过程中要做好移、蹬、跟三个环节。移：快速移动，对准来球。蹬：支撑平稳，两腿蹬起。跟：随用力方向，腰紧跟。

图 6-2-8 球触手臂部位和击球部位

视频 6-2-9 自垫、自传

视频 6-2-10 正面双手小臂垫球

5. 背向双手小臂垫球

背向双手小臂垫球是指背对垫击目标，从身前向背后双手垫击球的击球方法。背向垫击球是在球飞得较远又无法进行正面击球时运用较多。其特点是垫击点较高，准确性稍差。

动作方法：背向垫击球时，要判断好来球的方向，快速移动到球的落点处，背对垫出球的方向，两臂夹紧伸直、击球时、用蹬地、抬头挺胸、展腹和上体后仰的动作带动两臂向后上方摆动抬送，以前臂触球的前下方，将球向后上方击出(图 6-2-9)。

图 6-2-9 背向双手小臂垫球

技术要点：蹬地挺胸，抬头仰体，手臂伸直，击球点高于肩。

6. 单手托球

单手托球是处理离身体较远的球，主要是在来不及运用双手插托球、抱球、捧球和正面双手小臂垫球时采用。明显特征是：掌心朝上，五指张开朝前，形成一个弧底形。

动作方法：单手托球时手掌心向上，五指张开且朝前，形成弧底形，以全手掌触及球的下部。手臂、手腕的动作幅度应根据来球力量的大小和击球的目标点来控制。

7. 防守击球技术的常见错误和纠正方法(表 6-2-3)

表 6-2-3　防守击球技术的常见错误和纠正方法

常见错误	纠正方法
没有形成正确的手型，手指触球部位不正确	进一步讲解示范，用正确动作接球，体会手型，近距离对墙练习，体会手指触球
移动太慢，击球不准	加强腿部力量练习，可进行快速移动对准来球的徒手动作练习
动作不协调	多进行徒手正确动作练习和对墙练习，体会动作的协调方式

(四)传击球

传击球是利用全身协调力量并通过手指手腕的弹力，将球传至一定目标的击球动作，是气排球的主要技术之一。在气排球比赛和活动中，传击球主要用于衔接防守和进攻。好的传击球技术可以有效地组织进攻以达到制胜的目的。传击球按动作分类可分为双手传击球和单手传击球；按传球的方向分类可分为正面双手传击球、侧面双手传击球和背向传击球。其技术环节可分为准备姿势、迎球、手型、击球用力等。

1. 双手传击球

(1)正面双手传击球：面对目标的传球称为正面传击球(图 6-2-10)。

图 6-2-10　正面双手传击球

动作方法：

①准备姿势：采用稍蹲姿势，上体稍挺起，仰头看球，双手自然抬起，屈肘，放松置于脸前。

②迎球动作：当来球接近额前时，开始蹬地、伸膝、伸臂，手指微张从脸前向前上方迎出。

③击球点：在脸额前上方约一球距离处。

④手型：手触球时，十指应自然张开使双手成半球状，手腕稍后仰，以拇指内侧和中指三指节触球的后下部，无名指和小指在球两侧辅助控制球的方向，两拇指相对成“一”字形(图 6-2-11)。

⑤用力方法：在迎球动作的基础上，当手和球即将接触前，手腕和手指要有前屈迎球的动作，当手和球接触时，各大关节应继续伸展，最后用手指、手腕的弹力将球击出(视频 6-2-11)。

⑥技术要点：蹬地伸臂对正球，额前上方迎击球，触球手型成半球，指腕缓冲反弹球。

图 6-2-11　正面双手传击球手型

视频 6-2-11
正面双手传击球

(2)背向传击球。

背对传球目标的传球称为背向传击球。背传是传球基本方法之一，在比赛过程中，使用背传技术能达到出其不意、迷惑对方的目的，使战术多样化。

动作方法：

①准备姿势：上体比正面传球时稍向后仰，双手自然抬起置于脸前。

②迎球动作：抬上臂、挺胸、上体后仰。

③击球点：在头上方，比正面传球略偏后。

④手型：与正面传球手型相同，但触球时手腕要稍后仰，掌心向上，拇指托在球下，击球的下部。

⑤用力方法：利用直地、展体、抬臂、伸肘和手指手腕的弹力，把球向后上方传出(视频 6-2-12)。

视频 6-2-12
背向传击球

技术要点：上体要稍直，击球点稍后，背对击球目标，掌心向上，拇指多用力，向后上方伸送。

(3)侧向传击球。

身体侧对传球目标，在不转动身体的情况下，靠双臂向侧方传球的动作称为侧向传击球。

动作方法：侧向传击球的准备姿势、手型及迎球动作同正面传球，但击球点应偏向传出方向一侧。迎球时，通过下肢蹬地使身体重心向上伸展，上体和双臂向传球方向一侧伸展。异侧手臂动作的幅度要大些，伸展的速度也快些，以双臂和上体侧屈的协调动作将球传出。

2. 单手传击球

当来球与身体关系不太适宜或来球靠近网口时可用单手传击球技术。它与防守的单手击球动作相仿。

动作方法：单手屈肘上举臂，手腕后仰，掌心向上，五指适当收拢，构成一个半球状手型；用手指击球的后下部；五指托住球后下部，用伸肘、抖腕拨球的动作将球向上弹击送出。

3. 传击球技术常见错误和纠正方法(表 6-2-4)

表 6-2-4 传击球技术常见错误和纠正方法

常见错误	纠正方法
手型错误	进一步讲解示范;用传球动作接球、体会手型;近距离对墙轻传,体会手指触球
击球点不正确,过高、过低、过前、过后	多进行结合球的判断、移动的专项练习,脚步移动到位,强调保持正确的击球点;做弧度高低结合的自传球练习
手指手腕弹击力差,有拍打动作	多做手指手腕的力量练习,用足球、篮球来进行传球,增加指腕力量
身体动作不协调,先蹬腿后传球或先传球后蹬腿	多进行对墙传击球,多进行专项协调性练习,体会蹬地、展体、伸臂的协调用力动作

(五)扣球

队员跳起在空中,用一只手或手臂将本方场区上空高于球网上沿的球击入对方场区的一种击球动作叫扣球。扣球是进攻的最有效方法,是得分的重要手段,也是进攻中最积极有效的武器。扣球技术水平的高低,最能体现一个队的进攻战术质量和效果。扣球技术比较复杂,按其技术结构来讲,扣球技术包括准备姿势、判断、助跑、起跳、空中击球和落地几个相互衔接的部分,整个动作必须协调一致,且有节奏。

扣球技术按动作可以分为:正面扣球、勾手扣球;按区域不同可分为:后排左、后排中、后排右扣球;按起跳方法可分为:原地、双脚助跑起跳、冲跳扣球。

1. 两步助跑起跳正面扣球(图 6-2-12)

两步助跑起跳正面扣球是气排球扣球技术中最基本的一种方法。由于面向球网,便于观察,准确性较高,加之正面扣球挥臂动作灵活,能根据对方防守情况,随时改变扣球的路线和力量,控制落点,因而进攻效果较好。

(1)准备姿势:扣球助跑前采用稍蹲姿势,两臂自然下垂,站在离网 3 m 左右处,身体转向来球方向,观察来球,做好向各个方向助跑起跳的准备。

(2)助跑:助跑开始时,左脚向前迈出一步,紧接着右脚再快速跨出一大步,左脚及时并上,踏在右脚之前,两脚尖稍向右转,两臂绕体侧向上引摆。

(3)起跳:在助跑跨出最后一步,左脚并上踏地制动的同时,两臂自后积极向前摆动,随着双腿蹬地向上起跳,两臂配合起跳有力地向上摆动。

(4)空中击球:起跳后,挺胸展腹,上体稍向右转,右臂向后上方抬起,身体成反弓形。挥臂时,以迅速转体、收腹动作发力,依次带动肩、肘、腕各部位关节向前上方成鞭甩动作挥动。击球时,五指微张,以掌心为主,全掌包满球,在手臂伸直最高点的前上方击球的后中部,同时主动用力屈腕屈指向前推压,使扣出的球呈上旋。

(5)落地:落地时以双脚前脚掌先着地,再迅速过渡到全脚掌着地,同时顺势屈膝、收腹,以缓冲下落的力量,立即做好下一个动作的准备(视频 6-2-13)。

(6)技术要点:助跑步幅由小到大、速度由快到慢,一脚跨出另一脚并,双脚踏地向上跳,两臂体侧加速摆,腰腹发力要领先,向上挥臂如甩鞭,击球保持最高点,满掌击球后中部,手腕推压球上旋。

视频 6-2-13 两步助跑起跳正面扣球

图 6-2-12　正面扣球

2. 单脚起跳扣球

单脚起跳扣球是指在助跑的最后一步以单脚踏地，另一只脚直接向前上方摆动帮助起跳的一种扣球方法。单脚起跳扣球在气排球比赛中常常用于战术进攻及处理球的扣球。单脚起跳扣球可采用一步、两步或多步助跑，助跑到最后，以左脚向扣球点位置跨出一大步，身体重心稍后倾，在右脚向上摆动时，左脚用力蹬地起跳，两臂积极配合上摆，起跳后的扣球动作与正面扣球基本相似。

3. 扣球技术常见错误和纠正方法(表 6-2-5)

表 6-2-5　扣球技术常见错误和纠正方法

常见错误	纠正方法
撤位慢，助跑动作不外绕	进一步讲解示范，多做快速撤位、快速助跑起跳的练习；多做防守后再外绕助跑起跳练习
助跑起跳前冲，击球点保持不好	多做限制性练习，如设置障碍物，地上画出起跳点和落点；扣固定球、接垫球、一步起跳扣球
起跳时间过早或过晚	多做对墙和网前助跑起跳的自抛自扣练习
挥臂用不上力量，手未包满	练习手腕推压、鞭甩动作；原地直臂投掷实心球练习；低网原地扣球练习；在网前助跑起跳模仿扣球臂动作

(六)拦网

靠近球网的队员，将手伸向高于球网处触及并阻挡对方的来球，称为拦网。拦网是防守的第一道防线，也是得分的重要手段之一。有效的拦网可以遏制对方的进攻，减轻本方防守的压力，为防守反击创造有利条件。特别是每球得分制实施以来，攻击性的拦网越来越得到人们的重视。

拦网技术动作由准备姿势、移动、起跳、空中动作和落地几个部分组成。拦网时除应掌握上述技术外，还应有准确的判断能力，以便准确选择起跳地点、拦网时间和空间。

拦网技术按人数可分为单人拦网、双人拦网、三人拦网；按运用与变化可分为原地拦网、移动拦网、拦强攻主快攻、拦远网攻等。

1. 单人拦网(图 6-2-13、视频 6-2-14)

(1)准备姿势：队员面对球网，两脚左右开立，约与肩同宽，距离网 30～40 cm，两膝微曲，两臂曲肘置于胸前。

(2)移动：常用的步法有一步、并步、交叉步、跑步等。

(3)起跳：原地起跳时，两腿屈膝，重心降低，随即用力蹬地，两臂以肩发力，在体侧近身处做划弧形前后摆动，帮助身体迅速跳起。

(4)空中动作：起跳时，两手从额前沿球网向上方伸出，两臂伸直并保持平行，两肩上提。拦网时，两臂上举，伸手过网(中青年)，两手自然张开，曲指曲腕成半球状；当手触球时，两手要突然紧张，手腕下压盖在球的前上方。

(5)落地：拦球后，要做含胸动作，以保持身体平衡。手臂要先后摆上提，从网上收回至本方上空，再曲肘向下收臂，以免触网。

视频 6-2-14
单人拦网

图 6-2-13 拦网

2. 集体拦网

由前排两个或三个队员相互靠近，同时起跳组成的拦网，称为集体拦网。集体拦网的目的是扩大拦击的面积，有双人拦网和三人拦网，集体拦网除了要求个人拦网的技术外，还需要团体的配合。集体拦网时应以一人为主拦队员，另外几名队员为配合队员，其技术动作与单人拦网相同，但拦队员不是固定的，而是根据对方扣球点的情况决定。

3. 拦网技术常见错误和纠正方法

拦网技术常见错误和纠正方法见表 6-2-6。

表 6-2-6 拦网技术常见错误和纠正方法

常见错误	纠正方法
起跳时间不对	用语言信号强化训练起跳最佳时机；深蹲慢跳或浅蹲快跳

续表

常见错误	纠正方法
拦网时,手臂有向前扑打动作	多进行网前的原地和移动拦网练习,网前反复做提肩压腕动作;低网一扣一拦练习
起跳后,手触球网或脚过中线犯规	多做网前快速移动起跳拦网动作,强调垂直向上跳,起跳后要含胸,微收腹,保持身体的平衡和稳定
闭眼拦网	拦网时眼看球,养成观察球的习惯
两手臂之间距离过大、手与网之间距离大造成漏球	多做手臂夹紧头部的动作;采用提示性语言加以强化,进行拦固定球的练习,体会手与手,手与网之间保持合理距离

任务三　气排球战术

气排球战术是指运动员在比赛中,根据气排球竞赛规则、气排球运动的规律、比赛双方的具体情况和临场竞赛的发展变化,合理运用个人技术及集体配合所采取的有意识、有组织的行动。

一、气排球战术的分类

气排球战术有多种分类方法,如根据参与战术体系的人数多少,可分为个人战术与集体战术两类;根据气排球比赛对抗过程中所采取的不同组织形式,可分为进攻战术和防守战术。实践中,分为防守战术和进攻战术组合形成的接发球及其进攻、接扣球及其进攻、接拦回球及其进攻、接传垫球及其进攻等“四攻”系统。

二、阵容配备

阵容配备是指参赛队根据比赛的任务、本队战术组织的特点及队员的身体情况,有针对性地、合理地安排出场队员及位置分工,充分地调配力量,科学地组合人员的筹划过程。阵容配备要将全队的力量有效地组织起来,扬长避短,最大限度地发挥每个队员的特长,因此在调配时应综合考虑每名队员的不同情况,选择作风顽强、心理素质好、技术全面和临场应变能力强的队员组成主力阵容。根据气排球比赛制式的不同,气排球比赛阵容配备的基本形式有以下几种:

(一)五人制

(1)“四一”配备:由 4 名进攻队员和 1 名二传队员组成。其特点是队员分工明确,进攻点较多,全队只适应一个二传队员的技术特点,配合更为默契,4 名攻手的设置也有利于本方进攻和拦网实力的提升,但这种配备对二传的体能和分配球的能力要求较高(图 6-3-1)。

(2)“三二”配备:由 3 名进攻队员和 2 名二传队员组成,又可根据二传的站位分为两种阵型,其一是二传站于前排 3 号位和后排 5 号位(图 6-3-2),其二是二传站于前排 3 号位和后排 1 号位(图 6-3-3)。其特点是二传与攻手的数量及站位分布比较合理,但这种配备会出现两名二传队员同时在前/后场区的情况,进攻点的减少也在某种程度上降低了本方的进攻实力。

图 6-3-1 “四一”配备　图 6-3-2 “三二”配备　图 6-3-3 “三二”配备

(二)四人制

(1)“三一”配备:由 3 名进攻队员和 1 名二传队员组成,其中有一名进攻队员或为接应传(图 6-3-4)。由于场地小、球速快,后排插上二传优势不易体现,因此,非高水平队伍较少采用。

(2)“二二”配备:由 2 名进攻队员和 2 名二传队员组成,二传与攻手配置均衡,这种配备较容易掌握和运用,是气排球比赛中常采用的阵型(图 6-3-5)。

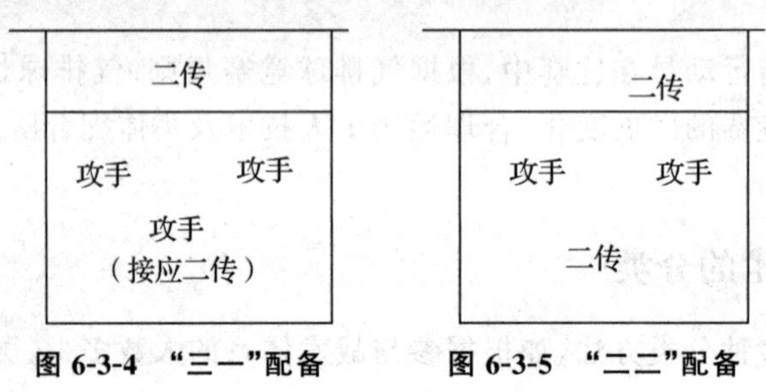

图 6-3-4 “三一”配备　图 6-3-5 “二二”配备

三、气排球个人战术

气排球个人战术是指不同年龄段、不同位置的队员根据个人的特点和整体战术的需要,灵活运用个人技术变化以完成有效进攻与防守。

(一)发球个人战术

发球是比赛回合的开始,不受对方和同伴的制约,也没有集体配合的问题,为此更能体现个人的战术意识与能力。常见的发球战术如改变发球力量、速度、弧度以及旋转、飘晃等;针对对手特点,改变发球取位,找人发球、找空档发球、找区域发球等;还可以根据本方及对手各轮次的战术安排及实力强弱采用不同的发球攻击性,以增加对手接发球的难度,破坏其一传的到位率。

(二)一传个人战术

一传是保障本队组织合理有效进攻的基础,因而需要队员采用有意识、有目的的接球动作,灵活调整和控制一传球的方向、弧度、速度和落点等,有效配合本方的进攻组织。气排球自身的轻、飘、受外力影响大的特点增加了一传的难度,在接一传过程中应当合理全面地运用垫、传、挡、捧等击球动作将来球接起,如送缓和的一传以组织强攻,送低平速度快的一传以组织快攻等。

(三)二传个人战术

运用二传个人战术可以合理有效地分配球,为本方队员创造有利的时空进攻条件,并突破对方的拦网以完成各种进攻战术，必要时还可通过传球动作完成攻击性强的进攻球处理。应当利用各种击球动作变化改变二传球出手的快慢、高度和弧度，充分利用球网和球场的纵深区域，尽量避开对方拦网强的区域以达到预期的战术目的。

（四）扣球个人战术

扣球的个人战术主要可以通过改变扣球线路，扣球动作类型，扣球击球时机与动作幅度、力量大小等形式加以体现。气排球网高和扣球动作的限定，要求进攻者必须提高自己的扣球个人技术能力与临场战术应变能力，如掌握快速冲跳技术，提高起跳后空中变化扣球动作、力量、路线的能力，等等。

（五）拦网个人战术

拦网个人战术是指拦网队员根据对方进攻队员特点以及进攻战术的应用情况，灵活应用各种手法、步法，利用时间，空间等变化因素，有效拦阻对方进攻的一种个人或集团性配合行为。拦网个人战术体现在拦网时间、空间和动作上的变化，阻拦对手攻击，降低对手攻击威力，或达到成功阻截直接得分的功用。

四、气排球集体战术

集体战术指两名或两名以上队员之间有组织、有目的地集体协调配合的过程，分为集体防守和集体进攻战术。

（一）集体防守战术

（1）接发球防守阵型：根据接发球人数分为 4 人、3 人、2 人接发球。比赛中一般采用 4 人或 3 人接发球阵型。

（2）接扣球防守阵型：根据参加拦网人数分为无人拦网、单人拦网、双人拦网、三人拦网下的防守阵型。

（3）接拦回球防守阵型：根据本方的进攻战术和对方拦回的情况以及参加防守的人数来确定，一般采用 4 人、3 人等阵型。

（4）接传、垫球防守阵型：接对方传、垫过网的球，根据其运用的时机、条件以及来球性能的差异，可采用 4 人、3 人接球阵型站位。

（二）集体进攻战术

根据二传队员的位置分为三种阵型。

（1）前“中二传”进攻阵型：由 1 名前排二传队员在前排中位置传球，将球传给其他队员进攻的组织形式。这种阵型是气排球战术中最简单、最基础的一种进攻阵型。

（2）前“边二传”进攻阵型：由 1 名前排二传队员在前排边位置传球，将球传给其他队员进攻的组织形式。这种阵型场上二传队员明确，传球与进攻配合空间较大，因此，便于组织不同的进攻战术打法。

（3）后“插二传”进攻阵型：后排二传队员插到前排进行传球，将球传给其他队员进攻的组织形式。这种进攻队形多被高水平的运动队采用。

任务四 气排球竞赛规则与裁判方法

气排球运动1984年首创于我国呼和浩特铁路局济宁分局，当时只是用于健身娱乐，并没有正式的竞赛规则。1991年10月，由火车头老年体育协会组织编写了第一本《气排球竞赛规则》。为了更好地进行气排球交流，推动气排球运动的开展，2005年7月，由中国老年人体育协会审定发行了全国统一的《老年气排球竞赛规则》。迅猛发展的气排球运动已经不完全属于老年人，大批的中青年和高校师生也都积极参与，参与群体面的扩大必然推动竞赛规则的不断完善，中国排球协会于2013年11月和2017年5月依次审定了《气排球竞赛规则（2013—2016版）》和《气排球竞赛规则》（2017—2020版），气排球规则是气排球竞赛工作的依据和法律文件，保证了比赛条件的公平和判罚尺度的一致。

一、气排球比赛的场地与器材

气排球比赛是在12 m×6 m的长方形场地上进行的。场地四周至少有2 m宽的无障碍区，场区上空无障碍空间从地面量起至少高7 m，其间不得有任何障碍物。中线将比赛场区分为长6 m、宽6 m的两个相等的场区。每个场区各画一条距离中线2 m的进攻线，标出了前场区。所有的界限宽5 cm。一般男子网高2.10 m，女子网高1.90 m，混合网高2.00 m。球网高度量尺从场地中间丈量。球网上沿两端地面必须相等，不得超过规定高度2 cm。（图6-4-1）

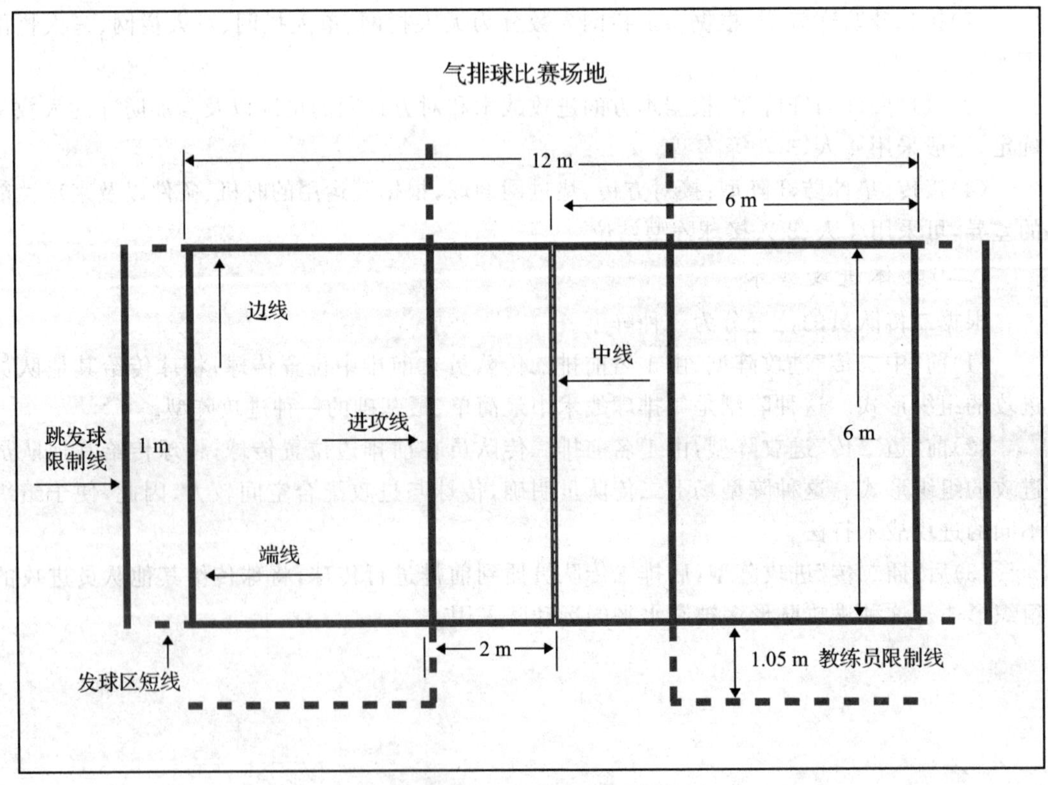

图6-4-1 气排球场地平面图

二、记分方法

比赛采用每球得分制，即胜一球得一分。

（一）胜一场

比赛采用三局两胜制，胜两局的队为胜一场。如果1∶1平局时，进行决胜局（第三局）的比赛。

（二）胜一局

第一局、第二局先得21分同时超过对方两分为胜一局；当比分20∶20时，比赛继续进行至某队领先两分（22∶20、23∶21……）为胜一局。

决胜局，先得15分同时超过对方两分的队获胜；当比分14∶14时，比赛继续进行至某队领先两分（16∶14、17∶15……）为胜一局。决胜局中，某队先获得8分时，两队交换场区，不休息，队员在原位置继续比赛。如果未能及时交换场区，应在此错误被发现时立即交换场区，保留交换场区时两队已得比分。

（三）得一分

（1）球成功地落在对方场区。

（2）对方犯规。

（3）对方受到判罚。

（四）弃权与阵容不完整

（1）某队被召唤后拒绝比赛，则宣布该队弃权。对方以每局21∶0的比分和2∶0的比局获胜。

（2）某队无正当理由而未准时到达比赛场地，则宣布该队为弃权，处理同上一条。

三、犯规与判罚

气排球运动中属于犯规的情形有以下几种。

（一）位置错误

（1）当发球队员击球时，如果任何队员不在其正确位置上，则构成位置错误犯规。

（2）当发球队员击球时的犯规与对方位置错误同时发生，则判发球犯规。

（3）当发球队员击球后的犯规与对方位置错误同时发生，则判位置错误犯规。

（4）队员站位是否错误，根据其脚的着地部位判定。

①同列前排队员至少一只脚的着地部分距离中线更近；五人制前排3号位队员与后排队员没有站位位置关系。

②同排队员站位：四人制前排右（左）侧队员至少有一只脚的着地部分，比同排左（右）侧队员的双脚距右（左）侧边线更近。后排右（左）侧队员至少一只脚的着地部分，比同排另一名左（右）侧队员的双脚距右（左）侧边线更近。五人制前排右（左）侧队员至少有一只脚的着地部分，比同排中间队员的双脚距右（左）侧边线更近。后排右（左）侧队员至少一只脚的着地部分，比同排另一名左（右）侧队员的双脚距右（左）侧边线更近。

③发球击球后，队员可以在本场区和无障碍区的任何位置。

(5)位置错误判罚如下：

①该队被判失去一分，并由对方发球。

②队员必须恢复到正确位置。

(二)轮转错误

(1)轮转次序、发球次序以及队员位置的确定均以位置表为依据。

(2)某队得一分，同时得发球权后，所有队员必须按顺时针方向轮转一个位置，由2号位队员轮转至1号位发球。

(3)如某队因对方被判罚而得一分，本方得该分后也必须轮转一个位置，该分该轮的原发球队员不再发球，按照轮转次序由下一轮发球队员发球。

(4)没有按照轮转次序进行发球为轮转错误，按照顺序进行如下判罚：

①该队失一分，并由对方发球。

②队员的错误轮转次序必须纠正。

③记录员应准确地确定其错误何时发生，从而取消该队自犯规发生后的所有得分，对方得分仍然有效。如果不能确定犯规发生的时间，则仅判失一分，并由对方发球。

(三)界内球和界外球

(1)界内球：球触及比赛场区的地面包括界线为界内球。

(2)界外球：

①球接触地面的部分完全在界线以外。

②球触及场外物体、天花板或非场上的成员等。

③球触及标志杆以及标志杆以外的球网、网绳或网柱。

④球的整体从网下穿过。

⑤球的整体或部分从非过网区越过球网垂直面。

(四)发球犯规

1. 发球时的犯规

(1)发球犯规。下列犯规应判发球犯规进行换发球，即使对方位置错误。

①发球次序错误。

②发球队没有遵守“发球的执行”的规定(发球的执行：球被抛起或持球手撤离后，在球落地前，用一只手或手臂将球击出；发球前球在手中移动或拍球是允许的)。

(2)发球击球后的犯规。

球被发出后，出现以下情况仍被判为发球犯规(如果发球后犯规与对方位置错误同时发生，判位置错误犯规除外)：

①球触及发球队队员或球的整体没有从过网区通过球网的垂直面。

②界外球。

③球越过发球掩护的个人或集体。

2. 发球犯规与位置错误

(1)如果发球犯规与对方位置错误同时发生，判发球犯规。

(2)如果发球后犯规与对方位置错误同时发生，判位置错误犯规。

(五)击球时的犯规

(1)四次击球：一个队连续触球四次。

(2)借助击球：队员在比赛场地内借助同伴或任何物体的支持进行击球。

(3)持球：没有将球击出，造成接住或抛出。

(4)连击：一名队员不是在一个动作中连续击球两次或球连续触及其身体的不同部位（击球时身体不同部位在同一动作中连续触球；在一个动作中，球迅速而连续地触及一名或更多的拦网队员；完成拦网后任何一名队员可以进行第一次击球，包括拦网时已经触球的队员除外）。

（六）触网犯规

(1)队员触及标志杆以内的球网或触及标志杆为犯规。

(2)在不干扰比赛的情况下，队员击球后可以触及标志杆以外的球网、网绳、网柱等其他物体。

(3)由于球被击入球网而造成球网触及对方队员，不算犯规。

（七）队员在球网附近的犯规

(1)对方进攻性击球前或击球时，在对方空间触球或触及对方队员。

(2)从网下穿越进入对方空间并妨碍对方比赛。（在不干扰对方比赛的情况下，队员可以穿越进入对方无障碍区，但不得击球）

(3)整个脚越过中线踏及对方场区。

(4)除脚以外的身体任何部位越过中线触及对方场区。

（八）进攻性击球犯规

1. 进攻性击球的定义

(1)除发球和拦网外，所有直接击向对方的球都是进攻性击球。

(2)进攻性击球时，吊球是允许的，但击球必须清晰，不得接住或抛出。

(3)球的整体通过球网垂直面（包括触及球网后再进入对方空间）或触及对方拦网队员，则认为完成进攻性击球。

2. 进攻性击球的限制

进攻线后（后场区），队员可以对任何高度的球完成进攻性击球，但：

(1)击球起跳时脚不得踏及或越过进攻线（队员可以在进攻线前（前场区）完成进攻性击球，但球的飞行轨迹必须高于击球点，以明显向上的弧度过网进入对方场区除外）。

(2)队员可以在进攻线前（前场区）完成进攻性击球，但球的飞行轨迹必须高于击球点，以明显向上的弧度过网进入对方场区。

(3)击球后脚可以落在前场区。

(4)接发球队员不能对高于球网上沿的对方发球完成进攻性击球。

3. 进攻性击球的犯规

(1)在对方空间击球。

(2)击球出界。

(3)在前场区，完成进攻性击球，球的飞行轨迹没有高于击球点，球过网时没有明显向上的弧度（包括水平飞行过网）。

(4)对处于本场区内高于球网上沿的对方发球完成进攻性击球。

（九）拦网的犯规

(1)后排队员完成拦网或参加了完成拦网的集体。

(2)拦对方的发球。

(3)拦网出界。

(4)从标志杆外进入对方空间拦网。

(5)在对方进攻性击球的同时或之前触球。

(6)当球飞向球网上方而尚未过网,有对方队员准备击该球时本方队员完成拦网。

(十)换人和暂停

(1)正常的比赛间断有“暂停”和“换人”。每队每局最多可以请求两次暂停和4人次(四人制)或5人次(五人制)换人,所换队员不受位置限制。每次暂停时间为30秒。

(2)同一队未经过比赛过程不得连续提出换人请求。但在同一次换人请求中可以替换一人或多人。

(3)特殊换人:某一队员受伤或生病不能继续比赛时,须进行合法的换人。如果不能进行合法的换人,可采用特殊换人。特殊换人时,场下的任何队员,都可以替换受伤队员,但受伤队员不可在本场比赛中再次上场比赛。特殊换人不作为换人的次数计算。

(4)第一局结束后休息2分钟,决胜局前休息3分钟。

(十一)不符合规定的请求

(1)下列情况为不符合规定的请求:

①在比赛进行中或裁判员鸣哨发球的同时或之后提出请求。

②无请求权的成员提出请求。

③同一队未经过比赛过程再次请求换人。

④超过所规定正常间断次数的请求。

(2)在比赛中对第一次没有影响和延误比赛的不符合规定的请求给予拒绝而不进行判罚。

(十二)延误比赛

1. 延误比赛的行为

一个队拖延比赛继续进行的不正当行动为延误比赛。包括以下行为:

(1)换人延误时间。

(2)在裁判员鸣哨恢复比赛后,拖延暂停时间。

(3)请求不合法的替换。

(4)再次提出不符合规定的请求。

(5)球队成员拖延比赛的继续进行。

2. 对延误比赛的判罚

(1)“延误警告”和“延误判罚”是对全队延误比赛的判罚。

①延误比赛的判罚对全场比赛有效。

②所有延误比赛的判罚都记录在记分表上。

(2)在一场比赛中,对某队成员的第一次延误比赛,给予“延误警告”。

(3)在一场比赛中,同一队的任何成员造成任何类型的第二次及其后的延误比赛,都给予“延误判罚”,对方得一分,并由对方发球。

(4)局前和局间的延误比赛判罚记在下一局中。

课后练习与作业

1. 气排球运动的起源与发展。
2. 气排球运动的特点是什么？它对气排球技术提出了哪些要求？
3. 气排球防守击球的种类和防守击球技术动作分析。
4. 正面双手传击球的动作过程包括哪几个环节？列举3～5种练习方法。
5. 什么是气排球战术？合理选择气排球战术的意义是什么？

项目七 足球运动

■ 教师寄语

如果停止，就是低谷。
如果继续，就是上坡。

——赵轩

■ 学习目标

知识目标：认识足球运动的起源与发展，了解足球竞赛规则与战术，掌握足球基本技术与技能、幼儿足球课程组织与教学。

能力目标：能够运用足球基本技术与技能对幼儿足球课程进行设计与组织。

素质目标：通过练习，发展学生的足球基本技术，提高学生身体素质和协调性。

■ 项目思维导图

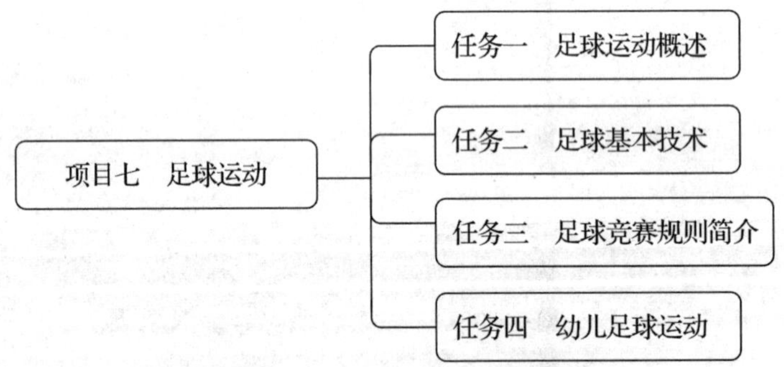

■ 课程思政

课程德育目标：团队配合，团结互助；遵守竞赛规则；刻苦训练、吃苦耐劳。

在足球技能课堂上，学生学会与他人配合，通过比赛明白团队协作的重要性。足球比赛必须遵守足球竞赛规则，学生在比赛中违反规则就要被判罚，使学生明白比赛如生活，都需要规则（法律）的约束，应做到懂法、执法、守法。足球训练需要充沛的体力和坚强的毅力，训练过程是艰苦的，学生在锻炼过程中能养成吃苦耐劳的品质。

任务一　足球运动概述

一、足球运动的起源与发展

（一）中国古代足球游戏

足球起源于2300年前的中国山东淄博临淄，称为“蹴鞠”。中国古代把脚踢球叫“蹴鞠”，在我国两千多年以前的文字记载中，当时的足球就叫“蹴鞠”，蹴就是踢的意思，鞠就是球。当时的球是用皮子做的，里面装有毛发之类的东西，用来进行踢球游戏。蹴鞠活动在我国经历了汉、唐、宋、元、明、清多个朝代。当时是一项小型的社会活动，但现在已经发展成为世界第一运动。

（二）古代女子足球游戏

古代女子足球活动最早见于中国。中国自汉至清的一千多年中，各朝均有女子足球活动，内容主要包括足球舞和足球游戏，表演性强，对抗性差。

二、足球运动的特点

（一）参加比赛的人数多、集体性强

足球比赛由两队共22人参加，每队有11名队员。场上的11人思想统一，行动要一致，攻则全动，守则全防，整体参战的意识要强。只有形成整体的攻守，才能取得比赛的主动权及良好的比赛结果。

（二）争夺激烈，对抗性强

足球运动是一项竞争激烈的对抗性项目，比赛中双方为争夺控制权，达到将球攻进对方球门，而又不让球进入本方球门的目的，展开短兵相接的争斗，尤其是在两个罚球区附近时间、空间的争夺更是异常凶猛，扣人心弦。一场高水平的比赛，双方因争夺和冲撞倒地的次数可能多达200次以上，足见对抗之激烈。

（三）比赛场地大、时间长、运动负荷大、技战术复杂、难度大

足球比赛中，运动员要在近8000 m^2 的场上奔跑90 min，跑动距离少则6000 m，多则10000 m以上，而且还要伴随完成上百个有球和无球的技术动作，因而运动员的能量消耗是很大的。足球运动在技术上种类繁多、战术上变幻莫测，比赛中运用技战术时要受对方直接的干扰、限制和抵抗。技战术是依临场中具体情况而灵活机动地加以运用和发挥。

（四）趣味浓厚，容易开展

除正规比赛外，场地和球门可大可小，参加比赛的人数可多可少，足球竞赛规则比较简练，器材设备要求也不高，而且不受季节和气候变化影响。因而是全民健身中一项十分易于开展的群众性的体育运动项目。

任务二　足球基本技术

一、无球技术

一场足球比赛，扣除各种情况下的死球时间外，仍有 60 min 左右的纯比赛时间。一个控球能力很强的运动员所能控制球的时间只有 3 min 左右，其他时间都是在无球的情况下进行活动的。这些活动，除了调整位置、走步和慢跑，都需要使用无球技术来完成。

（一）快速跑

快速跑的技术特点是：步幅小，步频快、重心低，身体前倾角度要小，这样比较容易控制自己的平衡，及时地做出需要做的各种动作，并能随时调整改变动作方向和跑动路线，有较大的灵活性，以适应比赛的技战术需要。

（二）曲线跑

曲线跑是为了进攻时绕过对方队员，调整合适位置接应队友的传球包抄抢点。防守时抢断对方球，盯住对手时采取的跑动方法。

曲线跑时，眼睛注视周围情况和球的发展，身体略向内倾斜，内肩低于外肩，内侧膝稍外展，外侧膝稍内扣，以内侧脚的脚掌外侧和外侧脚的脚掌内侧用力蹬地。

（三）折线跑

折线跑一般是进攻队员为了要摆脱对手或穿越密集防守而采用的一种跑动方法。

折线跑时，眼睛要注视自己前方对手防守的弱点，由一个方向突然折向另一个方向时，上体和头部要突然向预想方向扭转、倾斜，身体重心也迅速移至这一侧，同时异侧脚用力蹬地。

（四）后退跑

后退跑一般是在以少防多时，为了延缓对方的推进速度，伺机进行抢截球或者是在对方队员威胁着本方球门的情况下，为了盯住对手，限制其活动，常用后退跑。

后退跑时，重心稍下降，身体后倾，步幅要小，步频要快，眼睛注视球的发展、对方队员的位置和活动情况，以便确定采取合适的技术进行防守。

（五）侧身跑

侧身跑多是为了便于观察场上情况，随时准备参与攻或守的具体配合时采用的调整位置的跑动方法。

侧身跑时，上体稍转向有球的一侧，脚尖对着跑动方向，眼睛随时注视球的发展和周围攻、守双方队员的位置活动情况，以便及时参加具体的配合或个人战术。

二、有球技术

在快速的激烈对抗的条件下，准确完成技术动作的关键部分就是有球技术。它是足球技术的重要内容。

（一）球性练习部分

用身体合理部位，去接触球，使球驯服于自己的控制范围之下的一种熟悉球性的动作。

特点：身体各个合理部位都能颠球，是足球基本功，通过各部位肌肉本体感去颠控制球，是各级别运动员必须长期练习的基本动作。

（二）踢球技术动作

踢球是运动员有目的地用脚的某一部位把球踢向预定的目标，踢球是足球运动最基本的技术。无论是传球还是射门都需要踢球。踢球的方法有：脚内侧、脚背内侧、脚背正面、脚背外侧、脚尖、脚后跟等。

（三）踢球方法

1. 脚内侧踢球

它的特点是脚与球的接触面积大，出球比较平稳准确，常用短距离传球和近距离射门。

（1）踢定位球时，直线助跑，支撑脚踏在球的侧后方 15 cm 处，膝关节微屈，踢球腿以髋关节为轴向后向前摆动。在前摆过程中膝盖外转，踢球脚内侧与出球方向约成 90°，脚尖稍翘起，小腿加速前摆，脚掌与地面平行，脚腕用力绷紧，用脚内侧部位踢球的后中部。如图 7-2-1 和视频 7-2-1 所示。

图 7-2-1

视频 7-2-1 脚内侧踢球

（2）脚内侧踢空中球。

大腿在踢球前先抬起，小腿拖在后面，脚内侧对正出球方向，利用小腿的摆动平敲球的中部。如果踢出地球或高球，可踢球的中上部或中下部。

2. 脚背正面踢球

它的特点是踢球腿的摆幅大、摆速快，踢出球的力量大，出球的方向变化少。

（1）踢定位球。

直线助跑，支撑脚踏在与球平行和距球一脚左右的侧方，踢球的脚尖正对出球方向，膝稍屈；同时踢球腿向后摆起，膝弯曲。踢球腿前摆时，要用大腿带动小腿。当大腿前摆至垂直地面位置时，小腿加速前摆。在脚触球刹那，脚背绷直，并稍收腹，以正脚背部位触球的后中部。踢球后，身体要有随前动作，并跨出一两步。如图 7-2-2 和视频 7-2-2 所示。

图 7-2-2

视频 7-2-2 脚背正面踢球

(2)脚背正面踢空中球。

首先要判断好球的运行路线和确定好踢球点,并使身体侧对出球方向,支撑脚跨上一步,脚尖指向出球方向,上体向支撑脚一侧倾斜,踢球脚的大腿高抬接近与地面平行。然后以大腿带动小腿急速向出球方向挥摆,用脚背正面踢球的后中部,在摆腿踢球的过程中身体随之向出球方向扭转。踢球的刹那,两眼要始终注视球,身体正对出球方向。踢球后,面对出球方向跨出一步。

3. 脚背内踢球

它的特点是踢球腿的摆幅大,摆速快,踢球准确、有力,由于助跑方向,支撑脚的选位灵活性较大,出球的方向变化幅度较大。因此,可踢出平直球,远距离弧线球等。经常用此法踢定位球、过顶球、远距离长传球或转身踢球。

(1)踢定位球。

沿着与球成 45°的斜线助跑,支撑脚踏在球的侧后方约两脚处,膝弯曲,以脚掌外侧着地支撑体重,上体稍向支撑脚一侧倾斜,踢球脚自然后摆。踢球时,以大腿带动小腿,呈弧形迅速前摆,脚稍内外转,脚面绷直,脚趾扣紧,脚尖斜指前下方,以脚背内侧触球的后中部。踢球后,腿随球摆出。如图 7-2-3 和视频 7-2-3 所示。

视频 7-2-3
脚背内侧踢球

图 7-2-3

(2)脚背内侧踢弧线球。

用脚背的内侧踢球的后外侧部位。摆腿的方向不通过球的中心。在踢球的一刹那,踝关节用力向里转并上翘,使球成侧旋向沿一定的弧线运行。

4. 脚背外侧踢球

脚背外侧踢球动作的特点是预摆动作小,出脚快,能利用膝,踝关节的灵活变化改变出球的方向和性质,是实用性较强的技术手段。

直线助跑,支撑脚踏在与球平行和距球一脚左右的侧方,踢球腿向后摆起,膝弯曲。踢球腿前摆时,要用大腿带动小腿。当大腿前摆至垂直地面位置时,小腿加速前提。用脚背外侧触球。在踢球的一刹那,脚背要绷直,脚趾用力下扣,脚尖内转,踢球的后中部。踢球后,身体要有随前动作,并跨出一两步。如图 7-2-4 和视频 7-2-4 所示。

图 7-2-4

视频 7-2-4
脚背外侧踢球

5. 踢球的一般要求

(1)支撑脚站位准确,摆腿爆发充分。

(2)脚触球部位准确。

(3)踢球前后,踝关节尽量放松,但在脚触球的一刹那要紧张用力。

(4)要求左右脚发展均衡。

(四)停球

停球是指有目的地用身体的合理部位,把运动中的球,采取停、挡等方法,控制在所需要的范围之内。停球是为了更好地处理球,是为传球、运球、过人和射门服务的。

1. 停球的方法和运用

停球常用的是:脚内侧停球、脚底停球、胸部停球、脚背正面停球、大腿停球等几乎身体的各部位都能停球。

(1)脚内侧的停球:它的优点是脚与球的接触面积大,容易停球,又便于改变方向和结合下一个动作。比赛中多用于停地滚球,反弹球。

脚内侧接地滚球时,支撑脚正对来球方向,膝稍屈。当触球时,接球脚向前下轻压,将球接于身前。来球力最大时,接球脚可稍后撤,以缓冲来球力量,将球接在脚下。脚内侧切压停球的要领,是当球运行到支撑脚的侧后方或前侧方时,停球脚以脚内侧切压球的后上部,同时稍压膝。如图 7-2-5 和视频 7-2-5 所示。

图 7-2-5

视频 7-2-5 脚内侧接地滚球

脚内侧停反弹球时,支撑脚踏在球的落点侧前方,膝关节弯曲,上体前倾并向停球方向微转,同时停球脚提起,踝关节放松,用脚内侧对准球的反弹路线。当球落地反弹刚离地面时,用脚内侧推压球的中上部。如视频 7-2-6 所示。

视频 7-2-6 脚内侧接反弹球

(2)脚底停球:接触面积大,容易将球停稳。多用于停正面来的地滚球和反弹球。

停地滚球时,支撑脚站在球的侧后方,膝关节微屈,脚尖正对来球,停球脚提起,膝关节自然弯曲,上体稍向前倾,脚尖翘起高过脚跟,踝关节放松,用脚底触球的中上部,前脚掌稍压球。

停反弹球时,支撑脚踏在球落点的侧后方,当球着地一刹那用脚掌对准球的反弹路线,触球的后上部,当脚掌触球的刹那,立即做压球动作。

(3)胸部停球:胸部面积大,有弹性,位置高,能停高球和空中平直球。胸部停球有挺胸和收胸两种停球方法。

挺胸停球动作：一般高于胸部的下落球可采用此方法，停球时身体正对来球，两眼看球，两脚前后或左右站立，膝关节稍屈，上体略后仰，当胸部与球接触时，脚跟提起，憋气，向上挺胸，使球在胸前轻轻弹起。如图 7-2-6 所示。

图 7-2-6

三种停球技术见视频 7-2-7 至视频 7-2-9。

视频 7-2-7
脚内侧接空中球

视频 7-2-8
挺胸接球

视频 7-2-9
收胸接球

2. 停球的一般要求

(1)在练习停球时，要求身体或脚接触球时要放松，做好迎撤动作，缓冲来球力量。

(2)要养成积极移动迎着球停球的习惯。

(3)停球前要观察场上的情况，以便停球后衔接下一个动作。

(4)停球动作要与传球、运球、过人和射门紧密衔接，达到快速进攻的要求。

(5)停球和摆脱结合起来，把球停在便于做下一个动作的位置上。

(五)头顶球

比赛中，运动员为了争取时间和空中优势，在空中用头顶球直接处理球。头顶球是进攻和防守中不可少的重要基本技术。

1. 头顶球的部位与方法

头顶球分为前额正面顶球和前额侧面顶球。这两个部位都可以做原地顶球、跑动中顶球、跳起顶球和直跃顶球。

(1)前额正面原地顶球动作要领：身体正对来球，两脚前后站立膝关节微屈，上体稍后迎，重心放在后脚上，两臂自然张开，两眼注视来球。当球运行到头部前上方的一刹那，后脚用力蹬地、收腹、迅速向前屈体，身体重心由后脚移向前脚。当球接近头部前上方时，颈部保持紧张，快速甩头，用前额正面顶球的后中部，然后上体随球继续前摆。如图 7-2-7 所示。

图 7-2-7

(2)前额侧面原地顶球动作要领:两脚前后站立,出球方向的同侧脚在前,两膝微屈,上体和头部稍出球的相反方向回旋侧屈,身体重心放在后脚上,后膝微屈,两臂自然张开,眼睛注视来球。当球运动到出球方向同侧肩上方前的刹那后用力蹬地,上体迅速向出球方向扭摆,同时颈部紧张地甩头,以前额侧面击球的后中部。

(3)前额侧面跳起顶球动作要领:跳起前额侧面顶球分为原地跳起顶球和助跑跳起顶球。起跳动作与前额正面顶球的起跳动作相同。但无论原地还是助跑顶球,都要在跳起上升过程中,上体向出球的相反方向回旋侧屈、侧对来球。在跳起接近到达最高点时,上体急速向出球方向扭摆,甩头用前额侧面将球顶出。顶出后,两膝微屈以缓和落地力量。

三种顶球技术见视频 7-2-10 及视频 7-2-12。

视频 7-2-10
前额正面原地顶球

视频 7-2-11
单脚跳起顶球

视频 7-2-12
双脚跳起顶球

2. 头顶球的一般要求

(1)顶球时要勇敢顽强,积极主动,消除恐惧心理,不要缩颈、闭眼,要目迎目送球。

(2)顶球时要充分利用脚蹬地和腰、腹力量,要在身体摆到垂直部位时顶球。

(3)在正确掌握原地顶球的基础上再进行跳起顶球练习,要注意培养准确掌握起跳时机并能在预定的顶球时间内顶到球的能力。

(4)头触球的部位直接关系到出球的高度,需要顶出高球时,要触球的后下部。顶出平球时,要触球的中部,顶出低球时,要触球的后上部。

(六)运球

运球是用脚带球跑动的技术动作。在比赛中常用闪过或突破对方的抢截,为传球、射门创造有利条件。因此,运球是运动员在场上控制球的一种很重要的个人技术。

1. 运球方法

运球的方法有脚背正面运球,脚背内侧运球,脚背外侧和脚内侧运球等。

(1)脚背正面运球:多在越过对手之后,前方纵伸距离较长,仍需快速运球前进的情况下使用。

动作要领:跑动时,身体放松,上体稍前倾,步幅不要过大,运球时脚跟提起,脚尖下指,在迈步前伸着地用脚背正面推拨球前进。

(2)脚背内侧运球:在接近防守队员时,需要侧身运球和保护球时使用。

动作要领:跑动时,身体要放松,步子不要太大,运球脚提起时,脚腕稍外转,以脚背内侧推球前进。如视频 7-2-13 所示。

视频 7-2-13
脚背内侧运球

(3)脚背外侧运球:是最常用的一种运球方式,多在快速奔跑和向外改变方向时用。如视频 7-2-14 所示。

视频 7-2-14
脚背外侧运球

动作要领：跑动时，步幅要小，运球脚提起时，膝关节弯曲，脚尖稍内转，用脚背外侧推拨球的后下部。

(4)脚内侧运球：是运球技术中速度最慢的一种运球方法。但是，当运球接近对手需要用身体掩护时，多采用脚内侧运球。

动作要领：运球时，支撑脚稍向前跨，踏在球的前侧方，膝关节稍弯曲，上体前倾向里转。运球脚提起，用脚内侧推球的后中部。

2. 运球的一般要求

(1)运球时，要随时注意场上情况，及时地传球、射门或改变运球的速度和方向，以及假动作过人等。

(2)在运球接近对手时，应注意步幅要小，身体动作要协调，使球处于自己控制范围内。

(3)加强运球、传球、射门的结合动作练习。

(4)要注意培养用左右脚交替运球和两脚都能做过人动作的能力。

(5)运球过人时应注意：①要掌握好过人的时机。②要控制好在过人动作之前与对手应保持距离。③要有速度和方向变化。

(七)抢截球

抢截球的目的是把对手控制的球夺过来转守为攻。它是防守中的主动行动，是防守的重要手段。现代的足球技术不但要积极进攻，还要加强扩大防守的范围。紧逼盯人，积极抢截，才能更好地完成战术任务。

抢截球包括抢球和截球两个内容。抢球是用规则所允许的条件和动作，把对方控制的球夺过来，踢出去或破坏掉。截球是把对方队员间传出的球堵住或破坏掉。

1. 抢球的方法

抢球的方法包括正面抢球、侧面抢球和侧后抢球三种方法。

(1)正面跨步抢球。

要领：两脚前后站立，面向对手，在对手运球脚触球后即将着地或刚着地时，支撑脚立即用力后蹬，抢球脚从脚内侧对着球跨出，膝关节弯曲，上体前倾，身体重心移到抢球脚上。如双方的脚同时触球时，则要顺势向上提拉，使球从对方脚背滚过，同时重心要迅速跟上，把球控制好。

(2)侧面合理冲撞抢球。

这是与运球者平行跑动或从后面追或平行时采用的方法。

要领：当与对手并肩跑动时，身体重心稍下降，手臂紧贴身体。当对手靠近自己一侧的脚离地时，用肘关节以上部位，冲撞对手相应部位，使其失去平衡，把球抢过来。

2. 截球的方法

截球是比赛中经常使用的动作，有踢球、顶球、铲球和停球等技术动作，但它必须根据临场需要选择使用某种动作。凡是需要直接进行传、射的截球，就需要用踢球、顶球或铲球动作来完成，凡是需要使球处于控制之下的截球，则必须用停球动作来实现。

3. 截球的一般要求

(1)抢球时，判断要准确，要积极主动，果断迅速，敢抢敢拼，注意动作合理。

(2)要加强抢截球时身体重心的移动,选好自己的位置,在对方已控制好球时,不要轻易扑抢。

(3)抢球动作要符合规则要求,严禁踢人、踩人、推人等犯规动作。

三、掷界外球

掷界外球技术动作在比赛中,经常被作为一次发动进攻的良好时机,如能将球掷得既远又准确,就会加快进攻速度,特别是在对方罚球区附近掷界外球,由于接球人不受规则的限制,因而可为进攻创造更有利条件。

(一)掷界外球的方法和运用

掷界外球有:原地和助跑两种掷球方法。

(1)原地掷球的动作要领:两手手指自然张开,虎口相对,持球的侧后方,面向场内,两脚平行或前后站立,两膝弯曲,两臂伸直将球举过头顶后身体尽量后仰成反弓形。掷球时,两脚蹬地,收腹,上体前屈,同时两臂伸直急速前摆,加上向前扣腕力量将球掷出,但两脚不得离地。如图7-2-8所示。

图 7-2-8

(2)助跑掷球的动作要领:双手持球于胸前,同时任何一只脚不能全部离地。

(3)改变掷球方向的掷球必须转体,不得用两臂改变掷球方向。

(二)掷界外球的一般要求

(1)两人一组,做原地或助跑掷球练习。逐渐加长距离。

(2)两人一组进行掷远比赛。

任务三 足球竞赛规则简介

一、比赛场地

(一)场地标识

比赛场地形状必须为长方形,且由不具危险性的连续标线标示。不具危险性的人造草皮材料可作为天然草皮场地的标记使用。这些标线作为边界线是其所标示区域的一部分。两条较长的边界线为边线,两条较短的边界线为球门线。比赛场地由一条连接两侧边线中点的中线划分为两个半场。中线的中心位置为中点。以中点为圆心画一个半径为9.15米(10码)的圆圈。

(二)场地尺寸

长度(边线):最短90米(100码),最长120米(130码)。

长度(球门线):最短45米(50码),最长90米(100码)。

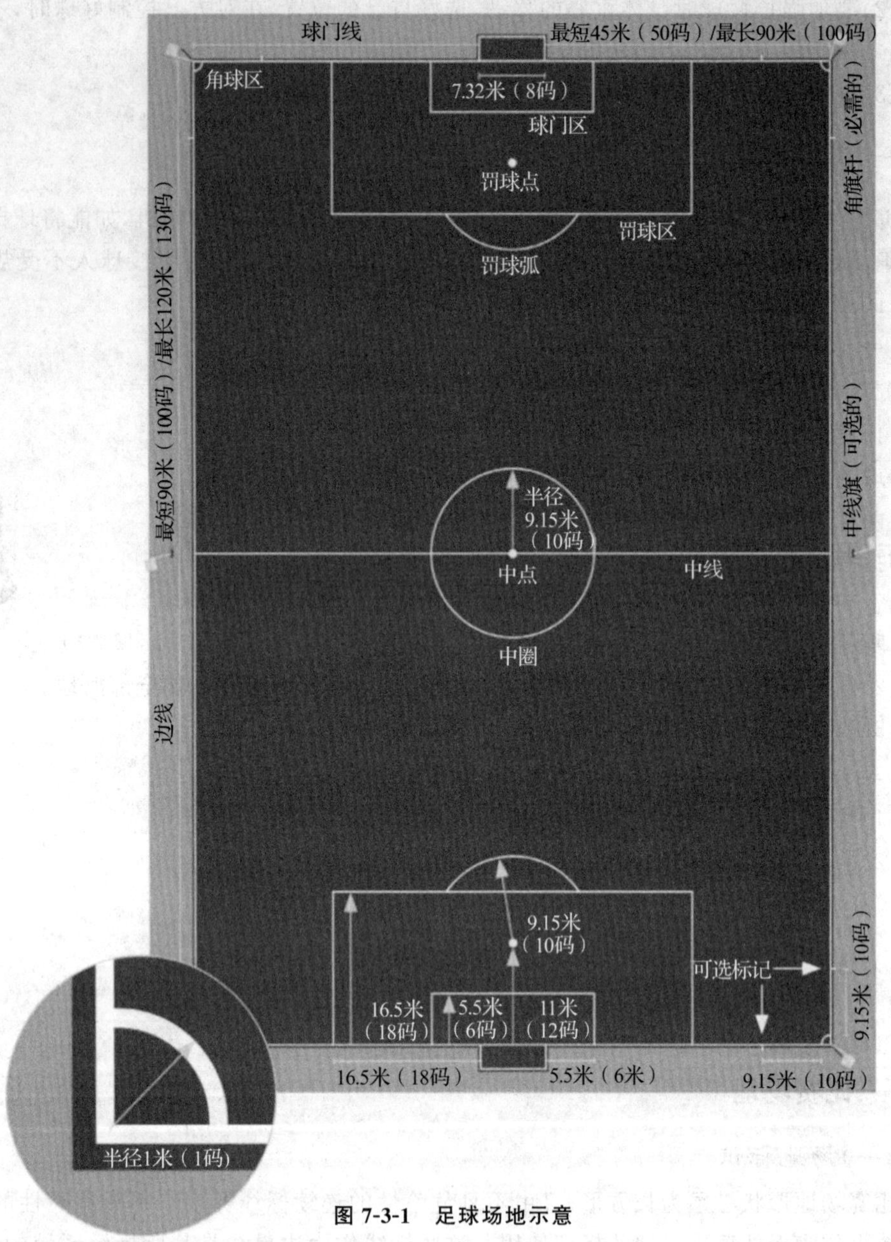

图 7-3-1 足球场地示意

二、球

所有比赛用球必须：

(1)是球形。

(2)由合适的材料制成。

(3)周长为 68 厘米(27 英寸)至 70 厘米(28 英寸)。

(4)重量在比赛开始时为 410 克(14 盎司)至 450 克(16 盎司)。

气压处于 0.6～1.1 个海平面(标准)大气压力(600～1100 克/平方厘米、8.5～15.6 磅/平方英寸)。

三、队员

（一）场上队员人数

一场比赛由两队参加，每队最多可有11名上场队员，其中1名必须为守门员。如果任何一队场上队员人数少于7人，则比赛不得开始或继续。

如果某队因1名或多名场上队员故意离开比赛场地，而造成队员人数少于7人，则裁判员不必停止比赛，可掌握有利继续比赛，但随后比赛停止时，如果某队场上队员人数仍不足7人，则比赛不得恢复。

如果竞赛规程规定，在比赛开始前必须提交所有上场队员和替补队员名单，而一队以不足11名上场队员的情况开始比赛，则只有在提交名单内的上场队员和替补队员可在到达赛场后参加比赛。

（二）替换人数

国际足联、各洲际联合会或各国足球协会可决定在其正式赛事中可使用的替补队员人数，但最多不能超过5人次替换。涉及顶级联赛球队一队或成年国家队A队的男子、女子赛事，如果竞赛规程允许最多使用5名替补队员，则每队：

（1）最多可执行3次替换程序。

（2）在中场休息阶段可执行额外的替换程序。

如果双方球队同时换人，则视为双方各执行了一次替换程序。一方球队在一次比赛停止时替换多名队员（包括替换程序已准备就绪）的，视为使用了一次替换程序。

（三）球队队长

球队队长并不享有特殊身份或权力，但对球队的行为需承担一定责任。

四、比赛时间

一场比赛分为两个45分钟相同时长的半场。依照竞赛规程，中场休息时间不得超过15分钟。

五、越位

队员处于越位位置，如果其：

（1）头、躯干或脚的任何部分处在对方半场（不包含中线）。

（2）头、躯干或脚的任何部分较球和对方倒数第二名队员更接近于对方球门线。

一名队员在同队队员传球或触球的一瞬间处于越位位置，该队员随后以如下方式参与了实际比赛，被判罚越位犯规。

六、犯规与不正当行为

（一）直接任意球

如果裁判员认为，一名场上队员草率地、鲁莽地或使用过分力量对对方队员实施如下犯规，则判罚直接任意球：

(1)冲撞对方球员。

(2)跳向对方球员。

(3)踢或企图踢对方球员。

(4)推搡对方球员。

(5)打或者企图打对方球员。

(6)用脚或其他部位抢截对方球员。

(7)绊或企图绊对方球员。

(8)手球犯规(守门员在本方罚球区内除外)。

(9)拉扯对方队员。

(10)在身体接触的情况下阻碍对方队员移动。

(11)对在比赛名单上的人员或比赛官员实施咬人或吐口水。

(12)向球、对方队员或比赛官员扔掷物品,或用手中的物品触及球。

草率是指队员在争抢时没有预防措施,缺乏注意力或考虑。这种情况不必给予纪律处罚。鲁莽是指队员的行为没有顾及可能对对方造成的危险或后果。这种情况下必须对队员予以警告。使用过分力量是指队员使用了超出自身所需要的力量,危及了对方的安全。这种情况必须将队员罚令出场。

(二)间接任意球

如果一名场上队员犯有如下行为时,则判罚间接任意球:

(1)以危险方式进行比赛。

(2)在没有身体接触的情况下阻碍对方行进。

(3)以语言表示不满,使用攻击性、侮辱性或辱骂性的语言和/或行为,或其他口头的违规行为。

(4)在守门员发球过程中,阻止守门员从手中发球、踢或准备踢球。

(5)故意发起施诡计用头、胸、膝等部位将球传递给守门员以逃避规则相关条款处罚的行为(包括在踢任意球或球门球时),无论守门员是否用手触球。如果该行为由守门员发起,则处罚守门员。

(6)犯有规则中没有提及的,又需裁判员停止比赛予以警告或罚令出场的任何其他犯规。

如果守门员在本方罚球区内犯有如下行为时,则判罚间接任意球:

(1)在发出球前,用手/臂部控制球超过6秒。

(2)在发出球后、其他场上队员触球前,用手/臂部触球。

(3)在下列情况之后用手/臂部触球,除非守门员已经清晰地将球踢出或试图踢出:

①同队队员故意将球踢给守门员。

②接同队队员直接掷来的界外球。

七、纪律处罚

黄牌代表警告,红牌代表罚令出场。

(一)可警告的犯规行为(黄牌)

场上队员犯有如下行为时,应被警告:

(1)延误比赛恢复。

(2)以语言或行动表示不满。

(3)未经裁判员许可进入、重新进入或故意离开比赛场地。

(4)当比赛以坠球、角球、任意球或掷界外球恢复时,未退出规定距离。

(5)持续违反规则(对"持续"的定义并没有明确的次数和犯规类型)。

(6)非体育行为。

(7)进入裁判员回看分析区域。

(8)过分地做出要求回看分析的信号。

(二)罚令出场的犯规(红牌)

场上队员、替补队员或已替换下场的队员犯有如下行为时,应被罚令出场:

(1)通过手球犯规破坏对方球队进球或明显的进球得分机会(守门员在本方罚球区内除外)。

(2)通过可判罚任意球的犯规,破坏对方的进球或总体上朝犯规方球门方向移动的明显的进球得分机会。

(3)严重犯规。

(4)咬人或向任何人吐口水。

(5)暴力行为。

(6)使用攻击性、侮辱性或辱骂性的语言和/或行为。

(7)在同一场比赛中得到第二次警告。

(8)进入视频操作室。

任务四　幼儿足球运动

一、幼儿(3~6岁)不同年龄段足球动作能力发展特点

(一)3~4岁

(1)踩球:能用单脚踩足球,但踩球时间有限(<3 s),踩球的同时不能保持平衡,不能完成双脚交替踩球。

(2)运球:不能控制运球方向,双脚不能控制足球或勉强控制足球。

(3)脚踢球:不能完成摆腿踢球动作,仅能靠身体惯性将球踢出。

(4)手抛球:双手抛球后无法接住,或能勉强接住,不能完成连续抛球动作。

(二)4~5岁

(1)踩球:能用双脚交替踩球,单脚踩球的时间逐渐增加(>10 s)。

(2)运球:双脚能控制足球,初步控制运球方向,不能控制运球力度。

(3)脚踢球:能初步完成摆腿踢球动作,但由于身体协调性不够,踢球的力量较小。

(4)手抛球:可以完成连续抛球动作。

(三)5~6岁

(1)踩球:能用双脚交替踩球,并踩球前行。

(2)运球:双脚能控制运球方向,初步能合理使用力量完成对足球的掌控。

(3)脚踢球:能通过摆腿将球踢出,踢球力量逐渐增大。

(4)手抛球:可以完成连续抛球动作,球抛起双手击掌后仍能接住球。

二、幼儿阶段足球课程

(一)体适能游戏与足球的结合

(1)体适能游戏是基本动作技能的极佳练习载体。幼儿在学龄前阶段最需要发展的是"基本动作技能",即跑、跳、投、踢等人体运动的基本动作。而体适能游戏为这些基本动作技能提供了极佳的活动载体。

(2)遵循人体动作发展由简单到复杂的基本规律。良好的健康体适能和技能体适能的练习,一方面可以增加幼儿的心肺能力,另一方面可以夯实幼儿从事专项运动的基本技能基础。

(3)足球与体适能搭配可以实现有效的互补与递进。足球是一项团队运动,锻炼幼儿的团队协作能力、领导能力、遵守规则能力等。体适能与足球搭配可以实现功能上的互补。此外,有效的足球启蒙也要建立在充沛体适能的基础上。

(二)体适能游戏涉及的"足球"的含义

(1)此时的"足球"理解为"球"。注意,除去脚踢球的部分,我们称之为足球活动或足球游戏。用手等部位接触的足球实际的定义为"球类游戏"。操作性技能包含:投、接、踢、击打,即包含用手与用脚两个部分的操控物体能力。幼儿阶段需要基本动作能力的全面发展,因此,我们不能只发展用脚的操作性技能。

(2)练习幼儿三维空间的球感。基于第一点的学理解释,此时的足球理解为"球"。足球运动不仅只是在地面进行传递,有一部分动作需要在空中完成停球、传球、射门。由于"抛踢动作"(踢凌空球)对于该阶段幼儿有一定的难度。因此,有必要先从手等其他身体部分,在三维空间内感受人与球的位置。随后逐渐过渡到"抛踢动作"。

(3)提高对"球"的专注度。体适能游戏中涉及用"球"的部分,是为了提高幼儿对于球的注意力。因为球是游戏中最重要的目标,幼儿会逐渐明白,他们必须总是把注意力集中在球上,并把球带在身边。在足球游戏比赛中,幼儿还必须在保持盯着球的同时,展现出运动技能。

(三)幼儿阶段游戏化课堂出现的足球基本动作

游戏化课堂中出现的一些足球基本动作属于幼儿对足球的"球感认知",而不是"练习、训练"。早期专项化是指过早地进行专项的训练,这里的"训练"是指反复、单一的重复项目动作。而幼儿阶段足球课程中的拉球踩球、传球动作,均为幼儿尝试用自己的脚感知足球,且上述动作均借助于游戏化的形式表现,并未出现重复机械化练习。因此,上述基本动作不应称为训练,幼儿可以在该阶段进行控球部位的感知。

三、幼儿足球游戏

(一)跟着圈圈走

场地布置见图 7-4-1。

图 7-4-1 跟着圈圈走

游戏规则：

(1)学员们围着标志碟围成的圆圈顺时针走。

(2)教师一边唱：跟着圆圈走走，跟着圆圈走走，走走走走，走走走走，看谁先站好。

(3)学员们需要根据口令站住在标志碟旁。

难度升级：每人发 1 球，可带足球走圈圈，注意要把球控制在自己脚下。

器材准备：

(1)1.5 m×0.8 m 的便携场地围网 28 个。

(2)标志碟 6～8 个，若人数多过标志碟数量，增加 1 人增加标志碟 1 个。

(3)3 号足球每人 1 个。

(二)太空大战

场地布置见图 7-4-2。

图 7-4-2 太空大战

游戏规则：

(1)学员们分为两队，一队名为银河队，一队名为战舰队，并且横向站在场地相对两侧。

(2)第一轮练习：教师吹哨，两队分别抱球向对方区域跑去。

(3)第二轮练习：两队所有学员向对面区域用脚夹球跳跃方式把球运送到指定区域。

(4)第三轮练习：难度升级，两队所有学员向对面区域用脚夹球跳跃方式把球运送到指定区域，途中加入教师干扰学员前进。

游戏比赛：

(1)银河队与战舰队需要穿上分队背心，在教师吹哨时，两队分别用两脚夹球跳跃方式至对方区域放置球，然后跑回自己区域继续拿球出发。

(2)和对方学员相遇时，要及时做出躲避和观察场上动向，避免相撞。

(3)球在移动途中不能从两脚中脱离。

(4)在一定时间内看哪一方的区域球较少为胜利方。

器材准备：

(1)1.5×0.8 米的便携场地围网 28 个。

(2)3 号足球每人 1 个。

(3)分队背心每人 1 件。

(三)大白鲨

场地布置见图 7-4-3。

图 7-4-3　大白鲨

游戏规则：

(1)教师向学员们讲解游戏规则并演示——场地的两条短边代表海岸，中间的开阔区域表示海洋，学员们要从一侧海岸带球去到另一侧海岸，足球代表小鱼。但是海洋里有一条喜欢吃小鱼的大白鲨，学员们要避开大白鲨，成功把小鱼带到对岸去。

(2)所有学员排成一列，站在海洋的一侧海岸，教师充当大白鲨站在海洋里，教师吹哨后，学员们开始带球前往对岸。

(3)大白鲨靠近学员们，试图抓住离群的小鱼(被学员踢出较远的球)并将球踢入大白鲨的肚子(球门)里。

(4)一旦有小鱼被大白鲨抓住了，那么失去小鱼的学员就会变成大白鲨。

(5)当学员们顺利到达对岸后，重新开始往原本出发的海岸带球。

(6)当大白鲨的数量超过小鱼的数量后，停止游戏。

器材准备：

(1)1.5 m×0.8 m 的便携场地围网 28 个。

(2)3 号足球每人 1 个。

(3)半圆形足球门 1 个。

(四)猫捉老鼠

场地布置见图 7-4-4。

图 7-4-4　猫捉老鼠

游戏规则:

(1)将学员们分成 2～3 组,每组 8～10 人,每次一组学员参与游戏,另外两组学员围坐在场边为同伴加油打气。

(2)学员们充当小老鼠,网兜的绳子充当老鼠的尾巴,小老鼠们要将尾巴塞在裤边上,保证要有较长的一截露在裤子外面。

(3)学员们装好小尾巴,分散站在活动区域内,教师先充当猫。

(4)教师吹响口哨,则游戏开始,猫努力地捕捉小老鼠,并成功地扯掉了一只小老鼠的尾巴。

(5)失去尾巴的小老鼠成为新的猫,重新开始捕捉小老鼠,直至所有小老鼠都变成猫。

(6)教师控制游戏时间,约 2～3 分钟为一轮游戏。

器材准备:

(1)1.5 m×0.8 m 的便携场地围网 28 个。

(2)手提足球网兜 8～10 条。

(五)方格接力

场地布置见图 7-4-5。

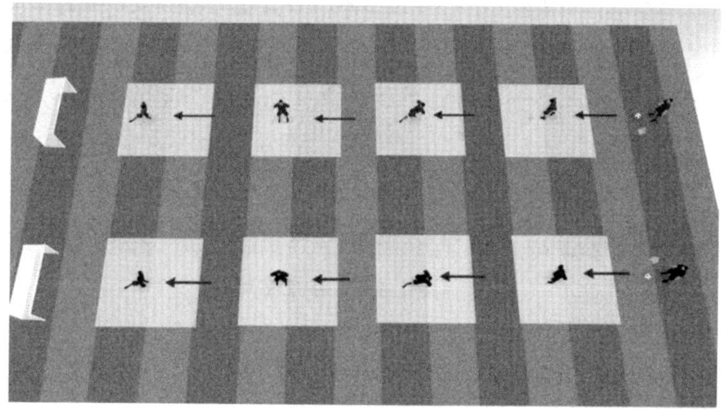

图 7-4-5　方格接力

游戏规则：

(1)将所有学员分成2组，在终点线处分别放置2个足球门。所有队伍传球时必须通过跨栏框，传给下一个学员(如未通过跨栏框传球则算无效，需从第一个人重新开始传球)。

(2)当队伍最后一个人接到球后，将球射入门框。射门后得1分。

(3)看看在规定时间内，哪一队的射门得分比较高。

器材准备：

(1)1.5 m×0.8 m的便携场地围网28个。

(2)4号足球每队1个。

(3)小型标志筒24个。

(4)中号跨栏框8个。

(5)幼儿安全足球门2个。

(六)寻找字母

游戏规则：

(1)学员扮演小鹿，小鹿需要在“雪地”(场地)内用“脚掌”(足球)写出字母。

(2)小鹿沿着标志碟标识的路线带球，画出一个字母的形状，要根据字母的形状，做出变向。

(3)当第一位小鹿出发之后，教师可以吹哨，让第二位小鹿出发。

器材准备：

(1)1.5 m×0.8 m的便携场地围网28个。

(2)圆形标志碟30～40个。

(3)4号足球每人1个。

图7-4-6 寻找字母

课后练习与作业

1. 简述足球运动的起源与发展，举例说明足球运动的健身价值。

2. 从事一项足球的基本技术练习，结合教材知识，体会理论与实践的差别，找出适合自己的练习方法。

3. 运用教材中的足球比赛规则，组织一场足球比赛，体会足球比赛规则。

项目八 小球类运动

■ 教师寄语

展乒、羽雄姿，愉悦身心，扬青春风采。

——蓝开辉

■ 学习目标

知识目标：了解乒乓球、羽毛球运动的发展历程和锻炼价值，了解乒乓球、羽毛球运动的各项基本技术。

能力目标：能够运用乒乓球、羽毛球运动基本技术进行科学锻炼，为终身体育锻炼打下一定的基础。

素质目标：学会欣赏乒乓球、羽毛球比赛，积极参加课外乒乓球、羽毛球活动，体会乐趣，培养兴趣，提高身体的灵敏性和反应能力，提升自身的体育素养。

■ 项目思维导图

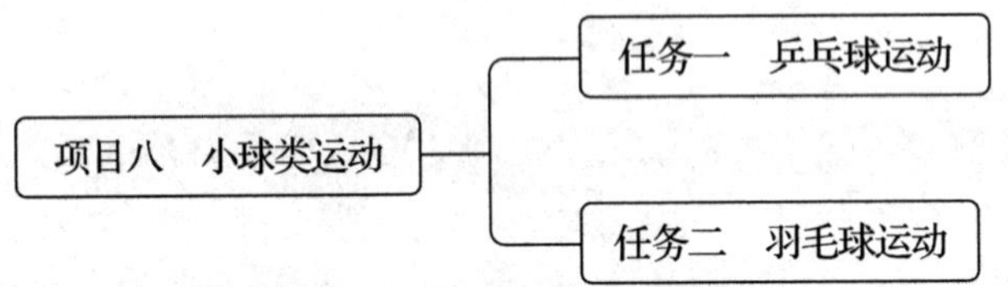

■ 课程思政

乒乓球被称为中国的国球，乒乓球精神由爱国主义、集体主义、顽强意志、不断创新等精神构成，是一种无价的精神财富。“乒乓外交”生动诠释了“友谊第一、比赛第二”的体育精神。

羽毛球运动深受大众喜爱，它不仅提高了参与者的身体素质，也培养了一种体育精神，这种精神就是勇于挑战强者，尊重弱者，胜不骄、败不馁。在现实的学习、生活、工作中，我们要树立攻坚克难的决心，勇于挑战自我，提高心理承受能力和抗压能力。

任务一　乒乓球运动

一、乒乓球运动概述

(一)乒乓球运动发展简况

乒乓球运动最早起源于英格兰,是从网球运动中演变过来的;英文名为"table tennis",是从20世纪20年代发展为一项独立的竞赛项目的,具有非常严格的规则设定。乒乓球为圆球状,重2.53~2.70 g,白或黄色,用赛璐珞或塑料制成,2000年悉尼奥运会之前国际比赛用球的直径为38 mm,2000年之后国际比赛用球的直径为40 mm。运动员各站球台一侧,在中间隔有横网的长274 cm、宽152 cm、高76 cm的球台上进行,用球拍击球(击法有挡、抽、削、搓、拉等),球须在台上反弹后才能还击过网,以落在对方台面上为有效。比赛分团体、单打、双打等数种;以11分为一局,采用五局三胜,七局四胜。虽然乒乓球运动起源于英格兰,但是现在却是中国的国球。

网球规则 —演绎→ 室内的桌上游戏 —发展→ 乒乓球运动

(二)我国乒乓球运动的发展简况

1904年12月,乒乓球运动从日本传入中国。开始是由上海四马路一家文具店的老板王道平从日本购回10套乒乓球器材,并在店内作表演,于是买乒乓球、打乒乓球的人逐渐增多,各大城市也先后推广了这项活动。当时的乒乓球拍是木拍,板面光滑,很难使球产生旋转,所以打法只有推挡和抽球两种。

1952年全国首届乒乓球比赛在北京举行,拉开了新中国乒乓球运动快速发展的序幕。全国性的群体乒乓球运动如雨后春笋般迅速成长。

在20世纪,经历了50年代经受战斗考验,60年代冲向世界高峰,70年代技术创新、改革与发展,80年代培养新人再创辉煌,90年代为国争光永攀高峰。在2012年伦敦奥运会上,中国乒乓球队再次包揽男单、女单、男团、女团四枚金牌,成为当之无愧的梦之队。涌现出男子如容国团、郭跃华、刘国梁、孔令辉、马琳、王皓、马龙、樊振东等;女子如邓亚萍、乔红、王楠、张怡宁、陈梦、孙颖莎等一批的世界级知名运动员。

二、乒乓球基本技术

(一)握拍法

握拍法即指单手持球拍的方法。世界上流行着直式和横式两种握拍方法,两种握法各有千秋,实践时应因人而异,扬长避短。

技术要点(以右手为例)

(1)直式握拍法:正面拇指第一指节和食指第二指节握拍,拍柄压住虎口(两指间距离适中),背面中指、无名指和小指自然弯曲斜形重叠,中指第一指节顶住球拍的后上部使球拍保持平稳,见图8-1-1。

削攻型握法:正面拇指自然弯曲紧贴拍柄左侧,第一指节用力下压,其余四指自然分开托住球拍背面。直式握拍法的重点与难点是握拍舒适,手腕控制拍面恰当。

图 8-1-1 直式握拍法

(2)横式握拍法:中指、无名指和小指自然地握住拍柄,拇指在球拍正面轻贴在中指的旁边,食指自然伸直斜放于球拍的背面,虎口轻微贴拍,击球时拇指和食指帮助手腕调节拍形和加力挥拍作用。正手攻球时食指向上移动,反手攻球时拇指向球拍中部移动帮助手腕下压加大击球力量,见图 8-1-2。

削攻型握法:与攻击型握拍法大体相同,只是食指靠近中指,拇指更加弯曲放松,虎口不紧贴柄。横式握拍法的重点难点是击球时拇指和食指熟练地移动帮助手腕下压和移动。

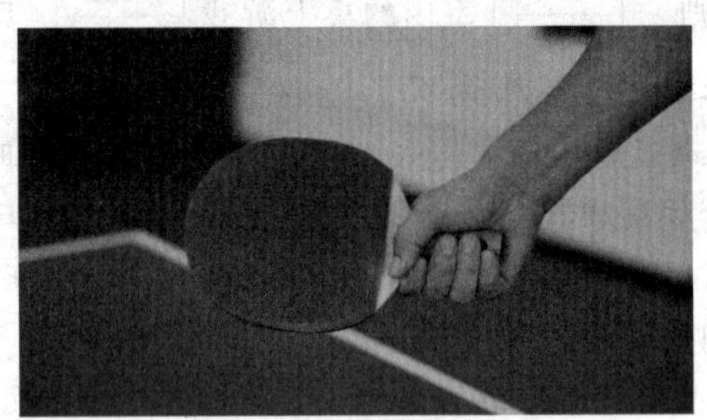

图 8-1-2 横式握拍法

(二)准备姿势

击球前后,身体保持的合理姿势即为准备姿势。合理恰当的准备姿势有助于判断来球,及时移动到位,运用各种基本技术完成击球动作。

两脚开立约与肩宽,两膝微屈稍内扣以前脚掌内侧着地,身体重心在两脚中间,上体微前倾,下颌微收,两眼注视来球,持拍手臂自然弯曲,手腕放松,球拍自然后仰置于腹前,左手自然弯曲抬起高于台面。

准备姿势的重点难点是两脚前脚掌内侧着地,屈膝提踵放松微动,见图 8-1-3。

(三)基本步法

步法训练不能忽视,灵活的步法是抢占合理位置、熟练运用各种手法击球的前提。

动作要点

(1)单步:以一脚为轴,另一脚向前后左右移动一步。

(2)跨步:以来球同方向的脚向侧跨出一大步,另一脚再跟着移动一步。

(3)跳步:以一脚蹬地,两脚同时离地向前后左右跳动。

(4)侧身步:以左脚为轴,右脚向左右移动一步,或左脚先向左跨一步,右脚向左后移动

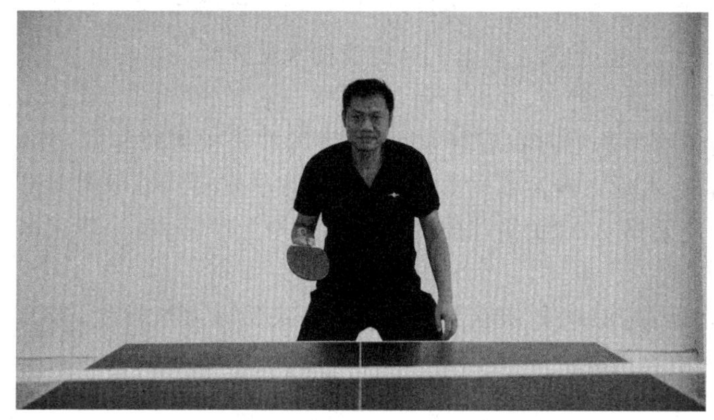

图 8-1-3　击球前准备姿势

一步。

(5)交叉步：以来球方向的脚向来球方向移动一大步，另一脚随着移动一步。

基本步法的重点难点是判断及时，脚快蹬，步法灵活移重心。

(四)发球与接发球

乒乓球比赛是从发球和接发球开始的，两者的好坏都能直接得分或失分，因此要重视发球和接发球技术的练习。

1. 发球

(1)反手平击发球：站位左半台离台 30 cm，右脚稍前，身体略向左转，左手掌心托球，右手持拍于身体左侧。持球手轻轻向上抛球，同时持拍手向后引拍，上臂自然靠近身体右侧，待球下落低于球网时，持拍手以肘关节发力，由左后向右前挥拍击球中部，拍面稍前倾，第一落点在本台中区。乒乓球反手平击发球技术见视频 8-1-1。

视频 8-1-1
乒乓球反手
平击发球

视频 8-1-2
乒乓球正手
平击发球

(2)正手平击发球：站位中近台偏右左脚稍前，身体稍右转，球向上抛起，持拍手由右后向前挥动。其余同反手平击发球。乒乓球正手平击发球技术见视频 8-1-2。

(3)反手发急球：准备姿势同反手平击发球。抛球同时持拍手向左后方引拍，待球下落到网高时，持拍手由左后向右前加速挥拍，拍面稍前倾，以前臂和手腕发力为主击球中上部，第一落点靠近本方端线，第二落点在对方端线附近。

(4)反手发右侧上(下)旋球：站位和准备姿势同反手平击发球。抛球同时持拍手向左后引拍，用前臂带动手腕向右前上方挥动，拍面逐渐向左稍前倾，拇指压拍手腕内转从球的中部向右侧上摩擦，第一落点本方端线，第二落点对方左角。若发落点短的球时，前臂向前力量减小而增强手腕摩擦力量，第一落点本方中区；若发下旋球，击球时拇指加力压拍，使拍面略后仰，从球的中部向侧下摩擦。乒乓球反手发左侧上(下)旋球技术见视频 8-1-3。

视频 8-1-3
乒乓球反手发左
侧上(下)旋球

视频 8-1-4
乒乓球正手发左
侧上(下)旋球

(5)正手发左侧上(下)旋球：站位左半台，抛球同时持拍手迅速向右上方引拍，身体随即向右转，手臂自右上方向左下方挥摆，球拍从球的右侧中下部向左侧面摩擦，若发左侧下旋球时，手臂自右上方向左前下方挥摆，拍从球的右侧中部向左侧下部摩擦，第一落点本方端线附近。乒乓球正手发左侧上(下)旋球技术见视频 8-1-4。

(6)正手发奔球：站位近台，左脚稍前，身体略向右转，两膝微屈，上体稍前倾，持拍手自然放于身前。抛球同时拍手向右后上方引拍，手腕放松拍面较垂直，待球下落至与网同高时，上臂带动前臂由右后方向左前方挥摆，腰同时向左扭转。击球刹那拇指压拍的左侧，手腕同时从后向前使劲抖动，球拍沿球的右侧中部向侧上摩擦，第一落点本方端线，第二落点对方右角。

(7)正手发短球：同发奔球，其区别是触球刹那突然减力并向左下切球，第一落点本方中区，第二落点对方近网处。

2. 接发球

视对方发球站位而定的接发球站位要恰当，判断来球的旋转性能、飞行弧度，落点要准确，移动回击手法要适当。

发球的重点难点是发球手法，发球的隐蔽性和准确的第一落点。

接发球的重点难点是正确判断来球的旋转性能、飞行弧度和落点。

(五)挡球与推挡球

挡球是初学者首先应学习的一项基本技术。推挡球是我国近台快攻传统打法的独特技术，是教师最重要的教学技能。

(1)挡球：近台中偏左站位，左脚稍前，屈膝提踵含胸收腹，重心在前脚掌上，持拍手置于腹前，上臂靠近身体右侧，球拍半横状。前臂和手腕顺来球路线向前伸出主动迎球，上升期击球中部，拍面与台面几乎垂直，拍触球后立即停止，迅速还原成准备姿势。

(2)推挡球：近台中偏左站位右脚稍前，击球时提起前臂上臂后收肘部贴近身体，在上升时期或高点期击球中上部。击球时适当用伸髋转腰，动作加大，手腕发力，并用中指顶住拍背向前用力。

视频 8-1-5 乒乓球推挡球技术

挡球与推挡球的重点难点是正确的拍面，身体的协调配合和准确的线路落点。

乒乓球推挡球技术见视频 8-1-5。

(3)快推

①特点与运用：快推的特点是站位近，动作小，借力还击，速度快，线路变化多。适用于回击一般的拉球、推挡球和中等力量的攻球；在相持中能发挥回球速度快的优势，推压两大角或袭击对方空当，为自己的进攻创造条件。它是推挡球最常用的一项技术。

②要点：击球前靠近身体，前臂适当后撤引起；在前臂向前推送的过程中，完成外旋动作；转腕动作不宜过大，关键是时机要恰当。

(六)攻球

攻球从大的动作结构来讲，可分为正手和反手攻球两大类。攻球是快速进攻最重要的一项技术，杀伤力强，是解决战斗的关键技术。

动作要点(以右手为例)

(1)正手攻球：近台中偏右站位，左脚稍前，身体斜对球台，持拍手自然放松置于腹前，拍半横状。顺来球路线略向右侧引拍，约与台面齐高，拍面与台面约成 80°左右，前臂与台面基本平行。当球从台上弹起，持拍手由右侧向左前上方挥动，以前臂快速内收发力配合手腕内转，沿球体做弧线挥动，在上升期击球的中上部，击球位置在身体右前方一前臂距离处。

(2)反手攻球：站位近台右脚稍前，持拍手自然弯曲置于腹前偏左，重心偏于左脚。顺来球线路向后引拍。当球从台上弹起，持拍手由左后向右前上加速挥拍，前臂发力为主，手腕外转，拍面前倾，重心移至右脚，左右胸前击球上升时期的中上部。

视频 8-1-6
乒乓球正手攻球技术

攻球的重点难点是挥拍发力和正确恰当的击球点。

乒乓球正手攻球技术见视频 8-1-6。

(七)搓球

搓球是近台还击下旋球的一种基本技术，特点是站位近、动作小，回球多在台内进行，也是初学削球必须掌握的入门技术。

动作要点(以右手为例)

(1)慢搓：近台站位，右脚稍前，持拍手臂自然弯曲。击球时用前臂和手腕向前下方用力，拍面后仰，在下降期击球中下部。

(2)快搓：站位及击球方法与慢搓相同，击球时拍面稍横立避免出界或回球过高。

搓球的重点难点是前臂和手腕的挥拍路线和用力方法。

(八)削球

削球是我国乒乓球传统手法之一，也是乒乓球防守技术之一，削球技术正在向转、稳、低、攻方向发展。

动作要点(以右手为例)

(1)正手远削：站位中台，左脚稍前，上体稍向右转，重心落于右脚，持拍手臂自然弯曲于腹前。顺来球方向向右上方引拍与肩同高，拍面后仰。当球从台上弹起时，持拍手上臂带动前臂由右上向左前下方加速切削，手腕向下转动用力，在右侧离身体 40 cm 处击准下降期球的中下部，并顺势前送。

(2)反手远削：中台站位，右脚稍前，上体左转，重心落于左脚，持拍手自然弯曲放松置于胸前。顺来球路线向左上方引拍约与肩高，拍柄向下。当球弹起时持拍手从左上方向右前下方挥动，拍面后仰，用前臂和手腕加速用力切削，球拍在胸前偏左 30 cm 处击准下降期球的中下部，并顺势挥至右侧下。削球的重点难点是手臂、腰、腹和腿的协调用力。

三、乒乓球运动规则简述

(一)合法发球

(1)发球时，球应放在不执拍手的手掌上，手掌张开和伸平。球应是静止的，在发球方的端线之后，比赛台面的水平面之上。

(2)发球员须用手把球几乎垂直地向上抛起，不得使球旋转，并使球在离开不执拍手的手掌之后上升不少于 16 cm，球下降到被击出前不能碰到任何物体。

(3)当球从最高点下降时，发球员方可击球，使球首先触及本方台区，然后越过或绕过球网装置，再触及接发球员的台区。在双打中，球应先后触及发球员和接发球员的右半区。

(4)从抛球前球静止的最后一瞬间到击球时，球和球拍应在比赛台面的水平面之上。

(5)击球时,球应在发球方的端线之后,但不能超过发球员身体离端线最远的部分。

(二)重发球

以下几种情况需要重发球:

(1)如果发球员发出的球,在越过或绕过球网装置时,触及球网装置,此后成为合法发球或被接发球员或其同伴阻挡。

(2)如果接发球员或接发球方未准备好时,球已发出,而且接发球员或接发球方没有企图击球。

(3)由于发生了运动员无法控制的干扰,而使运动员未能合法发球、合法还击或遵守规则。

(三)一局比赛、一场比赛

(1)在一局比赛中,先得 11 分的一方为胜方。10 平后,先多得 2 分的一方为胜方。

(2)一场比赛由单数局组成。

(四)发球、接发球和方位的选择

(1)选择发球、接发球和方位的权力应由抽签来决定。

(2)在获得每 2 分之后,接发球方即成为发球方,依此类推,直至该局比赛结束,或者直至双方比分都达到 10 分或实行轮换发球法,这时,发球和接发次序仍然不变,但每人只轮发 1 分球。

(3)在双打的第一局比赛中,先发球方确定第一发球员,再由先接发球方确定第一接发球员。在以后的各局比赛中,第一发球员确定后,第一接发球员应是前一局发球给他的运动员。

(4)在双打中,每次换发球时,前面的接发球员应成为发球员,前面的发球员的同伴应成为接发球员。

(5)一局中,首先发球的一方,在该场下一局应首先接发球。在双打决胜局中,当一方先得 5 分时,接发球方应交换接发球次序。

(6)一局中,在某一方位比赛的一方,在该场下一局应换到另一方位。在决胜局中,一方先得 5 分时,双方应交换方位。

(五)轮换发球

(1)如果一局比赛进行了 10 min 仍未结束(双方都已获得至少 9 分时除外),或者在此之前任何时间应双方运动员要求,应实行轮换发球法。

①当时限到时,球仍处于比赛状态,裁判员应立即暂停比赛。由被暂停回合的发球员发球,继续比赛。

②当时限到时,球未处于比赛状态,应由前一回合的接发球员发球,继续比赛。

(2)此后,每个运动员都轮发一分球,直至该局结束。如果接发球方进行了 13 次合法还击,则判发球方失 1 分。

(3)轮换发球法一经实行,或一局比赛进行了 10 min,该场比赛剩余的各局必须实行轮换发球。

任务二　羽毛球运动

一、羽毛球运动的起源与发展

现代羽毛球运动起源于英国，据说1860年在英格兰格拉斯哥郡的倍明顿庄园举行的宴会上，由于下雨，客人们只能待在室内，有几个从印度回来的退役军官就向大家介绍了一种用拍子在隔网两侧来回击打球的游戏，人们对此产生了很大的兴趣。后来人们就以倍明顿(Badminton)作为此项运动的名称。

1893年，英国成立了羽毛球协会，1899年举行了第一届全英羽毛球锦标赛。此后羽毛球运动就传到了世界各地。羽毛球运动是深受广大群众喜爱的小型球类运动，由于它运动器材简便，不受场地限制，两把拍子一个球，无论走到哪里，无论有网无网，无论室内、室外，只要有一小块空地，就能进行活动和锻炼。羽毛球运动特有的风格：它一方面是一项技巧性很强的竞技性比赛项目，另一方面是一项普及性很强、老少皆宜的活动，既能强身健体，又充满乐趣。无论是从事竞技性运动，还是从事一般性的大众健身活动都需要在场上不停地移动跳跃、转体、挥拍击球。因此，青年男女经常进行羽毛球锻炼，能促进生长发育，提高身体各方面的机能，培养不怕困难，不甘心落后，顽强的拼搏精神，从而提高身体素质，促进身心健康。

二、羽毛球基本技术

(一)握拍方法

羽毛球运动握拍方法总体分正手握拍和反手握拍两种。下面分别加以介绍。

1. 正手握拍

正确的握拍方法是先用左手拿住球拍杆，使拍面与地面垂直，然后张开右手，使手掌下部(小鱼际)靠在球拍打握柄底托，虎口对着球拍柄窄的一面，小指、无名指、中指自然地并拢，食指与中指稍稍分开，自然地弯曲并贴在球拍柄上。在击球之前，握拍一定要放松、自然，在击球的一刹那才紧握球拍。(图8-2-1)

2. 反手握拍

一般说来，反手握拍有两种：一种是在正手握拍的基础上，把球拍框往外转，拇指伸直贴在拍柄的宽面上，食指、中指、无名指、小指并拢。另一种是正手握拍，把球拍框外转，拇指贴在球拍柄的棱上，食指、中指、无名指、小指并拢。反手握拍时，手心与球柄之间要留有空隙，这样握拍有利于手腕力量和手指力量的灵活运用。(图8-2-2)

图 8-2-1　羽毛球正手握拍

图 8-2-2　羽毛球反手握拍

在了解以上正确的握拍方法之后，应对照一下自己以前的习惯握法，如出现下面几种错误握法，应尽快加以纠正：拳握法，即一把抓；食指伸直按在拍柄上部；虎口贴在拍柄宽面；柄端露出太长。

正确的握拍学起来容易，但在实际运用中要下功夫才能掌握。因为在击球要领还未掌握时，握拍常容易走样，以致动作重新回到原来的错误习惯上去。所以，在练习击球时，要随时提醒自己，检查握拍是否正确，经过一段时间后，就会形成正确的握拍习惯。

视频 8-2-1
正手握拍、
反手握拍

正手握拍、反手握拍技术见视频 8-2-1。

3. 常见的握拍错误

(1)握拍方法不固定。

(2)如同握拳头一样地将拍柄紧紧攥住。

(3)食指按在拍柄宽面的上部，而仅用其余四指攥住球拍。

(二)发球技术

1. 正手发球技术

正手发球是在身体的右侧采用正拍面击球的一种发球方式，在实战中被广泛采用。正手发球可根据不同的战术需要发出不同的球，如后场高远球、后场平高球、后场平射球和网前小球等不同弧度的球。

(1)正手发后场高远球。

①正手发后场高远球是用正手握拍法，以正拍面将球击得又高又远，球飞行到对方的端线上空后突然改变其方向，呈垂直了落至端线(底线)附近的一种发球，由于球处于对方端线，可有效地调动对方并削弱其进攻的威力。在单打中，这种发球被普遍采用。

②正手发后场高远球的技术动作要领。

准备姿势：发球站位视各人的习惯选择在场地中场附近。两脚自然分开，左脚在前，脚尖对网，右脚在后，脚尖稍向右侧，重心放在右脚上；用左手拇指、食指和中指夹持住羽毛球中部，自然抬举干胸前方；右手正手握拍自然屈时举至身体的右后侧，呈发球前的准备姿势。

击球动作持球手松开，使球自然下落，右手持拍臂自下而上沿半弧形做回环引拍动作，同时开始转体，当拍挥至身体右侧前下方击球点上的瞬间，前臂迅速内旋带动手腕闪动展腕发力，用正拍面将球击出，身体重心随转体动作逐渐由右脚移至左脚上。

击球后，身体重心完全移至左脚上，持拍手随击球动作完成后的自然惯性向左上方挥动。在发球的过程中,双脚均不能离开地面或移动。羽毛球正手发后场高远球技术见视频 8-2-2。

视频 8-2-2 羽毛球正手发后场高远球

(2)正手发后场平高球。

①正手发后场平高球是用正手握拍法,以正拍面击出飞行弧度较发后场高远球低的一种发球。球飞行的高度以对方跳起无法拦截为佳。由于球飞行弧度不高,速度相对就快,是单打战术中具有一定进攻性的发球。双打中若与发网前小球配合使用,则可以增加对方接发球的难度。

②正手发后场平高球的技术动作要领:准备姿势与挥拍动作和击球后的动作均与正手发后场高远球相同。击球时以小臂带动手腕发力为主,拍面与地面的夹角小于 45°,向前推进击球。

(3)正手发后场平射球。

①正手发后场平射球是用正手握拍,以正拍面击出飞行弧度较正手发后场平高球还要低的一种发球。球的飞行弧度几乎是擦网而过,直射对方后场。由于速度极快,故突击性很强,是单、双打中发球抢攻战术常用的一种发球。在比赛中,在发球方有准备而接发球方无准备的情况下,这种发球以它的快速、突变,立即陷于接发球方于被动。

②正手发后场平射球的技术动作要领:准备姿势及击球后的动作均同正手发后场高远球,引拍动作较发后场高远球要小一些。击球时,拍面仰角较小,前臂内旋带动手腕快速闪动向前击球。击球点在规则允许的范围内可争取略高一些。

(4)正手发网前小球。

①正手发网前小球是用正手握拍以正拍面击球,使球轻轻擦网而过,落在对方前发球线附近的一种发球。由于它的飞行弧度低、距离短,可以有效地限制对方直接进行强有力的进攻,是单、双打中较常见的一种发球。

②正手发网前小球的技术动作要领:准备姿势、引拍动作和发球后的动作与正手发后场高远球相似。击球时握拍保持放松,靠手指控制力量。手腕收腕发力,用斜拍面往前推送击球,使球轻轻擦网而过,落入对方前发球区。

2. 反手发球技术

反手发球技术是在身体的左前方用反拍面击球的一种发球方式。同正手发球技术一样,用反手同样能发出各种不同弧度的球。与正手发球所不同的是,反手发球时动作的力臂距离相对要小,发球时对球的控制力更强,加之反手发球动作更具一致性、隐蔽性和突然性,因此在比赛中,尤其是在双打比赛中被广泛采用。在实战中,发球方根据双打战术的特点和需要,常以发反手后场平高球、后场平射球和网前小球为主。

(1)反手发后场平高球。

①用反手握拍,以反拍面击出同正手发后场平高球飞行弧度一样的球,称为反手发后场平高球。

②反手发后场平高球的技术动作要领。

准备姿势站位靠近前发球线,右脚在前,左脚尖侧后点地,重心放在右脚上。左手拇、中、食指握住球的羽毛处,置于腹前;右手弯时稍向上提起,用反手握拍,以反拍面将球拍自然置于腹前持球手的后面,两眼正视前方,呈发球前的准备姿势。

击球动作左手放球的同时,持拍手前臂内旋,带动手腕展腕由后向前作回环半弧形挥动，击球时屈指收腕发力，反拍面向前上方将球击出。

击球后的动作以制动动作结束发力，并注意将握拍姿势迅速调整为正手握拍。

(2)反手发后场平射球。

①用反手握拍，以反拍面发出与正手发后场平射球同样飞行弧度的球，称为反手发后场平射球。

②反手发后场平射球的技术动作要领：与反手发后场平高球动作相同，击球时，尽可能地提高击球点，利用拇指的顶力，拍面与地面呈近似于90°迅速向前推进击球。

(3)反手发网前小球。

①用反手握拍，以反拍面击出与正手发网前小球飞行弧度一样的球，称为反手发网前小球。

②反手发网前小球的技术动作要领：准备姿势、引拍动作和击球后的动作均与反手发后场平高球相同。击球时靠手腕和手指控制发球的力量，以斜拍面向前轻轻推送切击球托，使球尽可能低地沿网上方飞过并落入对方前发球线内。反手发网前小球技术见视频8-2-3。

视频8-2-3 反手发网前小球

(三)接发球

1. 接发球的站位

不论是单打还是双打，都应选择一个合理的接发球站位。一般情况下，单打的接发球站位离前发球线约1.5 m处；在右发球区应站在靠中线的位置，在左发球区则站在中间稍偏边线的位置，主要防备对方发球攻击反手部位。双打接发球时站位可靠近前发球线，因双打的后发球线距前发球线比单打短0.76 m，发高远球易被扣杀。所以，双打接发球主要精力应放在发网前球上。

2. 接发球的准备姿势

单打接发球应左脚在前，后脚在后，侧身对网，重心在前脚，后脚脚跟稍提起，收腹含胸，持拍于右身前，两眼注视对方。

双打接发球准备姿势基本同单打，但重心可随意放在任何一只脚上，球拍高举在肩上，注意力要高度集中。羽毛球接发球准备姿势见图8-2-3。

图8-2-3 羽毛球接发球准备姿势

(四)后场高空击球技术

初学者在掌握了握拍和发球技术之后就可以逐步进行各种击球技术的学习了。羽毛球各种击球技术,按其特点进行分类,概括起来可有以下几个方面:后场高空击球技术;前场网上击球技术;下手击球技术;中场击球技术。下面分别加以介绍。

1. 高远球

高远球以较高的弧线将来球击到对方场区底线附近叫击高远球。击高远球是一切上手击球动作的基础。高远球的特点是球的弧线高、滞空时间长,它的作用是逼迫对方远离中心位置退到底线去接球,一方面可减弱对方进攻的威力,为我方进攻寻找机会,另一方面,在己方被动情况下,有较多的时间来调整站位,摆脱被动局面。

视频 8-2-4
羽毛球正手击高远球

上手击高远球分为:正手击高远球;反手击高远球;头顶高远球。羽毛球正手击高远球技术见视频 8-2-4。

2. 平高球

平高球的弧线较高远球低,速度较高远球快。这是一种在较主动情况下运用的击球技术。在实践中,质量较高的平高球通常可以调动对方的站位,使其失去身体平衡,回球质量差,从而为己方更有力的进攻创造机会。在与基本技术较差、步法较慢的对手对阵时,一个突然的高远球往往会使对方后退不及而失分。

3. 吊球

把对方击来的后场高球还击到对方的网前区的击球法谓之吊球。它的作用是调动对方站位,以利步法组织进攻。在后场若将吊球与高球或杀球结合起来运用,就能给对方以很大的威胁。

吊球可以用正手、反手或头顶击球技术来完成。对于初学者来说,首先要学好正手吊球技术,然后再学头顶吊球及反手吊球。吊球按球在空中飞行的弧线和击球动作的不同可分劈吊(快吊)和轻吊(拦截吊)两种。但不论哪种吊球,其击球前的准备动作应与击高远球一样,也保持动作的一致性,使对方不易判断己方打出的是什么球。

4. 杀球

把对方击来的高球全力向下扣压叫杀球。杀球的特点是力量大、速度快。它是主动进攻的重要技术。杀球分正手杀球、反手杀球和头顶杀球。下面分别进行介绍:

(1)正手杀球。

其击球前的准备姿势和击球动作与正手击高远球基本一样。不同的是最后用力的方向朝下,而且要充分利用蹬地、转体、收腹以及手臂和手腕的爆发力全力地将球向下击出,击球的一刹那要紧握球拍。正手杀球技术见视频 8-2-5。

视频 8-2-5
正手杀球

(2)反手杀球。

其准备姿势和击球动作与反手击高球一样。但最后用力的方向朝下,而且要加快手臂和手腕朝下的闪动。击球点应尽可能高些、前些,这样便于力量的发挥。

反手杀球虽然力量不大,但有其突发性。一般在实战中,趁对方不备,偶尔用反手杀球(因反手杀球威胁不大,对方思想放松)也会收到出奇制胜的效果。

(3)头顶杀球。

准备姿势和击球动作与头顶击高球一样。不同的是击球时要充分利用腰腹力量,以大小臂带动手腕快速下扣。头顶杀球是一种重要的进攻性技术，也是我国运动员在左后场区进攻的主要手段。它弥补了反手击球力量不足的弱点。初学者如能掌握好头顶扣杀技术，便会使对方难以对付。

5. 网前击球技术

准备姿势：侧身对网，右脚跨步称弓箭步，左脚在后自然拉开，上体略有前倾，右手持拍前伸约与肩平，肘关节微屈。注意握拍要放松。

网上击球有：搓球、放网前球、勾对角球、推球、扑球。下面分别介绍之：

(1)搓球。

击球前准备姿势同上。击球时，拍面稍前倾，利用手腕和手指的力量向前"切削"球托底部或向后"提拉"，使球击出后旋转或滚动过网。搓球一般在对方来球较靠近网上时运用。正反手搓球除握拍不同外，其他要领相同。

(2)放网前球。

准备姿势同上。击球时，拍面稍朝前下方倾斜，前臂带动手腕和手指用前送动作球托底部。正反手搓球除握拍不同外，其他要领相同。放网前球技术见视频 8-2-6。

视频 8-2-6
放网前球

(3)勾对角球。

在网前把来球回击到对角线网前叫勾对角球。准备姿势同上。击球时，拍面斜向对方右(左)网前。正手勾对角线时击球托的右侧，手腕和手指带动球拍向左内勾动；反手勾对角时，击球托的左侧，同时向右内勾动。

(4)推球。

在网上将来球用较平的弧线快速推到对方场区底线叫推球。准备姿势同上。击球时拍面前倾至几乎与网平行。利用前臂带动手腕和手指的快速"闪动"将球击出。正手推球多用食指力量，反手推球多用拇指的力量。

(5)扑球。

在网上把高于网的来球迅速扑压下去叫扑球。击球时，拍面前倾，前臂带动手腕和手指的快速闪动发力，击球后立即收拍，以免触网犯规。扑球时要求判断准、上步快、抢点高、动作小。正反手均可。网前击球综合技术见视频 8-2-7。

视频 8-2-7
网前击球
综合技术

(五)基本步法

根据上网时脚步移动方法的区别，上网步法可分为跨步(又称交叉步)上网，垫步网和蹬跳步上网。

1. 跨步(交叉步)上网步法

站位于球场中心稍靠后，两脚左右开立，右脚略前，上体稍前倾，两眼注视对方击球。当对方吊网球时，在对方击球瞬间，脚跟提起轻跳并迅速调整重心至后脚以协助快速起动。左脚迈一小步，用脚掌内侧蹬起，右脚向前跨大步，以脚跟和脚掌外侧着地滑步缓冲，脚尖外斜，右脚屈膝成弓箭步，左脚随即向前拖动，以协助右脚回蹬。击球后用并步或交叉步退回中心位置。如果对方来球较近时，可用左脚蹬地随即右脚跨一大步上网。

2. 后退步法

(1)侧身并步后退步法。

在对方击球前刹那间，脚跟提起轻跳，迅速调整重心至右脚。接着右脚蹬地快速向右后撤一小步,上体右转侧身对网,紧接着左脚并步靠近右脚,右脚再向后移至来球位置,在移动中做好手部动作准备,待来球在右肩上方下落时做正手底线原地击球或挑起击球,击球后并步或小步跑回中心位置。

视频 8-2-8 羽毛球综合步法

(2)交叉步后退步法。

右脚撤后一小步后,左脚从体后交叉后退一步,右脚再后移至来球位置。

羽毛球综合步法见视频 8-2-8。

三、羽毛球运动比赛项目、规则、场地介绍

(一)比赛项目与方法

羽毛球项目为:男子单打、女子单打、男子双打、女子双打、混合双打、男子团体、女子团体。团体赛多采用五局三胜制,单打和双打每场采用三局两胜制,不受时间限制。

(二)比赛规则

1. 单打比赛

(1)每场比赛采取三局两胜制。

(2)比赛为每球得分制,率先得到 21 分的一方赢得当局比赛。

(3)如果双方比分打成 20 比 20,获胜一方需超过对手 2 分才算取胜。

(4)如果双方比分打成 29 比 29,则率先得到第 30 分的一方取胜。

(5)首局获胜一方在接下来的一局比赛中率先发球。

(6)当一方在比赛中得到 11 分后,双方队员将休息 1 min。

(7)两局比赛之间的休息时间为 2 min。

2. 双打比赛规则

(1)每次交换发球权的时候,只有一名队员有发球权。

(2)比赛为每球得分制,即任何一方只要将球打“死”在对方的有效位置,或者因为对方出现违例或失误,均可得分。

(3)后发球线保留,现行规则适用。

(4)比赛开始前,双方通过投掷硬币方式确定由哪一方来选择是先发球或后发球。

(5)发球员的顺序与单打中的顺序一样,即以分数的单数或双数来决定,只有发球方在得分时才交换发球区。除此以外,运动员继续站在上一回合的各自发球区不变,以此保证发球员的交替。

(6)除非特殊情况(比如地板湿了,球打坏了),球员不可再提出中断比赛的要求。但是,每局一方以 11 分领先时,比赛进行 1 min 的技术暂停,让比赛双方进行擦汗、喝水等事宜(单、双打通用)。

(三)交换场地

(1)第一局结束和第三局开始前,双方交换场地。

(2)在第三局或只进行一局的比赛中,领先的一方达到 11 分时。

(四)发球

(1)发球时任何一方都不允许非法延误发球。

(2)发球员和接发球员都必须站在斜对角线发球区内发球和接发球，脚不能触及发球区的界限；两脚必须都有一部分与地面接触，不得移动，直至将球发出。

(3)发球员的球拍必须先击中球托，与此同时整个球必须低于发球员的腰部。

(4)击球瞬间球杆应指向下方，从而使整个球筐明显低于发球员的整个握拍手部。

(5)发球开始后，发球员的球拍必须连续向前挥动，直至将球发出。

(6)发出的球必须向上飞行过网，如果不受拦截，应落入接发球员的发球区。

(五)违例

(1)发球不合法违例，或接发球者提前移动。

(2)发球员发球时未击中球。

(3)发球时，球过网后挂在网上或停在网顶。

(4)比赛时：

①球落在球场边线外。

②球从网孔或从网下穿过。

③球不过网。

④球碰屋顶、天花板或四周墙壁。

⑤球碰到运动员的身体或衣服。

⑥球碰到场地外其他人或物体(由于建筑物的结构问题，必要时地方羽毛球组织可以制定羽毛球触及建筑物的临时规定，但其他组织有否决权)。

(5)球拍或球的最初接触点不在击球者网的这一方(击球者击球后，球拍可以随球过网)。

(6)比赛进行中

①运动员球拍、身体或衣服触及网或网的支持物。

②运动员的球拍或身体，以任何程度侵入对方场区。

③妨碍对手，如阻挡对方紧靠球网的合法击球。

(7)运动员故意分散对方注意力的任何举动，如喊叫、故作姿态等。

(8)比赛时：

①击球时，球夹在或停滞在拍上紧接着又被拖带。

②同一运动员两次挥拍连续击中球两次。

③同一方两名运动员连续各击中球一次。

④球碰球拍继续向后场飞行。

(9)运动员违反比赛连续性的规定。

(10)运动员行为不端。

(六)重发球

(1)遇不能预见或意外的情况，应重发球。

(2)除发球外，球过网后，球挂在网上或停在网顶，应重发球。

(3)发球时，发球员和接发球员同时违例，应重发球。

(4)发球员在接发球员未做好准备时发球，应重发球。

(5)比赛进行中，球托与球的其他部分完全分离，应重发球。

(6)司线员未看清球的落点，裁判员也不能做出决定时，应重发球。

(7)“重发球”时，最后一次发球无效，原发球员重发球。

五、羽毛球运动场地、器材介绍

(一)场地

羽毛球场为一长方形场地(图 8-2-4),长度为 13.40 m,双打场地宽为 6.10 m,单打场地宽为 5.18 m。球场上各条线宽均为 4 cm,丈量时要从线的外沿算起。球场界限最好用白色、黄色或其他易于识别的颜色画出。

按国际比赛规定,整个球场上空空间最低为 9 m。在这个高度以内,不得有任何横梁或其他障碍物,球场四周 2 m 以内不得有任何障碍物。任何并列的两个球场之间,最少应有 2 m的距离。球场四周的墙壁最好为深色,不能有风。球场中央网高 1.524 m,双打边线处网高 1.55 m。

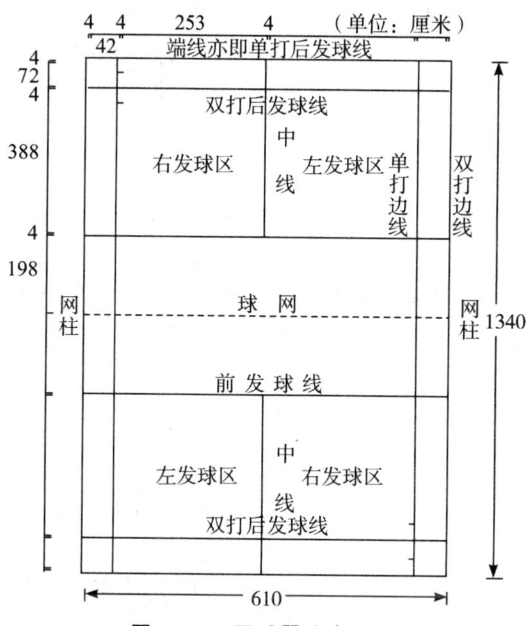

图 8-2-4 羽毛器比赛场地

(二)羽毛球

羽毛球重 4.74～5.5 g,由 16 根羽毛插在半球型软木托上,球高 68～78 mm,直径58～68 mm,分为 1～10 号。

(三)球拍

球拍框总长度不超过 68 cm,宽不超过 23 cm,拍弦面长不超过 28 cm,宽不超过 22 cm。

课后练习与作业

1. 进行乒乓球、羽毛球发球各项技术的练习,归纳总结易犯错误和练习方法。
2. 进行乒乓球、羽毛球击球各项技术的练习,归纳总结易犯错误和练习方法。
3. 进行乒乓球、羽毛球各种脚步移动的练习,举一反三提高反应能力,发展灵敏素质。

项目九　基本体操

■ 教师寄语

享受体操运动乐趣，

绽放你的青春活力！

——[illegible]

■ 学习目标

知识目标：了解体操运动的基本知识，理解体操的基本概念、分类、特点及对身体的锻炼价值。

能力目标：学习并掌握体操的基本技术动作，不断提高自己的体操技能和表现能力。

素质目标：锻炼身体的节奏感，提高艺术欣赏力，学会与他人进行协同配合，培养良好的团队协作精神。

■ 项目思维导图

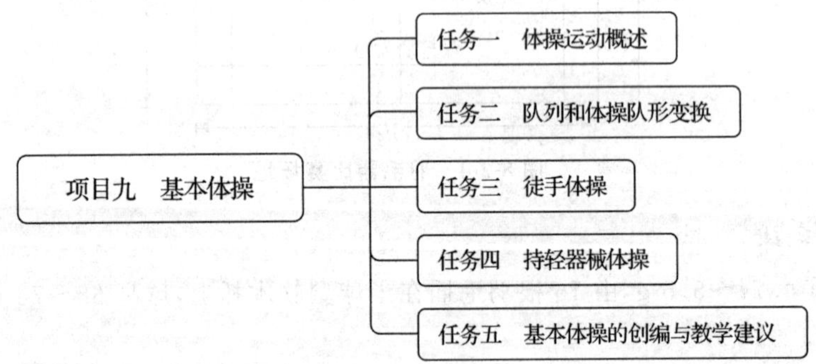

■ 课程思政

通过基本体操的学习，了解体操项目的发展、分类、特点以及中国体操的辉煌成就，从而培养学生的爱国主义精神和民族自豪感。队列队形学习中的团队协作和集体训练可以培养学生的集体主义观念和团队协作意识。徒手体操和持轻器械体操的训练和比赛，要求学生一遍又一遍地练习，培养学生不畏艰苦、刻苦训练、顽强拼搏的优良品质。

任务一　体操运动概述

体操运动在我国具有悠久的历史和广泛的群众基础，深受广大青少年的喜爱，是各级学校体育教学的主要内容，也是实现学校体育目的任务的重要手段之一。

体操运动的项目较多，内容十分丰富。按体育的目的任务通常分为基本体操、竞技性体操（包含竞技体操、技巧运动、艺术体操等）、宣传表演性体操（如团体操）等。

基本体操是指为了增强体质，促进身体发展与提高基本活动能力所采用的最基本练习。它包括队列队形练习、徒手操、持轻器械体操和专门器械体操等。其特点是动作简单、形式多样，并根据对象的健康状况和训练水平，练习时间可长可短，内容可多可少，强度可大可小，可单人做、双人做、集体做，也可定位做或行进间做，易于普及和推广，是学校体育教学的主要内容和运动训练辅助手段。

根据高等职业院校师范学生体育教学的目的任务和学生特点，我们选择了体操运动中的基本体操内容作为基本教材，并适当增加了适合幼儿师范高等专科学校学生需要的队列口令与指挥、徒手体操和持轻器械体操的选编、基本体操的领操内容以及教学建议。通过本章教学，使学生在掌握基本体操的知识和提高动作技能水平的同时，培养其组织、指挥、领操和创编等能力，以适应未来职业的需要。

任务二　队列和体操队形变换

队列练习，是指学生按照一定的队形，做协同一致的动作。而体操队形练习，是指在队列练习的基础上所做的各种队形和图形的变化。因此，队列练习是队形变化的基础，没有统一的队列动作，就不可能有各种协同一致的队形和图形变化。队列练习通常是教师组织体育教学和其他集体活动的重要手段。

通过队列和体操队形练习，使学生掌握队列和体操队形的基本动作；培养学生组织纪律性，增强学生集体观念；培养学生身体的正确姿势，使学生养成良好的站立、行走的姿势；培养学生迅速、准确和协同一致的集体行动能力和习惯。因此，有目的、有计划地培养和训练高职院校师范学生掌握队列和体操队形动作方法，掌握口令下达、指挥和调动队伍的能力具有其自身上体育课和职业训练的双重意义。

一、常用队列和体操队形的基本术语

队形：学生共同动作时，按规定所排成的队伍的形式叫队形。

列：学生左右并列成一（直）线叫列。

路：学生前后重迭成一（直）行叫路。

翼：队形的左右端叫翼。右端叫右翼，左端叫左翼。

正面：队列里学生所面向的一面叫正面。

后面：与正面相反的一面叫后面。

间隔:学生(单个的或成队的)彼此之间左右相隔的间隙叫间隔,一般为 10 cm。

距离:学生(单个的或成队的)彼此之间前后相距的间隙叫距离,一般为 75 cm。

队形宽度:两翼之间的横宽叫队形宽度。

队形纵深:从第一列(站在最前面的学生)到最后一列(站在最后面的学生)的纵长叫队形纵深。

纵队:学生(单个的或成队的)前后重迭组成的队形叫纵队。在纵队中,队形的纵深大于或等于队形的宽度。纵队有一路纵队、二路纵队、三路纵队等。

横队:学生(单个的或成队的)左右并列组成的队形叫横队。在横队中,队形的宽度大于或等于队形的纵深。横队有一列横队、二列横队、三列横队等。

基准学生:教师指定作为行动目标的学生,叫基准学生。在通常情况下,右翼排头第一名为基准学生,如教师根据需要指定其他某位学生为基准时,则应明确"以×××(学生姓名)为基准!"或"以左(右)翼为基准!"等。

排头:位于纵队之首或横队右翼的一个或几个学生叫排头。

排尾:位于纵队之尾或横队左翼的一个或几个学生叫排尾。当纵队向后转时,排头变为排尾,排尾变为排头。

预令:口令的前部分,使学生注意并准备做动作,如口令"向后——转"中的前面部分"向后——"。

动令:口令的后部分,使学生开始执行动作,如口令"向后——转"中的后面部分"转",即动词。

二、队形和体操队形的内容及动作要领

(一)常用队列和体操队形的内容(表 9-2-1)

表 9-2-1 常用队列和体操队形的内容

原地队列动作	常用动作	1. 立正;2. 稍息;3. 跨立;4. 整齐;5. 报数; 6. 集合;7. 解散;8. 蹲下;9. 坐下;10. 起立
	转法	1. 向左(右)转;2. 向后转
	队列变换	1. 一列横队变二列横队及还原; 2. 一路纵队变二路纵队及还原
行进间队列动作	常用步法	1. 齐步;2. 正步;3. 跑步;4. 踏步;5. 便步;6. 移步;7. 立定
	方向变换	1. 横队左(右)转弯走;2. 纵队左(右)转弯走;3. 向左(右)转走;4. 向后转走
行进间队形变换	直线	1. 绕场行进;2. 错肩行进
	斜线	1. 对角线行进;2. 交叉行进
	变队	1. 分队走;2. 合队走;3. 裂队走;4. 并队走

(二)常用队列队形的口令与动作要领

1. 原地队列常用动作

(1)立正。

口令:立正!

动作要领:两脚跟靠拢并齐,两脚尖向外分开约 60°;两腿挺直;小腹微收,自然挺胸;上体正直,微向前倾;两肩要平,稍向后张;两臂下垂自然伸直,手指并拢自然微屈,拇指尖贴于食指第二节,中指贴于裤缝;头要正,颈要直,口要闭,下颌微收,两眼向前平视。

(2)稍息。

口令:稍息!

动作要领:左脚顺脚尖方向伸出约全脚的三分之二,两腿自然伸直,上体保持立正姿势,身体重心大部分落于右脚。稍息过久,可以自行换脚。换脚时,应先恢复立正姿势再换脚。

(3)跨立(即跨步站立)。

口令:跨立!

动作要领:左脚向左跨出约一脚之长(与肩同宽),两腿自然挺直,上体保持立正姿势,身体重心落于两脚之间。两手后背,左手握右手腕,右手手指并拢自然弯曲,手心向后。

(4)整齐。

口令:向右(左)看——齐!

动作要领:基准学生不动,其他学生向右(左)转头,眼睛看右(左)侧学生的腮部,并通视全线。后列人员,先向前对正后向右(左)看齐。

口令:以×××为基准,向中看——齐!

动作要领:当指挥员指定"以×××为基准(或者以第×名为基准)"时,基准学生答"到",同时左手握拳高举,大臂前伸与肩略平,小臂垂直举起,拳心向右。听到"向中看——齐"的口令后,基准学生将手放下,其他学生按照向左(右)看齐的要领实施。

口令:向前——看!

动作要领:听到"向前——看"的口令后,基准学生不动,其余学生立即将头转正,恢复立正姿势。

看齐时,身体姿势仍应保持正直。如发现自己的位置与基准学生不在一条线上,立即以碎步调整。如果是多列横队向右看齐时,后面几列的基准学生应取一臂之长的距离,向第一列(或前列)基准学生对正,其余学生动作同第一列。

在一般情况下,可用向右看齐整理队伍,在必要时才用向左看齐。

(5)报数。

口令:报数!

动作要领:横队从右至左(纵队由前向后)依次以短促洪亮的声音转头(纵队向左转头)报数,最后一名学生不转头。数列横队时,后列最后一名报"满伍"或者"缺×名"。

视频 9-2-1
报数

指挥者如对报数有特殊的要求时,常用指定数字报数或几列同时报数,方法同上,但应事先说明。如"1 至 3,报数"、"各列报数"或者"1、3、5,报数"等,学生即按要求依上述要领实施。

(6)集合。

口令:成×列横队——集合!

动作要领：集合时，指挥员应当先发出集中学生注意力的预告或者信号，如“××班注意”，然后站在预定队形的中央前，面向预定队形成立正姿势，同时左臂上举，上臂高度约与肩平，前臂垂直，左手握拳，拳心向右，右臂侧平举，下达横队集合的预告或者信号。学生听到预告或信号后，原地面向指挥员成立正姿势。指挥员下达动令后，可将手势放下，成立正姿势。学生迅速按指示的队形，跑步到指定位置面向指挥员集合。基准学生站在指挥员左前方适当位置成立正姿势，其他学生依次向左排列，站成要求队形，自行看齐。

视频 9-2-2　成一列横队——集合

视频 9-2-3　成一路纵队——集合

口令：成×路纵队——集合！

动作要领：纵队集合时，同横队集合方法，指挥员左臂动作同横队集合动作手势，右臂前平举，与肩同高。指挥员下达动令后，基准学生站在指挥员前方（多路纵队时在右前方）适当位置，成立正姿势；其他学生依次向后排列，自行对正。

（7）解散。

口令：解散！

动作要领：听到口令后，队列人员迅速离开原列队位置。

（8）蹲下。

口令：蹲下！

动作要领：右脚后退半步，前脚掌着地，臀部坐在右脚跟上（膝盖不着地），两腿自然并拢，手指自然放在两膝上，上体保持正直。蹲下过久，可以自行换脚。

（9）坐下。

口令：坐下！

动作要领：左小腿在右小腿后交叉，迅速坐下，两手自然放在两膝上，上体保持正直。

（10）起立。

口令：起立！

动作要领：全身协力迅速起立，成立正姿势。

2. 原地转法

（1）向左（右）转。

口令：向左（右）——转！

动作要领：以左（右）脚跟为轴，左（右）脚跟和左（右）脚掌前部同时用力，使身体和脚一致向左（右）转90°，身体重心落在左（右）脚，左（右）脚取捷径迅速靠拢左（右）脚，成立正姿势。转动和靠脚时，两腿挺直，上体保持立正姿势。

视频 9-2-4　向左（右）——转

视频 9-2-5　向后——转

（2）向后转。

口令：向后——转！

动作要领：按照向右转的要领向后转 180°。

3. 原地队列变换

（1）一列横队变二列横队及还原。

口令：成二列横队——走！

动作要领：变换队列前，先“1、2 报数”。听到口令后，双数学生左脚后退 1 步，右脚向右跨 1 步，左脚向右脚靠拢，站到单数学生身后，自行对正、看齐。

(2)二列横队还原成一列横队。

口令：间隔一步，向左离开，成一列横队——走！

动作要领：听到“间隔上步，向左离开”的口令，取好间隔；听到“成一列横队——走”的口令，双数（后列）学生左脚左跨一步，右脚向前上一步，左脚向右脚靠拢，站到单数学生左侧，自行看齐。

视频 9-2-6 成二列横队——走

视频 9-2-7 成一列横队——走

(3)一路纵队变二路纵队及还原。

口令：成二路纵队——走！

动作要领：变换队列前，先“1、2 报数”。听到口令，双数学生右脚右跨一步，左脚向前一步，右脚向左脚靠拢，站到单数学生右侧，自行对正、看齐。

(4)二路纵队还原成一路纵队。

口令：距离二步，向后离开，成一路纵队——走！

动作要领：听到“距离二步，向后离开”的口令，排头基准学生不动，其余学生迅速取好距离；听到“成一路纵队——走”的口令，双数（第二路纵队）学生右脚后退一步，左脚不靠拢横跨一步站到单数学生之后，自行对正。

视频 9-2-8 成二路纵队——走

视频 9-2-9 成一路纵队——走

4. 行进间队列动作常用步法

(1)踏步。

停止间口令：踏步——走！

行进间口令：踏步！

动作要领：两脚在原地上下起落（抬起时，脚尖自然下垂，离地面约 15 cm；落下时，前脚掌先着地），上体保持正直，两臂自然摆动。听到“前进”口令时，继续踏 2 步，再前进。

(2)齐步。

口令：齐步——走！

动作要领：左脚向前迈出约 75 cm 处着地，同时身体重心前移，右脚依此动作；上体正直，微向前倾；手指轻轻握拢，拇指贴于食指第二节；两臂前后自然摆动，向前摆臂时，小臂稍向里合，手心向内稍向下，拇指根部对正衣扣线，约与第 5 个衣扣同高，离身体约 30 cm；向后摆臂时，手臂自然伸直，手约与第五个衣扣同高并不超过衣扣线，行进速度约 120 步/分钟。

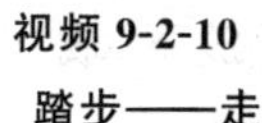

视频 9-2-10 踏步——走

视频 9-2-11 齐步——走

(3)正步。

口令：正步——走！

动作要领：左脚向正前方踢出约 75 cm（腿要绷直，脚尖下压，脚掌与地面平行，离地面约 25 cm），适当用力使全脚掌着地，同时身体重心前移，右脚同此动作；上体正直，微向前倾;手指轻轻握拢,拇指伸直贴于食指第二指节;向前摆臂时,肘部弯曲,小臂略成水平,手心向内稍向下,手腕摆至第三、四衣扣之间,离身体约 15 cm;向后摆臂时(左手心向右,右手心向左),手臂摆至不能自动摆动为止。行进速度 110～116 步/分钟。

(4)跑步。

口令:跑步——走!

动作要领:听到预令,两手迅速握拳(四指蜷握,拇指贴于食指第一关节和中指第二节),提到腰际,拳心向内,肘部稍向里合。听到动令,上体微向前倾,两腿微弯,同时左脚利用右脚掌的蹬力跃出约 85 cm,前脚掌先着地,身体重心前移,右脚依照此动作;两臂前后自然摆动,向前摆臂时,大臂略垂直,肘部贴于腰际,小臂略平,稍向里合,两拳不超过衣扣线;向后摆臂时,拳贴于腰际,后摆不露手。行进速度 170～180 步/分钟。

视频 9-2-12
跑步——走

(5)便步。

口令:便步——走!

动作要领:用适当的步速、步幅行进,两臂自然摆动,上体保持良好姿态。

(6)移步。

①右(左)跨步。

口令:向右(左)侧跨×步——走!

动作要领:上体保持正直,每向右(左)跨一步并脚一次,其步幅约与肩同宽,跨到指定步数停止。

②向前或者后退。

口令:向前(后退)×步——走!

动作要领:向前移步时,应当按照单数步要领进行(双数步变为单数步)。向前一步时,用正步,不摆臂;向前 3 步、5 步时,按照齐步走的要领进行。向后退步时,从左脚开始,每退一步靠脚一次,不摆臂,退到指定步数停止。

(7)立定。

口令:立——定!

动作要领:齐步和正步走时,听到口令,左脚再向前大半步着地(脚尖向外约 30°),两腿挺直,右脚取捷径迅速靠拢左脚,成立正姿势。跑步时,听到口令,再跑 2 步,然后左脚向前大半步(两拳收于腰际,停止摆动)着地,右脚取捷径靠拢左脚,同时将手放下,成立正姿势。踏步时,听到口令,左脚踏一步,右脚靠拢左脚,同时将手放下,成立正姿势(跑步的踏步,听到口令,继续踏 2 步,再按照上述要领进行)。

视频 9-2-13
立——定

5. 行进间方向变换

(1)横队左(右)转弯走。

停止间口令:左(右)转弯,齐(跑)步——走!

行进间口令:左(右)转弯——走!

动作要领:一列横队方向变换时,以左(右)翼第一名学生为基准(轴)原地踏步,并逐渐向左(右)转动,内翼学生用小步,外翼学生用大步向变换方向行进,保持规定的间隔和排面整齐,转到 90°时踏步并取齐,听口令前进或者停止。

(2)纵队左(右)转弯走和左(右)后转弯走。

停止间口令:左(右)转弯,齐(跑)步——走!左(右)后转弯,齐步——走!

行进间口令:左(右)转弯——走!左(右)后转弯——走!

动作要领:一路纵队方向变换时,基准学生在左(右)转弯时,按照单个行进间转法的要领实施;在左(右)后转弯时,用小步边行进边变换方向,转到90°或者180°后照直前进;其他学生逐次进到基准学生的转弯处,转向新方向跟进。数路纵队方向变换时,按照数列横队方向变换的要领实施(视频9-2-14)。

(3)横队与纵队行间变换。

口令:向右(左)转——走!

动作要领:动令落在右(左)脚,听到口令,左(右)脚向前半步(跑步时,继续跑2步,再向前半步)脚尖向右(左)约45°,身体向右(左)脚转90°,左(右)脚不转动,同时出右(左)脚按原步法向新方向行进(视频9-2-15)。

口令:向后转——走!

动作要领:动令落在右脚,听到口令,左脚向右脚前迈出约半步(跑步时,继续跑2步,再向前半步),脚尖向右约45°,以两脚的前脚掌为轴,向后转180°,出左脚按照原步法向新方向行进。转动时,保持行进时的节奏,两臂自然摆动,不得外张;两腿自然挺直,上体保持正直(视频9-2-16)。

视频9-2-14 纵队:左(右)转弯——走

视频9-2-15 横队与纵队行间变换:向右(左)转——走

视频9-2-16 向后转——走

6. 行进间队形变换

(1)直线行进。

①绕场行进(图9-2-1)。

口令:绕场行进——走!

动作要领:纵队排头带领沿着场地边线行进,每到一角,自动转90°方向(左或右转弯)行进。

②错肩行进(图9-2-2)。

口令:从右(左)边——走!

动作要领:两个纵队(各一路或两路)迎面相对自然相遇时,下口令"从右(左)边——走",听到口令后,两队均以本队前进方向的右(左)边行进,彼此互错左(右)肩,两队相隔为一步。多路纵队迎面相遇时,下口令"一路隔一路,从右(左)边行进"。

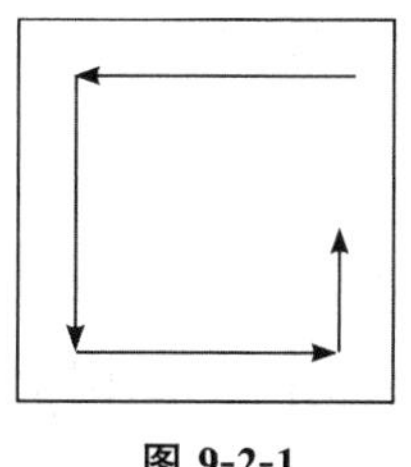

图9-2-1

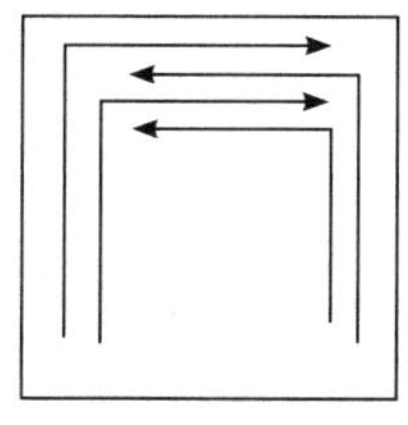

图9-2-2

(2)斜线行进。

①对角线行进(图 9-2-3)。

口令:沿对角线——走!

动作要领:当纵队排头行进到场地某一角时发出口令。听到口令,排头自行转弯面向相对一角行进,其余学生跟进。

②交叉行进(图 9-2-4)。

口令:交叉行进——走!

动作要领:沿左右边线行进的两路,当排头走近对称的某角时发出口令“沿对角线行进”。听到口令,两路排头向内转弯面向相对一角,各自沿对角线行进,其余学生跟进;当行至场中心相迎时发出“交叉行进——走”口令,两队学生依次交叉穿插而过,行进到另一场角,听口令行进或停止。

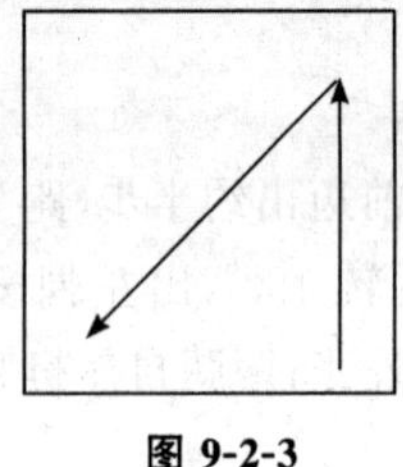

图 9-2-3

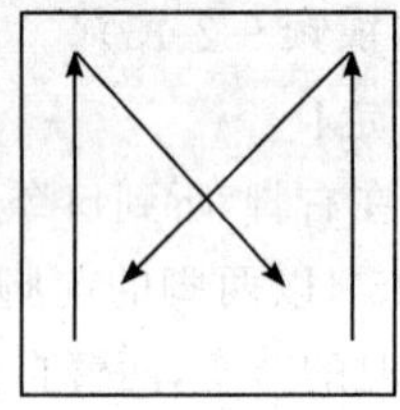

图 9-2-4

(3)行进间队形变换。

①分队走(图 9-2-5)。

口令:分队——走!

动作要领:一路纵队先 1 至 2 报数。纵队沿场地中线行进,当排头行至接边线中点时下达口令。在同一个转弯点,单数学生左转弯走,双数学生右转弯走,分成两个一路纵队沿左右边线行进。

②合队走(图 9-2-6)。

口令:合队——走!

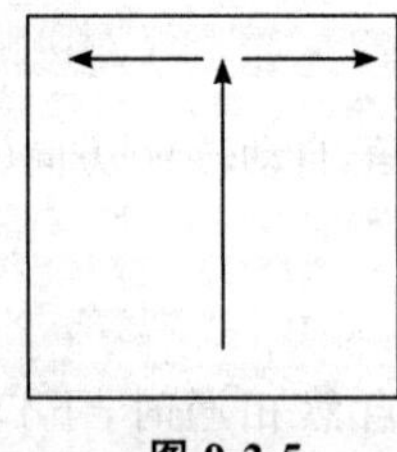

图 9-2-5

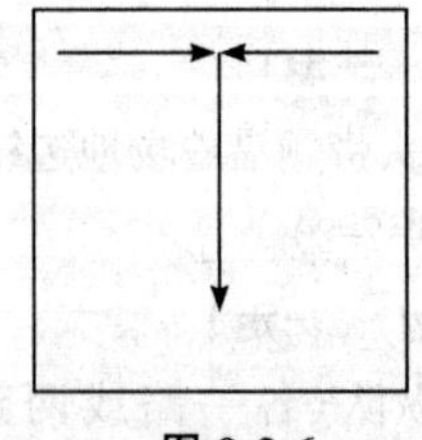

图 9-2-6

动作要领:两个纵队相向行进,在某边线接近中点相遇时下达口令。听到口令,在同一转弯点左路纵队左转弯走,右路纵队右转弯走并依次插进,合成一队行进。

③裂队走(图 9-2-7)。

口令:裂队——走!

动作要领:二路纵队沿场地中线行进,接近边线中点时下达口令。听到口令,左路纵队左转弯走,右路纵队右转弯走,裂开为 2 个一路纵队分别向左右不同方向行进。

④并队走(图 9-2-8)。

口令:并队——走!

动作要领:两个纵队在某边线中点接近相遇时,下达口令。听到口令,左路纵队左转弯走,右路纵队右转弯走,并列成二路纵队行进。

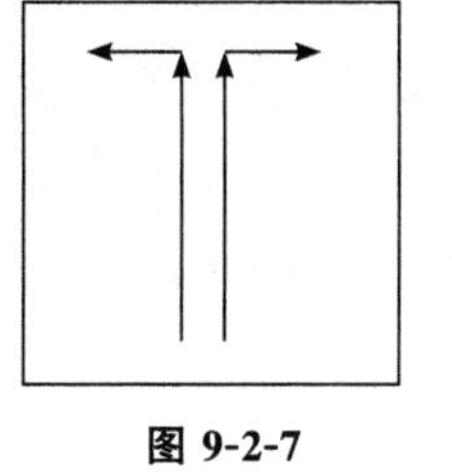

图 9-2-7

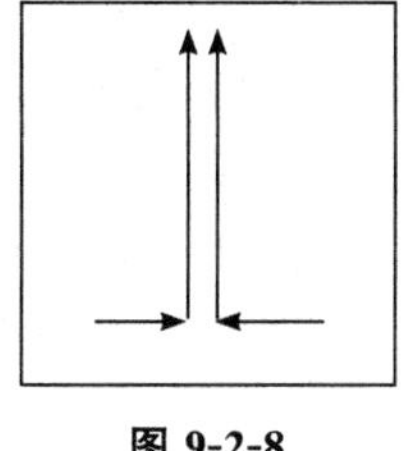

图 9-2-8

三、队列队形的组织教学

(一)队列队形的教学方法及要求

队列和体操队形练习,大多是按教师的口令、指示、示范动作集体进行的,队列动作是体操队形的基础,也是教学重点。在进行队列动作教学时,应把原地常用的队列动作、行进间各种步法、原地和行进间转法列为教学重点。在体育教学中,教师对学生所做的每个动作都要严格要求,做到令行禁止;要注意调动学生的积极性和主动性。特别要培养师范生下达口令和指挥、调动队伍的能力。

进行队列练习时,学生要精神振奋,严肃认真,一切行动听指挥;动作要迅速、准确、协调一致,姿势端正。在学习比较复杂的队列动作时,教师可在完整示范的基础上,采用分解动作的方法进行教学。例如:把“向后转”分为两动,然后再做完整动作练习。在学习较复杂的队形变换或图形变换练习时,教师可事先画好场地标记,或放好标志物,然后再进行学习和练习,可达到事半功倍的效果。

(二)正确运用口令

队列指挥方法通常运用口令。口令是队列队形练习时,指挥员下达的口头命令。口令一般由预令(指示词)和动令(动词)组成。有的口令只有动令,如立正、稍息、报数、解散等。预令是口令的前部分,使学生注意并准备做动作。预令的长短看队伍大小而定。动令是口令的后部分,使学生立即行动。预令和动令之间,一般都有一定的时间间隔。口令一般分为短促、断续、连续和复合等四种。短促口令的特点是只有动令,发音短促有力,不论几个字,中间不拖音、不停顿,通常按音节(字数)平均分配时间,有时最后一字稍长,如“起立、坐下、立正”等。断续口令特点是预令和动令之间有停顿(微歇),如“××同学,起立”“第几名,出列”等。连续口令特点是预令的拖音与动令相连。预令拖音稍长,动令短促有力;有时预令与动令之间有微歇。如“跑步——走”“立——定”等。复合口令兼有断续和连续口令的特点,如“以××同学为基准,向中看——齐”等。

口令下达要求声音清晰洪亮;吐字清楚、指示明确;节奏、音阶、强弱合理清晰。行进间口令,除“向左转——走”、“齐步、正步互换”和“一列横队变二列横队”时动令落在左脚外,其余动令均落在右脚。

(三)选择恰当指挥位置

学习队列指挥时,要求指挥位置正确。教师的指挥位置原则上应选择全体或大部分学生都能看得清楚、便于指挥的位置。队伍方向改变时,指挥员应变换指挥位置再下达口令。如需变换指挥位置,通常用跑步(5 步以内可用齐步走)到预定的位置后,成立正姿势下达口令。纵队行进时,可以在行进间下达口令。

指挥员的位置通常是:(1)停止间,在队列中央前。如队伍站成横队时,教师应站在横队正面中点前方,与两翼成等腰三角形的位置(图 9-2-9)。(2)如队伍站成纵队时,教师应站在队伍的正前方三至五步处(图 9-2-10),或于队伍的左前方(图 9-2-11)。(3)纵队行进时,教师应站在队伍左侧中央(图 9-2-12),随队进行。

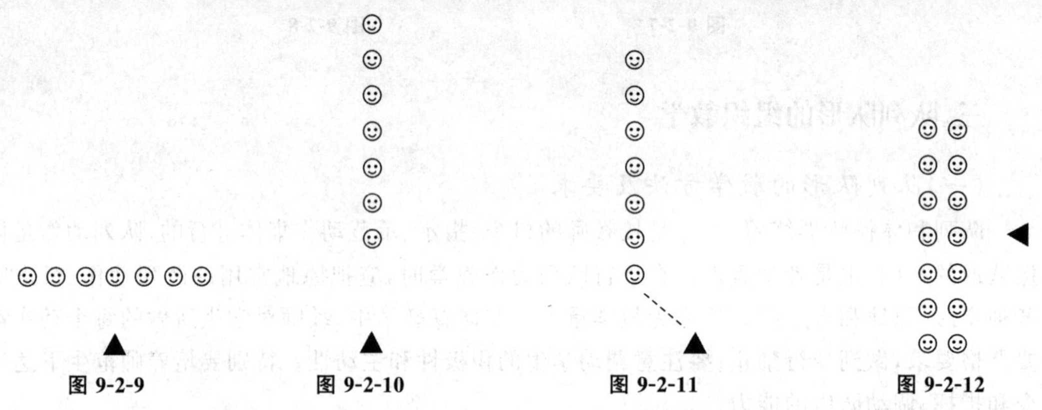

图 9-2-9　图 9-2-10　图 9-2-11　图 9-2-12

四、队列口令组合练习与考试

队列队形的组织与指挥,是教师进行体育活动组织的一项基本能力。一般包括有:队列和体操队形动作、口令下达及组织指挥。学生在学会自喊自做(自己口令下达自己完成动作)的基础上,逐渐掌握组织指挥队伍。

(一)体育教学中常用的队列和体操队形

(1)原地队列动作,包括有集合、解散、立正、稍息、看齐、报数、原地四面转法、一列横队变二列横队及还原等;

(2)行进间队列动作:齐步、踏步、跑步、立定、纵队左(右)转弯走、向左(右、后)转弯走等。

(二)队列队形评价与考核

(1)自喊自做:要求考核者在规定 6 m×6 m 的场地内自己下达口令,自己完成相应的原地和行进间常用动作。

(2)组织指挥:要求考核者在规定的 12 m×12 m 的场地内组织指挥 3 人以上队伍完成原地和行进间常用动作。

视频 9-2-17　队列口令(自喊自做)

视频 9-2-18　队列口令(组织指挥)

任务三　徒手体操

徒手体操是基本体操的主要内容之一。徒手体操(简称徒手操)是不利用任何器械,只通过身体各部位和各种动作,以不同的姿势、方向、路线、幅度、频率和节奏协同一致地进行各种举、振、屈伸、绕环等单个动作或联合动作练习。通过徒手体操的练习,能全面锻炼学生身体,促进其身体的正常发育,培养正确的身体姿态,提高动作的节奏感和韵律感,发展灵敏、力量、速度、柔韧等身体素质。它不受任何场地和器械条件的限制,内容丰富多样,活动量可大可小便于调节,在学校体育教学中占有重要的地位,被广泛运用于体育课的准备活动、课间操和课外体育活动。同时,各项轻器械体操和利用专门器械的体操也都是在徒手体操的基础上进行和发展的。由于徒手体操在体育教学中一般都是集体进行的练习,通过做操的队形、统一的口令(或音乐)、整齐划一的动作,可培养学生良好的组织纪律性和集体主义精神。

一、徒手体操的分类

徒手体操根据练习的方式可分为定位练习和行进间练习;根据练习的形式,又可分为单人动作、双人动作、三人及集体动作,其中单人动作的练习在体育教学中最常应用。

单人动作根据人体解剖学结构,可分为头颈动作、上肢动作、下肢动作、四肢动作、躯干动作、全身动作、跳跃动作等。其动作的基本方向是以人体直立为基准,分前、后、左、右、上、下六个方向。此外,还经常有与基本方向构成45°的中间方向,即前上、侧上、前下、侧下;也有与三个基本方向构成的中间方向,即斜前上、斜前下等。

双人动作大多是在单人动作的基础上,两人互相协调配合,共同完成练习以达到锻炼的目的。双人动作根据用力性质,一般可分为助力性动作、对抗性动作、协同性动作等;三人及集体动作是在单人、双人动作的基础上,由多人互相配合进行的练习。

一套徒手体操通常按其动作的特点,分为模仿操、拍手操、广播操、武术操、一般性徒手操、专门性徒手操(如专门准备活动用)等,这些徒手体操目前在各级各类学校广泛开展。无论是哪种徒手体操,都是由一些基本动作组合而成的,其动作的形式、部位和方向都有共性的规律。

二、徒手体操常用的基本术语

举:臂或腿由低部位向高部位的提升,停止在某一指明的部位。包括臂与腿的前举、侧举,臂的侧上举,腿的后举等。

摆:以肩或髋关节为轴,按指定方向、有节奏的连续弧形动作。

振:急速用力和借反弹力量立即回摆的动作。

屈:臂、腿、颈、髋及脊柱等各关节的弯曲,与身体形成一定的角度。

伸:弯曲的关节角度增大或伸直。例如:两臂肩侧屈伸至上举。

绕:以某关节为轴做大于180°小于360°的弧形动作。例如:由立正姿势开始,两臂向前经上绕至侧举。

绕环:以某关节为轴的360°或360°以上的圆形动作。例如:由立正姿势开始,两臂向前绕环一周半至上举。

踢:腿由低位向高位做加速用力的动作。例如:前踢腿、侧踢腿、后踢腿等。

倾:身体偏离垂直轴,与地面形成一定的角度。一般与下肢的弓步姿势结合进行,是上体向屈腿方向倾斜的动作。

转体:沿身体的纵轴转动。如:身体向右后转、左转45°等。

蹲:站立向下屈膝。屈膝大于90°为半蹲,两膝全屈为全蹲。

跳:脚蹬地,使身体离开地面。包括单脚跳和双脚跳。

支撑:手或手和身体某环节支撑在地面上的姿势。例如:倒立支撑、俯卧撑、侧撑、仰撑等。

三、徒手操选编

(一)幼儿广播体操Ⅰ

第一节　伸展运动(二个八拍)

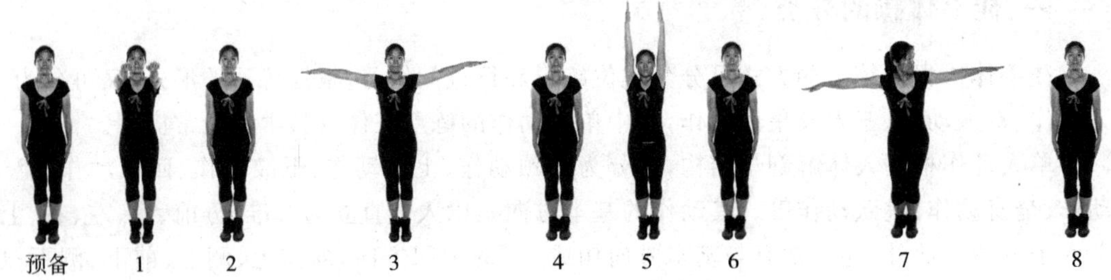

预备姿势:直立。

第一个八拍

1 双脚提踵,同时两臂前举,掌心向下。

2 还原成直立。

3 双脚提踵立,同时两臂侧举,掌心向下。

4 还原成直立。

5 双脚提踵立,同时两臂经前至上举,掌心向内。

6 还原成直立。

7 屈膝半蹲,同时两臂侧举(掌心向下),上体稍向前倾,头向左转。

8 还原成直立。

第二个八拍动作同第一个八拍,7 转头方向相反。

动作要求:两臂的前、侧、上举,臂与肩要平,手与臂要直,五指要并拢,双脚提踵立要保持身体正直。

第二节　屈伸运动(二个八拍)

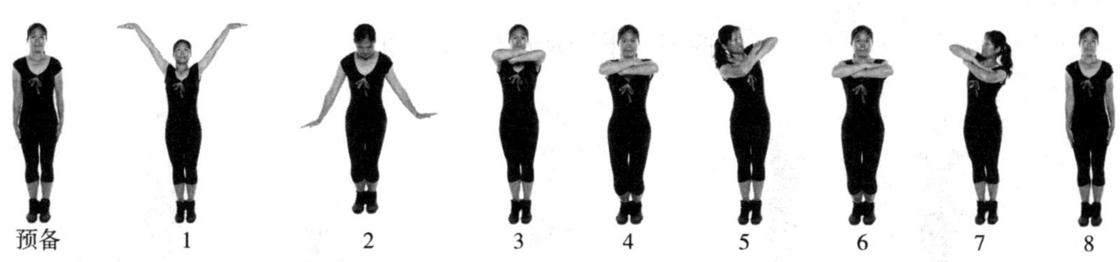

预备姿势:直立。

第一个八拍

1 双脚提踵立,两臂侧上举,同时手腕向下弯曲,掌心向下,挺胸、抬头。

2 屈膝半蹲,脚跟落地,同时两臂落至侧下举,手腕向上弯曲,掌心向下,上体直,稍低头。

3 双脚提踵立,同时两臂经下摆至胸前平屈,小臂交叉,手指互搭大臂。

4 屈膝半蹲,脚跟落地。

5 双膝弹起成直立,同时抱臂左侧斜摆至左肘高,右肘低,上体稍右屈,头稍右倒,眼看左上方。

6 还原成 4。

7 动作同 5,方向相反。

8 还原成直立。

第二个八拍动作同第一个八拍,5—6 方向相反。

动作要求:

1—2 拍动作似小鸟飞,注意手腕弯曲时,手掌与手指保持平与直。

5—8 拍两膝的蹲起要有弹性,两臂胸前交叉平屈的左右摆动要按弧线摆。

第三节　扩胸运动(二个八拍)

预备姿势:直立。

第一个八拍

1—2 左脚向左一步的同时向左转体成左脚在前的弓步,上体稍前倾与后脚成一直线,两臂胸前平屈,半握拳,拳心向下,小臂向外互绕圈子,绕 4 周(似绕线),头向右转,眼看正前方。

3—4 左脚蹬地并于右腿的同时右转成正面直立,两臂胸前平屈,半握拳,拳心向下,扩胸后振两次。

5—6 动作同 1—2,方向相反。

7—8 右脚蹬地并于左腿,扩胸动作同 3—4。

第二个八拍动作同第一个八拍，最后一拍还原成直立。

动作要求：弓步后腿蹬直，全脚掌着地，重心在前腿，扩胸时肘要抬平。

第四节 下蹲运动(二个八拍)

预备姿势：直立。

第一个八拍

1 左腿绷脚前伸，足尖点地，同时两臂前举，掌心向下。

2 左腿直腿绷脚向外弧形摆 90°至左侧足尖点地，两臂向外平摆成侧举，掌心向下，同时头向左转。

3 左腿收回并于右腿，并屈膝全蹲，低头含胸，同时两臂下落抱小腿。

4 还原成直立。

5—8 动作同 1—4，出脚、转头方向相反。

第二个八拍动作同第一个八拍。

动作要求：绷脚直膝、臂抬平，下蹲时全脚下掌着地，低头团身，两臂抱紧。

第五节 踢腿运动(二个八拍)

预备姿势：直立。

第一个八拍

1 左脚屈膝抬平，绷脚、足尖向下，同时两臂胸前平屈，半握拳，两拳相对，拳心向下。

2 还原成直立。

3 左腿向前踢平，同时两臂侧摆至平举，拳心向下。

4 还原成直立。

5—8 动作同 1—4，腿的方向相反。

第二个八拍动作同第一个八拍，最后一拍还原成直立。

动作要求：踢腿时上体和两腿要保持正直，臂与肩平，避免上体前倾或后仰。

第六节 体侧运动(二个八拍)

预备 1 2 3 4 5 6 7 8

预备姿势:直立。

第一个八拍

1 左腿绷脚侧伸,足尖点地。右手背贴于腰后,左臂屈肘抬平,掌心向内,五指张开由嘴前向左扩展,同时上体向左侧屈(模仿小猫动作)。

2 还原成直立。

3—4 动作同 1—2 动作,方向相反。

5 左腿绷脚侧伸,足尖点地,两臂屈肘抬平,五指张开掌心向内由嘴前向侧扩展,同时上体向左侧屈(模仿小猫动作)。

6 收腿成直立,两臂稍向内合拢至嘴前两手前后重叠。

7 动作同 5,方向相反。

8 还原成直立。

第二个八拍动作同第一个八拍。

动作要求:上体侧屈要充分,重心落在支撑腿上,腰以下部位要保持正直。防止上体前屈。屈肘向侧扩展时,避免肘部向下。

第七节 体转运动(二个八拍)

预备 1 (1) 2 3 4

预备姿势:直立。

第一个八拍

1 左腿向侧一步成分腿站立,同时右手叉腰,左臂手心向下经前举翻掌,侧摆时带动上体左转 90°至臂侧举,头随上体左转,眼看左手方向。

2 上体向右转动 180°,同时左臂侧上屈举做敬礼动作,头随上体右转,眼看右手方向。

3 上体左转 90°回正前方,手的动作不变。

4 还原成直立。

5—8 动作同 1—4,方向相反。

第二个八拍动作同第一个八拍。

动作要求:分腿站立,两脚与肩同宽,上体转动时全脚掌着地,脚跟不离地,单臂侧摆的幅度要大。

第八节　体前屈运动(二个八拍)

预备姿势:直立。

第一个八拍

1 左腿向左一步成分腿站立,同时两臂经侧至上举击掌、抬头。

2 上体前屈,同时两手合掌经前落至下垂部位,指尖向下。

3 上体带动两臂左摆 45°至左下方,头随上体转动(模仿象鼻子的摆动)。

4 上体带动两臂向右摆 90°至右下方,头随上体转动。

5 上体带动两臂再向左摆 90°至左下方,头随上体转动。

6 摆回 2 的部位。

7 挺胸抬头,两臂前伸,手掌向上握拳(模仿卷象鼻子)。

8 还原成直立。

第二个八拍动作同第一个八拍,摆动方向相反。

动作要求:体前屈时直膝、塌腰、模仿象鼻子左右摆动时要按韵律做,卷象鼻子时更要注意塌腰、挺胸、抬头。

第九节　跳跃运动(二个八拍)

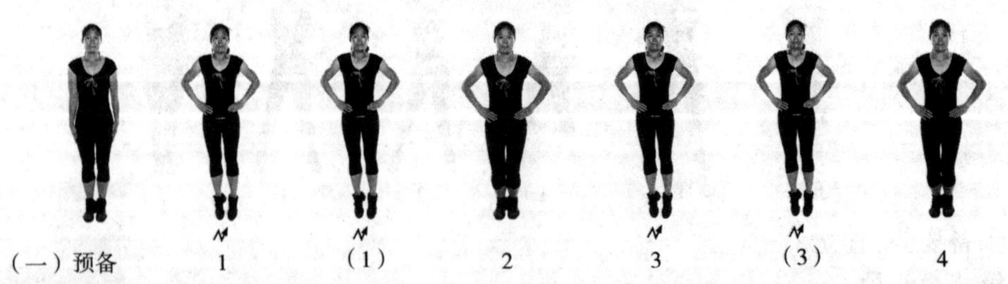

预备姿势:直立。

第一个八拍

1—2 两手叉腰,原地并腿跳三次,落地时屈膝半蹲,上体稍向前倾略向左转,眼看左方。

3—4 动作同 1—2,落地时上体方向相反。

5—6 两臂侧下举,手腕上曲,并腿跳三次略向左移动,落地时上体稍向右侧倾,眼看左方。

7—8 动作同 5—6,方向相反。

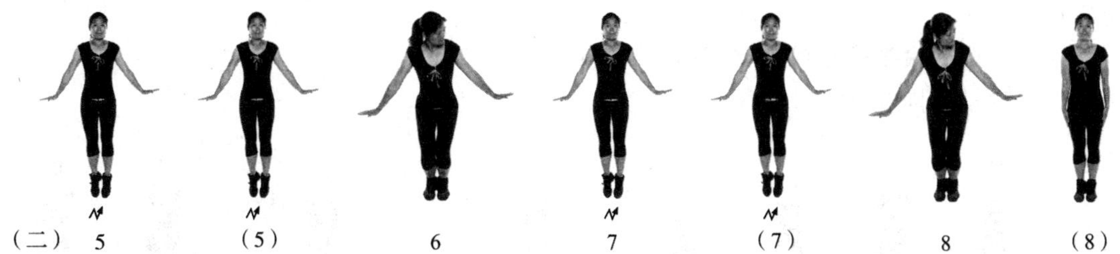

第二个八拍动作同第一个八拍，最后一拍跳落地时还原直立。

动作要求：原地小跳不必过高，连续跳三次的前两次为一拍，要尽量注意绷脚、身体直，第三次跳落是随着屈膝半蹲要有弹性。

第十节　整理运动（二个八拍）

预备姿势：直立。

第一个八拍

1—2　左脚开始原地踏步两次，同时胸前击掌两次，头随踏步左、右摆动。

3　左脚原地踏步，两手胸前击掌后臂经下摆至侧举，掌心向下。

4　右脚原地踏步，两臂由侧下摆回胸前。

5—8　动作同1—4。

第二个八拍动作同第一个八拍，转头方向相反。

动作要求：踏步时大腿抬平要放松，摆臂动作要自然，放松挥摆，同时调整呼吸。

（二）幼儿广播体操Ⅱ

第一节　伸展运动（四个八拍）

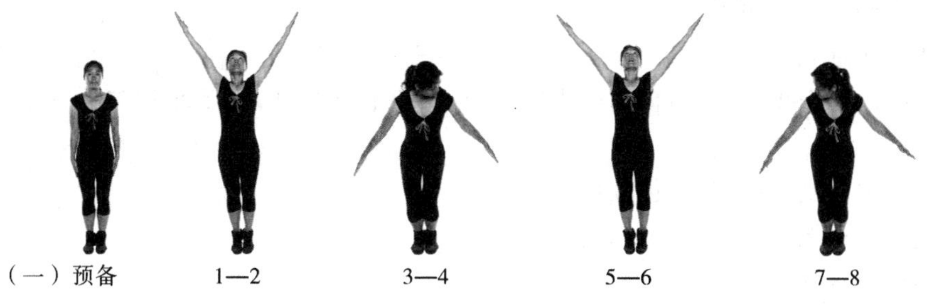

预备姿势：直立

第一个八拍

1—2 两臂向内交叉绕至侧上举，掌心向内，同时双脚提踵立、挺胸抬头。

3—4 两臂向内交叉绕至侧下举，掌心向内，同时屈膝半蹲，上体稍向前倾，头左转，眼看左下方。

5—6 两腿由半蹲至提踵立，其他动作同 1—2。

7—8 动作同 3—4。

第二个八拍

1—2 提踵压脚跟两次，两臂前举，手指经张开至握拳，拳心向下。

3—4 继续压腿两次，两臂上举，手指经张开握拳两次，拳心向前。

5—6 继续压腿两次，两臂侧举手指经张开握拳两次，拳心向下。

7—8 继续压腿两次，两臂下落至体侧上举，手指经张开握拳两次，拳心向内。

第三、四个八拍动作同第一、二个八拍，最后一拍还原成直立。

动作要求：由提踵立脚跟下落至全脚掌着地压脚跟，要保持直膝，动作要有弹性，身体要保持正、直。手指张开时，掌、指均需用力伸，握拳要有力，握紧。

第二节　四肢运动(四个八拍)

第一个八拍

1 左腿直膝绷脚向侧伸、足尖点地，同时两臂侧平举，掌心向下。

2 还原成直立。

3 动作同 1，方向相反。

4 还原成直立。

5 左脚向前一步成弓步，模仿吹喇叭姿势，两手五指分开，一手小指与另一手拇指相接，抬头。

6 上体向左倒，头臂随上体稍向左摆。

7 上体向右倒，头臂随上体稍向右摆。

8 还原成直立。

第二个八拍动作同第一个八拍，方向相反。

第三、四个八拍动作同第一、二个八拍。

动作要求：绷脚侧伸时膝要直，弓步前腿弯曲，后腿要直，两脚应注意全脚掌着地。

教法提示：先练习弓步，模仿吹喇叭，两手前后不限，可随孩子习惯。

第三节　扩胸运动(四个八拍)

第一个八拍

1 半握拳两臂经前至上举,拳心向前。

2 屈膝半蹲,臂侧下振扩胸,至侧平举,拳心向上,头后仰。

3 直立,两臂由侧至上举,拳心向前。

4 屈膝半蹲,上体稍向前倾,两臂经前,下摆至斜后举,拳心向上,同时挺胸,头左转、眼看左方。

5 直膝左脚向左一步成分腿站立,同时两臂前平举,拳心向下。

6 拳心转向内,两臂向侧后摆振时扩胸,拳心向前。

7 两臂平摆至前平举,拳心向下。

8 还原成直立。

第二个八拍动作同第一个八拍,转头、出腿方向相反。

第三、四个八拍动作同第一、二个八拍。

动作要求:2、4、6 拍两臂是有弹性的摆振,帮助胸部扩展,第二拍扩胸要充分抬头后仰。

第四节　下蹲运动(四个八拍)

第一个八拍

1 两手叉腰,屈膝半蹲。

2 两手叉腰,直立。

3 动作同 1。

4 直立,两臂侧举,掌心向下。

5 屈膝下蹲,低头团身,同时臂由侧下落紧抱小腿。

6 直立,两臂侧举,掌心向下。

7 右腿屈膝半蹲,左腿侧伸勾脚,脚跟点地,上体左倾,头稍左倒,眼看前方,两手在左肩上方击掌。

8 还原成直立。

第二个八拍动作同第一个八拍,第七拍动作方向相反。

第三、四个八拍动作同第一、二个八拍。

动作要求:5—6 蹲、起动作要快速而有弹性,下蹲时尽量深蹲,上体团紧,脚跟不离地。

第五节　踢腿运动(四个八拍)

第一个八拍

1 左腿直膝绷脚向侧伸,足尖点地,同时两手叉腰。

2 左脚勾、脚跟点地的同时右腿屈膝半蹲,上体向左倾,头随上体左倒。

3 还原成 1。

4 收腿成直立,两手仍叉腰。

5 左腿绷脚前踢 45°。

6 还原成 4。

7 左腿绷脚前踢 90°,右腿稍屈膝。

8 还原成直立。

第二个八拍动作同第一个八拍,方向相反。

第三、四个八拍动作同第一、二个八拍。

动作要求:踢腿时膝盖、脚面绷直,上体避免前倾或后仰。

第六节　体侧运动(四个八拍)

第一个八拍

1 左腿直膝绷脚向侧伸,足尖点地,两臂侧举,掌心向下。

2 上体向左侧屈,同时两臂肩侧屈,手指触肩,头随上体侧倒。

3 还原成动作 1。

4 还原成直立。

5 两臂前举半握拳,拳心向内(似握汽车方向盘)。

6 上体向左侧屈,两臂随上体转动,右臂在上、左臂在下(似转动方向盘)。

7 还原成 5。

8 还原成直立。

第二个八拍动作同第一个八拍，方向相反。

第三、四个八拍动作同第一、二个八拍。

动作要求：体侧屈要充分，防止上体前倾或后仰，重心落在支撑腿上，肩侧屈时大臂要抬平，并注意以体侧屈带动两臂转动方向盘。

第七节　体转运动(四个八拍)

第一个八拍

1 左脚向左一步成分腿站立，臂侧小臂上举向内靠，大臂抬平，半握拳，拳心向前。

2 上体左转 90°，头臂随上体转动。

3 上体经前向右转动 180°，头臂随上体转动。

4 上体向左转 90°回正前方，两臂下落还原于体侧。

5 两臂前举，掌心向下。

6 两臂向左侧平摆至左臂侧后振，右臂胸前平屈，同时上体左后转。

7 还原至 5。

8 还原成直立。

第二个八拍动作同第一个八拍，方向相反。

第三、四个八拍动作同第一、二个八拍。

动作要求：上体转动时两脚尖向前站立，不可移动或离地，第 6 拍上体转动要充分，由上体的转动帮助两臂的侧摆，臂的侧摆又加大上体的转动。

第八节　全身运动(四个八拍)

第一个八拍

1 左脚向左一步成分腿站立，两臂前摆时合拢击掌至前举。

2 两臂向侧平摆至侧举，掌心向下。

3 两臂由侧至上举，掌心向前。

4 上体前屈，两臂向下手指触地。

5 还原成 3。

6 动作同 4。

7 上体直起，两臂前举，掌心向下。

8 还原成直立。

第二个八拍动作同第一个八拍，出脚方向相反。

第三、四个八拍动作同第一、二个八拍。

动作要求：上体前屈时，腰背下压要平，避免只低头拱背。

第九节　跳跃运动(二个八拍)

第一个八拍

1 双脚并腿跳落地时稍屈膝，同时两手胸前击掌，头自然左摆。

2 动作同 1，头向右摆。

3—4 动作同 1—2。

5 双脚并腿跳起分腿落地时稍屈膝，同时两手叉腰。

6 分腿跳起并腿落地时稍屈膝。

7 动作同 5。

8 动作同 6。

第二个八拍动作同第一个八拍，最后一拍落地时两臂下落还原成直立。

动作要求：跳起时身体要直，两脚离地要绷。

教法提示：分别练习并腿跳与分腿跳。

第十节　整理运动(二个八拍)

第一个八拍

1 左脚原地踏步，右手拍左肩，头稍向左倾。

2 右手搭在左肩上，右脚原地踏步，左手拍右肩，头稍向右倒。

3 左脚原地踏步，两臂下垂手拍大腿，头向前。

4 右脚原地踏步，两手再次拍大腿。

5—8 动作同 1—4。

第二个八拍动作同第一个八拍，最后一拍还原成直立。

动作要求：踏步时大腿要抬平，拍打动作要放松，同时调整呼吸。

（三）第二套全国幼儿广播体操——世界真美好

预备节(8 拍×6)

预备姿势：直立。

第一个八拍（歌谣：大公鸡，喔喔叫）

1—2 两手击掌两次。

3—4 手臂还原。

5 左腿向侧伸（脚跟着地），同时右腿微屈，左手背贴于体后，右臂胸前上屈（虎口张开，仿鸡叫），身体稍后仰。

6 还原成直立。

7—8 同 5—6，但方向相反。

第二个八拍（歌谣：外面的世界多美妙）

1 左脚向侧一步，同时双脚起落踵弹动一次，两臂体前交叉向外转动一次（五指分开，掌心向后），稍含胸，低头。

2 起落踵弹动一次，同时两臂上举向外转动一次，头还原。

3 起落踵弹一次，同时两臂侧举向外转动一次。

4 还原成直立。

5 两腿微屈膝，同时两臂胸前屈，两手左肩前击掌，头向左屈。

6 还原成直立。

7—8 同 5—6，但方向相反。

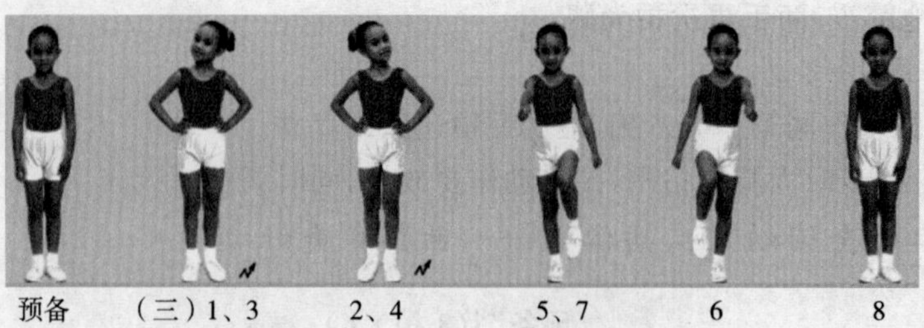
预备　（三）1、3　2、4　5、7　6　8

第三个八拍(歌谣:小朋友们排好队)

1 起落踵弹动一次,同时两手叉腰,头向左屈。

2 起落踵弹动一次,同时头向右屈。

3—4 同 1—2。

5—7 左脚开始踏三步,同时两臂伸直前后摆动(手握拳)。

8 还原成直立。

预备　（四）1—2　3—4　5、7　6　8

第四个八拍(歌谣:大家快快来做操)

1—2 起落踵弹动两次,同时两臂上举(五指并拢,腕屈伸两次,仿招手)身体稍向左倾。

3—4 同 1—2,但方向相反。

5—8 同第三个八拍的 5—8。

第五个八拍(歌谣:间隔距离要保持)

1 提踵,同时两臂前举(掌心向下)。

2 落踵,同时两臂还原。

3 提踵,同时两臂侧举。

4 落踵,同时两臂还原。

5—8 同第三个八拍的 5—8。

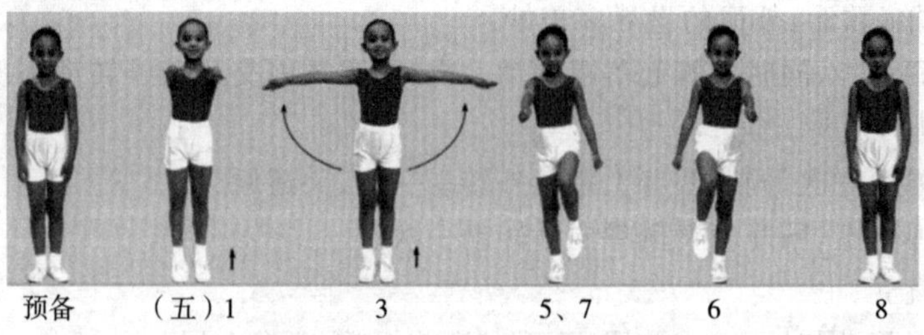
预备　（五）1　3　5、7　6　8

预备　（六）1、3　2、4　5、7　6　8

第六个八拍（歌谣：大家都要准备好）

1—4 左脚开始踏四步，同时两臂交叉胸前平屈手拍大臂 4 次。

5 左脚踏一步，同时两手左肩前击掌一次。

6 同 5，但方向相反。

7 同 5。

8 还原成直立。

第一节　伸展运动(8 拍×4)

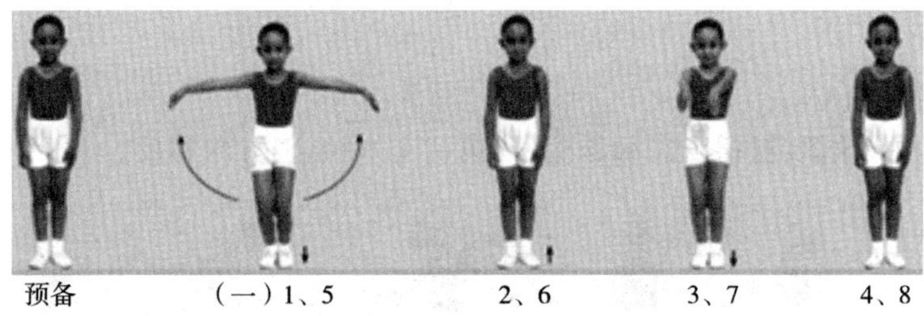
预备　（一）1、5　2、6　3、7　4、8

预备姿势：直立。

第一个八拍（歌谣：小海鸥，真勇敢）

1 两腿微屈，同时两臂侧举（五指并拢屈腕）。

2 还原成直立。

3 两腿微屈，同时两臂前举（手型同 1，掌心向后）。

4 还原成直立。

5—8 同 1—4。

第二个八拍（歌谣：飞得高来飞得远）

1—3 两腿微屈，同时两脚原地碎步踏动，两臂侧后举。

4 还原成直立。

5—6 提踵，同时两臂侧上举（五指并拢，屈腕）。

7—8 还原成直立。

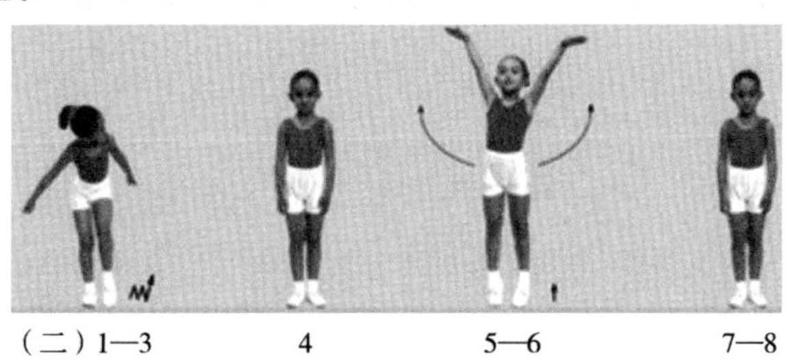
（二）1—3　4　5—6　7—8

第三个八拍(歌谣:我们学习小海鸥)同第一个八拍。

第四个八拍(歌谣:不怕辛苦不怕难)同第二个八拍,但方向相反。

第二节 头、胸运动(8 拍×4)

预备 (一)1—2 3—4 5—6 7—8

预备姿势:直立。

第一个八拍(歌谣:小花猫,喵喵叫)

1—2 两腿微屈,同时两臂体后屈,手背贴腰,上体稍前倾,头向左转。

3—4 两腿伸直,同时上体和头还原。

5—6 左脚向侧一步,同时右腿屈膝弹动两次,右臂胸前平屈侧振两次(五指分开,掌心向前)。

7—8 还原成直立。

第二个八拍(歌谣:摇摇脑袋舔舔毛)同第一个八拍,但方向相反。

(三)1、3 2 5、7 6 8

第三个八拍(歌谣:养成卫生好习惯)

1 两臂胸前屈下摆(五指分开,掌心向后),同时头后屈。

2 两臂屈肘上摆,同时低头。

3—4 同 1—2,但 4 头还原。

5 左脚向侧一步,同时两臂侧下举(五指并拢伸腕),头向左屈。

6 头向右屈。

7 同 5。

8 还原成直立。

第四个八拍(歌谣:做个健康的乖宝宝)同第三个八拍,但第 8 拍只是头还原。

第三节　体侧运动(8 拍×4)

预备　（一）1、3　2　4　5—6　7—8

预备姿势：上节第四个八拍的结束动作。

第一个八拍(歌谣：企鹅弟弟站一排)

1 左腿向侧摆起后勾脚落下，同时右腿摆起(约 20°)，身体向左侧摆动。

2 同 1，但方向相反。

3 同 1。

4 右脚落地，同时两臂胸前平屈，小臂重叠(五指并拢，掌心向下)。

5—6 上体向左侧屈。

7—8 还原成直立。

第二个八拍(歌谣：走起路来摇又摆)同第一个八拍，但方向相反。

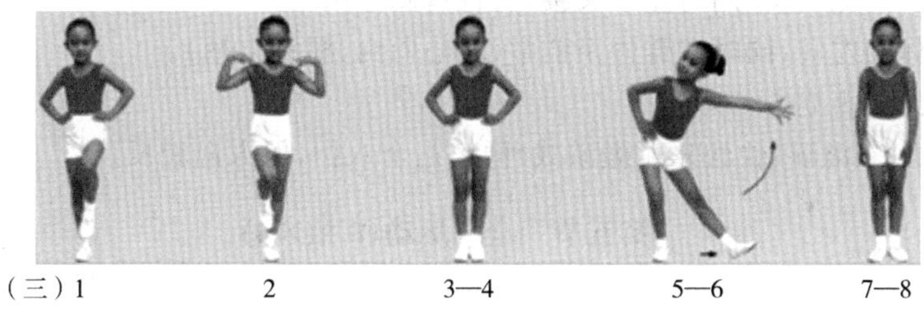
（三）1　2　3—4　5—6　7—8

第三个八拍(歌谣：互帮互助最团结)

1 左脚踏一步，同时两手叉腰。

2 右脚踏一步，同时两臂肩侧屈(手指触肩)。

3—4 两腿并立，同时两手叉腰。

5—6 左脚侧伸(脚跟着地)，同时右腿微屈，左臂侧举(五指分开，掌心向前)，上体向左屈。

7—8 还原成直立。

第四节　体转运动(8 拍×4)

预备　（一）1—2　3—4　5　6　7

预备姿势：直立。

第一个八拍（歌谣：小猴子真顽皮）

1—2 左脚向侧一步，同时两臂肩侧屈（手指触肩）。

3—4 两腿微屈，同时左臂肩侧上屈，右臂胸前平屈，上体向左转。

5 两腿伸直起落踵弹动一次，同时左手叉腰，右臂前伸（五指分开，向外转动一次）。

6 起落踵弹动一次，同时右臂向外转动一次，上体还原。

7 起落踵弹动一次，同时右臂摆至侧举，向外转动一次，头向右转。

8 还原成直立。

第二个八拍（歌谣：望望东来望望西）同第一个八拍，但方向相反。

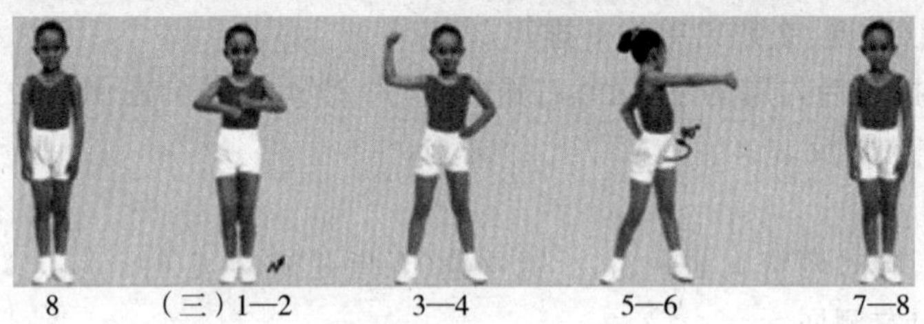

8　（三）1—2　3—4　5—6　7—8

第三个八拍（歌谣：遵守规则不胡闹）

1—2 两腿屈膝弹动两次，同时两臂胸前平屈（左臂在上），两手握拳相击两次（拳心向后）。

3—4 左脚向侧一步，同时左手叉腰，右臂肩侧上出。

5—6 上体向左转，同时右臂伸至前举（掌心向内，掼指上翘）。

7—8 还原成直立。

第四个八拍（歌谣：快快乐乐做游戏）同第三个八拍，但方向相反。

第五节　全身运动(8 拍×4)

预备　（一）1—2　3—4　5—6　7—8

预备姿势：直立。

第一个八拍（歌谣：大象伯伯慢慢走）

1—6 向左转体，同时左脚开始向前走三步，两臂伸直前后摆动，上体稍前倾，头向右转。

7—8 右脚并左脚，同时向右转体，两臂胸前平屈（击掌）。

（二）1—2　3—4　5—6　7—8

第二个八拍(歌谣:伸伸鼻子仰仰头)
1—2 左脚向侧一步,同时上体前屈,两臂伸直向左摆,头向左转。
3—4 两臂向右摆动,同时头向右转。
5—6 两腿微屈,同时两臂上举屈肘,上体抬起,头稍后仰。
7—8 还原成直立。
第三个八拍(歌谣:见到老人问声好)同第一个八拍,但方向相反。
第四个八拍(歌谣:大家夸我有礼貌)同第三个八拍,但方向相反。

第六节　跳跃运动(8 拍×4)

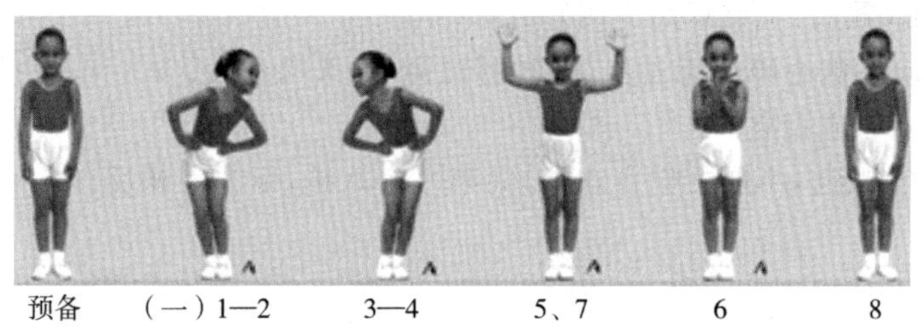
预备　(一)1—2　3—4　5、7　6　8

预备姿势:直立。
第一个八拍(歌谣:小青蛙呱呱叫)
1—2 两腿屈膝向左小跳一步,同时两手叉腰,上体稍前倾,头向左转。
3—4 同 1—2,但方向相反。
5 原地并腿小跳一次,同时两臂肩上屈(五指分开,掌心向前)。
6 再跳一次,同时两臂胸前屈(击掌一次)。
7 同 5。
8 跳成直立。
第二个八拍(歌谣:妈妈妈妈不见了)同第一个八拍,但方向相反。

(三)1、3　2、4　5　6　7　8

第三个八拍(歌谣:我们一起帮助它)
1—4 左脚开始向前后踢腿跑四步,同时两臂重叠,胸前平屈向前依次绕环(两手握拳)。
5—7 两腿屈膝小跳三次转体 180°,同时两臂侧后举转动三次(五指分开),头向右转。
8 跳成直立。
第四个八拍(歌谣:找到妈妈哈哈笑)同第三个八拍。

第七节　整理运动(8拍×4)

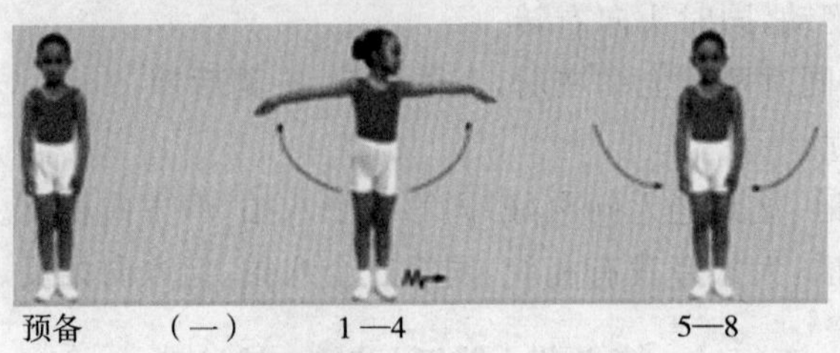

预备　（一）　1—4　　5—8

预备姿势：直立。

第一个八拍（歌谣：小黄莺高声叫）

1—4 提踵向左侧小碎步走 4 步，同时两臂侧举，头向左转。

5—8 落踵还原成直立。

第二个八拍（歌谣：小朋友们齐欢笑）同第一个八拍，但方向相反。

（三）1—2　3—4　5—6　7—8

第三个八拍（歌谣：天天锻炼身体棒）

1—2 两臂体前交叉，含胸，低头。

3—4 两臂摆至头上交叉，稍抬头。

5—6 两臂向外摆至侧举（掌心向上）。

7—8 两臂还原至体侧。

第四个八拍（歌谣：我们的世界真美好）同第三个八拍。

任务四　持轻器械体操

持轻器械体操是在徒手体操的基础上，手持轻器械做单人或集体的体操练习。它是根据所持器械的特点编排而成的，通过各种器械与人体动作的配合，进一步丰富了练习的内容和形式。不仅可以提高学生的兴趣，而且可以加大动作的幅度和难度，增强锻炼身体的效果。各种轻器械体操，都有其不同的特点，练习时只有充分发挥其特点，才能收到更好的效果。

轻器械体操的种类很多，根据课程标准要求，这里仅选编了哑铃操、小旗操等供教学时参考。

（一）哑铃操

哑铃操是手持木哑铃在徒手体操的基础上做各种体操动作练习。哑铃操的击铃位置和方法有多种，可在体前、体后、头上、胸前、肩前、腿下（或腿间）等部位位置做正击铃、反击铃、双击铃、上下击铃等动作。除单人动作外，还可做两人对击动作。做哑铃操时，可充分利用铃碰击时清脆的击铃声使学生精神振奋，使动作节奏更加鲜明，协同一致，以提高学生做操的兴趣，达到更好的锻炼效果。由于哑铃器械的特点，在教学时，教师应注意提醒学生持器械后不可随便敲击，按统一要求取放；做操时间要保持一定的间隔距离，注意安全。

这里仅选编部分典型动作练习，供教学时参考。

第一节　伸展运动(4×8 拍)

预备姿势：直立，两手各持哑铃于体侧下垂。

第一个八拍

1 屈臂在胸前反击铃一次。

2 两臂经下向侧摆至头上正击铃一次。

3 还原成 1

4 还原成预备姿势。

5 左腿向前出一步，同时屈臂在胸前反击铃一次。

6 重心向前移至左腿，右脚尖点地，同时经下向侧摆至头上正击铃一次。

7 头上再正击铃一次。

8 还原成预备姿势。

第二个八拍同第一个八拍，但方向相反。

第三、四个八拍同第一、二个八拍。

第二节　下蹲运动(4×8 拍)

预备姿势：直立，两手各持哑铃于体侧下垂。

第一个八拍

1 两臂屈肘于胸前反击铃一次。

2 屈膝半蹲，上体稍左转向前倾，两臂在体后正击铃一次。

3 还原成 1。

4 屈膝半蹲，上体稍右转向前倾，两臂在体后正击铃一次。

5 直立，同时两臂经侧摆至头上正击铃一次。

6 屈膝半蹲，上体前屈（挺胸塌腰），两臂在大腿后正击铃一次。

7 全蹲，两臂在两脚尖前垂直握铃（拳心相对），小指一侧铃击地面一次。

8 还原成预备姿势。

第二个八拍同第一个八拍，但方向相反。

第三、四个八拍同第一、二个八拍。

第三节　扩胸运动(4×8 拍)

预备姿势：直立，两手各持哑铃于体侧下垂。

第一个八拍

1 左脚向前一步成弓箭步，同时两臂经前至胸前平屈（拳心向下）后振。

2 两臂经前（拳心相对）向侧后振（拳心向前）。

3 两臂向前双击铃一次。

4 左腿收回还原成预备姿势。

5 左脚向左一步，两臂侧平举（拳心向前）。

6 两臂前举双击铃一次（拳心相对）。

7 左腿屈膝成左侧弓步，左臂胸前平屈（拳心向后），右臂右侧上举（拳心向前）成拉弓状，目视右上方。

8 还原成预备姿势。

第二个八拍同第一个八拍，但方向相反。

第三、四个八拍同第一、二个八拍。

第四节　踢腿运动(4×8 拍)

预备姿势：直立，两手各持哑铃于体侧下垂。

第一个八拍

1 左腿向前一步，重心移至左腿，右脚尖后点地，同时两臂经侧至上举正击铃一次。

2 右腿向前上方踢，两臂经侧至右腿下方正击铃一次。

3 右腿下落至右脚尖后着地，同时两臂经侧至上举正击铃一次。

4 还原成预备姿势。

5—8 同 1—4，但出右腿做。

第二个八拍同第一个八拍，但方向相反。

第三、四个八拍同第一、二个八拍。

（二）预备　1　2　3　（3）　4　5　6　7　8

预备姿势：直立，两手各持哑铃于体侧下垂。

第一个八拍

1 半蹲，左腿屈膝上提后向下跺脚一次，同时两臂直臂，左臂上右臂下，在前举位上下击铃一次。

2 再跺脚一次，同时两臂直臂，右臂上左臂下，在前举位上下击铃一次。

3 右腿直立，左腿后踢，两臂上举后振。

4 还原成预备姿势。

5 右腿向左前方踢，身体稍向右转，左臂胸前平屈（拳心向下），右臂后侧上举（拳心向后），目视正前方。

6 还原成预备姿势。

7 右腿直立，左腿左侧踢，同时两臂侧平举（拳心向下）。

8 还原成预备姿势。

第二个八拍同第一个八拍，但方向相反。

第三、四个八拍同第一、二个八拍。

第五节　体侧运动(4×8 拍)

预备　1　2　3　4　5　6　（6）　7　8

预备姿势：直立，两手各持哑铃于体侧下垂。

第一个八拍

1 左腿向左一步，脚尖着地，同时两臂胸前平屈（拳心向下）。

2 上体左侧屈，目视右上方。

3 上体还原，同 1。

4 还原成预备姿势。

5 左腿向左一步，同时两臂侧平举（拳心向前）。

6—7 右臂经上向内绕环一周半至上举，同时身体左侧屈，两手正击铃一次。

8 还原成预备姿势。

第二个八拍同第一个八拍，但方向相反。

第三、四个八拍同第一、二个八拍。

第六节　体转运动(4×8 拍)

预备姿势：直立，两手各持哑铃于体侧下垂。

第一个八拍

1 左腿向左一步成开立，同时两臂侧平举（拳心向前）

2 左臂不动，上体向左转，同时带动右臂至前举双击铃一次。

3 上体转正，同时两臂侧平举，同 1。

4 两臂上举至头上正击铃一次。

5 两腿屈膝半蹲，上体左转 90°，同时两臂肩上屈，前臂垂直（拳心向内），头右转向正面，目视正前方。

6 两腿伸直，同时两臂伸直上举至头上正击铃一次，身体方向不变。头随身体方向。

7 上体方向不变，两臂向侧打开成侧平举（拳心向上），头转向正前方，目视前方。

8 还原成预备姿势。

第二个八拍同第一个八拍，但方向相反。

第三、四个八拍同第一、二个八拍。

第七节　腹背运动(4×8 拍)

预备姿势：直立，两手各持哑铃于体侧下垂。

第一个八拍

1 左腿向左侧跨出成左弓步，同时两臂经侧至上举于头上正击铃一次。

2 上体前屈，两臂经侧至左大腿下正击铃一次。

3 上体还原，同时左臂左前上举（拳心向下），右臂经前上至后侧平举（拳心向下）。

4 左腿伸直，上体右转成开立，同时两臂上举头上正击铃一次。

5 上体前屈，抬头挺胸塌腰，右臂胸前屈（拳心向内），左臂后侧举。

6 同 5，换左臂胸前屈（拳心向内），右臂后侧举。

7 上体不动，两臂由胸前屈肘（拳心向上）两手内旋腕伸直臂成前举（拳心向下）。

8 还原成预备姿势。

第二个八拍同第一个八拍，但方向相反。

第三、四个八拍同第一、二个八拍。

第八节　全身运动(4×8 拍)

预备姿势：直立，两手各持哑铃于体侧下垂。

第一个八拍

1 左腿向左一步成开立，同时两臂经侧至上举正击铃一次。

2 左腿屈膝，右腿向左后一步于左腿后方屈膝，前脚掌着地，同时两臂经侧向下至体前正击铃一次。

3 左腿向右腿并拢成蹲立，同时两臂前举正击铃一次。

4 还原成预备姿势。

5 左腿向左跨成左弓步，上体左转，同时两臂经侧至上举正击铃一次。

6 两腿向右转成右弓步，上体右转，同时两臂经侧至体后下正击铃一次。

7 两腿向左转成左弓步，上体左转，同时两臂前举正击铃一次。

8 还原成预备姿势。

第二个八拍同第一个八拍，但方向相反。

第三、四个八拍同第一、二个八拍。

第九节　跳跃运动(4×8 拍)

预备姿势:直立,两手各持哑铃于体侧下垂。

第一个八拍

1 跳成左弓步,上体左转,同时两臂经侧至上举正击铃一次。

2 跳还原成预备姿势。

3 跳成右弓步,动作同 1。

4 同 2。

5 左腿后踢腿跳一次,同时两臂腹前正击铃一次。

6 右腿后踢腿跳一次,同时两臂前举正击铃一次。

7 左腿后踢腿跳一次,同时两臂上举正击铃一次。

8 两臂经侧放置体侧,跳还原成预备姿势。

第二个八拍同第一个八拍。

第三、四个八拍同第一、二个八拍。

第十节　整理运动(4×8 拍)

预备姿势:直立,两手各持哑铃于体侧下垂。

第一个八拍

1 左脚踏步一次,同时右臂前摆屈肘成胸前平屈,右手铃置于左肩上。

2 右脚踏步一次,同时左臂前摆屈肘成胸前平屈,左手铃置于右肩上。

3—4 左右脚各踏步一次,同时两手执铃轻击两肩二次。

5—6 左右脚各踏步一次,同时两臂经侧至上举正击铃二次。

7 左脚踏步一次,同时两臂经侧至下举轻击体侧一次。

8 右脚踏步一次,两臂还原成直立。

第二个八拍同第一个八拍。

第三、四个八拍同第一、二个八拍。

任务五　基本体操的创编与教学建议

一、影响动作效果的技术因素

为了科学、合理地选择或创编徒手体操和轻器械体操动作，以便达到锻炼身体、增强体质的最佳效果，我们必须对影响操的技术因素有充分的了解。

(一)身体姿势

身体姿势是指做动作时身体的外部表现形式。它包括开始姿势、动作过程中的姿势和结束姿势。身体姿势正确与否，直接影响到动作的难易程度和锻炼效果。例：做体前屈的动作时，两腿的伸直与弯曲、手臂侧举与手臂前举或者两手叉腰，动作不同，他们对背部肌肉承受的负荷量、锻炼效果和动作的难易程度是截然不同的。两腿伸直，能达到拉长大腿后部肌肉韧带的作用，动作难度亦较大，锻炼效果也较为明显；相反的，若容易完成，锻炼效果也较差。

(二)动作方向

动作方向是指动作经过一定的路线后所指向的目标(空间位置)。它可分为前、后、左、右、上、下六个基本方向，一般是根据练习者的身体与所做动作的相互关系来确定的。此外，还常运用向内、向外或斜方向(指介于两个基本方向的中间方向)来说明动作的方向。由于动作方向不同，对身体各部位的影响也不同。选择动作要考虑到各个方向，也可有选择地锻炼身体的某部位。例：前举、后举、上举、侧上举、向左摆胯、向内绕环等。

(三)动作幅度

动作幅度是指做动作时，身体或身体某部位移动距离的大小。它直接影响到身体承受负荷的大小，可用来调节活动量。例如，两臂胸前平屈后振和两臂侧平举直臂后振；两臂肩侧屈向前向后绕环与两臂直臂向前向后绕环，这两组动作均为后者比前者幅度大，运动负荷也就大。

(四)动作路线

动作路线是指身体或身体某部位运动的轨迹。动作路线分为直线运动和曲线运动。做直线运动时，只需指明动作的起、止点，譬如两臂上举，向前中踢腿等；而是做曲线运动，则应说明动作所经过的中间路线，例如两臂经前至侧平举等。采用多种不同的动作路线练习，可培养协调能力。

(五)动作频率

动作频率是指在单位时间内重复动作的次数。例如，两臂绕环，两拍绕一圈和绕两圈，重复次数不同，肌肉负担量不一样，后者比前者的频率快一倍。因此，亦可用改变频率来调节运动负荷量。

(六)动作速度

动作速度是指在单位时间内身体或身体某部分移动的距离。例如，在 1 s 内做两臂上举比两臂前举移动的距离要长，速度要更快。因此，肌肉工作的负荷量也大。

（七）动作节奏

动作节奏是指做动作时肌肉用力和放松交替而形成的节律。做动作练习时合理运用用力与放松，吸气与呼气的交替快慢、强弱变化，不仅可以提高动作协调性和韵律感，而且有利于掌握动作，提高工作效率。如果失去了节奏，则会使呼吸紊乱，动作失调。

上述这七个影响操的技术因素是密切相关的，它们共存于动作之中。因此，在创编操的过程中应合理运用，以达到体操的最佳效果。

二、选择或创编操的基本原则

徒手体操、轻器械体操动作选择或创编的基础是单人徒手体操动作，它是以身体各个部位做各种类型动作为核心，再加上影响动作效果的七个因素的多种变化，组合成千姿态百态、丰富多彩的各种动作。因此，在选择或创编各种操时还应注意：

（一）选编的动作要有明确的目的性

创编或选择一套操的动作，首先应明确目的，再确定内容。例如，创编健身性的广播操，一般应选编简单易学、有锻炼价值的动作，以适应不同年龄、性别和健康水平的人群练习，达到增强体质、促进健康的目的；而创编体育课准备活动的基本体操，则应选择能充分热身并能逐步提高身体机能水平的动作。

其次要根据练习者不同的年龄、性别、健康状况，当地气候条件等实际情况有针对性地选编内容。例如，在选择或创编幼儿成套动作时，可选一些动作简单、活泼轻快、自然形象、易于模仿、有趣味性及节奏清晰的动作，而对于高职师范生则应注意选择一些健美大方、充满青春活力、体现时代特征、富有艺术性和有一定难度的动作；对男学生则可选择刚劲有力、幅度较大、积极快速的动作，女生则可选择一些优美、柔和、韵律性较强的动作。此外，还应考虑气候条件，如天气较冷则可增加一些节奏较快、幅度较大的跑跳动作，或者可增加重复次数等以达到应有的效果。

（二）选编的动作要考虑全面性

全面发展身体是徒手体操、轻器械体操锻炼的宗旨。选编一套操，应以全面锻炼身体为原则，在创编成套动作时，要尽可能充分动员整个机体参与运动，使身体各部位的肌肉、关节、韧带及内脏器官得到全面锻炼。所选的动作或组合，要有利于促进身体全面均衡地发展，使身体的各部位都得到适宜的锻炼，使肢体对称发展。因此，一套操的内容应包括四肢、躯干等身体各部位的、不同类型的、向不同方向运动的动作。要注意上肢与下肢，胸部与背部、与腹部及各关节、韧带的相互结合。成套操动作一般包括头颈、上肢、躯干、下肢以及全身动作；方向要有前、后、左、右、上、下。除此之外，还应合理安排力量、速度、柔韧、协调、灵敏等素质练习的比重，使练习者达到身材匀称、健美，各器官、系统功能良好的锻炼目标。当然，一套操不可能包罗万象、面面俱到，应在全面锻炼的原则下，根据编操目的和学生情况有所选择和侧重。

（三）选编的动作要注意科学性

要合理安排运动负荷和动作的练习顺序。安排一套操的前后顺序的原则是由易至难，由四肢到躯干、由局部到全身；动作速度由慢到快，逐渐增加肌肉的紧张程度，要把影响不同肌肉群的动作相互交替进行；运动负荷由小到大逐渐上升。

落实到具体编排时，运动负荷的安排要遵循人体生理机能变化规律。一般操都是先从活动量较小的伸展运动开始，经过肢体的伸展拉长肌肉、舒展脊椎等各部位的关节，改善呼吸和血液循环，使身体机能由原来的安静状态转入兴奋；伸展动作要柔和、舒展、缓慢并加深呼吸。整套操的中间部分用胸部、体侧、体转和腹背等动作逐渐加大动作幅度和运动量，以增强上体肌肉的力量和脊椎各关节的灵活性，进而改善内脏器官功能。紧接着进入运动负荷大的全身和跳跃运动，使全身各主要部位都能参加活动；最后以柔和缓慢的整理和放松动作结束，使身体逐渐平静下来。根据操的任务、学生情况和气候等条件，一般寒冷季节时运动负荷要大些。加大运动负荷常用的方法是提高动作速率、加快做操节奏、增加强度较大操节的练习次数等。

(四)选编的动作要有一定的创造性

在创编成套动作时，要注意艺术性，避免千篇一律。操节的姿势要舒展优美、动作协调流畅，节奏富有变化。如果有可能配音乐，曲调要轻快活泼、优美动听、节奏鲜明，儿歌歌词要形象生动，选择的器械本身要色彩鲜艳、丰富。当然，不能为追求造型美而忽视健身的效果。

创编的动作本身设计要合乎规格，应根据不同的需要选编一些动作新颖、结构合理、姿态优美、有创新意识的新动作。如：向前踢腿时，一般动作要求是腿要直，脚面要蹦；跳跃动作一般跳起要轻巧、动作有弹性等。面部表情、眼神、头部配合，更能增添一套操的整体美。创新一套操应从多方面着手，如动作本身的创新、顺序的创新、动作连接的创新、队形路线变化的创新、音乐的创新及难度的创新等，还可以通过改变开始和结束的姿势，以及改变运动方向、幅度、速度、路线、节奏，方位等方法，创编出生动活泼、轻快、优美的动作。

(五)要体现各类操的特点

各种徒手操和轻器械操都有共性，但也各有各的特点。表现在动作的内容，用力的特点，动作的速度、节奏、路线、造型、面部表情，以及所用的器械，对学生身体和心理的影响等方面。如拍手操和武术操都同属徒手体操，但有明显的不同。拍手操动作活泼轻松、节奏鲜明、有声有形，能表现出活泼天真的特性；武术操动作快速有力、有技击含意、节奏明快，能表现出激奋进取、勇武有神的气概。从动作内容和用力特点来分析，拍手操与一般徒手操不同的是有在身体不同方位的拍手动作，一般用力柔和、速度均匀、节奏鲜明；武术操动作内容多，有推、冲、抡、劈、踢、蹬等和以肘、膝、腕、踝关节的屈伸、旋转等，动作大都有加速有力的“寸劲”特点。幼儿和低年级的教学内容还可以创编模仿操，以提高儿童的练习的兴趣和锻炼的实效。

创编轻器械体操应充分利用和发挥各种器械本身的运动特性，让轻器械与身体动作协调配合，充分体现其特点，发挥它们的教育作用。例如：绳操，可利用绳的柔软和长度做各种跳绳、摆动、绕环、绕“8”字、折绳和缠绕等动作，使轻器械始终处在运动之中，形成优美的动态造型，以达到更佳的锻炼效果。切忌将器械当成装饰，把拍手操和器械操编成拍手或器械加徒手操，失掉各类操的特点。

三、基本体操教学建议

基本体操的教学，应以培养学生正确的身体姿势，提高身体素质和领操能力为重点。在教学中应注意：

（一）要有合理的做操队形

做操队形多种多样，一般有正方形、长方形、圆形，还可选择扇形、半圆形或梯形等。在基本体操的教学中，应根据教学目的和任务、场地、气候和学生水平等具体情况选择适当的队形。特别是在器械体操练习前，教师要根据器械体操的特点和动作的需要调整好队形和学生的间隔距离。做操的队形要保证全体学生都能看清教师的示范动作；保持适当的间隔距离，以便于学生动作练习为宜；教师要注意选择让学生背向风向、阳光及易分散注意力的地方以排除或减少外界因素的干扰，最大限度地集中注意力，提高学生的练习兴趣和效果。

（二）要正确运用讲解和示范

讲解的语言应简短精炼、生动形象、通俗易懂、突出重点。一般采用边讲解边示范的方法，效果较好。也可根据动作的性质和特点，采用先示范后讲解或先讲解后示范的方法。讲解和示范紧密相关，互为补充。因此，在基本体操的教学中，恰当地运用示范和讲解，能帮助学生尽快地理解和掌握动作。

在徒手体操的教学中，正确的示范动作可以帮助学生建立完整正确的直观形象。因此，教师一个准确、清楚、高质量的示范动作，会对学生产生极大的感染力，能激发学生的学习兴趣和热情。教师示范位置应选择所有学生都能看得到的位置，一般是站在与前排学生成等腰三角形的顶点处，人多时应站在较高的位置示范。示范有镜面、侧面和背面三种形式，一般要根据动作的性质、难易程度选择不同形式的示范面。如：为显示动作的左右方向、路线较为简单的动作，多采用镜面示范（即面向学生做反方向动作）；为显示动作的前后方向，则采用侧面示范（即侧对学生做动作）；方向、路线较复杂或身体各部位配合较难的动作，可采用背向示范（即背对学生做同方向的示范）。简单动作可以一次示范；学生有基础的动作及动作简单可按正常速度示范；动作复杂或方向、难度较大的动作可以放慢速度示范。必要时还可以采用先分解示范再完整示范，也可以做对比示范等。

（三）要灵活运用口令

做操运用口令时，要做到：口令要清楚，声音要清脆洪亮、节奏感强。灵活运用口令，使学生能根据口令的各种功能提高学习效率。

①根据动作的强、弱、刚、柔以及动作幅度大小和肌肉用力的程度，口令应具有与之协调配合的鲜明节奏，要有轻重缓急和强弱快慢之分。如腹背运动动作幅度大，口令应悠长，常为重拍；踢腿运动动作快，口令应喊得短促有力；跳跃动作口令应较轻快；整理运动动作慢，口令应喊得轻松和缓。

②做模仿操时，可以用儿歌或形象的声音代替口令。

③教学中，如果发现个别或少数学生注意力不集中或姿势不正确，需要提示口令进行纠正，可以用简短的语言、动作提示的词或暗示等代替数字口令数。例如：1、2、3、4、手臂伸直（5、6、7、8），用“手臂伸直”代替（5、6、7、8）四拍。要停止练习时，可喊5、6、7、停等。

④方向口令：左2、3，右2、3，前2、3，后2、3。这些方向词，一般是用在提示学生动作的方向或方位时采用。

⑤半拍口令：如1嗒、2，3嗒、4，大多用在动作节拍中要求区别出上、下半拍动作时采用。

⑥预备口令：在动作开始前喊“预备——起”，提示学生注意统一开始动作的时机。

⑦停止(或重做)口令:如5、6、7停(或5、6重做)等,在动作练习结束(或有必要继续做)需要暂停时采用。

⑧在动作比较熟练时,还可用口哨代替口令。有条件的情况下,可选编适宜的乐曲伴奏代替口令,效果更佳。

(四)要注重动作姿势的规范到位

徒手体操是基本体操中的基础。在教学中要注意结合教材要求和学生的实际情况严格要求,注重培养学生动作姿势的规范到位,发现错误动作应及时纠正,以帮助学生控制自己身体各部分动作的能力,并为学习各项轻器械体操以及未来教学中的示范动作奠定良好的基础。

(五)掌握器械的取用和使用

在持轻器械体操的教学中,应首先教会学生取放器械的方法和使用器械的基本要求及使用器械的基本规定,教育学生爱护器械,遵守纪律,不许乱放、乱抛器械或用器械打闹,注意器材使用的安全。

轻器械操要注意以身体动作为主、器械动作为辅,发挥各项器械的特点和作用。只有轻器械动作与身体动作有机协调地配合,做到器械是身体动作的延长,才能使创编的动作更加舒展,更有韵味,从而增强练习的实效性。例如,哑铃操应有节奏鲜明的击铃声;球操则应有各种抛接和拍球动作;铃鼓操应有清脆、鲜明的击鼓摇铃声;纱巾操应有柔和、流畅的挥摆纱巾,并设计使之飘动不息的动作。

视频9-5-1 哑铃操镜面领操示范

课后练习与作业

1. 在组织指挥队列练习时,应如何正确下达口令?
2. 创编一套徒手操,应注意哪些事项?
3. 在基本体操教学中如何正确运用讲解与示范?

项目十　啦啦操

■ 教师寄语

[illegible]，磨砺卓越品质，传承团队奉献精神

——[illegible]

■ 学习目标

知识目标：了解啦啦操的定义、分类、起源与发展；了解啦啦操文化。掌握啦啦操基本技术、幼儿啦啦操套路教学与训练的基本理论与方法。掌握幼儿啦啦操套路队形创编原则与方法。

能力目标：能自主探究学习简单的啦啦操组合动作。能使用多种学习平台来分析和解决啦啦操动作技术和队形创编技术上遇到的问题。学生能结合创编素材分类标准进行小班、中班、大班啦啦操的简单创编。

素质目标：养成良好的审美品位和学习能力。锻炼学生的团队协作能力和组织创编能力。培养学生尊重他人、助人为乐、良性竞争的良好道德品质。

■ 项目思维导图

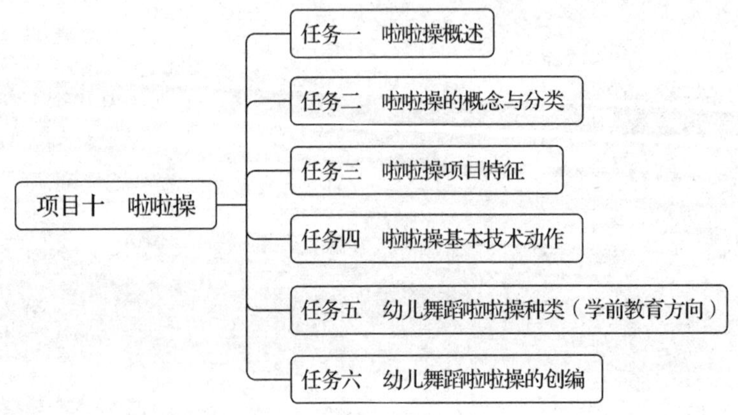

■ **课程思政**

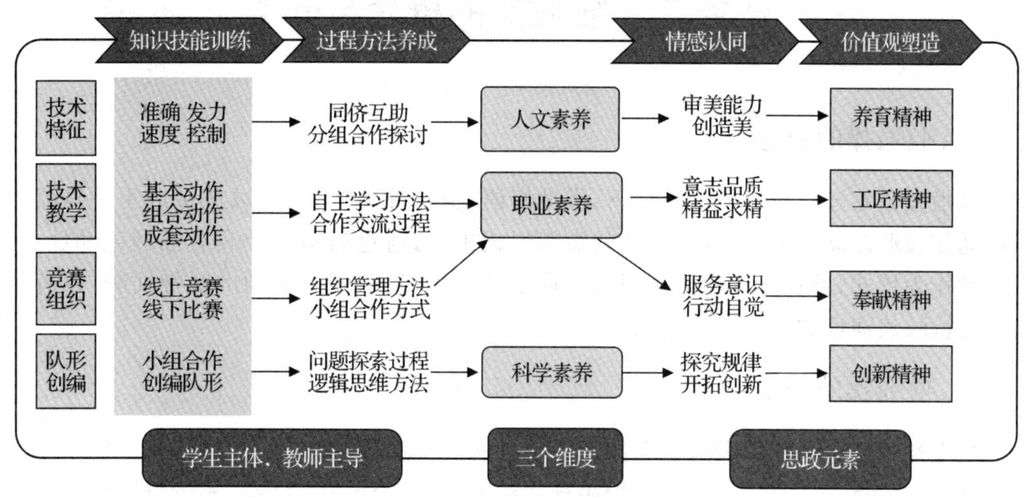

任务一　啦啦操概述

啦啦操是体育运动中的一个新兴项目，起源于美国，遍布美国的篮球、橄榄球、棒球、游泳、田径等比赛现场，至今已经有 100 多年的历史。啦啦队最初是为美式足球呐喊助威的，到现在已成为世界范围内的一项体育运动，受到全世界人民的喜爱。

1998 年，啦啦操运动传入我国。2001 年，首届全国大学生啦啦操大赛在广州举办，从此啦啦操运动在中国全面开展。2004 年，首次推出了中国啦啦操专业教师、评判员认证系统及啦啦操规定套路，标志着我国啦啦操开始走向正规化发展。2008 年，啦啦操作为体育表演项目在北京奥运会上展示，从此广为人知。2009 年，国家体育总局体操运动管理中心正式启动啦啦操项目。2013 年 5 月，啦啦操进入“国际体育单项联合会”，成为与体操、足球、田径等并列的独立体育项目。2013 年 5 月，ICU 正式被国际单项联盟协会认可，成为世界上唯一的啦啦操单项官方体育组织。2013 年底，全国啦啦操竞赛委员会与全国啦啦操推广委员会合并，全国啦啦操委员会成立，在各省成立省级啦啦操委员会，更好地将竞赛与推广资源整合，必将开启中国啦啦操发展的新篇章。2014 年起全国啦啦操委员会（CCA）启动了约 1500 场啦啦操送培到基层大型公益活动，为校园啦啦操注入强大的生命力和创造力，以“培养一名啦啦操教练员，开展一套啦啦操大课间，建设一家啦啦操俱乐部，建成一支校队，开展一场校园啦啦操活动和开发一门啦啦操校本课程”为框架的啦啦操“4＋2”工程，让啦啦操成为中国校园深受师生喜爱的运动项目之一。2015 年成立中国蹦床与技巧协会啦啦操分会，并将培养品德好、学习好、气质好、技术好的啦啦操四好运动员作为中国啦啦操发展目标，将凝练体育卓越品质、传承团队奉献精神作为中国啦啦操发展理念。2021 年 7 月，啦啦操被国际奥委会（IOC）正式认可。截至 2022 年底，全国注册的啦啦操教练员和裁判员超过 20 万人次，6000 万人参加啦啦操运动。2023 年亚洲室内与武道运动会、全国第一届学生（青年）运动会都已将啦啦操列为正式竞赛项目。

任务二　啦啦操的概念与分类

一、啦啦操的概念

啦啦操是在音乐或口号的衬托下，借助标语、道具等表达手段，以徒手或手持轻器械的技巧动作或舞蹈动作为载体，以团队的组织形式出现，通过展示各种具有强烈鼓动性、感染性的动作为形式，旨在体现团队意识与集体主义精神，反映朝气蓬勃的精神面貌，具有竞技性、观赏性、表演性的一项体育运动。

二、啦啦操的分类

啦啦操主要分为舞蹈啦啦操和技巧啦啦操两大类别(图 10-2-1)。

舞蹈啦啦操：在音乐伴奏下，运用多种舞蹈元素，结合转体、跳步、平衡与柔韧等难度动作以及舞蹈的过渡连接技巧，通过空间、方向与队形的变化表现出不同舞蹈的风格特点，强调速度、力度与运动负荷，展示运动舞蹈技能以及团队风采的体育项目。

技巧啦啦操：以翻腾、抛接、托举、金字塔等为主要难度，以操化动作、过渡连接、口号、道具等为基本内容的团队竞赛项目。它将运动、激情、表演与难度融为一体，具有广泛的影响力，并成为校园文化的代表项目。

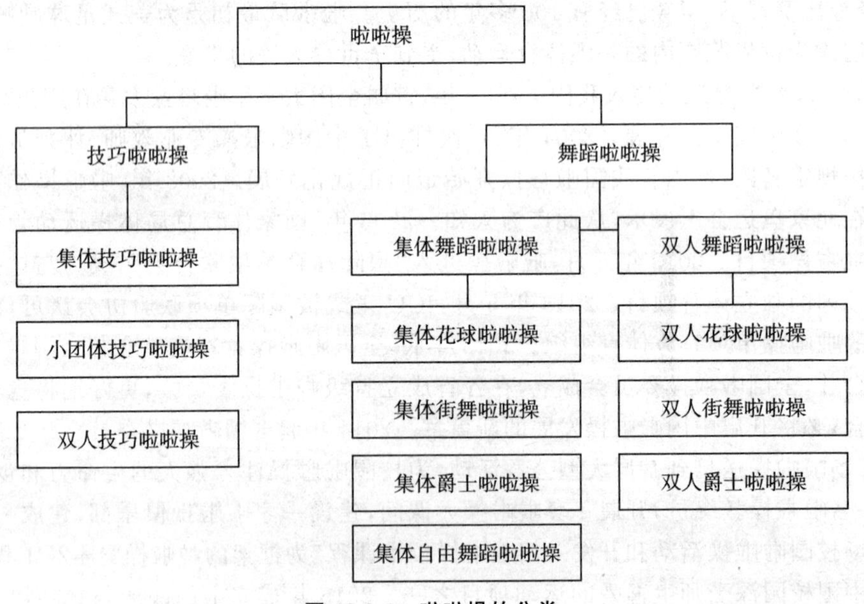

图 10-2-1　啦啦操的分类

任务三　啦啦操项目特征

一、团队精神

团队精神是啦啦操运动有别于其他运动项目最显著的特征。它通过口号、各种动作的配合、难度的展现以及不同队形的转换，运动员之间的相互协调配合来共同完成团队目标，营造相互信任的组织氛围，激励运动员高昂的斗志，提高团队整体的凝聚力；啦啦操运动中，既强调团队完成动作的高度一致性，又重视运动员个体不同能力的展示，使每个队员在参与团队的配合中均能在不同位置扮演不同的重要角色，形成一种风险共担、利益共享的集体意识。它包括：团队整体的运动能力、表演的激情、自信心、感染力、号召力、表演能力、默契配合等因素。

二、技术特征

啦啦操的技术特征是体现在所有肢体动作的发力方式，即通过短暂加速、制动定位来实现啦啦操特有的力度感，动作完成干净利落，具有清晰的开始和结束；在运动过程中重心稳定、移动平稳，身体的控制精确、位置准确。

（一）短暂加速

短暂加速就是以最短距离到下一个制动，尽量晚一点出力，移动迅速而准确。

（二）制动定位

制动是一个重要的啦啦操技巧和要素，是所有啦啦操队员应该掌握的基本能力之一。在做制动定位时应注意以下几个关键点：

手腕：不要弯曲、翘起，或靠紧手臂。

手肘：如果在做扩展的动作，肘部应该被锁定。

手臂：保持在你的水平前方，确切地知道哪里是制动点，不要触及任何其他的位置；保持手臂伸直以及肌肉紧张，不要让手臂摇晃或反弹。

肩膀：保持放松，不要耸肩。

拳头：记住拳头的朝向。

任务四　啦啦操基本技术动作

一、啦啦操基本技术特征

（一）36 个基本手位动作

啦啦操手臂动作是有着特殊规定和要求的，运动员必须按照规定的 36 个手位进行动作。

要求所有啦啦操基本手位动作都锁肩并制动于体前。36 个基本手位见视频 10-4-1 至视频 10-4-3 和表 10-4-1。

视频 10-4-1　36 个基本手位徒手练习

视频 10-4-2　36 个基本手位持花球练习

视频 10-4-3　36 个基本手位配乐练习

表 10-4-1　36 个基本手位

1-4	图示	1	2	3	4
	动作名称	下 A	上 A	上 V	下 V
	朝向	大拳眼朝前	小拳眼朝前	大拳眼朝前	大拳眼朝前
5-8	图示	5	6	7	8
	动作名称	加油	T	短 T	W
	朝向	小拳眼朝前	大拳眼朝前	小拳眼朝前	小拳眼朝前
9-12	图示	9	10	11	12
	动作名称	上 L	下 L	斜线	K
	朝向	一臂拳心朝下，一臂拳心朝内	一臂拳心朝下，一臂拳心朝内	拳心朝下	拳心朝下

续表

13-16	图示	 13	 14	 15	 16
	动作名称	侧 K	大弓箭	大弓箭	短箭
	朝向	拳心朝下	拳心朝下	一臂拳心朝下，一臂拳心朝内	小拳眼朝前
17-20	图示	 17	 18	 19	 20
	动作名称	侧上冲拳	侧下冲拳	斜下冲拳	斜上冲拳
	朝向	大拳眼朝前	大拳眼拳前	拳心朝下	拳心朝下
21-24	图示	 21	 22	 23	 24
	动作名称	高冲拳	R	上 M	下 M
	朝向	小拳眼朝前	拳心朝下	拳头触肩	小拳眼朝前
25-28	图示	 25	 26	 27	 28
	动作名称	屈臂 X	上 X	前 X	下 X
	朝向	小拳眼朝前	小拳眼朝前	拳心朝下	拳心朝后

续表

29-32	图示	29	30	31	32
	动作名称	X	上 H	小 h	屈臂 H
	朝向	拳心朝前	小拳眼朝前	小拳眼朝前	小拳眼朝前
33-36	图示	33	34	35	36
	动作名称	前 H(持烛式)	前 H(提桶式)	后 M	下 H
	朝向	大拳眼朝上	拳心朝下	拳心朝内	拳心相对

(二)常用下肢基本动作

啦啦操常用下肢基本动作见视频 10-4-4 和表 10-4-2。

视频 10-4-4　常用下肢基本动作

表 10-4-2　常用下肢基本动作

1-4	图示	1	2	3	4
	动作名称	立正站	开立站	弓步站	侧弓步站
	动作说明	直立，两腿半拢，手臂贴于体侧	直立站，两脚分开略比肩宽，手臂“下 M”位	前腿弯曲，后腿弯曲，重心在两腿之间	一腿弯曲支撑，另一腿伸直侧点地，重心在支撑腿上

续表

5-6	图示	5	6	7	
	动作名称	锁步站	吸腿站	分腿半蹲	
	动作说明	两腿弯曲，一腿交叉于另一腿前	一腿直立，另一腿屈膝抬起，大小腿保持 90°	两脚分开比肩宽，屈膝下蹲，膝盖对准脚尖	

二、啦啦操基本动作组合

（一）上肢基本动作组合

上肢基本动作见视频 10-4-5 和表 10-4-3。

视频 10-4-5　上肢基本动作组合配乐练习

表 10-4-3　上肢基本动作组合

准备姿势	图示					
	动作说明	两腿并拢，双臂置于体侧				
1＊8	图示	1—2 拍	3—4 拍	5 拍	6 拍	7—8 拍
	动作说明	手臂“上 H”位	手臂“下 H”位	手臂“前 X”位	手臂“短 T”位	手臂“下 V”位

续表

节拍	项目					
2*8	图示	 1—2拍	 3—4拍	 5拍	 6拍	 7—8拍
	动作说明	右臂“斜线”位	左臂“斜线”位	左臂“斜上举”位	手臂“加油”位	还原至预备姿势
3*8	图示	 1拍	 2拍	 3拍	 4拍	 5拍
	动作说明	右臂“T”位，头部向右侧屈	右臂“短T”位	手臂“大弓箭”位，头部向左侧屈	手臂“短T”位	双臂向右斜上方推动
	图示	 6拍	 7—8拍			
	动作说明	双臂向左斜上方推动	手臂“下M”位			
4*8	图示	 1—2拍	 3—4拍	 5—6拍	 7—8拍	
	动作说明	手臂“侧K”位	右臂“侧下冲拳”位	手臂“上A”位	手臂“大弓箭”位	

续表

5*8	图示	 1—2 拍	 3—4 拍	 5—6 拍	 7—8 拍	
	动作说明	手臂“T”位	右臂“斜下冲拳”位	手臂“大弓箭”位	身体向右转 90°成直立	
6*8	图示	 1 拍	 2 拍	 3—4 拍	 5—6 拍	 7—8 拍
	动作说明	两臂胸前屈握拳,右肘侧下,左肘侧上	与 1 拍动作相同,方向相反	双脚大分腿站立,双臂“上A”位	屈膝俯身,双臂向下“H”位	还原至预备姿势
7*8	图示	 1 拍	 2 拍	 3—4 拍	 5—6 拍	 7—8 拍
	动作说明	左臂“短 T”位	右臂“短 T”位	手臂“上 V”位	手臂“下 V”位	向后振胸 2 次
8*8	图示	 1 拍	 2 拍	 3—4 拍	 5—6 拍	 7—8 拍
	动作说明	手臂“前 X”位	手臂“斜线”位	手臂“X”位	两臂胸前屈,手臂摆于左肩	还原至预备姿势

(二)下肢基本动作组合

下肢基本动作见视频 10-4-6、视频 10-4-7 和表 10-4-4。

视频 10-4-6　下肢基本动作组合口令练习

视频 10-4-7　下肢基本动作组合配乐

表 10-4-4　下肢基本动作组合

准备姿势	图示 				
	动作说明	两腿并拢,双臂置于体侧			
1＊8	图示	 1—3 拍	 4 拍	 5—6 拍	 7—8 拍
	动作说明	从左脚开始,向前走 3 步	吸右腿	右脚向侧落成分腿半蹲	还原成预备姿势
2＊8	图示	 1—3 拍	 4 拍	 5—6 拍	 7—8 拍
	动作说明	从左脚开始,向后走三步	吸右腿	右脚后撤一步成左弓步	还原成预备姿势
3＊8	图示	 1—2 拍	 3—4 拍	 5—6 拍	 7—8 拍
	动作说明	身体重心向左移成左弓步	身体重心向右移成右弓步	分腿半蹲	右膝跪地身体左转 90°蹲

续表

4*8	图示	 1—2拍	 3哒4拍	 5、7拍	 6拍	 8拍
	动作说明	下肢“左弓步”	右、左、右脚依次踏步	左脚向前落成弓步	身体向后转180°成右弓步	还原成预备姿势
5*8	图示	 1—2拍	 3—4拍	 5、7拍	 6拍	 8拍
	动作说明	右脚向前脚跟点地	右脚、左脚依次向后方撤一步成开立。	两膝内扣，双手背于腰部上	分腿半蹲，双手扶大腿	还原成预备姿势
6*8	图示	 1—3拍	 4拍	 5拍	 6拍	 7—8拍
	动作说明	左脚开始踏3步，同时向左转体一周	右脚并左脚成直立	左脚向左侧一步成开立	右脚向左后方迈步成交叉步	身体重心向左移成左弓步
7*8	图示	 1、2拍	 哒拍	 3—4拍	 5—6拍	 7—8拍
	动作说明	右脚向右迈一步，同时顶右髋2次，左腿屈膝外开左脚点地		左脚向右后方撤一步成锁步	身体向左转270°	还原成预备姿势

续表

8＊8	图示	1—2 拍	3—4 拍	5—6 拍	7—8 拍	
	动作说明	右脚向前走一步成右弓步，重心在右脚	左脚向前走一步成左弓步，重心在左脚	吸右腿	右脚落下与左脚并拢成直立	

（三）啦啦操基本动作组合

啦啦操基本动作组合见视频 10-4-8、视频 10-4-9 和表 10-4-5。

视频 10-4-8　啦啦操基本动作组合口令练习

视频 10-4-9　啦啦操基本动作组合配乐练习

表 10-4-5　啦啦操基本动作组合

准备姿势	图示					
	动作说明	两腿并拢，双臂置于体侧				
1＊8	图示	1—3 拍	4 拍	5—6 拍	7-8 拍	
	动作说明	手臂“下 H”位，左脚开始向前迈 3 步	手臂“上 H”位，右脚并左脚	手臂“加油”位，左脚向前迈一步成左弓步	手臂“上 V”位	

续表

2＊8	图示	 1—3 拍	 4 拍	 5—6 拍	 7—8 拍	
	动作说明	手臂"下 H"位，左脚开始向后退 3 步	手臂"上 H"位，右脚并左脚	手臂"加油"位，左脚向后迈一步成右弓步	手臂"下 V"位	
3＊8	图示	 1—3 拍	 4 拍	 5—6 拍	 7—8 拍	
	动作说明	手臂"下 H"位，左脚开始踏 3 步，同时向左转体一周	手臂"加油"位，右脚并左脚	手臂"K"手位同时左脚向侧迈一步成弓步	手臂"加油"位，右脚并左脚	
4＊8	动作说明	动作同第三个八拍，但方向相反				
5＊8	图示	 1 拍	 2 拍	 3 拍	 4 拍	 5 拍
	动作说明	右臂"上 L"位，左脚向侧迈步成半蹲	手臂"加油"位，左脚收向右脚	左臂"上 L"位，右脚向侧迈步成半蹲	手臂"加油"位，右脚收向左脚	左臂前 L，左脚向侧迈步成半蹲
	图示	 6 拍	 7 拍	 8 拍		
	动作说明	并步提踵，手臂"上 H"位	手臂"加油"位	还原成预备姿势		

续表

6＊8	图示	 1—2 拍	 3—4 拍	 5—6 拍	 7—8 拍	
	动作说明	向右侧滑步，右臂“斜线”位	向左侧滑步，左臂“斜线”位	右脚并左脚，半蹲，手臂“加油”位	左腿上步，手臂向前伸直	
7＊8	图示	 1—2 拍	 3 拍	 4 拍	 5 拍	 6 拍
	动作说明	开立，右臂“高冲拳”位	低头	抬头	左臂“斜下冲拳”位	左臂“侧上冲拳”位
	图示	 7 拍	 8 拍			
	动作说明	右臂“斜下冲拳”位	右臂“侧上冲拳”位			
8＊8	图示	 1—6 拍	 7—8 拍			
	动作说明	左右脚依次踏步6拍	直立，手臂“加油”位			

续表

9＊8	图示	 1—2 拍	 3—4 拍	 5 拍	 6 拍	 7—8 拍
	动作说明	开立，手臂“上A”位	半蹲，身体俯身向下，手臂“下H”位	身体直立，两臂右斜上冲拳	双臂下压扶右腿	右脚并左脚，身体左转 90°
10＊8	图示	 1 拍	 2 拍	 3—7 拍	 8 拍	
	动作说明	右腿向侧小踢旁跳，手臂“上H”位	左腿前落呈锁步，手臂“下V”位	右腿向侧迈步成半蹲，双手扶右腿	还原成预备姿势	
11＊8	图示	 1 拍	 2 拍	 3 拍	 4—7 拍	 8 拍
	动作说明	开立，双臂“上 H”位分别于右前、正前、左前三个方位各敲击一次。			半蹲，双手扶左腿	还原成预备姿势
12＊8	图示	 1—4 拍	 5—6 拍	 7 拍	 8 拍	
	动作说明	手臂“加油”位，原地踏步	手臂“短 T”位，原地踏步	继续踏步	还原成预备姿势	

续表

13＊8	图示	 1 拍	 哒拍	 2 拍	 3 拍	 4 拍
	动作说明	右脚跟向前擦地，手臂“前H”位	吸右腿，手臂“短 T”位	跳成半蹲，手臂“下 V”位	身体微左倾，手臂“短 T”位	右臂“侧上冲拳”位
	图示	 5 拍	 6 拍	 7 拍	 哒拍	 8 拍
	动作说明	左臂“侧上冲拳”位	身体左转 90°，手臂“下 V”位	挺胸	含胸	挺胸
14＊8	图示	 1 拍	 2 拍	 3 拍	 4 拍	 5—6 拍
	动作说明	向右顶髋，右手扶臀左臂侧平举	向左顶髋，左手扶臀	向右顶髋，手臂“下 V”位	向左顶髋，手臂“屈臂 X”位	身体左转 90°，俯身向下，手臂“下 V”位
	图示	 7 拍	 8 拍			
	动作说明	身体直立，双臂向 8 点方向伸直	身体由 8 点摆至 2 点，手臂“短 T”位			

续表

<table>
<tr><td rowspan="4">15＊8</td><td>图示</td><td> 1 拍</td><td> 哒拍</td><td> 2 拍</td><td> 哒拍</td><td> 3—4 拍</td></tr>
<tr><td>动作说明</td><td>身体面向 2 点，屈膝下蹲，右臂屈左臂伸</td><td>左臂屈右臂伸</td><td>身体转向 1 点，手臂“加油”位</td><td>手臂“下 H”位</td><td>3-4 同 1-2，方向相反</td></tr>
<tr><td>图示</td><td> 5 拍</td><td> 哒拍</td><td> 6 拍</td><td> 7 拍</td><td> 8 拍</td></tr>
<tr><td>动作说明</td><td colspan="3">小臂由右至左于头顶上方绕环 3 次</td><td>身体俯身向下，半蹲，手臂“加油”位</td><td>跳成直立，手臂“上 H”位</td></tr>
<tr><td rowspan="2">16＊8</td><td>图示</td><td> 1、3 拍</td><td> 2、4 拍</td><td> 5—6 拍</td><td> 7 拍</td><td> 8 拍</td></tr>
<tr><td>动作说明</td><td>原地踏步，双臂向左摆动</td><td>原地踏步，双臂向右摆动</td><td>踏步 2 拍，手臂“下 M”位</td><td>双脚并拢，手臂“加油”位</td><td>还原成预备姿势</td></tr>
</table>

任务五　幼儿舞蹈啦啦操种类（学前教育方向）

幼儿舞蹈啦啦操主要分为：幼儿花球舞蹈啦啦操、幼儿街舞啦啦操和幼儿爵士啦啦操三种不同的风格种类。

一、幼儿花球舞蹈啦啦操

花球舞蹈啦啦操，即手持花球完成的啦啦操。成套动作应手持花球在 80%～100%，并结合啦啦操基本手位、舞蹈元素、合适的舞蹈技巧等动作元素，体现干净、精准的运动舞蹈特征以及强大的花球技术运用，展示团队合作、队形变换、高度变化、不同颜色花球的使用等视觉效果。

（一）花球舞蹈啦啦操的基本技术特征

手持花球是花球啦啦操有别于其他两种舞蹈啦啦操的外部特征，其基本手位的操化动作呈现出的技术特征为花球啦啦操技术特征的关键。在动作技术方面体现的最大特点是手位动作的变化中四肢展现干净、精准，制动迅速。参赛队员在手持花球进行动作过程中，手臂的动作必须清晰、有力，还要在最短的时间内完成动作并向下一个动作迅速转变，而其转变过程不能显得松散、无力，必须体现干净利落、无晃动的状态。在完成动作过程中不宜用力过猛以及制动不到点上，会使得整体视觉效果过于僵硬，要做到有力而不僵硬，松弛而不松懈。

（二）幼儿花球舞蹈啦啦操成套动作

这套动作主要选用儿童歌曲《铿冰进行曲》作为主题音乐伴奏。通过“红豆”“芋头”两个角色间方向、方位与节奏的互相配合，体现了啦啦操项目的配合意识。配乐练习见视频 10-5-1。

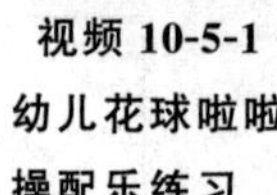

视频 10-5-1 幼儿花球啦啦操配乐练习

1. 前奏：2×8 拍动作说明：

预备姿势：两脚并拢，双手放于体侧。

手臂动作：抖动花球。

2. 组合动作示例

(1)组合一。

①第一个八拍动作说明（图 10-5-1）：

注：这是一组对比动作，括号注明是对比动作

手臂动作：1—2A 屈肘于胸前。（B 高 V）

3—4 双手扶髋。

5—8 同 1—4 拍动作。

下肢动作：1—2 屈膝半蹲。

3—4 还原。

5—8 重复 1—4 拍动作

手型：1—2 抖动花球。

3—4 握花球。

5—8 同 1—4 拍动作。

面向：前方

图 10-5-1

②第二个八拍动作说明（图 10-5-2）：

图 10-5-2

手臂动作:1—2A 左手扶髋,右臂耳侧屈,同时头向右侧屈。(B 做相反方向)
3—4 双手扶髋。
5—8 同 1—4 拍,唯方向相反。
下肢动作:1—2 左腿屈膝,右脚脚跟侧点地。
3—4 还原。
5—8 同 1—4 拍,唯方向相反。
手型:1—2 左手握花球,右手抖动花球。
3—4 握花球。
5—8 拍同 1—4 拍动作。
面向:前方。
③第三个八拍动作说明(图 10-5-3):

图 10-5-3

手臂动作:1—4 屈肘于胸前,并向前摆动 4 次。
5 右臂侧平举,左臂胸前平屈成弓箭,头向右转。
6 左臂侧平举,右臂胸前平屈成弓箭,头向左转。
7—8 双臂放于体侧。
下肢动作:1—4 从左脚开始,原地踏步四步。
5—6 左脚向侧一步成马步。
7—8 左脚收回与右脚并拢。
手型:握花球。
面向:正前方。
④第四个八拍动作说明:同第三个八拍,但动作相反。
(2)组合二。
①第一个八拍动作说明(双人配合,图 10-5-4):

图 10-5-4

手臂动作:1—4 自然摆臂。

5—8 下 V。

下肢动作：1—4 左右脚依次开始小步跑。

5—8 身体前屈 90 度。

手型：握花球。

面向：1—4 正前方。

5—8 两人面对面站。

②第二个八拍动作说明(双人配合，图 10-5-5)：

图 10-5-5

手臂动作：1—4 自然摆臂。

5—8 前 X。

下肢动作：1—4 小跑步。

5—8 双腿跳成开立。

手型：握花球。

面向：1—4 正前方。

5—8 两人背靠背站。

③第三个八拍动作说明(图 10-5-6)：

图 10-5-6

手臂动作：1—2 高 V。

3—4 屈臂 X。

5—6 同 1—2。

7—8 双手胸前击掌 2 次。

下肢动作：1—2 右脚向侧迈一步，同时顶右髋。

3—4 顶左髋。

5—6 同 1—2。

7—8 并腿跳 2 次。

手型：握花球。

面向：正前方。

④第四个八拍动作说明：同第三个八拍，但动作相反。

(3)组合三。

①第一个八拍动作说明(图 10-5-7)：

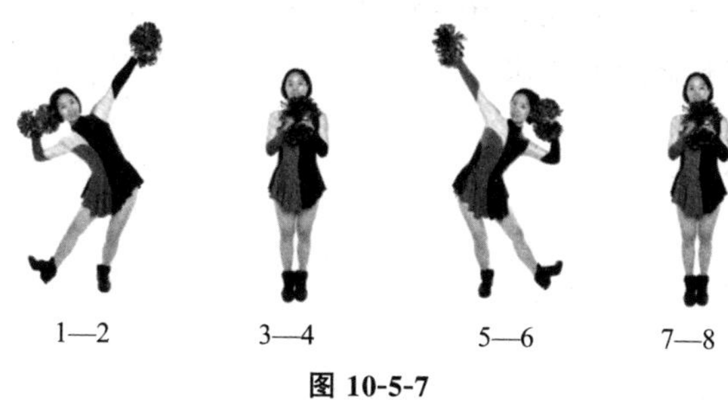

图 10-5-7

手臂动作：1—2 左臂侧上举，右臂耳侧屈，同时头向右侧屈。
　　　　　3—4 双手胸前击掌 2 次。
　　　　　5—8 同 1—4。

下肢动作：1—2 左腿屈膝，右脚脚跟侧点地。
　　　　　3—4 并腿跳 2 次。
　　　　　5—8 同 1—4。

手型：1—2 抖动花球。
　　　3—4 握花球。
　　　5—8 同 1—4。

面向：正前方。

②第二个八拍动作说明：同第一个八拍。

③第三个八拍动作说明(图 10-5-8)：

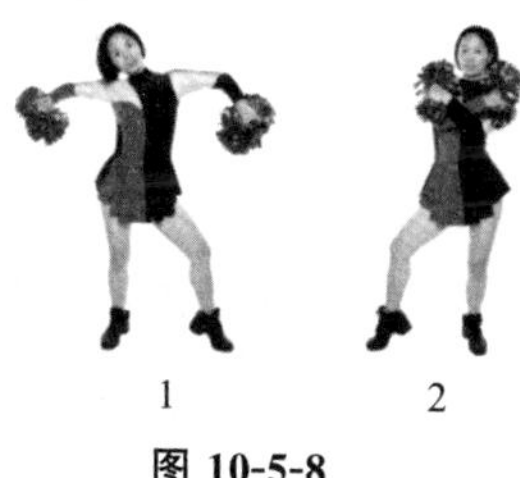

图 10-5-8

手臂动作：1 肩下屈。
　　　　　2 屈臂 X。
　　　　　3—8 同 1—2。

下肢动作：1 右脚向侧迈一步，同时顶右髋。
　　　　　2 顶左髋。
　　　　　3—8 同 1—2。

手型：握花球。

面向：正前方。

④第四个八拍动作说明(双人配合，图 10-5-9)：

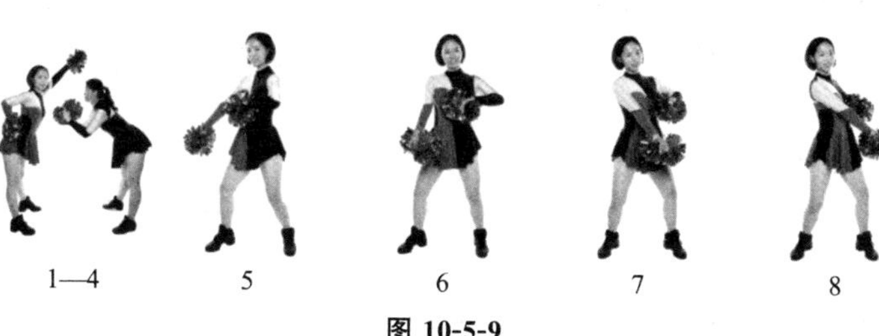

图 10-5-9

手臂动作:1—4A 右手扶髋,左臂侧上举。

B 两臂胸前击肘。

5—8 双臂右臂前下举,左臂胸前平屈,依次由左到右做屈伸摆动 4 次。

下肢动作:1—4 双腿跳成开立,身体稍前屈。

5—8 双腿做屈伸 4 次。

手型:1—4 抖动花球。

5—8 握花球。

面向:1—4 面对面。

5—8 面向前方。

四拍动作说明(图 10-5-10):

手臂动作:1—2 双手向右斜下方推动 2 次。

3—4 同 1—2,方向相反。

下肢动作:1—4 右脚与左脚并拢,并屈伸 4 次。

手型:握花球。

面向:正前方。

图 10-5-10

(4)组合四。

①第一个八拍动作说明:同组合三的第三个八拍动作。

②第二个八拍动作说明(双人配合,图 10-5-11):

图 10-5-11

A 手臂动作:1—4 双手胸前屈肘。

5 高 V,头向右侧屈。

6 双手胸前交叉。

7—8T 位。

下肢动作:1—4 双腿跳成开立,身体前屈 90°。

5 右脚向侧迈一步,同时顶右髋,头向右侧屈。

6 顶左髋,头向左侧屈。

7—8 屈膝半蹲。

手型:握花球。

面向:1—4 面向右方。

5—6 正前方。

7—8 右方。

B 手臂动作:1—8 左手扶髋,右臂侧上举。

下肢动作：1—8 双腿跳成开立。

手型：抖动花球。

面向：1—8 面向左方。

③第三个八拍动作说明(双人配合，图 10-5-12)：

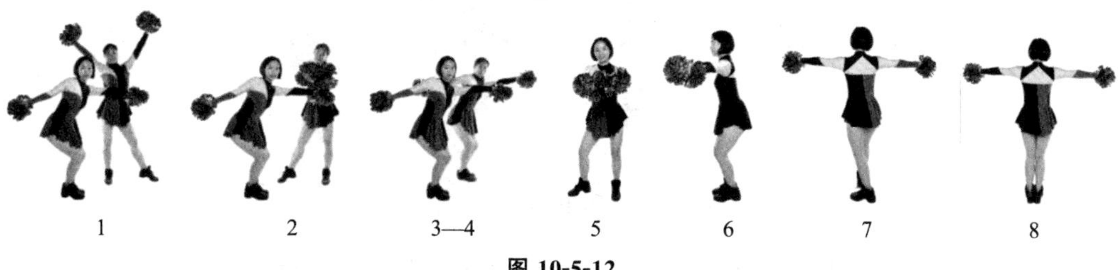

图 10-5-12

手臂动作A：1—4 保持不动。

B：1 高 V，头向右侧屈。

2 双手胸前交叉。

3—4 T 位。

5—8 双手从前 X 手位慢慢打开成 T 位。

下肢动作A：1—4 保持不动。

B：1 右脚向侧迈一步，同时顶右髋，头向右侧屈。

2 顶左髋，头向左侧屈。

3—4 屈膝半蹲。

5—8 右脚开始依次向右后方踏小碎步。

手型：1—4 拍握花球。

5—8 拍抖动花球。

面向A：1—4 拍右方。

B：1—2 拍前方。

3—4 拍右方。

5—8 拍后方。

④第四个八拍动作说明(图 10-5-13)：

A 手臂动作：1—4 双臂屈肘于腰两侧。

5—8 右手扶髋，左臂胸前平屈，头看前方。

下肢动作：1 右脚向侧迈一步，同时顶右髋。

2 顶左髋。

3 同 1。

4 同 2。

5—8 身体向右转 90 度，同时双腿跳成并步。

图 10-5-13

手型：握花球。

面向：1—4 后方。

5—8 右方。

(5)组合五。

前四拍动作说明(图 10-5-14)：

图 10-5-14

手臂动作：1—4 双臂由胸前至上举成 A 手位再向两侧打开至体侧。

下肢动作：1—4 左右脚依次踏小碎步。

手型：抖动花球。

面向：1—4 前方。

①第一个八拍动作说明(图 10-5-15)：

图 10-5-15

A 手臂动作：1—4 保持不动。

5—7 右臂击肘向左斜上方敲打 3 次。

8 右臂由左斜上方向下摆至右斜下方。

下肢动作：1—4 保持不动。

5—7 左脚向前点地 3 次。

8 左脚与右脚并拢。

手型：握花球。

面向：1—7 前方。

8 左方。

B 手臂动作：1—4 同 A5—8 动作。

5—8 保持不动。

下肢动作：1—4 同 A5—8 动作。

5—8 保持不动。

手型：握花球。

面向：1—3 拍前方。

4—8 拍左方。

②第二个八拍动作说明(图 10-5-16)：

图 10-5-16

手臂动作：1—4 双臂于胸前绕环。

5—6 成右臂高冲拳。

7 头向前点地。

8 头部还原。

下肢动作：1—4 从右脚开始，向前走四步。

5—8 双腿跳成分腿开立。

手型：握花球。

面向：前方。

③第三个八拍动作说明：同第二个八拍动作，方向相反。

④第四个八拍动作说明（双人配合，图 10-5-17）：

图 10-5-17

手臂动作：1—6 右臂在上，左臂在下成斜 T。

7—8 左手叉腰，右臂侧上冲拳摆动 2 次。

下肢动作：1—6A 左右脚依次踏步向右转 360°。

1—6B 左右脚依次踏步向左转 360°。

7—8 拍并腿跳 2 次。

手型：握花球。

面向：面对面绕环一周。

⑤第五个八拍动作说明（图 10-5-18）：

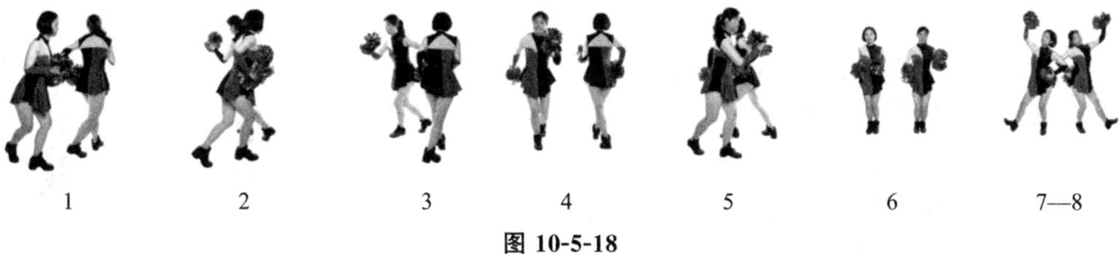

图 10-5-18

手臂动作：1—6 自然摆臂。

7—8A 左手叉腰，右臂耳侧屈。（B 方向相反）

下肢动作：1—6 左右脚依次开始小步跑。

7—8A 右脚向侧迈一步，脚跟点地。（B 方向相反）

手型：握花球。

面向：面对面绕环一周。

二、幼儿街舞啦啦操

街舞啦啦操是在舞蹈啦啦操基本技术特征的基础上带入大量的街舞元素所形成的，成套动作强调受街头风格影响的动作和节奏，注重动作的风格特征以及身体各部位的律动与控制，要求动作的节奏、一致性和音乐和谐一致。

(一)街舞啦啦操的基本技术特征

(1)除了融入街舞的一些基本技术特征外，还包括走、跑、跳，并通过头、颈、肩、上肢、躯干等关节的屈伸、转动、绕环、摆振、波浪等扭动技术。

(2)舞蹈啦啦操中的街舞啦啦操，虽然带了明显的街舞风格，但是并不是完全形式上的街舞，它只是运用了街舞的特点加入啦啦操，在啦啦操规定的范围内添加街舞类动作。

(3)街舞啦啦操身体的弹动主要体现在各个关节(踝、膝、髋、肩、肘、胸)上，尤其是膝关节，始终处于微屈或弹动的状态，整个身体动作的感觉是“up and down”的律动和弹动，身体其他部位的弹动也要靠相关肌肉的控制及交替收缩来实现，使动作律动感很强且收弛自然，对身体关节起保护作用，避免运动损伤。

(4)街舞啦啦操动作应注意掌握肌肉用力与放松的感觉，在动作随意、松弛的同时，强调动作的爆发力，体会街舞张弛自如的动作感觉。

(5)街舞啦啦操动作节奏的变化要与音乐的节奏相符，通过动作速度的控制，充分展现身体的律动感。

(6)街舞啦啦操动作在动作流畅中有停顿：Hip-Hop 音乐有大量切分音，在弱拍上做动作，在连接流畅的同时，做少量空拍停顿，视觉效果上形成强烈对比反差效果，动作因此更具有层次感而增加了街舞随意、自然的舞蹈感觉。

(二)幼儿街舞啦啦操成套动作

这套动作主要选用儿童歌曲“我不上你的当”作为主题音乐伴奏，通过喜羊羊与灰太狼斗智斗勇的情节演变，把街舞的基本律动以诙谐的形式来表现。

前奏：1×8 拍动作说明：

组合一

(1)第一个八拍动作说明(图 10-5-19)：

上肢：1—8 双手放于体侧。

下肢：1—8 双腿弹动。

(2)第二个八拍动作说明(图 10-5-20)：

上肢：1—2 双手放于体侧。

3—4 左臂肩侧屈，左手成“胜利”手势，同时向侧压腕 2 次。

5—6 同 1—2 动作。

7—8 同 3—4，但方向相反。

下肢：1—8 双腿弹动。

图 10-5-19

图 10-5-20

(3)第三个八拍动作说明(图 10-5-21):

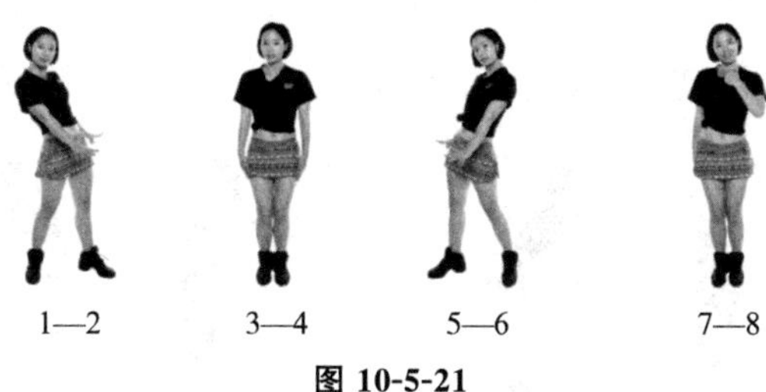

图 10-5-21

上肢:1—2 双臂向左侧外摆 2 次,双手成“胜利”手势。

3—4 还原。

5—6 同 1—2,但方向相反。

7—8 左臂胸前击肘,握拳,大拇指和食指分开放于下巴下,拳心朝内。

下肢:1—2 左脚向侧迈一步成开立,并弹动 2 次。

3—4 双腿并拢弹动 2 次。

5—6 同 1—2,但方向相反。

7—8 同 3—4。

(4)第四个八拍动作说明:同第三个八拍,唯 7—8 手臂方向相反。

组合二

(1)第一个八拍动作说明(图 10-5-22):

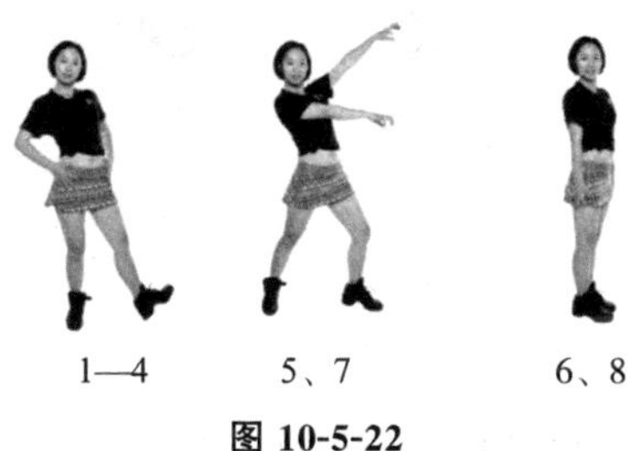

图 10-5-22

上肢:1—4 双手十指用力张开,掌心向内,并拍打髋部 4 次。

5—6 双臂伸直由左侧上下摆至体侧,双手十指用力张开并微屈手指头。

7—8 同 5—6。

下肢:1—4 左脚向侧迈一步,左脚跟点地,并弹动 4 次。

5—6 左并步。

7—8 同 5—6。

(2)第二个八拍动作说明:同第一个八拍,但方向相反。

(3)第三、四个八拍动作说明:同第一、二个八拍动作。

组合三

(1)第一个八拍动作说明(双人配合,图 10-5-23):

图 10-5-23

A 上肢:1—4 双臂击肘于胸前,双手大拇指分开,其余四指并拢,掌心朝外,放于左耳旁成“聆听”状。

5—8 双手做“挥手”手势。

A 下肢:1—4 双腿并拢。

5—8 头转向左侧。

B 上肢:1—4 双臂击肘于胸前,双手手指自然分开,掌心向外,并向前做快速推掌。

5—8 左手屈肘放于体后,右小臂由内至外摆至侧下冲拳。

B 下肢:1—4 身体前屈,同时双腿跳开成分腿开立。

5—8 身体后仰。

(2)第二个八拍动作说明(图 10-5-24):

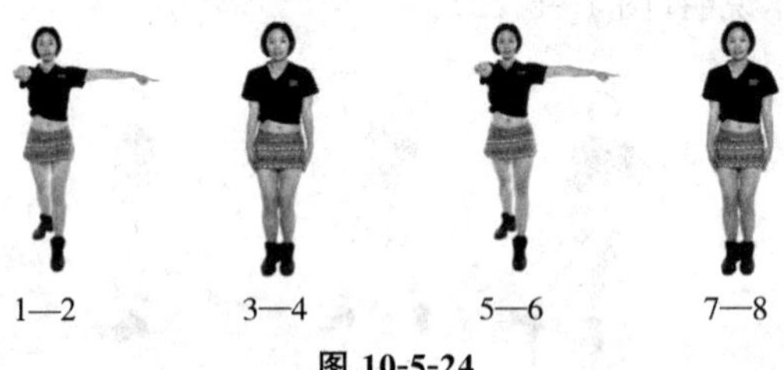

图 10-5-24

上肢:1—2 右臂前举,左臂侧平举,双手成“胜利”手势。

3—4 还原。

5—8 同 1—4,但方向相反。

下肢:1—2 左脚向前迈一步成弓步,并弹动 2 次。

3—4 右脚向前与左脚并拢,并向后振胸 2 次。

5—8 同 1—4,但方向相反。

(3)第三个八拍动作说明(图 10-5-25):

图 10-5-25

上肢:1—2 双臂由上向侧打开,双手成“胜利”手势。
3—4 双臂胸前平屈并上下重叠。
5—8 同 1—4,但方向相反。
下肢:1—2 左脚向侧迈出一步成马步。
3—4 左脚收回与右脚并拢,弹动 2 次。
5—8 同 1—4,但方向相反。
(4)第四、五个八拍动作说明:同第二、三个八拍动作。

组合四

(1)第一个八拍动作说明(双人配合,图 10-5-26):

图 10-5-26

A 上肢:1 右臂肩上屈肘,
2—4 右前臂向内并向下压放于体侧。
5—6 双臂屈肘于脸前,双手掌心朝外成“胜利”手势。
7—8 还原。
A 下肢:1—4 右脚开始向右后方走 3 步成开立。
5—6 身体转向前方。
7—8 还原。
B 上肢:1 右臂击肘于胸前,右手成“猫爪”状,同时压腕。
2 同 1,方向相反。
3 右臂侧上举,右手成“猫爪”状,同时压腕。
4 同 3,方向相反。
5—6 双臂侧上举。
7—8 双臂胸前交叉。
B 下肢:1—4 左脚开始向前方走 3 步成开立。
5—6 身体向右后方转。
7—8 身体前屈。
(2)第二个八拍动作说明(双人配合,图 10-5-27):

图 10-5-27

A 上肢:1—4 双手放于体侧。

5—6 双臂胸前交叉。

7—8 还原。

A 下肢:1—2 左脚向前方迈一步,弹动 2 次

3—4 右脚向前方迈一步,弹动 2 次。

5—6 左脚向前迈一步,脚尖点地,同时身体向右后方转。

7—8 双腿成开立。

B 上肢:1—2 右臂击肘于右胸前,左臂击肘于腰侧,双手成“猫爪”状。

3—4 同 1—2,方向相反。

5—6 双臂侧上举。

7—8 还原。

B 下肢:1—2 左脚向左后方迈一步,弹动 2 次。

3—4 右脚向右后方迈一步,弹动 2 次。

5—8 双腿跳成开立。

(3)第三个八拍动作说明(图 10-5-28):

图 10-5-28

A 上肢:1—2 左手屈肘外摆于体侧,右手屈肘于右胯。

3—4 双臂放于体侧。

5—8 同 1—4,但方向相反。

A 下肢:1 左脚向前方迈一步成开立。

2 右脚向右后方点地成交叉步。

3—4 左脚向侧迈一步成开立。

5—8 同 1—4,但方向相反。

B 上肢:1—4 同 A1—4 动作。

5—6 双臂侧上举。

7—8 还原。

B 下肢:1—4 同 A1—4 拍动作。

5—6 重心移到右脚,左脚侧点地。

7—8 双腿还原成开立。

组合五

(1)第一个八拍动作说明(图 10-5-29)：

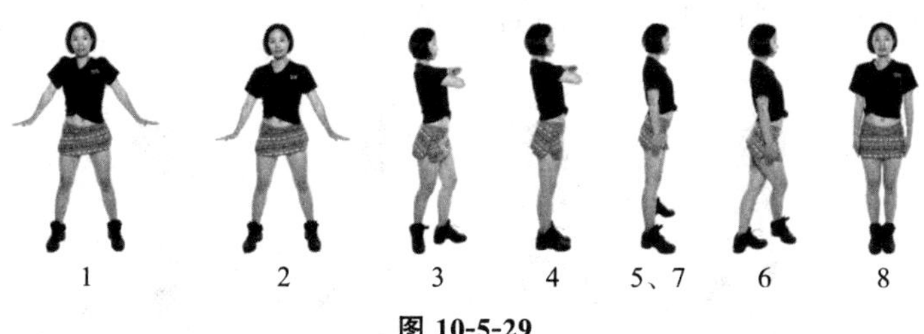

图 10-5-29

上肢:1 双臂向上顶肩。

2 还原。

3—4 双臂胸前平屈并上下重叠。

5—8 双手放于体侧。

下肢:1—2 双腿成开立。

3—4 左右脚依次踏步。

5 双腿跳成开立。

6 双腿跳成前交叉。

7 同 5。

8 双腿跳成并拢。

(2)第二个八拍动作说明(图 10-5-30)：

图 10-5-30

上肢:1 双臂侧平举。

2 双臂上举击掌。

3 同 1 拍。

4 双臂下举于左大腿下方击掌。

5—8 同 1—4,但方向相反。

下肢:1—3 双腿并拢弹动 3 次。

4 抬起左腿。

5—8 同 1—4,但方向相反。

(3)第三、四个八拍动作说明:同第一、二个八拍动作,但方向相反。

组合六

(1)第一个八拍动作说明:同组合三第一个八拍动作。

(2)第二个八拍动作说明(图 10-5-31):

图 10-5-31

上肢:1—2 双臂向左侧外摆 2 次,双手成胜利手势。
3—4 同 1—2,但方向相反。
5—6 双臂击肘于左斜上方,并向内摆动 2 次。
7—8 还原。

下肢:1—2 左脚向前迈一步,弹动 2 次。
3—4 同 1—2,但方向相反。
5—6 左脚向侧迈一步成开合,同时身体向左转。
7—8 还原。

(3)第三个八拍动作说明:同第二个八拍动作。

(4)第四个八拍动作说明(图 10-5-32):

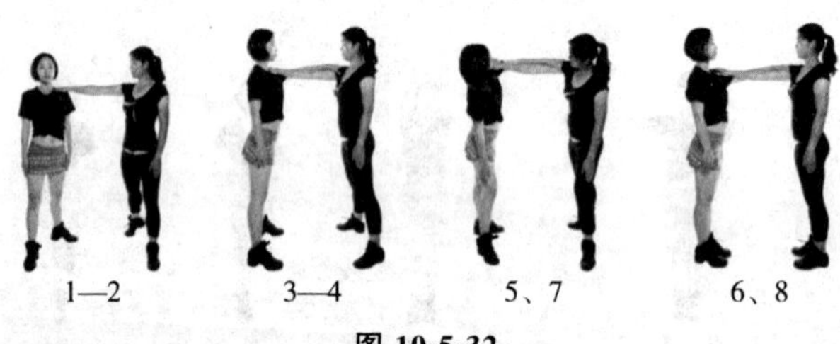

图 10-5-32

A 上肢:1—2 双手放于体侧。
3—4 左手搭同伴肩膀。
5—8 身体右侧波浪 2 次。

A 下肢:1—2 左脚向侧迈一步。
3—4 右脚向侧迈一步成开立。
5—8 右侧并步 2 次。

B 上肢:1—4 右手搭同伴肩膀。
5—8 身体左侧波浪 2 次。

B 下肢:1—2 右脚向侧迈一步。
3—4 左脚向侧迈一步成开立。
5—8 左侧并步 2 次。

(5)第五个八拍动作说明(图 10-5-33)：

图 10-5-33

A 上肢：1—4 右手叉腰，左臂上举。

5 双臂胸前交叉。

6 双臂侧上举。

7—8 右手叉腰，左臂肩侧屈。同时头向右侧屈。

A 下肢：1—4 双腿跳成开立，身体稍前屈。

5 重心下降。

6 两腿用力蹬地起跳，同时两腿后屈，绷脚，身体成“C”形。

7—8 向下落成左腿屈膝外开左脚点地。

B 上肢：1—2 保持不动。

3—6 胸前交叉。

7—8 右臂高左臂低屈肘于体侧，眼看右方。

B 下肢：1—2 保持不动。

3—4 双腿跳成开立，身体稍前屈。

5—6 左脚开始向左绕环一周。

7—8 左膝跪地，右腿屈膝外开。

三、幼儿爵士啦啦操

爵士啦啦操融合了各种动作组合，形成不同的舞蹈、舞伴配合以及技术要领。爵士舞蹈强调的是适当地表现动作的技术、伸展、控制、身体到位、风格以及连续性和队伍的统一性。它是一种可以表现出参赛运动员的激情以及团队良好运动舞蹈能力的体育项目。

(一)爵士啦啦操的基本技术特征

头、肩、躯干、胯和臀的扭动是爵士啦啦操最突出的技术特点。爵士舞是一种急促又富动感的节奏型舞蹈，不像古典芭蕾舞或现代舞所表现的一种内敛性的舞蹈，是属于一种外放性的舞蹈，就如人们听到音乐的节奏，会不由自主地舞动起来一样。爵士舞动作的本质是一种自由而纯朴的表现，它直接把内心的感受用身体的颠、抖、扭表达出来，所以它主要是动作和旋律方面的表演。

爵士啦啦操特征是可在规则的导向下自由地发挥，但是它在自由之中仍有一种规律的存在。例如它会配合爵士音乐表达感情，也借助或仿效其他舞蹈技巧；如在步法和动作上，应用芭蕾舞的动作位置和原则、踢踏舞技巧的灵敏性、现代舞躯体的收缩与放松、拉丁舞的舞步与摆臀、东方舞蹈上半身的挪动位置等。

(二)幼儿爵士啦啦操成套动作

幼儿爵士啦啦操主要选用儿童歌曲“快乐的小鸭”作为主题音乐伴奏。借助模仿小鸭子游泳、抖动羽毛、行走、嬉戏玩耍的动作,形象地呈现啦啦操爵士项目的舞蹈艺术。

组合一

(1)第一个八拍动作说明:

预备动作:双腿并拢,双臂侧下举。

(2)第二个八拍动作说明(图 10-5-34):

图 10-5-34

上肢:1—4 双臂由体前交叉至侧下举。

5 双臂击肘于胸前,右手搭在左手上,同时压腕。

6 右前臂向上摆。

7—8 同 5—6。

下肢:1—4 双腿并步提踵走。

5 双腿弯曲。

6 双腿直立。

7—8 同 5—6。

手型:爵士舞蹈手型。

面向:1—4 前方。

5—8 右方。

(3)第三个八拍动作说明:同第二个八拍动作,方向相反。

(4)第四个八拍动作说明:(图 10-5-35)

图 10-5-35

上肢:1—4 同第二个八拍 1—4 拍。

5—6 头后仰。

7—8 还原。

下肢:1—4 同第二个八拍 1—4 拍。

5—6 屈膝,膝盖越过脚尖。

7—8 还原。

手型:爵士舞蹈手型。

面向:前方。

组合二

(1)第一个八拍动作说明(图 10-5-36):

上肢:1 左手叉腰,右臂头侧屈,掌心朝外。

2 右臂肩侧屈。

3—4 同 1—2。

5—6 右臂上举,头转向左侧。

7—8 还原。

下肢:1 双腿屈膝,顶左胯,重心在左脚。

2 顶右胯。

3—4 同 1—2。

5—6 重心移到右腿,左脚侧点地。

7—8 还原。

手型:爵士舞蹈手型。

面向:前方。

1、3

2、4

5—6

图 10-5-36

(2)第二个八拍动作说明:同第一个八拍动作,但方向相反。

(3)第三个八拍动作说明(图 10-5-37):

上肢:1—2 左臂屈肘向前伸出于右胸前。

3—4 同 1—2,方向相反。

5—6 双臂侧上举。

7—8 还原。

下肢:1—2 右脚向前迈一步与左脚交叉成锁步,重心在右脚。

3—4 左脚向前迈一步与右脚交叉成锁步,重心在左脚。

5—6 右脚向前迈一步,左脚向后点地,重心在右脚。

7—8 还原。

手型:爵士舞蹈手型。

面向:前方。

1—2

3—4

5—6

图 10-5-37

(4)第四个八拍动作说明:同第三个八拍动作,方向相反。

组合三

第一个八拍动作说明(图 10-5-38):

上肢:1—4 双臂由体前交叉至侧下举。

5—8 头部从右侧开始,摇摆 4 次。

下肢:1—2 左脚向上小跳,右脚向前,脚跟点地。

3—8 同 1—2。

手型:爵士舞蹈手型。

面向:前方。

1

2—4

5—8

图 10-5-38

组合四

(1)第一个八拍动作说明(图 10-5-39)：

图 10-5-39

上肢:1—2 双臂上举,掌心朝外。
3—4 侧下举。
5—6 胸前交叉。
7—8 左臂侧平举,右臂侧上举。

下肢:1—2 双腿并步并提踵。
3—4 左脚向侧迈一步,身体前屈。
5—6 双腿弯曲,并低头。
7—8 双腿直立。

手型:爵士舞蹈手型。

面向:1—2 前方。
3—8 2 点方向。

(2)第二个八拍动作说明:同第一个八拍动作,但方向相反。

(3)第三个八拍动作说明(图 10-5-40)：

图 10-5-40

上肢:1 右手叉腰,左臂肩侧屈,左手五个手指头缩在一起同时向下压腕。
2 左手手指头松开并向上立腕。
3—4 同 1—2。
5—8 右手放在左手下。

下肢:1 右脚向侧迈一步,同时顶右胯。
2 顶左胯。
3—4 同 1—2 拍。
5—8 身体前屈由左到右。

手型:爵士舞蹈手型。

面向:1—4 左方。
5—8 由左侧向右转 180°到右方。

(4)第四个八拍动作说明(图 10-5-41)：

图 10-5-41

上肢:1—2 右臂上举。
　　3—4 侧下举,同时头向右侧屈。
　　5—8 同 1—4,方向相反。
下肢:1—2 重心移至右脚,左脚侧点地。
　　3—4 双腿屈膝,顶右胯,重心移至右脚。
　　5—8 同 1—4,方向相反。
手型:爵士舞蹈手型。
面向:前方。

组合五

第一个八拍动作说明(图 10-5-42)：

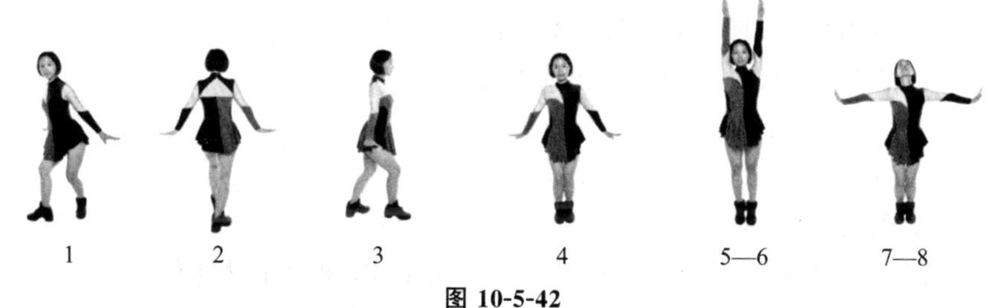

图 10-5-42

上肢:1—4 侧下举。
　　5—6 上举,掌心朝外。
　　7—8 双臂向侧推掌。
下肢:1—4 双腿弯曲,并从右脚开始依次向右后方转 360°。
　　5—6 双腿并步提踵。
　　7—8 双腿弯曲。
手型:爵士舞蹈手型。
面向:1—4 身体向右转一圈至前方。
　　5—8 前方。

组合六

(1)第一个八拍动作说明(图 10-5-43):

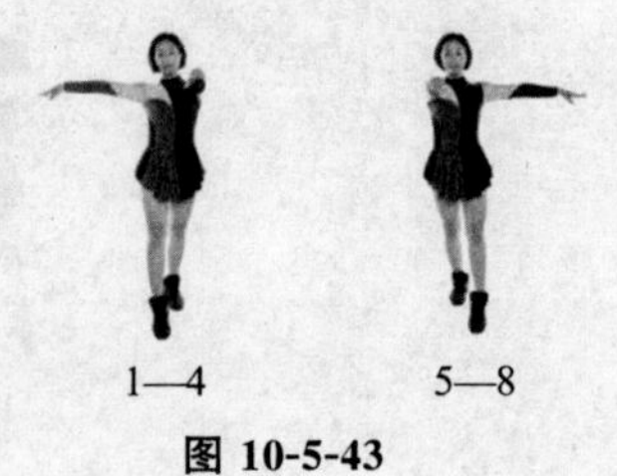

图 10-5-43

上肢:1—4 左臂前举,右臂侧平举,自然摆动 2 次。

5—8 同 1—4,但方向相反。

下肢:1—4 右脚向前点地 2 次。

5—8 同 1—4。

手型:爵士舞蹈手型。

面向:前方。

(2)第二个八拍动作说明(图 10-5-44):

图 10-5-44

上肢:1—2 双臂侧平举。

3—4 右手叉腰,左臂头侧屈。

5—8 侧下举。

下肢:1—2 右脚向侧迈一步成开立。

3—4 双腿屈膝,顶左胯,重心移至左脚。

5—8 双腿弯曲,左右脚依次快速踏步。

手型:爵士舞蹈手型。

面向:1—4 前方。

5—8 右方。

(3)第三、四个八拍动作说明:同第一、二个八拍动作,但方向相反。

组合七(双人配合)

前四拍动作说明:(图 10-5-45)

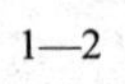

图 10-5-45

上肢:1—2 双臂胸前平屈,右臂在上左臂在下。

3—4 保持不动。

下肢:1—2 拍右左脚依次踏步。

3—4 拍双腿并拢。

手型：爵士舞蹈手型。

面向：面对面。

(1)第一个八拍动作说明：(图 10-5-46)

图 10-5-46

上肢：(左)1—2 左臂屈肘于胸前，左手屈腕。

3—4 同 1—2，但方向相反。

5—8 拍侧下举。

(右)1—2 右臂屈肘于胸前，右手屈腕。

3—4 同 1—2。

5—8 侧下举。

下肢：1 双腿弯曲。

2 双腿直立。

3—4 同 1—2。

5—8 双腿弯曲，并依次做快速踏步。

手型：爵士舞蹈手型。

面向：面对面。

(2)第二个八拍动作说明(图 10-5-47)：

图 10-5-47

上肢：1 双臂胸前击掌。

2 右臂向左前方伸出，并与同伴击掌，头向右侧屈

3—4 同 1—2，但方向相反。

5 同 1。

6 双臂同时向前伸出，击掌。

7—8 同 5—6。

下肢：1—8 双腿直立。

手型：爵士舞蹈手型。

面向：面对面。

(3)第三个八拍动作说明(图 10-5-48)：

图 10-5-48

上肢：(左)1—4 右手叉腰，左臂侧上举。
5—8 侧下举。
(右)1—4 侧下举。
5—8 右臂侧上举，左臂侧下举。

下肢：(左)1—4 双腿并步提踵。
5—8 从左脚开始向左转 450 度，双腿弯曲。
(右)1—4 双腿弯曲，并依次做快速踏步。
5—8 双腿立直。

手型：爵士舞蹈手型。

面向：1—7 面对面。
8 前方。

(4)第四个八拍动作说明(图 10-5-49)：

图 10-5-49

上肢：(左)1—2 双臂胸前交叉。
3—4 拍侧下举。
5—6 同 1—2。
7—8 侧上举。
(右)1—2 双臂胸前交叉。
3—4 侧上举。
5—6 同 1—2。
7—8 侧下举。

下肢：(左)1—6 双腿弯曲。
7—8 双腿直立。
(右)1—6 双腿直立。
7—8 双腿弯曲。

手型：爵士舞蹈手型。
面向：前方。
(5)第五个八拍动作说明(图 10-5-50)：

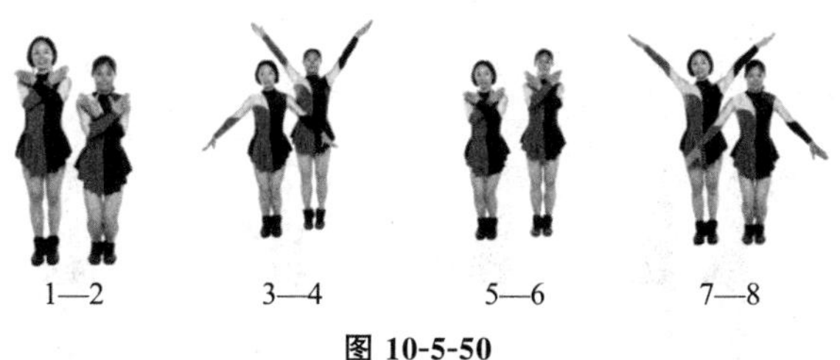
1—2　3—4　5—6　7—8
图 10-5-50

上肢同第四个八拍动作。
下肢：(左)1—2 双腿直立。
3—6 双腿弯曲。
7—8 双腿直立。
(右)1—2 双腿弯曲。
3—6 双腿直立。
7—8 双腿弯曲。
手型：爵士舞蹈手型。
面向：前方。

组合八

前四拍动作说明(图 10-5-51)：
上肢：(左)1—2 双臂放于体侧。
3—4 左臂侧上举，右臂肩侧举，掌心朝前。
(右)1—2 左臂侧上举，右臂肩侧举，掌心朝前。
3—4 保持不动。

1—2　3—4
图 10-5-51

下肢：(左)1—2 直立。
3—4 双腿弯曲。
(右)1—4 双腿弯曲。
手型：爵士舞蹈手型。
面向：2 点方向。
(1)第一个八拍动作说明(图 10-5-53)：

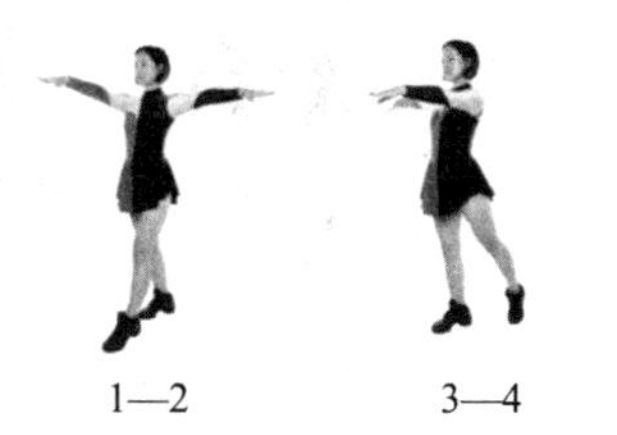

1—2　3—4　5—6
图 10-5-52

上肢：1—2 右臂前举，左臂侧平举。
3—4 左臂前举，右臂侧平举。
5—6 右臂侧上举，左臂侧平举。
7—8 还原。
下肢：1—2 左脚向右前方点地。
3—4 左脚向左后方点地。
5—6 同 1—2。

7—8 还原。

手型:爵士舞蹈手型。

面向:1—7 2 点方向。

8 前方。

(2)第二个八拍动作说明(图 10-5-53):

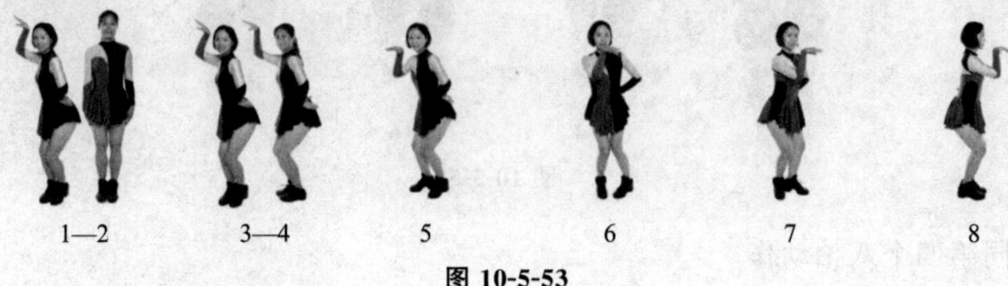

图 10-5-53

上肢:(左)1—4 左手叉腰,右臂肩上屈,掌心朝外。

5—8 抖动右手指头。

(右)1—2 保持不动。

3—4 左手叉腰,右臂肩上屈,掌心朝外。

下肢:(左)1—4 双腿弯曲,顶左胯。

5—8 双腿弯曲,左右脚依次快速踏步。

(右)1—2 保持不动。

3—4 双腿弯曲,顶左胯。

5—8 双腿弯曲,左右脚依次快速踏步。

手型:爵士舞蹈手型。

面向:1—4 右方。

5—8 向左转 180°至左方。

(3)第三、四个八拍动作说明:同第一、二个八拍动作,但方向相反。

组合九

前四拍动作说明:同组合八前四拍动作。

(1)第一个八拍动作说明(图 10-5-54):

图 10-5-54

上肢:(左)1—2 双臂胸前交叉。

3—4 右臂侧平举,左臂侧上举。

5—8 保持不动。

(右)1—4 保持不动。

5—8 同(左)1—4。

下肢:(左)1—2 左脚向右前方迈一步。

3—4 右脚向侧点地。

5—8 保持不动。

(右)1—4 保持不动

5—8 同(左)1—4。

手型:爵士舞蹈手型。

面向:前方。

(2)第二个八拍动作说明(图 10-5-55):

上肢:1—4 侧下举。

(左)5—8 左手叉腰,右臂头侧屈。

(右)5—8 右手叉腰,左臂头侧屈。

下肢:1—4 双腿弯曲,左右脚依次向后做快速踏步。

(左)5—8 双腿屈膝,顶左胯,重心移至左脚。

(右)5—8 双腿屈膝,顶右胯,重心移至右脚。

手型:爵士舞蹈手型。

面向:1—4 拍前方。

5—8(左)2 点方向。

(右)8 点方向。

1、3拍

2、4拍

5—8拍

图 10-5-55

任务六 幼儿舞蹈啦啦操的创编

幼儿课间操是幼儿活动的重要组成部分,幼儿舞蹈啦啦操的创编主要是根据啦啦操各个项目的主要技术和具有项目代表性的基本动作,结合儿童的生理、心理特征进行创编。力求简单易学、趣味性强,在快乐的学习过程中,让儿童在充满童真的啦啦操练习中接受啦啦操基本技术信息,掌握啦啦操的基本技术与基本动作,并引导孩子们爱上啦啦操这项运动。

一、幼儿舞蹈啦啦操创编原则

(一)针对性原则

创编舞蹈啦啦操时首先要坚持针对性原则。

第一,针对幼儿的年龄特征和身心发展特点进行创编,避免一些有损儿童生长发育的动作出现。注意突出儿童的天真活泼,动作要形象、直观、避免单一,切忌成人化。

第二,针对幼儿实际出发进行创编。创编动作由简单到复杂,有步骤地循序渐进,逐步加难,成套动作编排要具有动作对称、规范、变化少、路线短、简单易学,运动量由小到大,由单一到复杂等特征。

第三,针对规则的要求进行创编。舞蹈啦啦操的竞赛目的是取得比赛高分和优秀名次,所以创编者在创编之前，需要了解该项目的具体规则，严格按照竞赛规则进行，遵照规则要求，彻底深入地理解竞赛规则，再创编比赛套路，从而避免在比赛中造成不必要的麻烦和损失。

(二)安全性原则

在舞蹈啦啦操的赛场上，为了给人们带来视觉冲击，往往会加入一些惊险的托举动作或抛接动作，这些动作在带动现场气氛的同时，也会给队员们的安全带来一定的隐患，尤其是幼儿的身心都未发育成熟，有些小朋友甚至都不知道害怕，这种情况更容易使其身体受到伤害。因此，在进行幼儿舞蹈啦啦操的创编时，尽量不使用难度动作，编排的动作一定要从每一位小朋友的实际水平和安全角度出发，防止伤害事故的发生。

(三)创新性原则

创新性原则是创编幼儿舞蹈啦啦操的重要条件。创新，表现在幼儿舞蹈啦啦操动作题材的新颖、风格的独特、动作设计的巧妙、队形变化所展现出来的视觉效果等方面。创作别人没有创作过的题材，设计别人没有做过的动作，或改变原有动作使其成为一个新的动作，能够标新立异，让人耳目一新，过目不忘。

(四)全面性原则

在创编过程中注意编排的全面性原则。使幼儿的力量性、关节的灵活性、韧带的柔韧性都得到全面的锻炼。

二、幼儿舞蹈啦啦操创编步骤

(一)确定创编的目的

在创编前明确创编的目的和任务，看是为了表演还是为了比赛。若是为了表演而创编的动作，主要任务是要进行现场气氛的渲染，加入与观众互动等环节，增加创编作品的感染力即可；若是为了比赛而创编的动作，应根据各个项目的具体竞赛规则进行编排比赛套路，从而在比赛中避免因为误读规则或者犯规动作等因素而产生的扣分，形成不必要的损失。

(二)确定主题风格

鲜明的主题风格不仅可以吸引观众的眼球，为其带去视觉上的刺激与新鲜感，也可以借由作品所要传达的某种精神或人文思想而触动人心，甚至令人深思。而主题与风格的确定来自创编者事先构思，看这个“构思”是否适合幼儿主题或风格；这个主题或风格的确定还应考虑以下因素：表演的场合是否合适，队员的水平是否能做到，服装道具的准备是否充分等。总之，在有了构思这一创作基础后，主题与风格的确定就要紧密地结合自身的实际情况去考虑与判断，以避免在之后的创编过程中困难重重。

(三)收集相关元素

幼儿舞蹈啦啦操的主题或风格确定后，紧接着就是相关元素的收集。在元素的收集中，主要包括幼儿舞蹈动作、儿童音乐、儿童服装、发型妆容等元素的收集。只有做好了这些元素的收集工作，想要表达的主题风格才会一目了然。例如，想要编排一个“喜羊羊与灰太狼”的舞蹈啦啦操，则需要考虑到“以羊和狼两大族群间妙趣横生的争斗”为主题，舞蹈动作体现出“诙谐”的感觉。在服装方面，两边耳朵竖起来的白色帽子与白色的连体服等服装元素，便可以使观众一目了然。

(四)音乐的选择与制作

音乐是舞蹈啦啦操的灵魂。脱离了音乐,成套动作将无法传达作品的主题与情感。在音乐的选择方面,要考虑到节奏清晰、具有渲染性和紧扣主题、突显风格的音乐。在音乐选择后,因音乐的时间或风格等与创编者的构想有一定出入,通常要对选择好的音乐进行二次加工。在加工时则要注意音乐的完整性和连接部分的流畅性。特别是多首音乐剪接而成时,不能生硬或随意拼接,制作好的音乐要给人以协调舒适之感。所以音乐的加工与制作也是创编者不可或缺的一项技能,既省时省力又可以减少费用支出。

(五)动作的编排

音乐确定下来之后,便开始根据音乐的结构来设计成套动作。成套动作是由单个的肢体动作连接而成的。在将各个单动作相连成串时,应注意把握以下几个原则:前一个动作的结束应是后一个动作的开始;前一个动作应有利于后一个动作的完成;将发力方式相适应的两个动作编排在一起,使前一个动作的发力有利于后一个动作重心的转换与平衡的控制。

(六)队形的编排

队形与动作的关系有以下三种:第一,先创作动作再考虑队形,这种方法较适合于街舞啦啦操。因为街舞主要体现其舞蹈的风格与身体的感觉,所以相较于队形,动作在街舞中则占据核心的地位。第二,先创造队形后再创作动作,这种方法较适合于花球啦啦操。因为花球以体现整体的视觉效果为主,通常并不突出单个动作的展示,所以队形上的变化则是制造视觉效果的关键。第三,同时进行队形与动作的创作。队形与动作同时进行编排,是常用的方法。无论作品的风格或种类,都可以运用这个方法。

(七)整体的完善与修改

这是编排的最后一道工序,成套动作的雏形已基本显现,此时创编者必须对成套动作的整体效果进行审视。主要考虑到以下因素:检验创编有无新意,主题与风格是否彰显,动作与音乐是否吻合,成套动作的气氛如何,衔接是否流畅等。在成套动作的创编完成后,应注意在练习中要观察整体效果如何,训练时边修改边完善。要留充足的时间进行反复练习,以提高动作的质量和熟练度。只有经过不断完善,精雕细琢,才有可能创作出直抵人心的好作品。

课后练习与作业

1. 请简述啦啦操的起源与发展。
2. 请简述啦啦操的定义及分类。
3. 请简述啦啦操的项目特征。
4. 请论述幼儿舞蹈啦啦操的创编原则及创编步骤。

项目十一 武 术

■ 教师寄语

生命不仅在于运动,更在于有思想的运动

——梅继伟

■ 学习目标

知识目标:深入了解武术所蕴含的传统文化内涵,传承和弘扬中华民族的武术精神。

能力目标:通过武术训练,提高身体素质,包括力量、耐力、柔韧性、协调性和敏捷性,增强心肺功能,改善身体的健康状况。掌握有效的防身技巧和应对危险的能力,在必要时能够保护自己和他人的安全。

素质目标:通过武术修炼达到身心的平衡与和谐,培养平和的心态、谦逊的品德和尊重他人的意识。锻炼坚韧不拔的毅力、克服困难的勇气、自律能力和专注力,培养良好的心理素质和应对压力的能力。

■ 项目思维导图

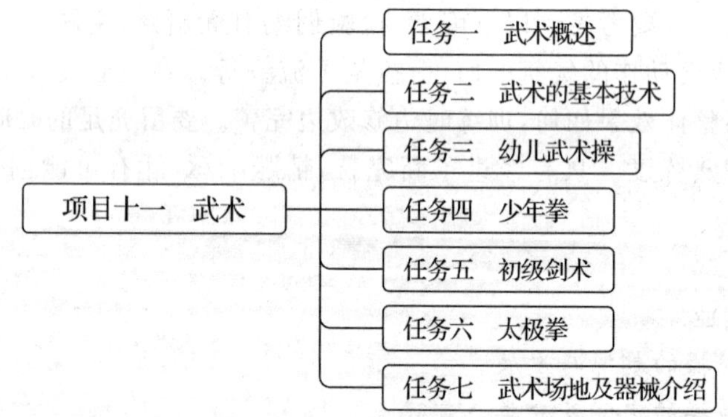

■ 课程思政

武术是中国传统文化的重要组成部分。通过学习武术,学生了解中国武术的历史和发展,激发爱国情感和民族自豪感。武术强调尊师重道、礼义廉耻、坚韧不拔等品德。在课程中,引导学生培养良好的道德品质和行为规范。许多武术训练和表演需要团队协作。通过参与团队活动,学生学会相互配合、相互支持,增强了团队合作意识。武术训练中的挫折和挑战有助于培养学生的意志力、自信心和抗压能力,促进学生形成积极向上、勇敢自信的健康人格特质。

任务一　武术概述

一、武术运动的产生

武术起源于我们远古祖先的生产劳动，是在中国古代军事战争中形成和发展起来的，它植根于中国五千年生存与发展的历史。随着历史的变迁，冷兵器的逐步消亡，专用武术器械的生产及拳械套路的大量出现，对抗性项目武术竞赛规则的制定，武术已演化成为体育运动项目之一。

武术的基本定义可概括为：武术是以踢、打、摔、拿、击、刺等技击为主要内容，以套路和捕斗的运动形式注重内外兼修的中国传统体育项目。

二、武术运动的特点

它是以技击动作为主要内容，以功法、套路和搏斗为运动形式，注重内外兼修的中国传统民族体育项目。武术运动是中华民族特有的体育文化形态，是中国传统文化的重要组成部分。它源远流长、博大精深、内涵丰富、寓意深远，既具备了人类体育运动强身健体的共同特征，又具有东方文明所特有的哲理性、科学性和艺术性，较集中地体现了中国人民在体育领域中的智慧结晶。因此，从广义上认识，武术不仅是一个运动项目，而且是一项民族体育，是中华民族一宗璀璨夺目的文化遗产。

武术的内容丰富多彩，在所有体育项目中可以称得上世界之最，仅套路运动就有上千种之多，其中拳术就有五百多种，器械也是刀枪剑棍、绳镖鞭锤等五花八门。还有惊而无险的对练的集体表演、斗智较力的搏斗运动等。其风格独特，功效极大，无论男女老少、体弱多病者都能得益于其中——强身健体、防身自卫、修身养性。它已成为中华民族享誉世界的东方明珠。

任务二　武术的基本技术

武术的基本知识与技术是学习各种拳术和器械套路的基础，要想学好武术的一招一式，必须从基础入手。

一、手型、手法练习

（一）手型

1. 拳

四指并拢握紧，拇指扣在食指和中指的第二指关节上。（图 11-2-1）

要点：拳要握紧，拳面要平。

2. 掌

四指并拢伸直，拇指弯曲紧扣于虎口处。（图 11-2-2）

要点：掌心要外撑。

3. 勾

五指第一指关节撮拢、屈腕。(图 11-2-3)

要点:五指撮紧,尽量勾腕。

图 11-2-1

图 11-2-2

图 11-2-3

(二)手法

1. 冲拳

两拳收抱于腰间,右(左)拳由屈到伸,迅速向前冲出,高与肩平,拳眼朝上为立拳,拳背朝上为俯拳。(图 11-2-4)

要点:冲拳一瞬间要拧腰、送肩、急旋臂。两臂一冲一拉形成合力。

2. 架拳

右拳向左经体前向头上方架起,拳轮朝上,臂成弧形。(图 11-2-5)

要点:松肩、屈肘、旋臂,力达前臂外侧。

图 11-2-4

图 11-2-5

3. 劈拳

右拳向左、向上经头前向右下快速劈击,臂伸直与肩同高。(图 11-2-6)

要点:肩要松,拳要握紧,力达拳轮。

4. 推掌

右拳变掌,向前猛力推击,高与肩平,成侧立掌,同时左肘向后拉紧。(图 11-2-7)

要点:要拧腰,送肩,沉腕,侧立掌,快速有力,力达掌外沿。

5. 亮掌

右拳变掌,经体侧向再向上划弧,至头部右前上方时,抖腕亮掌。臂微屈,掌心斜向上。(图 11-2-8)

图 11-2-6

图 11-2-7

图 11-2-8

二、步型练习

(一)弓步

前脚微内扣,全脚着地,屈膝使大腿接近水平;后腿挺膝伸直,脚跟后蹬,脚尖内扣,挺胸立腰。(图 11-2-9)

要点:前腿弓平,后腿蹬直。

(二)马步

两脚左右开立约为脚长的 3～3.5 倍,脚尖正对前方,屈膝使大腿接近水平。(图 11-2-10)

要点:顶平、肩平、腿平;挺胸、立腰、裹膝、扣足。

(三)仆步

一腿全蹲,全脚着地,膝和脚尖向外展;另一腿伸直,全脚着地,脚尖内扣。(图 11-2-11)

要点:胸、立腰、开髋、全蹲。

(四)虚步

后腿屈膝半蹲,大腿接近水平,脚尖外展:前腿微屈,脚面绷直,以脚尖虚点地面。(图11-2-12)

要点:挺胸、立腰,两脚虚实分明。

(五)歇步

两腿交叉屈膝全蹲,前脚全脚着地,脚尖外展;后脚跟离地,臀部坐于小腿上。(图 11-2-13)

要点:两腿交叉叠紧,挺胸立腰。

图 11-2-9

图 11-2-10

图 11-2-11

图 11-2-12

图 11-2-13

三、腿法练习

(一)正踢腿

右手扶肋木,左手叉腰或侧平举,身体侧向站立,一腿支撑,另一腿向前额上方踢起,右腿交替练习。(图 11-2-14)

要点:踢腿时要做到三直一勾,即上体直,支撑腿直,摆动腿直;摆动腿脚尖要勾紧。

(二)侧踢腿

面对肋木,双手抓扶肋木。一腿支撑,另一腿由体侧向耳上方踢起。(图 11-2-15)

要点:上体、支撑腿、摆动腿均要挺直,摆动腿脚尖勾紧。

图 11-2-14　　　　图 11-2-15

(三)里合腿

支撑腿自然伸直,全脚着地,另一腿由体侧踢起,向异侧做扇形摆动落下。(图 11-2-16)

要点:做到三直一勾。摆动腿的幅度要大,速度要快。

图 11-2-16

(四)外摆腿

动作与里合腿同,唯摆腿方向相反。(图 11-2-17)

要点:同里合腿。

图 11-2-17

(五)弹腿

两腿并立,一腿屈膝提起,当大腿接近水平时,小腿迅速弹踢,力达脚尖。(图 11-2-18)

要点:小腿弹击要快速,膝部要挺直,脚面要绷紧。

(六)蹬腿

动作与弹腿同,唯脚尖勾起,力达脚跟。(图 11-2-19)

要点:同弹腿,唯绷脚尖与勾脚尖不同。

(七)侧踹腿

一腿伸直支撑,另一腿屈膝提起,脚尖勾紧,脚跟用力向侧上方踹出。(图 11-2-20)

要点：膝部挺直，脚尖勾紧，踹出的一瞬间扣膝送髋。

图 11-2-18　　图 11-2-19　　图 11-2-20

四、平衡练习

(一)提膝平衡

右腿伸直支撑，左腿屈膝提起(过腰)，脚面绷直，并垂扣于右腿前侧。右臂上举于头上亮掌，左臂反臂后举成勾手。(图 11-2-21)

要点：挺胸、塌腰、收腹。平衡要站稳，提膝过腰，脚内扣。

(二)扣腿平衡

右腿屈膝全蹲，左腿屈膝勾脚贴于右膝窝处，脚背朝里。左臂上举于头上架掌，右手向侧立拳冲出。(图 11-2-22)

要点：挺胸、塌腰、扣腿、平稳。

(三)燕式平衡

左腿屈膝提起，两掌在身前交叉，掌心向内。然后，两掌向两侧直臂分开平举，上体前屈，左脚绷平向后上蹬伸。(图 11-2-23)

要点：挺胸、抬头、弓腰、两腿伸直，静止。

图 11-2-21　　图 11-2-22　　图 11-2-23

五、跳跃练习

(一)腾空飞脚

左腿向前上摆踢，右脚蹬地跃起，身体腾空，右腿向前上方弹(摆)踢，脚面绷直，右手迎击右脚面。同时左腿屈膝收控于左胸前，脚面绷直，脚尖向下。(图 11-2-24)

要点：(1)右腿在空中摆踢时，脚必须过腰，在击响的一瞬间，左腿屈膝收控于左胸前。

(2)在腾空最高点完成击响动作。拍击动作必须连续、准确、响亮。

图 11-2-24

(二)旋风脚

左脚向左上步,同时左掌前推。右脚随即上步,脚尖内扣,准备蹬地踏跳。左臂随上步向下摆动并屈肘收至右胸前,同时右臂向上、向前抡摆,上体向右旋转前俯。重心右移,右腿屈膝蹬地跳起,左腿提起向左上方摆动,上体向左上方翻转,同时两臂向下、向左上方抡摆。身体旋转一周,右腿作里合腿,左手在面前迎击右脚掌,左腿自然下垂。(图 11-2-25)

要点:右腿作里合腿时,要贴近身体;摆动时,膝挺直,由外向里成扇形。

图 11-2-25

任务三　幼儿武术操

幼儿武术操是以武术最基本的动作以分节做体操的形式,按幼儿的年龄特点编排的一种适合幼儿做的武术操。

一、幼儿武术操(第一套)

这一套八节,每一节两个八拍

第一节　手型变换

预备姿势:直立抱拳在腰间。(图 11-3-1)

第一个八拍

1 出左脚成马步,同时两拳臂内旋向前冲出,拳心向下,眼向前看。(图 11-3-2)

2 左脚收回,同时两拳变掌由前向下经两侧直臂绕环到头上,掌心向上,指尖相对,抬头挺胸,眼看指尖。(图 11-3-3)

3 出左脚成马步,同时两掌向两侧下落变勾至侧平举部位,勾尖向下,眼向前看。(图

11-3-4）

4 还原成预备姿势。

5—8 动作同 1—4 唯左右相反。

第二八拍同第一八拍。

动作要求：手型正确、冲拳有力、动作到位。

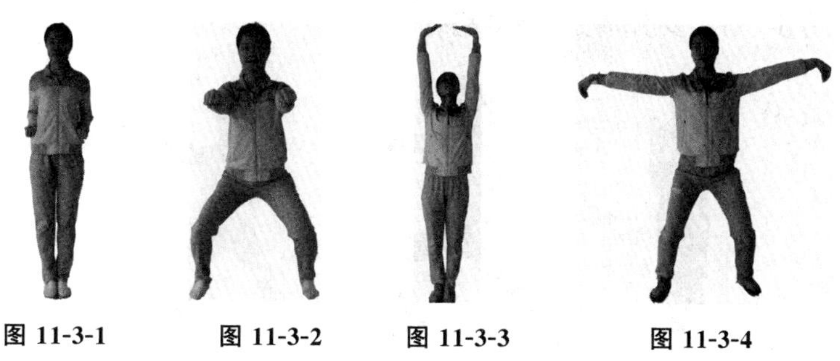

图 11-3-1　　图 11-3-2　　图 11-3-3　　图 11-3-4

第二节　弓步冲拳

预备姿势：直立抱拳在腰间(图 11-3-5)。

第一个八拍

1 左脚向前出一步成左弓步，同时右拳向前冲出，拳心向下。(图 11-3-6)

2 重心前移在左脚，右腿向前弹踢一次，同时右拳收回在腰间，左拳向前冲出，拳心向下，眼看前方。(图 11-3-7)

3 同 1

4 还原成预备姿势。

5—8 动作同 1—4，唯左右相反。

第二八拍同第一八拍。

动作要求：弓步时后腿蹬直，弹踢时有一定的高度且有力。

图 11-3-5　　图 11-3-6　　图 11-3-7

第三节　马步架拳

预备姿势：直立抱拳在腰间。(图 11-3-8)

第一个八拍

1 左脚向左侧出一步成左弓步，同时上体左转右臂向前推出成推掌立掌，掌心向前，眼向前看。(图 11-3-9)

2 上体右转右臂由左向右平绕收拳在腰间，同时收左脚成直立状。(同图 11-3-8)

3 左脚侧出成马步，同时左臂向左推掌立掌，右臂屈肘于头上架拳，眼看左边。(图 11-3-10)

4 还原成直立抱拳在腰间。(同图 11-3-8)

5—8 动作同 1—4 唯左右相反。

第二个八拍同第一个八拍。

动作要求：弓步、马步要分清楚、站得稳。

图 11-3-8　　图 11-3-9　　图 11-3-10

第四节　分掌正踢

预备姿势：直立、两臂在体侧.(图 11-3-11)

第一个八拍

1 左脚向前一步成弓步，同时两手变掌，两臂体前交叉向外绕至侧平举，掌心向外，眼向前看。(图 11-3-12)

2 重心前移，右脚向前正踢一次，脚尖勾起。(图 11-3-13)

3 右脚收回，同时两臂经上向内交叉绕至侧平举，眼向前看。(图 11-3-12)

4 还原成直立。(图 11-3-11)

5—8 动作同 1—4 唯左右相反。

第二个八拍同第一个八拍。

动作要求：踢腿时腿直、脚尖勾起

图 11-3-11　　图 11-3-12　　图 11-3-13

第五节　摆掌勾手

预备姿势：直立、两臂在体侧。(图 11-3-14)

第一个八拍

1 上体左转 90°，同时左臂平举勾手，右臂变掌立掌在左胸前，眼看左方。(图 11-3-15)

2 还原成直立。

3 左脚向左前方 45°跨出一步成左弓步，同时两臂从左前方由上绕至右后方，左手臂屈肘在右胸前立掌，右手臂在右后方平举勾手。（图 11-3-16）

4 还原成直立。

5—8 动作同 1—4 唯左右相反。

第二个八拍动作同第一个八拍。

动作要求：转体时要挺胸收腹、手的变化要正确。

图 11-3-14　**图 11-3-15**　**图 11-3-16**

第六节　俯腰侧踹

预备姿势：直立、两臂在体侧。（图 11-3-17）

第一个八拍

1 两脚直立，两臂上举伸直拍手一次。（图 11-3-18）

2 两手指相交后由上经胸前往下压至两脚的位置，上体俯腰状。（图 11-3-19）

3 上体起，身体向右倾斜，左腿向左侧踹出，右脚站立，左手握拳在腰间，右手握拳在头上。

4 还原成直立状。

5—8 动作同 1—4 唯左右相反。

第二个八拍动作同第一个八拍。

动作要求：俯腰时要到位，踹脚动作要站稳。

图 11-3-17

图 11-3-18

图 11-3-19

第七节　仆步亮掌

预备姿势:直立、两臂在体侧。(图 11-3-20)

第一个八拍

1 左脚向左前方 45°处跨出一步成左弓步,同时左臂前举掌心向上,右臂后举掌心向下,眼看左前方。(图 11-3-21)

2 左腿蹬直、右腿屈膝全蹲成仆步,同时左臂在腹前按掌,掌心向下,右臂在头上掌心向下,眼看前方。(图 11-3-22)

3 还原成 1

4 还原成直立。

5—8 动作同 1—4。方向相反。

第二个八拍动作同第一个八拍。

动作要求:仆步时要全蹲、挺胸,手型动作要正确。

图 11-3-20　　图 11-3-21　　图 11-3-22

第八节　推掌冲拳

预备姿势:直立、抱拳。(图 11-3-23)

第一个八拍

1 双脚跳起成开立,同时两臂向前推掌、立掌,掌心向前,眼看前方。(图 11-3-24)

2 双脚跳起成并立,同时两臂收回在腰间抱拳、拳心向上,眼看前方。(图 11-3-23)

3 双脚跳起成开立,同时两臂向侧冲拳,拳心向下,眼看左方。(图 11-3-25)

4 双脚跳起成并立,同时两臂收回在腰间抱拳、拳心向上,眼看前方。

5—8 动作同 1—4 动作。但第八拍两臂放下成立正姿势。

第二个八拍动作同第一个八拍。

动作要求:跳起时要轻松自然,手型正确。

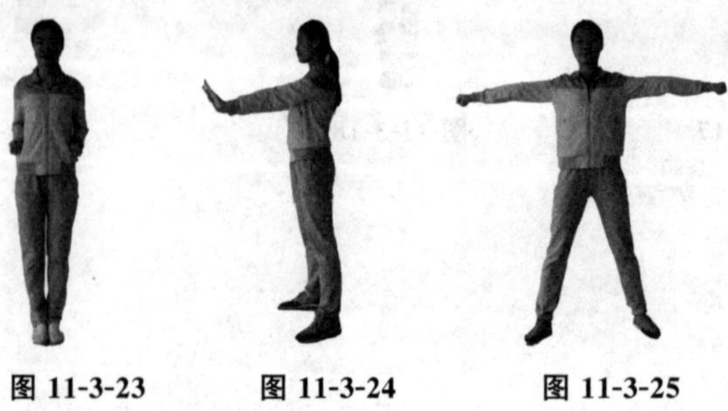

图 11-3-23　　图 11-3-24　　图 11-3-25

二、幼儿武术操(第二套)

(共八节,每节四个八拍)

第一节:伸臂亮掌运动

第一个八拍:准备姿势,双手直立抱拳于腰间。

1—2 双手变掌两臂上举,掌心相对,双手臂伸展与耳相对。抬头成 45°。(图 11-3-26、图 11-3-27)

图 11-3-26

图 11-3-27

视频 11-3-1
第一节:伸臂亮掌运动

3—4 两手臂伸直于体前交叉至体侧,掌心向内,手臂与肩部成 45°,同时头左顾。(图 11-3-28、图 11-3-29、图 11-3-30)

图 11-3-28

图 11-3-29

图 11-3-30

5—6 双手掌向胸前砍掌,与肩宽,手臂伸直,掌心向上。(图 11-3-31)

7—8 还原成准备姿势。

第二个八拍同第一个八拍动作相同,方向相反。

第三、四个八拍同第一、二个八拍。

图 11-3-31

第二节:弓步摆掌运动

第一个八拍:准备姿势,双手直立抱拳于腰间。

1—2 左手推掌于肩平,右手抱拳于腰间,身体保持正直,目视前方。(图 11-3-32)

3—4 右手推掌于肩平,左手抱拳于腰间,身体保持正直,目视前方。(图 11-3-33)

5—6 左脚向左迈步成侧弓步,左手臂伸直向上推掌,掌心向正上方,右手掌在左腋窝旁护住胸部,同时头右顾。(图 11-3-34)

7—8 还原成准备姿势。

第二个八拍同第一个八拍动作相同,方向相反。

第三、四个八拍同第一、二个八拍。

图 11-3-32

图 11-3-33

图 11-3-34

视频 11-3-2
第二节:弓步摆掌运动

第三节:弹踢冲拳运动

第一个八拍:准备姿势,双手直立抱拳于腰间。

1—2 左弓步,右手小臂格挡,右肘关节弯曲 140°于胸前,左脚向左前方 45°方向跨出成弓步,后腿伸直。左手抱拳于腰间。(图 11-3-35)

3—4 弹踢冲拳,右腿弹踢,冲左拳,右手抱腰间。(图 11-3-36)

5—6 弓步冲拳,右弹腿后顺势向后侧方成弓步,冲右拳,左手抱腰间。(图 11-3-37)

7—8 还原成准备姿势。

第二个八拍同第一个八拍动作相同,方向相反。

第三、四个八拍同第一、二个八拍。

图 11-3-35

图 11-3-36

图 11-3-37

视频 11-3-3
第三节:弹踢冲拳运动

第四节:砸拳侧屈运动

第一个八拍:准备姿势,双手直立抱拳于腰间。

1—2 左脚向左开立与肩同宽,同时双手胸前推掌(图 11-3-38)

3—4 震脚砸拳,右手掌变拳,拳面击向左掌于胸前位置,挺胸立腰,同时右脚向左脚并拢震脚,双膝微屈。(图 11-3-39)

5—6 左脚跟向左侧点地,右手抱拳经体侧击掌于头上方,双肘微弯曲,目视右侧下方。(图 11-3-40)

7—8 收左脚,并步抱拳于腰间。

第二个八拍同第一个八拍动作相同,方向相反。

第三、四个八拍同第一、二个八拍。

图 11-3-38

图 11-3-39

图 11-3-40

视频 11-3-4
第四节:砸拳侧屈运动

第五节:歇步立掌运动

第一个八拍:准备姿势,双手直立抱拳于腰间。

1—2 左脚向左开立与肩同宽,交叉推掌于胸前,手臂成弧线,左手在外、右手在内,目视前方。(图 11-3-41)

3—4 两手掌经头上画弧线交叉相合于胸前,左手在上,右手在下,同时左转身 90°后变歇步,挺胸立腰,眼随手走。(图 11-3-42)

5—6 两手臂经头上和体侧画圆弧,双手掌交叉相合于胸前,左手在下,右手在上,同时右转身 180°后变歇步,挺胸立腰,眼随手走。

7—8 收左脚,并步抱拳于腰间。

图 11-3-41

图 11-3-42

视频 11-3-5
第五节:歇步立掌运动

第二个八拍同第一个八拍动作相同,方向相反。

第三、四个八拍同第一、二个八拍。

第六节:转身勾手运动

第一个八拍:准备姿势,双手直立抱拳于腰间,

1—2 双拳在胸前交叉绕至体侧,拳心向内,同时左脚向左跨,与肩同宽,左手在内,右手在外。(图 11-3-43)

3—4 左转身,冲右拳与肩平,左手变掌放于右肘旁。(图 11-3-44)

5—6 左脚向右成弓步,右手臂以肩为轴,贴近身体成立圆至右方,与肩平成勾手。左手掌至与右腋下部位。同时头右顾。

7—8 收左脚,并步抱拳。

第二个八拍同第一个八拍动作相同,方向相反。

第三、四个八拍同第一、二个八拍。

图 11-3-43

图 11-3-44

视频 11-3-6
第六节:转身勾手运动

第七节:跳跃冲拳运动

第一个八拍:准备姿势,双手直立抱拳于腰间,

1—2 双脚起跳成马步,双手成拳向身体两侧冲拳,与肩平,拳心向前,头往左顾。(图 11-3-45)

3—4 双脚起跳成直立,抱拳于腰间,目视前方。(图 11-3-46)

5—6 双脚起跳成左弓步,双手向两侧推掌,目视前方。(图 11-3-47)

7—8 双脚起跳成直立抱拳。

第二个八拍同第一个八拍动作相同,方向相反。

第三、四个八拍同第一、二个八拍。

图 11-3-45

图 11-3-46

图 11-3-47

视频 11-3-7
第七节:跳跃冲拳运动

第八节:呼吸按掌运动

第一个八拍:

1—4 双手臂由下至肩平,掌心向下,同时左腿屈膝 90°上提,后自然落下。

5—8 双手臂由下至肩平,掌心向下,同时右腿屈膝 90°上提,后自然落下。(图 11-3-48)

第二个八拍:1—2 双手臂右下至头顶,左右掌背向合,同时上提左腿,膝关节弯曲成 90°,微抬头。

3—4 双手臂和左腿由上至下自然落下。(图 11-3-49)

5—6 动作同 1—2,但方向相反。

7—8 动作同 3—4,但方向相反。

图 11-3-48

图 11-3-49

视频 11-3-8
第八节:呼吸按掌运动

第三个八拍:

1—2 双手臂伸直放松,由下至上,掌心向上与肩平,眼看左手。(图 11-3-50)

3—4 双手掌上举至头顶,掌心相对,两手臂与肩同宽,眼看上方。(图 11-3-51)

5—6 双手臂微弯曲向下运动,掌心向下。(图 11-3-52)

7—8 还原成并步抱拳。

第四个八拍:动作与第三个八拍相同,唯方向相反。

图 11-3-50

图 11-3-51

图 11-3-52

任务四　少年拳

少年拳演示见视频 11-4-1 和视频 11-4-2。

视频 11-4-1　少年拳

视频 11-4-2　少年拳(慢速版)

一、抡臂砸拳

(1)动作要领:左脚向左跨一步,以前脚掌着地,上体右转,左拳变掌向右前下方伸出,掌心向下,上动不停,向左后方转体 180°,同时左手向上、向左、向下绕环屈臂外旋,使掌心向上置于腹前;右手向右后、向上抡起下砸,以拳背砸击左掌心作响,同时右腿屈膝提起,在砸拳的同时下跺震脚成并步半蹲,上体稍前倾。目视前下方(图 11-4-1～图 11-4-4)。

(2)动作要点:转体、绕环、抡臂的动作要协调一致,砸拳与震脚要同时完成。

(3)攻防含义:左手抡臂掳抓,右拳抡起下砸。

图 11-4-1

图 11-4-2

图 11-4-3

图 11-4-4

二、望月平衡

(1)动作要领:右脚后撤一步起立,同时右拳变掌,两手左右分开上摆,左手在头左斜上方抖腕亮掌;右手至右侧平举部位抖腕成立掌,掌心向右;左腿屈膝,小腿向右上提贴于右膝窝,脚面向下。眼随左掌转动,在抖腕亮掌的同时向右转头。目向右平视。(图 11-4-5)

(2)动作要点:抖腕、转头、提腿的动作要同时进行。

(3)攻防含义:回顾身后。

图 11-4-5

三、跃步冲拳

(1)动作要领:上体左转前倾,左腿向前提起,左手向左下后摆至体后;右手以掌背向左下后挂至左膝外侧,掌心均向内,目视左下方。

左脚向前落步,右腿屈膝向前上提,左脚随即蹬地向前跃出,两臂向前向上绕环摆动,目视右掌。(图 11-4-6、图 11-4-7)

右脚落地全蹲,左脚随即落地向前伸直平铺地面成仆步;两臂同时继续由上向右、向下绕环,右掌变拳收抱于右腰侧;左掌屈臂成立掌停于右胸前。目视前方。(图 11-4-8)

左掌经左脚面向外横搂,同时重心前移,右腿蹬直成左弓步;左掌变拳收抱于腰侧,右拳向前冲出,拳心向下,目视右拳。(图 11-4-9)

(2)动作要点:跃步要远,落地要轻。跃步时要与两手的动作自然相随。

(3)攻防含义:跃步接近对方后,右拳前击。

图 11-4-6

图 11-4-7

图 11-4-8

图 11-4-9

四、弹踢冲拳

(1)重心移至左腿,右腿屈膝提起,在膝盖接近水平时,脚面绷平猛力向前弹踢;右掌收抱于腰侧,左拳向前冲出,拳心向下。目向前平视。(图 11-4-10)

(2)动作要点:弹踢时力点达于脚面,支撑腿可微屈。

(3)攻防含义:接上势向前踢打。

图 11-4-10

五、马步横打

(1)右脚向前落步,脚尖内扣,左拳收抱于腰侧,右拳臂内旋向右后伸出,在向左转体 90°成马步的同时,向前平摆横打。目视右拳前方。(图 11-4-11)

(2)动作要点:横打与转体的动作要协调一致,并要借转体拧腰的力量发力。

(3)攻防含义:接上势,右拳横贯对方头部。

图 11-4-11

六、并步搂手

图 11-4-12

(1)动作要领:右脚向左脚并拢下蹲,右拳变掌直接向右小腿外侧下搂,至右小腿旁变勾手继续后摆停于体侧后方,勾尖向上。目视右方。(图 11-4-12)

(2)动作要点:并步与搂手要同时进行,上体正直微前倾。

(3)攻防含义:抄搂对方踢击之脚。

七、弓步推掌

(1)动作要领:上体向左转体 90°,左脚前上一步成左弓步;同时右勾变拳收抱于腰侧,左拳变掌向前推出,掌心向前,目视前方。(图 11-4-13)

(2)动作要点:转体、上步与推掌的动作要协调一致。

(3)攻防含义:转身前推对方胸部。

八、搂手勾踢

(1)动作要领:右拳变掌经后下直臂向上、向前绕环落于左腕上交叉,同时重心移至左腿。上动不停,两臂向下后摆分掌搂手,至体侧后反臂成勾手,勾尖向上,同时右脚尖上勾,脚跟擦地面,向左斜前方踢出。身体随之半面向左转。目视左前方。(如图 11-4-14)

(2)动作要点:两腕交叉和分掌搂手的动作要连贯,勾踢时力点达于脚腕内侧。

(3)攻防含义:下搂对方抓己之左手的同时,勾踢其前脚。

(a)

(b)

图 11-4-13

图 11-4-14

九、缠腕冲拳

(1)动作要领:两勾手变掌前摆于腹前,左手抓握右手腕,右腿屈膝,小腿自然下垂,上动不停,右手翻掌缠腕,在向右转体的同时臂外旋用力屈肘后拉于右腰侧抱拳,右脚跺地震脚下蹲,左腿屈膝提起。左脚向左侧跨一大步,右脚蹬地随之滑动,两腿下蹲成马步,同时左手变拳经左腰侧向左冲出,拳眼向上。目视左掌前方。(图 11-4-15、图 11-4-16)

(2)动作要点:屈肘后拉与转体、跨步与冲拳要同时,抓握、缠腕、屈肘后拉、转体、震脚要连贯。

(3)攻防含义:缠拿对方捉己之右腕,随即左拳冲其头部。

图 11-4-15

图 11-4-16

十、转身劈掌

(1)动作要领:右脚蹬地屈膝上提向右转体 90°,随身体直立,两拳变掌直接上举,在头前上方以右手背击左掌心作响,目视前方。上动不停,继续向右后转体 180°,右脚向前落步成右弓步,同时左掌变拳收抱于腰侧,右掌下劈成侧立掌,小指一侧向前。目视前方。(图 11-4-17、图 11-4-18)

(2)动作要点:转体以左脚掌为轴转 270°,动作要连贯、平稳;右脚落步要下跺并与劈掌动作一致。

(3)攻防含义:转身后右掌下劈对方面部。

图 11-4-17

图 11-4-18

十一、砸拳侧踹

(1)动作要领:右脚蹬地,屈膝上提,重心移至左腿并向左转体 90°,成提膝直立姿势;同时左拳变掌置于腹前,掌心向上,右掌变拳上举至头前上方,在右脚下踩震脚成并步下蹲的同时,以拳背砸击左掌作响。目视右拳前下方。右腿直立,左腿屈膝上提,脚尖上勾,以脚跟向左下方踹出与膝盖同高,上体稍向右倾斜;同时左掌变拳收抱于腰侧,右拳上举横架于头前斜上方,拳心向上。目视左方。(图 11-4-19、图 11-4-20)

(2)动作要点:砸拳与震脚要同时完成,侧踹要快速有力,身体要稳定。

图 11-4-19

图 11-4-20

十二、撩拳收抱

(1)动作要领:左脚向左落地并向左转体 90°成左弓步;右拳由上、向后、向下,以拳面撩出停于左膝前上方;左拳变掌拍击右拳背作响。目视右拳。(如图 11-4-21～图 11-4-23)左脚蹬地起立向右转体 90°;两臂上举,两手变掌于头前上方交叉,掌心向前。目视前方。上动不停,左脚收回与右脚并拢,两掌变拳左右分开后,屈肘收抱于腰侧。头向左转,目视左前方。

图 11-4-21

图 11-4-22

图 11-4-23

(2)动作要点:撩拳要有力,拍击要响亮,收抱动作要连贯。

(3)攻防含义:下撩对方裆部。

还原势:直立。两拳变掌,直臂下垂,头向右转,目视前方。

任务五　初级剑术

本节将对初级剑术的套路进行详细的动作分解说明。

一、预备动作

(一)预备式

身体正直,并步站立。

左手持剑,以拇指为一侧,中指、无名指和小指为另一侧,分握护手盘与剑柄的分界处,掌心贴在护手盘下部,手背朝前,食指贴于剑柄,剑身贴于前臂(即小臂)后侧。

右手握剑,食指和中指伸直并拢,无名指和小指屈向手心,拇指压在无名指的指甲上,手腕反屈,手背朝上,食指、中指内扣,指向左下侧。两臂在体侧下垂,两肘微上提。目向左平视,如图 11-5-1 所示。

图 11-5-1

要点:持剑时,前臂与剑身要紧贴并垂直于地面。两肩松沉,上身微挺胸,收腹,两膝挺直。

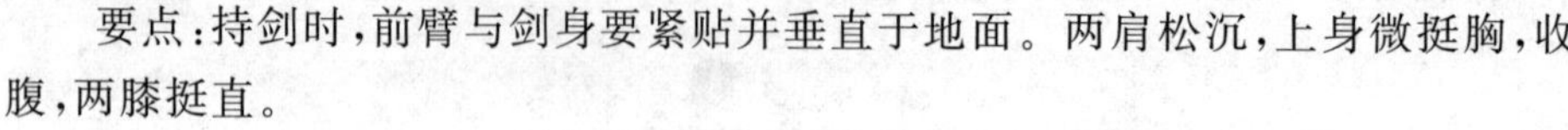

(二)预备动作 1

(1)上身半面向右转,右脚向右上一步,屈膝,左脚前脚掌碾地,脚跟外展,膝盖挺直,成右弓步。在右脚上步的同时,右手剑指从身体右侧经胸前屈肘上举,至左肩后向右前方平伸指出,拇指一侧在上。目视剑指,如图 11-5-2 所示。

(2)上身右转,左手持剑由左侧直臂上举,经头部前上方向右侧划弧,到身前时,拇指一侧朝下做反臂平举，同时右手剑指屈肘收于右腰侧，手心朝上，如图 11-5-3 所示。

(3)左脚向右脚并步，左手持剑随之下落，垂于身体左侧。同时，右手剑指向右侧平伸指出，拇指一侧在上。目视剑指，如图 11-5-4 所示。

要点：上述的上步剑指平伸、转体持剑向右侧划弧和并步剑指平伸三个分解动作，必须连贯起来做；动作过程中，两肩必须放松；持剑转体向右侧划弧时，左臂直臂上举，腰向右拧转，两脚不可移动；左臂向右侧划弧至与肩同高时，肘略屈，使右手剑指从左手背上穿出成立指；左手持剑继而下落于身体左侧，剑身垂直于地面。

图 11-5-2　　图 11-5-3　　图 11-5-4

(三)预备动作 2

(1)左脚向左上一步，屈膝，右脚前脚掌碾地，脚跟外展，膝部挺直，成左弓步，上身随之向左转。在左脚上步的同时，左手持剑屈肘经胸前向上、向前弧形绕环，平举于身体左侧，拇指一侧在下，如图 11-5-5 所示。

图 11-5-5　　图 11-5-6

(2)左腿伸直站立，右脚向前并步，左手持剑随之从身前下落，垂于身体左侧。同时，右手剑指屈肘沿右耳侧向前平伸指出，拇指一侧在上，目视剑指，如图 11-5-6 所示。

要点：右手剑指向前指出时，肘要伸直，剑指尖稍高过肩。

(四)预备动作 3

(1)左手持剑由右手剑指上面向前平伸穿出，拇指一侧在下；右手剑指顺左臂下面屈肘收于左肩前，并且屈腕使手指朝上。上身右转，右脚向右侧跨步、屈膝，左脚脚尖随之里扣，膝盖挺直，成右弓步，目向左平视，如图 11-5-7 所示。

图 11-5-7　　图 11-5-8

(2)上身右转，右手剑指经身前向右侧平伸指出，拇指一侧在上，目视剑指，如图 11-5-8 所示。

要点：成右弓步时，左腿要挺直，两脚的全脚掌均着地；上身略向前倾，挺胸，塌腰；左手持剑伸平，左肩放松。

(五)预备动作 4

右脚的前脚掌里扣，上身左转，重心落于右腿；左脚随之移回半步，屈膝，并以前脚掌虚着地面，成左虚步。在左脚移步的同时，左手持剑向胸前屈肘，手心朝外；右手剑指也向胸前屈肘，手心朝里，准备接握左手之剑，目视剑尖，如图 11-5-9 所示。

图 11-5-9

要点：做左虚步时，右实左虚要分明，右脚跟不要提起；上身要挺胸塌腰，并稍前倾；两肘要平，剑尖稍高于左肘。

二、实战动作

第一段

(一)弓步直刺

右手接握左手之剑,左手握成剑指。左脚向前上半步,屈膝;右脚前脚掌碾地,脚跟外展,膝部挺直,成左弓步。同时,上身左转,右手持剑向身前平伸直刺,拇指一侧在上;左手剑指随之伸向身后平举,拇指一侧在上,目视剑尖,如图 11-5-10 所示。

要点:做弓步时,前腿屈膝蹲平,两脚的脚掌全部着地;上身稍向前倾,腰要向左拧转、下塌,臀部不要凸起;两肩松沉,右肩前顺,左肩后引,剑尖稍高于肩。

(二)回身后劈

左脚不动,膝部伸直;右脚向前上一步,膝略屈,上身右转。同时,右手持剑经上向后劈,剑高与肩平,拇指一侧在上;左手剑指随之由下向前上弧形绕环,在头顶上方屈肘侧举,拇指一侧在下,目视剑尖,如图 11-5-11 所示。

要点:上步、转身、平劈和剑指向上侧举必须协调一致;转身后,腰要向里拧转,左脚不要移动;剑身和持剑臂必须成直线。

(三)弓步平抹

左脚向左前方上一步,屈膝,右腿在后,膝部挺直,脚尖里扣,成左弓步。同时,左手剑指由胸前下降,经左下向上弧形绕环,在头顶上方屈肘侧举,拇指一侧在下;右手持剑(手心转向上)随之向前平抹,剑尖稍向右斜,目视前方,如图 11-5-12 所示。

要点:抹剑时,手腕用力要柔和。

图 11-5-10

图 11-5-11

图 11-5-12

(四)弓步左撩

(1)上身左转,右腿屈膝在身前提起,脚尖下垂,脚背绷直。同时,右手持剑臂外旋,使剑由前向上、向后划弧,至后方时,屈肘使手腕、前臂贴靠腹部,手心朝里;左手剑指随之由头顶上方下落,附于右手腕部(手心朝下),目视剑身,如图 11-5-13 所示。

图 11-5-13　图 11-5-14

(2)右腿继续向右前方落步,屈膝,左腿在后蹬直,脚尖里扣,成右弓步。同时,右手持剑由后向下、向前反手撩起,小指一侧在上;左手剑指随右手运动,附于右手腕外,目视剑尖,如图 11-5-14 所示。

要点:剑由前向后和由后向前弧形撩起时,必须与提膝和向前落步的动作协调一致:握剑不可太紧;形成弓步后,上身略向前倾,直背,收臀,剑尖稍低于剑指。

(五)提膝平斩

左脚向前上一步,右手手腕向左上翻转、屈肘,使剑向左平绕至头部前上方,右脚随之由后向身前屈膝提起。右手继续翻转手腕。使剑向右平绕至右方后(手心朝上),再用力向前平斩。左手剑指由下向左、向丰弧形绕环,屈肘横举于头部左上方,目视前方,如图 11-5-15 所示。

图 11-5-15

图 11-5-16

要点:剑从左向后平绕时,上身必须后仰,使剑从脸部上方平绕而过,不可从头顶绕行;提膝时,左腿必须挺膝伸直站稳,右腿屈膝尽量上提,右脚贴护裆前,上身稍向前倾,挺胸,收腹。

(六)回身下刺

右脚向前落步,脚尖外撇,膝略屈,上身右转。同时,右手持剑手腕反屈,使剑尖下垂,随之向后下方直刺,剑尖低于膝,拇指一侧在上。左手剑指先向身前的右手靠拢,然后在刺剑的同时,向前上方伸直,拇指一侧在上,目视剑尖,如图 11-5-16 所示。要点:右手持剑要先屈肘收于身前,在右脚向前落步和上身右转的同时,使剑用力刺出;左腿伸直,右腿稍屈,腰向右拧转,剑指、两臂和剑身须成一直线。

(七)挂剑直刺

(1)左脚向前上一步,屈膝略蹲,右臂内旋先使拇指一侧朝下成反手,然后翘腕、摆臂,使剑尖向左、向上抄挂,当持剑手抄至左肩时,再屈肘使剑平落于胸前,手心朝里;此时左腿伸直站立,右腿随之在身前屈膝提起,左手剑指屈肘附于右手腕处,如图 11-5-17 所示。

(2)以左脚前脚掌碾地,上身右转,右手持剑使剑向下插,左手剑指仍附于右手腕处,目视剑尖,如图 11-5-18 所示。

(3)上式不停,仍以左脚前脚掌为轴碾地,右脚向身后跨一大步,屈膝,上身从右向后转。左腿在后蹬直,脚尖里扣,成右弓步。同时,右手持剑向前直刺,剑尖与肩同高,拇指一侧在上;左手剑指随之向后平伸,拇指一侧在上,目视剑尖,如图 11-5-19 所示。

要点:挂剑、下插、直刺三个分解动作必须连贯,它们与跨步、提膝、转身、弓步的动作要协调一致;弓步直刺后,两脚全脚掌均着地,上身稍向前倾,挺胸,塌腰。

图 11-5-17

图 11-5-18

图 11-5-19

(八)虚步架剑

(1)右手持剑先将剑尖由左向右绕一小圈,臂内旋使持剑手的拇指一侧朝下。同时,以右脚跟和左脚前脚掌为轴碾地,右脚尖外撇,上身从右向后转,左脚向前收拢半步,两膝均略屈成交叉步。在转身的同时,右手持剑反手向后上方屈肘上架,左手剑指屈肘经左肩前附于右手腕处,目向左平视,如图 11-5-20 所示。

(2)右腿屈膝不动,左脚向前进一步,膝盖稍屈,前脚掌虚着

图 11-5-20

图 11-5-21

地面，重心落于右腿，成左虚步。在右手持剑略向后牵引的同时，左手剑指向前平伸指出，手心朝下，目视剑指，如图 11-5-21 所示。

要点：虚步必须虚实分明，右肘略屈使剑身成立剑架于额前上方，左臂伸直，剑指稍高过肩。

第二段

（一）虚步平劈

左脚脚跟外展，上身右转，重心移于左腿，右脚跟随之离地，成为前脚掌虚着地面的右虚步。在转身的同时，右手持剑向下平劈，拇指一侧在上；左手剑指即向上屈肘，手心向左上方。目视剑尖，如图 11-5-22 所示。

要点：虚步必须虚实分明，劈剑时手腕要挺直。

图 11-5-22　　图 11-3-23

（二）弓步下劈

右脚踏实，身体重心前移，左手剑指伸向右腋下，右手持剑臂内旋使手心朝下。左脚随即向左前方上步，屈膝；右腿在后蹬直，脚尖里扣，成左弓步。在左脚上步的同时，右手持剑屈腕向左平绕，划一小圈后向前下方劈剑，剑尖高与膝平；左手剑指随之由右腋下面向左、向上绕环，在头顶上方屈肘侧举，上身略前俯，目视剑尖，如图 11-5-23 所示。要点：劈剑时，右肩前顺，左肩后引，剑尖与手、肩成一直线。

（三）带剑前点

(1)右脚向左脚靠拢，以前脚掌虚着地面，两腿均屈膝略蹲。右手持剑向上屈腕，使剑向右耳际带回，肘微屈；左手剑指随之由前下落，附于右手腕处。目向右前方平视，如图 11-5-24 所示。

图 11-5-24

图 11-5-25

(2)上式不停，右脚向右前方跃一步，落地后即屈膝半蹲，全脚着地；左脚随之跟进，向右脚并步屈膝，以脚尖点地，成丁步。同时，右手持剑向前点击，拇指一侧在上；左手剑指即屈肘向头顶上方侧举，手心朝上，目视剑尖，如图 11-5-25 所示。

要点：向前点击时，右臂前伸、屈腕，力点在剑尖，手腕稍高于肩，剑尖略比手低；成丁步后，右腿大腿尽量蹲平，左脚脚背绷直，脚尖点在右脚脚弓处，两腿必须并拢；上身稍前倾，挺胸，直背，塌腰。

（四）提膝下截

(1)右腿伸直，左腿退步后屈膝，上身后仰。右臂外旋手心朝上，使剑向右、向后上方弧形绕环；左手剑指不动，如图 11-5-26 所示。

(2)上式不停，右臂内旋使手心朝下，继续使剑向左、向前下方划弧下截，同时上身向前探，左腿屈膝提起。目视剑尖，如图 11-5-27 所示。

要点：剑从右向左的圆形划弧下截是一个完整动作，必须连贯起来做；左膝尽量高提，脚背绷直；右腿膝部挺直，站立要稳；右臂和剑身成一直线，剑身斜平。

图 11-5-26

图 11-5-27

（五）提膝直刺

（1）右腿略屈膝，左脚向前落步，脚尖外撇。右臂外旋使手心朝上，并在左脚落步的同时向上屈肘，将剑柄收抱于胸前，手心朝里。剑尖高与肩平；左手剑指随之下落，屈肘按于剑柄上。此时两腿成为交叉步，目视剑尖，如图 11-5-28 所示。

（2）右腿向身前屈膝提起，左腿伸直站立。右手持剑向前平直刺出，拇指一侧在上；同时左手剑指向后平伸指出，手心朝下，目视剑尖，如图 11-5-29 所示。

图 11-5-28　　图 11-5-29

要点：抱剑与落步。直刺与提膝，必须协调一致。

（六）回身平崩

（1）右脚向前落步，脚尖外撇，左脚前脚掌碾地使脚跟外转，屈膝略蹲，同时上身向右后转，成交叉步。右手持剑臂外旋使手心朝上，屈肘向胸前收回，剑身与右前臂成水平直线；左手剑指随之直臂上举，经左耳侧屈肘前落，附于右手心上面。目视剑尖，如图 11-5-30 所示。

（2）上身稍向右转，左腿挺膝伸直，右腿略屈膝。同时，右手持剑使剑的前端用力向右平崩，手心仍朝上；左手剑指屈肘向额部左上方侧举。目视剑尖，如图 11-5-31 所示。

图 11-5-30　　图 11-5-31

要点：收剑和平崩两个动作必须连贯起来做。平崩时，用力点在剑的前端；平崩后，上身向右拧转，但左脚不得移动。

（七）歇步下劈

右脚蹬地起跳，左脚向左跃步横跨一步，落地后，右腿即向左腿后侧插步，继而两腿屈膝全蹲，成歇步。在跃步的同时，右手持剑向上举起，并在形成歇步时向左下劈，拇指一侧在上，剑尖与踝关节同高；左手剑指随着下劈动作，下按于右手腕上面。目视剑身，如图 11-5-32 所示。

要点：成歇步时，左大腿盖压在右大腿上面，左脚全掌着地，右脚脚跟离地，臀部坐在右小腿上。劈剑时，右臂尽量向前下方伸直，剑身与地面平行。劈剑与跃步成歇步动作须同时完成。

（八）提膝下点

（1）右手持剑先使手心朝下成平剑，然后以两脚的前脚掌碾地，上身经右向后转动，两腿边转边站立起来，右手持剑平绕一周。当剑绕至上身右侧时，上身稍向左后仰，同时剑身继续向外、向上弧形绕环，剑尖接近右耳侧；此时左手剑指离开右手腕向上屈肘侧举，目视前下方，如图 11-5-33 所示。

（2）上式不停，右腿伸直站立，左腿屈膝提起，上身向右侧下探俯，同时右手持剑向前下点击，拇指一侧在上，目视剑尖，如图 11-5-34 所示。

要点：仰身外绕剑与提膝下点两个动作必须连贯，同时完成；右腿独立时，膝部要挺直，左膝尽量上提；点剑时，右手腕要下曲，剑身、右臂、左臂和剑指要在同一个垂直面内。

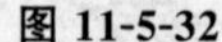

图 11-5-32

图 11-5-33

图 11-5-34

第三段

(一)并步直刺

(1)以右脚前脚掌为轴碾地,使上身向左后转。在转身的同时,右臂内旋并向拇指一侧屈腕,使剑尖指向转身后的身前。左手剑指随之由上经右肩前、腹前绕环,向正前方指出,手心朝下,目视剑指,如图 11-5-35 所示。

图 11-5-35　　图 11-5-36

(2)左脚向前落步,右脚随之跟进并步,两腿均屈膝半蹲。同时右手持剑向前平伸直刺,拇指一侧在上,左手剑指顺势附于右手腕处,目视剑尖,如图 11-5-36 所示。要点:两腿半蹲时大腿要蹲平,两膝、两脚均须紧靠并拢;上身前倾,直背,落臀;两臂伸直,剑尖与肩相平。

(二)弓步上挑

右脚上步屈膝,同时左脚脚跟稍内转,左腿挺膝伸直,成右弓步。右手持剑直臂向上挑举,剑尖向上,手心朝左;左手剑指仍向前平伸指出,手心朝下。上身稍微前倾,目视剑指,如图 11-5-37 所示。

要点:左臂伸直,左肩前顺,剑指略高过肩;右臂直上举,剑刃朝前后;上身挺胸、直背,塌腰。

图 11-5-37　　图 11-5-38

(三)歇步下劈

右腿伸直,左脚向前上步,脚尖外撇,随之两腿交叉屈膝全蹲,成歇步。同时右手持剑向前下劈,拇指一侧在上,剑尖与踝关节同高;左手剑指屈肘附于右手腕里侧;上身稍前俯,目视剑身,如图 11-5-38 所示。

要点:与第二段第七步的动作相同。

(四)右截腕

两脚以前脚掌碾地,并且两腿稍伸直立起,使上身右转,右腿屈膝半蹲,左腿稍屈膝,左脚前脚掌虚着地面,成左虚步,右臂内旋使拇指一侧朝下,用剑的前端下刃向前上方划弧翻转,随着上步起立成虚步,右手持剑再向右后上方托起,左手剑指仍附于右手腕,两肘均微屈,目视剑的前端,如图 11-5-39 所示。

要点:两腿虚实必须分明,上身稍向前倾,剑身平衡于右额前上方,剑尖稍高于剑柄。

（五）左截腕

图 11-5-39　　图 11-5-40

左脚向前上半步，并以前脚掌碾地使上身向左后转，右脚随之向前上一步，前脚掌着地，两腿均屈膝，成左实右虚之右虚步。在右脚进步的同时，右臂外旋，使剑身的前端向左前上方划弧翻转，手心朝上，剑身与地面平行；左手剑指随之离开右手腕，屈肘向上侧举，目视剑的前端，如图 11-5-40 所示。

要点：同上述右截腕。

（六）跃步上挑

（1）左脚经身前向前上一步，右脚随之在身后离地，小腿后弯。同时右臂外旋，手心朝里，使剑由右向上、向左屈肘划弧。剑至上身左侧时，右手靠近左胯旁，拇指一侧在上并向上屈腕；左手剑指在右手向左下落时附于右手腕上，目视剑尖，如图 11-5-41 所示。

图 11-5-41　　图 11-5-42

（2）左脚蹬地，右脚向右侧跃步，落地后屈膝略蹲，左脚随之离地屈膝从身后伸向右侧方，形成望月式平衡。上身向左侧倾。在右脚跃步的同时，右手持剑由左胯旁向下、向右划弧，当剑到达右侧方时，臂外旋并向拇指一侧屈腕，使剑向上挑击；左手剑指向左上方屈肘横举，拇指一侧在下，目视右侧方，如图 11-5-42 所示。

要点：跃步和上挑动作必须协调一致，迅速进行；挑剑时，腕部要猛然用力上屈；形成平衡动作后，右腿略屈膝站稳，左小腿尽量向上抬起；上身向右拧转，剑身斜举于右侧上方，持剑手略松，便于手腕上屈。

（七）仆步下压

（1）右手持剑使剑尖从头上经过，继而向身后、向右弧形平绕，当剑绕到右侧时，即屈肘将剑柄收抱于胸部前下方，手心朝上。同时，右膝伸直，上身立起，左腿屈膝提于身前，左手剑指仍横举于左额前上方，如图 11-5-43 所示。

（2）上式不停，左手剑指经身前下落，按在右手腕上。左脚随之向左侧落步，屈膝全蹲；右腿在右侧平铺伸直，脚尖里扣，成右仆步。同时，右手持剑用剑身平面向下带压，剑尖斜向右上方，上身前探，目向右平视，如图 11-5-44 所示。

要点：做仆步时，左腿要全蹲，臀部紧靠脚跟，不要凸起，两脚均全脚掌着地；上身前探时要挺胸，两肘略屈环抱于身前。

（八）提膝直刺

两腿直立站起，左腿屈膝提于身前，右腿挺直站立。同时，右手持剑向身前平伸直刺，拇指一侧在上；左手剑指屈肘在左侧上举，拇指一侧在下，目视剑尖，如图 11-5-45 所示。

要点：右腿独立时须挺身直膝站稳，左膝尽量上提，脚背绷直，脚尖下垂；上身稍右倾，右肩、右臂和剑身要成一直线，左臂屈成圆形。

图 11-5-43

图 11-5-44

图 11-5-45

第四段

(一)弓步平劈

右臂外旋,先使手心朝向背后,剑的下刃转翻向上,继而上身左转。同时左脚向左后侧落一大步,屈膝;右脚以前脚掌为轴碾地,脚跟稍外转,右腿挺膝伸直,成左弓步。右手剑指随着持剑臂的运行而向右、向下、向左、向上成圆形绕环,仍屈肘举于头部左侧上方。同时右手持剑向身前平劈,拇指一侧在上,臂要伸直,剑尖略高于肩,目视剑尖,如图 11-5-46 所示。

要点:向前劈剑和剑指绕环这两个动作必须协调一致,同时完成,两肩要放松。

图 11-5-46　　图 11-5-47

(二)回身后撩

右脚向前上一步,膝微屈;左脚随之离地,小腿向上弯曲;上身前俯,腰向右拧转。右手持剑随右脚上步而向后反撩,剑尖斜向下方,拇指一侧在下;左手剑指前伸成侧上举,拇指一侧在下,目视剑尖,如图 11-5-47 所示。

要点:右脚站立要稳,左脚脚背绷直,上身挺胸,两肩放松。

(三)歇步上崩

(1)右脚蹬地,左脚向前跃步,上身随之向右后转;左脚落地,脚尖稍外撇,右腿摆向身后。在上身转动的同时,右臂外旋,使拇指一侧朝上;左手剑指在身后平伸,手心朝下,目视剑尖,如图 11-5-48 所示。

(2)上式不停,右脚在身后落步,两腿均屈膝全蹲,左大腿盖压在右大腿上,臀部坐在右小腿上,成歇步。同时,右手持剑直臂下压,手腕向拇指一侧上屈,使剑尖上崩;左手剑指随之屈肘在头部左上方侧举,拇指一侧在下,目视剑身,如图 11-5-49 所示。

图 11-5-48　　图 11-5-49

要点:向前跃步、歇步和剑尖上崩三个动作要连续协调;跃步要远,落地要轻(前脚掌先着地);上崩时腕部要猛然用力上屈,剑尖高与眉平;歇步时上身前俯,胸要内含。

(四)弓步斜削

(1)左脚脚尖里扣,上身右转,右脚随之向前上步,屈膝,左腿在身后挺膝伸直,成右弓步。右手持剑臂外旋使手心朝上,在转身的同时,屈肘向左肋前收回;左手剑指随之从身前下落，按在剑柄上，上身向右前倾，目视前方，如图 11-5-50 所示。

(2)上式不停，右手持剑由后向前上方斜面弧形上削，手心斜向上方，手腕稍向掌心一侧弯曲。同时，左手剑指伸向后方，拇指一侧在上，目视剑尖，如图11-5-51所示。

图 11-5-50 图 11-5-51

要点：斜削时，右臂稍低于肩，剑尖斜向脸前右上方，略高于头；左臂在身后侧平举，剑指指尖略高于肩部。

(五)进步左撩

(1)右腿伸直，上身向左转，左腿稍屈膝。同时，右手持剑使手心朝里经脸前边转身边向左划弧，剑至体前时，左手剑指附于右手腕一侧，目视剑尖，如图 11-5-52 所示。

(2)以右脚跟为轴碾地，脚尖外撇，上身向右后转；左脚随之向前上步，以前脚掌虚着地面。同时，右手持剑反手向下、向前、向上继续划弧撩起，剑至前上方时，肘部略屈，拇指一侧在下，剑尖高与肩平；左手剑指随右手动作，仍附于右手腕上，目视剑尖，如图 11-5-53 所示。

图 11-5-52 图 11-5-53

要点：上述两个剑身的划弧动作，必须连贯成一个完整的绕环动作；撩剑后，右腿微屈，左腿伸直，身体重心落于右腿，剑尖稍微朝下。

(六)进步右撩

(1)右手持剑直臂向上、向右后方划弧，左手剑指随势收于右肩前，手心朝左，目视剑尖，如图 11-5-54 所示。

(2)左脚踏实后以脚跟为轴碾地，脚尖外撇，右脚随之向左脚前上一步，前脚掌虚着地面。同时，右手持剑由右向下、向前划弧抡臂撩起，剑至前方时，肘微屈，手心朝上，剑尖高与头平；左手剑指随之由右肩前向下、向前、向后上方绕环，屈肘侧举于头部左上方，目视剑尖，如图 11-5-55 所示。

图 11-5-54  图 11-5-55

要点：同上述进步左撩，只是左右相反。

(七)坐盘反撩

右脚踏实后向前上一小步，随即左脚从右腿后向右侧插一步，两腿屈膝下坐，成坐盘式。在左脚插步的同时，右手持剑向上、向左、向下，再向右上方反手绕环斜上撩，剑尖高过头顶；左手剑指随之经体前向下、向后上方划弧，屈肘横举于左耳侧，拇指一侧在下。上身向左前倾俯，目视剑尖，如图 11-5-56 所示。

要点：坐盘必须与反撩剑动作协调进行；坐盘时，左腿盘坐地面，左脚背外侧着地，右腿盘落于左腿上，全脚掌着地，脚尖朝身前；上身倾俯时胸要内含，剑尖与右臂、左肘、左肩成一直线。

(八)转身云剑

(1)右脚蹬地,两腿伸直站起,并以两脚的前脚掌碾地,使上身向左后转。转身之后,右腿屈膝略蹲,右脚踏实,左膝微屈,前脚掌虚着地面,身体重心落于右腿。同时,右手持剑随身体转动一周后屈肘使剑平举,拇指一侧在下。此时左手剑指附于右手腕处,目视剑尖,如图 11-5-57 所示。

(2)上式不停,上身后仰,右手持剑向左、向后、向右、向前成圆形云绕一周,剑至身前时,右手手心朝上,松把,使剑尖下垂;左手剑指放开,拇指一侧朝上,准备接握右手剑。此时重心前移,左脚踏实,右腿伸直,上身前倾,目视左手,如图 11-5-58 所示。

要点:转身和云剑动作必须连贯,云剑要平、快,腕关节放松使之灵活。

图 11-5-56　　图 11-5-57　　图 11-5-58

三、结束动作

(1)右手将剑柄交于左手后即握成剑指,左手接剑后反握住剑柄向身体左侧下垂。此时右脚向右前方上步,脚尖里扣,屈膝略蹲,上身随之左转;左脚随之向前移步,以前脚掌虚着地面,膝微屈。在上身左转的同时,右手剑指随之由身后向上屈肘侧举于头部右上方,手心朝上,目向左平视,如图 11-5-59 所示。

要点:重心落于右腿,上身前倾,挺胸,塌腰,两肩松沉,左肘略上提,剑身紧贴前臂后侧,并与地面垂直。

(2)右腿伸直,右脚向左脚靠拢,并步站立。右手剑指下落于身体右侧,手心朝下,恢复成预备式,目向正前方平视,如图 11-5-60 所示。

要点:同预备式。

图 11-5-59

图 11-5-60

任务六　太极拳

太极拳是一种柔和、缓慢、轻灵的拳术，它具有养身、养心、养气的功能。练习时要求意识引导动作，精力集中，全神贯注，呼吸自然，姿态端庄；动作要轻灵、柔和、圆活、缓慢、连贯，整个套路如行云流水，连绵不断。各式太极拳还具有大架、小架、开合、刚柔相兼等各自不同的特点。二十四式简化太极拳是在吸取各家太极拳精华的基础上，加以简化编排而成的。从其动作结构和整个套路安排来看，符合由简到繁，先易后难的原则，简单易学，做起来柔和缓慢，圆滑流畅，深受广大人民群众的喜爱。它不仅适合于男、女、老、幼健身强体，而且更适合于年老体弱和慢性病患者进行锻炼，是一种良好的体育医疗保健手段。

第一组

(一)起势

(1)身体自然直立，两脚平行站立，与肩同宽，两臂自然下垂，两手放在大腿外侧。目向前平视(图 11-6-1 之 1)。

(2)两臂慢慢向前平举，两手高与肩平，手心朝下(图 11-6-1 之 2、3)。

(3)屈膝下按，上体保持正直，两腿屈膝下蹲，同时两掌下按，两肘下垂与两膝相对。目平视前方(图 11-6-1 之 4、5)。

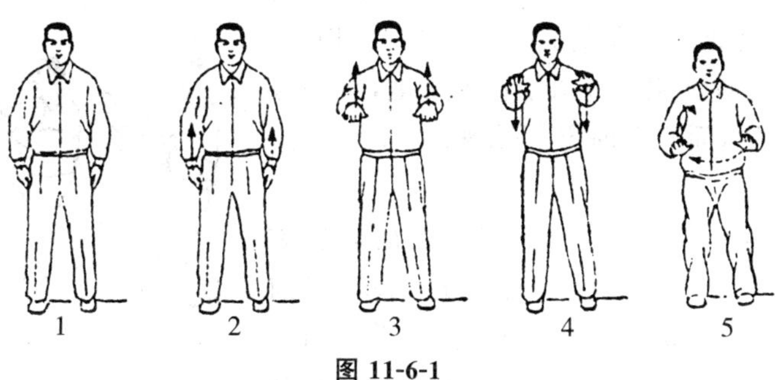

图 11-6-1

(二)左右野马分鬃

(1)左丁步右抱球：上体微向右转，重心移至右腿上，同时，右臂收至胸前平屈，手心朝下，左手经体前向右下划弧放在右手下，手心朝上，两手心相对成抱球状；左脚随即收到右脚内侧，脚尖点地成左丁步。目视右手(图 11-6-2 之 1、2)。

(2)左弓步分掌：上体微向左转，左脚向左前方迈出，右脚跟后蹬成左弓步；上体继续左转，左右手随转体慢慢分别向左上右下分开，左手高与眼平，手心斜向上，肘微屈；右手落在右胯旁，手心向下，指尖朝前，肘也微屈。目视左手(图 11-6-2 之 3、4、5)。

(3)后坐撇脚、右丁步左抱球：上体慢慢后坐，重心移至右脚，左脚尖翘起，微向外撇。随即上体左转，左脚踏实，左腿慢慢前弓，重心移至左腿；同时，左手翻转向下，左臂收至胸前平屈，右手向左上划弧放在左手上，两手心相对成左抱球状；右脚随之收到左脚内侧，脚尖点地成右丁步。目视左手(图 11-6-2 之 6～8)。

(4)右弓步分掌：右腿向右前方迈出，左脚跟后蹬成右弓步；同时上体右转，左右手分别慢慢向左下右上分开，右手高与眼平，手心斜向上，肘微屈；左手放在左胯旁，手心向下，肘也微屈，指尖朝前，目视右手(图 11-6-2 之 9、10)。

(5)与 3 解同，唯左右相反(图 11-6-2 之 11～13)。

(6)与 4 解同，唯左右相反(图 11-6-2 之 14、15)。

图 11-6-2

(三)白鹤亮翅

(1)转体抱球：上体稍向左转，左手翻掌向下，左臂胸前平屈，右手向左上划弧，手心转向上，两手心相对成抱球。目视左手(图 11-6-3 之 1)。

(2)跟步后坐：右脚跟进半步，上体后坐，重心移至右腿，上体向右转，面向右前方。目视右手(图 11-6-3 之 2)。

(3)虚步亮掌：左脚稍向前移，脚尖点地成左虚步；同时上体再向左转，面向前方，两手随转体慢慢向右上左下分开，右手上提停于右额前亮掌，手心向左后方；左手落于左胯前，手心朝下，指尖朝前。目平视前方(图 11-6-3 之 3)。

图 11-6-3

第二组

(一)左右搂膝拗步

(1)左丁步手划弧：右手从体前下落，由下向后上方划弧至右肩外侧，手与耳同高，手心斜向上，肘微屈；左手由左下向上、向右下方划弧至右胸前，手心斜向下；同时上体先稍向左再向右转，左脚收到右脚内侧，脚尖点地成左丁步。目视右手(图 11-6-4 之 1～3)。

(2)左弓步搂膝推掌：上体左转，左脚向左前方迈出成左弓步；同时右手屈回由耳侧向前推出，高与鼻尖平；左手向下左膝前搂过落于左胯旁，指尖朝前，手心朝下。目视右手手指(图 11-6-4 之 4、5)。

(3)后坐撇脚、右脚步划弧：右腿慢慢屈膝，上体后坐，重心移至右腿，左脚尖翘起，微向外撇。随即上体左转，左脚踏实，左腿慢慢前弓，重心移至左腿；右脚收到左脚内侧，脚尖点地成右丁步。同时左手向外翻掌由左后向上划弧至左肩外侧，手与耳同高，手心斜向上，肘微屈；右手随转体向上、向左下划弧落于左胸前，手心斜下，肘也微屈。目视左手（图 11-6-4 之 6～8）。

(4)右弓步搂膝推掌：与左弓步搂膝推掌解同，唯左右相反（图 11-6-4 之 9、10）。

(5)与 1 解同，唯左右相反（图 11-6-4 之 11～13）。

(6)与 2 解同（图 11-6-4 之 14、15）。

图 11-6-4

(二)手挥琵琶

重心前移，右脚跟进半步，上体后坐，重心移至右腿，上体半面向右转，左脚提起稍向前移，脚尖翘起，脚跟着地成左虚步；同时左手由左下弧形向上挑举，高与鼻尖平，掌心向右，肘微屈；右手收回放左臂肘部内侧，掌心向左，肘也微屈。目视左手食指（图 11-6-5 之 1～3）。

图 11-6-5

（三）左右倒卷肱

(1)转体撤手托球：上体右转，右手翻掌经腹前由下向后上方划弧平举，手心朝上，肘微屈，左手随即翻掌向上托球，手与肩平，肘也微屈。眼随转体先向右看，再转向前方看左手（图 11-6-6 之 1、2）。

(2)退步推掌：右臂屈肘折向前，右手由耳侧向前推掌，掌心朝前；左臂屈肘后撤至左肋外侧，手心朝上。同时左腿轻轻提起向左后退步，脚掌先着地，然后全脚慢慢踏实，重心移到左腿上，成右虚步，右脚随转体以前脚掌为轴扭正。目视右手（图 11-6-6 之 3、4）。

(3)左手向上划弧：上体稍向左转，同时左手向后上方划弧平举，手心朝上；右手随即翻掌，掌心朝上。眼随转体先向左看，再转向前方看右手（图 11-6-6 之 5）。

(4)与 2 解同，唯左右相反（图 11-6-6 之 6、7）。

(5)与 3 解同，唯左右相反（图 11-6-6 之 8）。

(6)与 2 解同（图 11-6-6 之 9、10）。

(7)与 3 解同（图 11-6-6 之 11）。

(8)与 2 解同（图 11-6-6 之 12、13）。

图 11-6-6

第三组

（一）左揽雀尾

(1)转体丁步抱球：上体稍向右转，同时右手向后上方划弧平举，手心朝上；左手放松，手心朝下；目视左手。身体继续向右转，右手自然下落逐渐翻掌经腹前划弧至右肋前，手心朝上；右臂屈肘，手心转向下收至右胸前，两手相对成抱球状。同时重心落在右腿上，左脚收到右脚内侧，脚尖点地成左丁步。目视右手（图 11-6-7 之 1～3）。

(2)转体左弓步掤：上体左转，左脚向左前方迈出成左弓步；同时左臂向左前方掤出（即左臂平屈成弓形，用前臂外侧和手背向左前方推出），高与肩平，手心向后；右手向右下落于右胯旁，手心朝下，指尖朝前。目视左前臂（图 11-6-7 之 4、5）。

(3)转体伸臂、后捋：上体稍向左转，左手随即前伸翻掌，手心朝下；右手翻掌，手心朝上，经腹前向上、向前伸至左前臂下方；上体右转，两手向下经腹前向后上方划弧后捋，直至右手心向上，高与肩平，左臂平屈胸前，手心向后，同时重心移至右腿。目视右手（图

图 11-6-7

11-6-7 之 6、7)。

(4)转体弓步挤:上体稍向左转,右臂屈肘折回,右手附于左手腕内侧相距 5 cm,上体继续向左转,双手同时向前慢慢挤出,左手心向后,右手心向前,左前臂保持半圆状;重心前移成左弓步。目视左手腕部(图 11-6-7 之 8、9)。

(5)后坐收掌:左手翻掌,手心向下,右手经左手腕上方向前、向右伸出,高与左手平,两手左右分开,与肩同宽;然后右腿屈膝,上体慢慢后坐,重心移至右腿上,左脚尖翘起成左虚步;同时两手屈肘回收至腹前,手心均向前下方。目向前平视(图 11-6-7 之 10～12)。

(6)左弓步按掌:上式不停,重心慢慢前移,同时两手向前、向上按掌,掌心朝前;左腿前弓成左弓。目平视前方(图 11-6-7 之 13)。

(二)右揽雀尾

(1)转体扣脚分手:上体后坐并向右转,重心移至右腿,左脚尖内扣;右手向右平行划弧至右侧。目视右手(图 11-6-8 之 1、2)。

(2)右丁步抱球:右手由右侧向下经腹前向左上划弧至左肋前,手心朝上,左臂胸前平屈,手心朝下,与右手成抱球状。同时重心再移至左腿上,右脚收到左脚内侧,脚尖点地成右丁步。目视左手(图 11-6-8 之 3、4)。

(3)转体右弓步掤:与"左揽雀尾"2 解同,唯左右相反(图 11-6-8 之 5、6)。

(4)转体伸臂、后捋:与"左揽雀尾"3 解同,唯左右相反(图 11-6-8 之 7、8)。

(5)转体弓步挤:与"左揽雀尾"4 解同,唯左右相反(图 11-6-8 之 9、10)。

图 11-6-8

(6)后坐收掌:与“左揽雀尾”5 解同,唯左右相反(图 11-6-8 之 11～13)。

(7)右弓步按掌:与“左揽雀尾”6 解同,唯左右相反(图 11-6-8 之 14)。

第四组

(一)单鞭

(1)转体扣脚运手:上体后坐,重心移至左腿,右脚尖内扣。同时上体左转,两手左高右低向左弧形运转,直至左臂平举伸于身体左侧,手心向左;右手经腹前运至左肋前,手心向后上方。目视左手(图 11-6-9 之 1、2)。

(2)转体丁步勾手:重心逐渐移至右腿,上体右转,左脚收到右脚内侧,脚尖点地成左丁步。同时右手向右上方划弧,手心由里转向外右侧方时变勾手,臂与肩平;左手向下经腹前向右上划弧停于右肩前,手心朝里。目视左手(图 11-6-9 之 3、4)。

(3)转体左弓步推掌:上体稍向左转,左脚向左前侧方迈出成左弓步;重心移向左腿的同时,左掌随上体继续左转而慢慢翻转向前推出,手心朝前,手指与眼平,肘微屈。目视左手(图 11-6-9 之 5、6)。

(二)云手

(1)转体云手:重心移至右腿,身体渐向右转,左脚尖内扣;左手经腹前向右上划弧至右肩前,手心斜向后,同时右勾变掌,手心向右前。目视左手(图 11-6-10 之 1～3)。

(2)小开步云手:上体慢慢左转,重心随之左移;左手由脸前向左侧运转,手心渐渐转向左方;左手由右下经腹前向左上划弧至左肩前,手心斜向后;同时右脚靠近左脚相距约 10～20 cm 成小开步。目视右手(图 11-6-10 之 4、5)。

图 11-6-9

图 11-6-10

(3)横跨步云手:上体右转,同时左手经腹前向右上划弧至右肩前,手心斜向后;右手向右侧运转,手心翻转向右;随之左腿向左横跨一步。目视左手(图 11-6-10 之 6～8)。

(4)与 2 解同(图 11-6-10 之 9、10)。

(5)与 3 解同(图 11-6-10 之 11～13)。

(6)与 2 解同(图 11-6-10 之 14、15)。

(三)单鞭

(1)转体丁步勾手:上体右转,右手随之向右运转至右侧方时变成勾手;左手经腹前向右上划弧至右肩前,手心向内;重心落在右腿上,左脚尖点地成左丁步。目视左手(图 11-6-11 之 1～3)。

(2)转体左弓步推掌:上体稍向左转,左脚向左前侧方迈出成左弓步;重心移向左腿的同时,左掌随上体继续左转而慢慢翻转向前推出,手心朝前,手指与眼平,肘微屈。目视左手(图 11-6-11 之 4、5)。

图 11-6-11

第五组

(一)高探马

图 11-6-12

(1)跟步翻掌:右脚跟进半步,重心逐渐后移至右腿上;右勾变掌,两手心翻转向上,两肘微屈;同时身体稍向右转,左脚跟渐渐离地。目视左前方(图 11-6-12 之 1)。

(2)虚步推掌:上体稍向左转,右掌经右耳旁向前推出,掌心朝前,掌指高与眼平;左手收至左侧腰前,手心朝上;同时左脚稍向前移,脚尖点地成左虚步。目视右手(图 11-6-12 之 2)。

(二)右蹬脚

(1)提膝穿掌、弓步开掌:左膝稍提起的同时,左手心朝上前伸,从右手腕背面穿出,两手交叉,随即两手向两侧分开并向下划弧,手心斜向下,同时左脚向左前侧方迈步成左弓步,脚尖稍外撇。目视前方(图 11-6-13 之 1～3)。

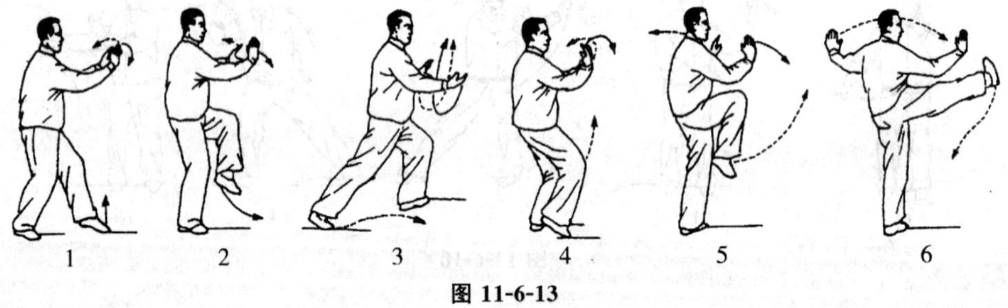
图 11-6-13

(2)丁步合抱:两手由外圈向里圈划弧交叉合抱于胸前,右手在外,手心均向后;同时右脚收到左脚内侧,脚尖点地成右丁步。目平视右前方(图 11-6-13 之 4)。

(3)提膝蹬脚分掌:两臂左右划弧分开平举,肘微屈,两手心均向外;同时右腿屈膝提起,右脚向右前方慢慢蹬出。目视右手(图 11-6-13 之 5、6)。

(三)双峰贯耳

(1)收腿落手:右腿收回屈膝平举,左手由后向上、向前下落至体前,两手心均翻转向上并向下划弧分落于右膝盖两侧。目视前方(图 11-6-14 之 1、2)。

(2)弓步贯耳:重心渐渐前移,右脚向右前方落步成右弓步,面向右前方;同时两手下落变拳,分别从两侧向上、向前划弧至面部前方成钳形状,两拳相对,相距约 10～20 cm,高与耳齐,拳眼均斜向内下。目视右拳(图 11-6-14 之 3、4)。

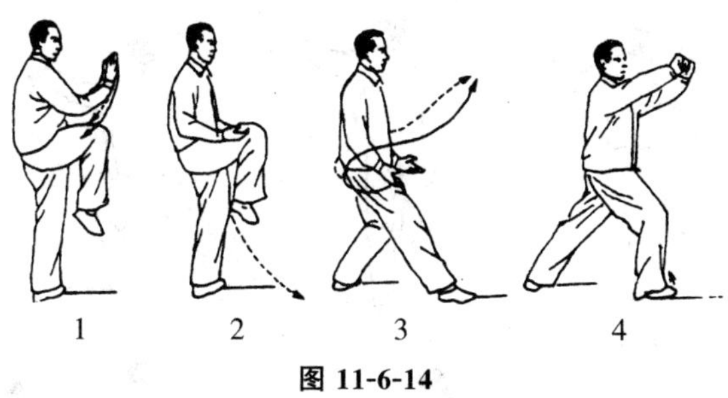

图 11-6-14

(四)转身左蹬脚

(1)转体扣脚分手:左腿屈膝后坐,重心移至左腿,上体左转,右脚尖内扣;同时两拳变掌由上向左右划弧分开平举,手心朝前。目视左手(图 11-6-15 之 1、2)。

图 11-6-15

(2)丁步合抱:重心移至右腿,左脚收到右脚内侧,脚尖点地成左丁步;同时两手由外向里划弧合抱于胸前,左手在外,两手心均向后。目平视左方(图 11-6-15 之 3、4)。

(3)提膝蹬脚分掌:两臂左右划弧分开平举,肘微屈,两手心均向外;同时左腿屈膝提起,左脚向左前方慢慢蹬出。目视左手(图 11-6-15 之 5、6)。

第六组

(一)左下势独立

(1)提膝勾手:左腿收回平屈,上体右转;右掌变成勾手,左掌向上、向右划弧下落,立于右肩前,掌心斜向后。目视右手(图 11-6-16 之 1、2)。

(2)仆步穿掌:右腿慢慢屈膝下蹲,左腿由内向左侧偏后伸出成左仆步;左手掌心向外,下落并向左下顺左腿内侧向前穿出。目视左手(图 11-6-16 之 3、4)。

(3)弓步挑掌:重心前移,左脚尖外撇,右脚尖内扣,左腿前弓,右腿后蹬,成左弓步;上体微向左转并向前起身。同时左手继续前伸上挑成立掌,掌心向右;右勾手下落,勾尖朝后。目视左手(图 11-6-16 之 5)。

(4)提膝挑掌:右腿慢慢提起平屈成左独立式;同时右勾手变掌由后下方顺右腿外侧向前弧形摆出,挑掌并屈肘立于右腿上方,肘与膝相对,掌心向左,左手落于左胯旁,手心朝上,指尖朝前。目视右手(图 11-6-16 之 6、7)。

(二)右下势独立

(1)落脚左转勾手:右脚下落于左脚前,脚掌着地,然后以左脚前脚掌为轴脚跟转动,体随左转;同时左手向后平举变成勾手,勾尖朝下,右掌随体转向左侧划弧立于左肩前,掌心斜向后。目视左手(图 11-6-17 之 1、2)。

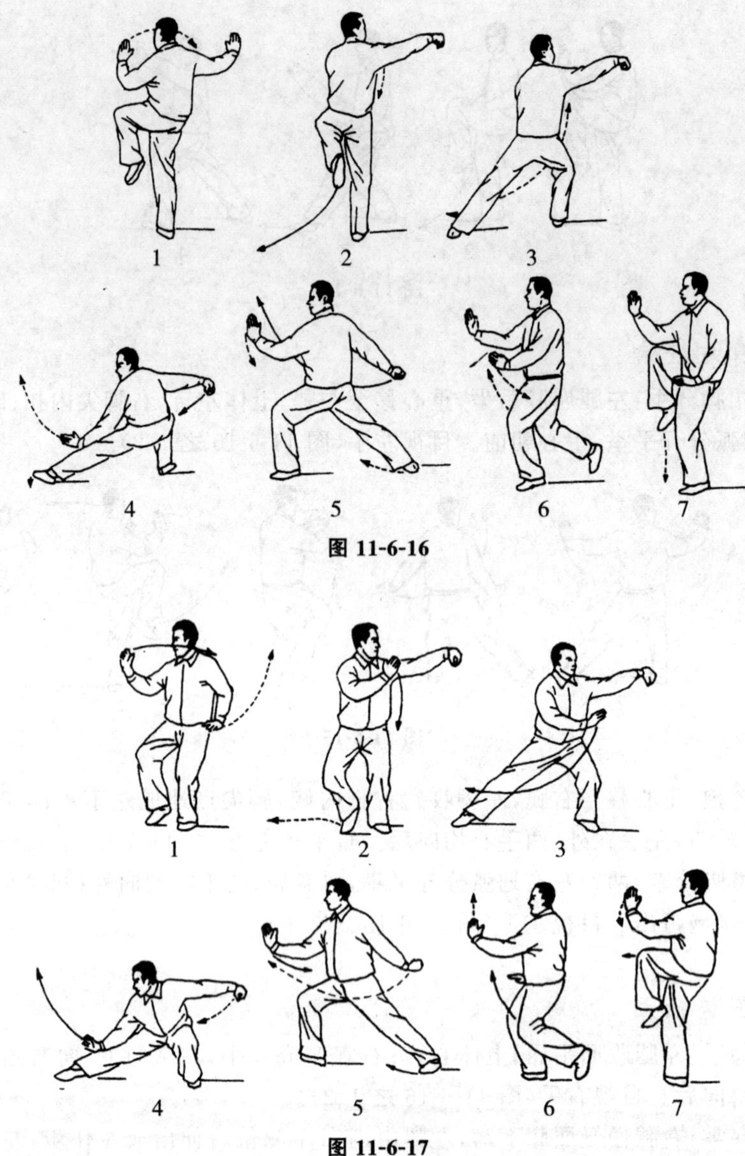

图 11-6-16

图 11-6-17

(2)仆步穿掌:与"左下势独立"2 解同,唯左右相反(图 11-6-17 之 3、4)。

(3)弓步挑掌:与"左下势独立"3 解同,唯左右相反(图 11-6-17 之 5)。

(4)提膝挑掌:与"左下势独立"4 解同,唯左右相反(图 11-6-17 之 6、7)。

第七组

(一)*左右穿梭*

(1)转体丁步抱球:体微向左转,左脚尖外撇向前落步,右脚跟离地,两腿屈膝成半坐盘式;同时两手左上右下在左胸前成抱球状;随之右脚收到左脚内侧,脚尖点地成右丁步。目视左前臂(图 11-6-18 之 1～3)。

(2)弓步架推掌:体右转,右脚向右前方迈出成右弓步;同时右手由脸前向上架掌停在右额前,手心斜向上;左手向左下经体前向前推出,高与鼻尖平,手心朝前。目视左手(图 11-6-18

之4～6)。

(3)转体丁步抱球:重心略向后移,右脚尖稍外撇,随即重心再移至右腿,左脚跟进停于右脚内侧,脚尖点地成左丁步;同时两手右上左下在右胸前成抱球状。目视右前臂(图 11-6-18 之 7、8)。

图 11-6-18

(4)弓步架推拳:与 2 解同,唯左右相反(图 11-6-18 之 9～11)。

(二)海底针

(1)跟步提掌:重心前移,右脚向前跟进半步,前脚掌先着地,随后全脚掌着地踏实,重心后移至右腿上;左膝略提起。同时上体稍向右转,右臂屈肘将手向上提至耳侧,左手经体前下落,手心朝下(图 11-6-19 之 1)。

(2)虚步插掌:上体稍左转,左脚稍向前落步,脚尖点地成左虚步;同时右手由右耳侧向斜前下方插掌,掌心向左,指尖斜向下;左手向左下划弧按于左胯旁,手心朝下,指尖朝前。目视前下方(图 11-6-19 之 2)。

(三)闪通臂

弓步右架左椎:上体稍右转,左脚向前迈步成左弓步。右臂屈肘由体前上提至右额前上方架掌;左手上起经胸前向前推出,高与鼻尖平,掌心朝前。目视左手(图 11-6-20 之 1～3)。

图 11-6-19　　图 11-6-20

第八组

(一)转身搬拦捶

(1)转体扣脚握拳:上体后坐,重心移至右腿,左脚尖内扣,体向右后转,转后重心再移至左腿。同时右手向右、向下变拳经腹前划弧至左肋旁,拳心朝下;左掌上举于头前,掌心斜向上。目视前方(图 11-6-21 之 1、2)。

图 11-6-21

(2)转体撇脚搬拳:体右转,右脚收回并弧形向前方迈步,脚尖外撇。同时右拳经胸前向前屈肘翻转搬出,拳心朝上;左手下落按于左胯旁,掌心朝下,指尖朝前。目视右拳(图 11-6-21 之 3、4)。

(3)上步左拦:体稍右转,重心移至右腿,左脚向前上步。同时右拳向右划弧收抱腰间,拳心朝上;左手随左脚上步经左侧向前上划弧拦出,掌心向前下方。目视左手(图 11-6-21 之 5、6)。

(4)弓步冲拳:左腿前弓成左弓步;同时右拳向前冲出成立拳,高与胸平,拳眼朝上;左手附于右前臂内侧。目视右拳(图 11-6-21 之 7)。

(二)如封似闭

(1)穿掌分手:左手由右腕下向前穿出,右拳变掌,两手逐渐翻转并慢慢分开,手心朝上。目平视(图 11-6-22 之 1、2)。

(2)后坐收掌:上体后坐,重心移至右腿,左脚尖翘起成左虚步;同时两臂屈肘,两掌收回于两肋前翻掌。目视前方(图 11-6-22 之 3、4)。

(3)弓步推掌:两手向下经腹前向上、向前推出,腕与肩平,手心朝前;同时左腿前弓成左弓步。目视前方(图 11-6-22 之 5、6)。

(三)十字手

(1)转体分手:屈膝后坐,重心移至右腿,左脚尖内扣,体向右转,右手随之向右平摆划弧,与左手成两臂侧平举,肘微屈,掌心朝前;同时右脚尖稍外撇成右侧弓步。目视右手(图 11-6-23 之 1、2)。

图 11-6-22

图 11-6-23

(2)收脚合抱：重心慢慢移至左腿，右脚尖内扣，随即向左收回半步，两脚平行开立，与肩同宽；同时两手向下经腹前向上划弧交叉合抱于胸前，两臂撑圆，腕高与肩平，右手在外，成十字手，两手心均朝后。目视前方(图 11-6-23 之 3、4)。

(四)收势

两手向外翻掌，掌心朝下，两臂慢慢下落停于身体两侧，随之左脚向右脚收步并拢。目向前平视(图 11-6-24 之 1～3)。

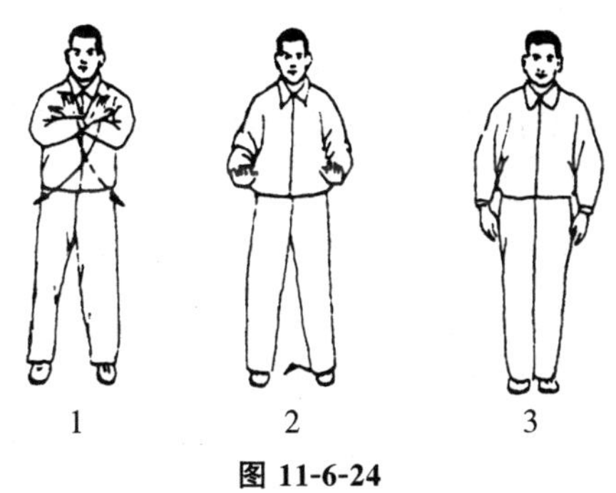

图 11-6-24

任务七　武术场地及器械介绍

一、武术场地

(一)武术套路比赛场地

为平地或其上铺地毯。场地长 14 m，宽 5 m，沿四周内沿标明 5 cm 宽的边线。在两条长边的中点，各画一条与长边垂直的长 30 cm 的线段，作中线标志，线宽 5 cm。

(二)散手比赛场地

为木(或铁)制平台。高 0.6 m，呈正方形，边长 8 m。台面铺软垫，软垫上盖帆布。台面中心画直径为 1 m 的阴阳鱼图案；边缘画 5 cm 宽的红色边线，向内 90 cm 处画有 10 cm 宽的黄色警戒线。台下四周铺高 20～40 cm，宽 2 m 的保护软垫。

(三)太极推手比赛场地

为铺有地毯的平地。场地长 10 m，宽 8 m，中央画一直径 6 m(以线外沿为准)的圆，圆内画一直径 50 cm 的中心点。各线宽 5 cm。

(四)长兵比赛场地

比赛场地呈长方形，长 14 m，宽 8 m。从长边中点画一平行于短边的中线，在中线两边各画一条距中线 2 m 并平行于中线的准备线。

(五)短兵比赛场地

为铺有地毯的平地或铺帆布的软垫。圆形，直径 9 m，中央画直径 20 cm 的中心点。边线宽 5 cm，场地范围以边线内沿为准。自边线向外 2 m 以内设保护垫。亦可采用散手比赛场。

二、主要兵器

(1)刀；(2)大刀；(3)朴刀；(4)双刀；(5)剑；(6)双剑；(7)峨嵋刺；(8)棍；(9)梢子棍；(10)三节棍；(11)拐；(12)锏；(13)枪；(14)大枪；(15)双头枪；(16)鞭；(17)九节鞭；(18)流星锤；(19)钩；(20)叉；(21)斧；(22)钯；(23)锤；(24)抓；(25)戈；(26)铲。

课后练习与作业

1. 你了解武术运动吗？谈谈武术中你喜欢的项目。

2. 你下园看过幼儿做武术操吗？谈谈幼儿武术操的作用。

项目十二　跆拳道

教师寄语

以拳会友.以道育人.勇往直前.心向光明.

——徐凯强

学习目标

知识目标：认识跆拳道运动的起源与发展，了解跆拳道运动特点及练习功效、竞赛规则及裁判知识，使学生掌握跆拳道基本技术与技能。

能力目标：能够运用跆拳道的基本技术，掌握基本腿法组合，提升实战运用的综合能力。

素质目标：通过练习，学生提高身体素质和协调性，陶冶情操，培养团体协作意识，提升体质健康水平。

项目思维导图

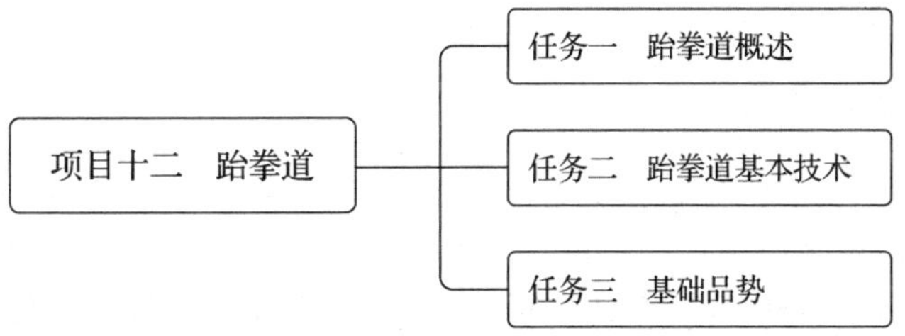

课程思政

跆拳道运动强调礼仪、廉耻、忍耐、克己、百折不屈的精神。在课程中引导学生树立正确的道德观念和行为准则，养成尊重他人、文明礼貌的习惯；忍耐和克己的精神有助于学生控制情绪，克服困难和挫折，培养坚韧不拔的意志品质；训练过程是艰苦的，学生在锻炼过程中能养成吃苦耐劳的品质；培养互帮互助、团结协作的优良品质，树立正确的体育意识。

任务一　跆拳道概述

一、起源与概述

跆拳道(taekwondo)起源于朝鲜半岛，形成于朝鲜民族的生产生活实践当中，已有三千多年的历史。它的重新崛起是在20世纪50年代中期，“跆拳道”一词是1955年由韩国的崔泓熙将军命名的。现代跆拳道是结合当代东亚武技之长、在韩国发源的武术运动之一。“跆”字意味着像台风一样猛烈、强劲地跳跃，是“脚”的意思；“拳”是拳头的意思，是用来防护和进攻的武器；而“道”是指人生的正确道路，又指礼和方法。

跆拳道在1988年作为表演项目亮相奥运会，在2000年成为奥运会的正式比赛项目。近年来，随着传播范围的扩大和练习人数的增加，跆拳道运动在世界范围内取得了迅速的发展。

二、跆拳道的特点

跆拳道是一项拳脚并用的技术，但其中又以脚为主，约占70%，故又被称为“脚的艺术”在跆拳道的练习过程中讲求方法和见解，刚直相向，以刚制刚，方法简练，动作追求速度、力量和击打效果，将击破作为测试功力的手段之一。动作强调呼吸，注重发声，要求在气势上给人以威严的感觉，发出洪亮并带有震慑力的声音来显示自己的威力。发声应和呼吸配合，让自己身体内部的阻力减小，也有助于提高动作速度。助人集中精力，使动作发挥出更大的威力。跆拳道讲求内外兼修，注重技术和礼仪，方法独特，将功力作为水平的检验标准，十分强调尊师重道，注重礼仪修养和自我道德水平的提高，在任何情况下都要以礼相待，以礼始、以礼终，养成并保持谦虚友好的作风。

三、跆拳道的分类

根据组织体系来分，跆拳道主要分为世界跆拳道联盟(world taekwondo federation，WTF)和国际跆拳道联盟(international taekwondo federation，ITF)两大组织以及其他的民间跆拳道组织。其中，ITF成立时间较早，较为传统，又被称为“防卫跆拳道”“传统跆拳道”，比赛装备为只戴拳套，不穿其他护具。WTF成立时间较晚，是现在奥运会所采用的体系，相对比较安全，具有欣赏性、实用性、竞技性，传播范围较广，又被称为“奥林匹克跆拳道”“竞技跆拳道”“现代跆拳道”，在比赛时穿护具，不戴拳套。

根据内容来分，跆拳道可以分为套路(WTF称品势/ITF称特尔)、对抗(又称竞技)、击破、特技等部分。其中，套路是一系列动作组合而成的成套动作，讲求攻防结合，将各种攻防技术按照一定的规律和攻防意图结合起来，形成规定的动作，适合人们徒手演练。对抗是两人在一定的范围内，按照既定的规则进行对抗。击破是利用不同的动作击碎不同厚度的木板等物品。特技具有很强的观赏性，将旋转跳跃和拳腿动作结合而形成难度较高、观赏性较强的动作。

四、跆拳道的礼仪

跆拳道是一项十分讲究礼仪、重视礼仪的运动，要求练习者以礼始，以礼终，尊师重道。控制力和技巧是学习跆拳道必须具备的基本素质，同时练习者也应提升自己的精神和气质。

“以礼始，以礼终”是跆拳道武士精神的中心思想。在练习者进入道场时要向国旗和教练行礼，表示对祖国的热爱和对教练的尊敬。在对练和比赛开始及结束的时候，都需要互相行礼以表示尊敬、谦让和感谢。在被裁判判罚时也应向裁判员行礼以表示服从。此外，在训练开始和结束时都要向国旗与教练行礼，在训练开始之前行礼，表示自己努力训练的决心，在训练结束之后行礼，反思自己是否认真全力地训练，并表示对教练教导的感谢和对队友陪伴的感谢。

五、跆拳道精神

跆拳道精神：礼义，廉耻，忍耐，克己，百折不屈。

在练习跆拳道的过程中，要恪守礼仪和道德规范，有强烈的法治观念，忠于祖国和民族，热爱国家和人民，讲求义气，要有强烈的正义感和公民意识，有帮助弱者和见义勇为以及自我牺牲的精神；也要尊重前辈、尊重师长、尊重队友、遵守规则，不做违反道德伦理的事情，知耻知礼，廉洁自爱；同时，也要坚持不懈，忍耐住练习的辛苦和单调，克制住自己的惰性和邪念，时刻以高标准严格要求自己，在遇到困难时不屈服，在遇到挑战时不退缩，勇敢面对练习过程中的种种阻碍，做到乐观向上、坚持自我、百折不屈。

六、练习的意义

跆拳道是一项较为全面的运动，需要活动全身的肌肉和关节，将手、脚和全身其他连接部位作为整体组合在一起，按照科学的训练原理进行衔接，能够让练习者更好更全面地了解自己的身体。

练习跆拳道是一个较为辛苦的过程，因而能够修身养性，培养人们坚韧不拔的优秀意志品质，并且在练习过程中，练习者能够逐步受到跆拳道精神的感染，时刻将其铭记在心，并在生活中的个人言行里体现出来，提高自己的道德修养。

跆拳道能够强身健体，练就人们健全的体魄，陶冶人们的情操，在遇到危险时还能起到防身的作用，使我们在关键时刻能够保护自己和周围的人。跆拳道还能教会我们如何做人，如何做事，让我们学会调节自己、战胜自己的方法，让我们在面对困难时不屈服，面对挑战时不退缩，面对失败时不落泪，面对挫折时不灰心，使我们无论在面对内部环境还是外部环境的变化时，都能够迅速地适应自如，有利于我们在社会中更好地生存，调节身体内外部的平衡，达到内外协调、和平统一的结果。

七、规则简介

（一）竞赛形式

跆拳道比赛包括两方，分别是“Chung”（蓝）利“Hong”（红），双方以脚踢击打对手的头部和躯干，或者运用拳头击打对方身体而得分。比赛分为 3 个回合，每个回合有 3 分钟，每两个回合之间休息一分钟。获胜方法有：得分最高，将对手击出场外；使对手的判罚分数达到 3 分;对手被剥夺比赛资格或弃权。比赛开始之前,裁判发出立正和行礼的指令后,双方立正并相互行礼,然后裁判下令准备并喊“Shi-jak”宣布比赛开始,双方即可开始比赛。

(二)比赛场地

跆拳道的比赛场地为 8 m×8 m 的八边形无障碍场地,因为比赛场地是八边形,所以运动员常将其称为“八角垫”。选手踏出八角垫以外为出界,所以八角垫以外的区域为警戒区域,警戒区域是用来提醒选手注意平台或场地边缘的。场地的地面铺上有弹性的垫子,以提高安全性,防止运动员受伤。

(三)得分

对手头部、腹部及身体两侧为击打得分部位,小腹以下为禁止击打部位。击打对手应用允许的身体部位,必须用正确握紧的拳头的食指和中指前部或脚踝关节以下的部位击打对手。若裁判中至少两位对击打进行认定并记录,则得分有效。

击中躯干计 1 分,旋转踢击技术击中躯干计 2 分;击中头部计 3 分,旋转踢击技术击中头部计 4 分;一方运动员被判 2 次“警告”或 1 次扣分,另一方运动员得 1 分。

(四)犯规

被判罚“警告”的行为:双脚越出边界线;转身背向对手逃避进攻;倒地:故意回避比赛,态度消极;抓、搂抱或者推对方运动员;攻击对方运动员腰部以下部位;伪装受伤;使用不该使用的部位进行攻击或撞击对方运动员;用拳头攻击对方运动员的头部;教练员或运动员有不良言行;提膝阻碍或逃避对方运动员的攻击。

被判罚“扣分”的行为:裁判发出“分开”口令后仍然继续进攻;攻击倒地运动员,故意抓脚或用手推使对方运动员摔倒,故意用拳头攻击对方头部;教练员或运动员打断比赛进程,使用过激语言,严重违反体育道德。

(五)击倒

一方由于对手发力,脚底以外的其他任何部位触地即为被击倒。选手被击倒后,裁判发出暂停指令,指示另一方退后,然后裁判开始 10 秒的读秒。被击倒的选手必须等待裁判读至第 8 秒,才会被裁判判定是否能继续比赛。若其能够继续比赛,则比赛继续,若不能继续比赛,则主裁判员继续读秒至“10”,并判定另一方以击倒获胜。

(六)胜方

在一般比赛中,若双方分数相同,则由裁判根据比赛中双方表现的主动性来决定在各个回合的比赛中哪一方占优势。而在决赛中,双方将进行第四回合,先得分者胜,若无人得分,则裁判通过判断在该回合中哪一方占优势而决定最后的胜方。

(七)获胜方式

(1)击倒胜(knock out,K.O 胜)。

(2)主裁判终止比赛胜(win by referee stops contest,RSC 胜)。

(3)比分或优势胜(判定胜)。

(4)对方弃权胜(弃权胜)。

(5)对方失去资格胜(失格胜)。

(6)主裁判判罚犯规胜(犯规胜)。

(八)重量级划分(奥运会级别)

男女各分为 4 个级别:男子 58 公斤以下级,男子 68 公斤以下级,男子 80 公斤以下级,男子 80 公斤以上级;女子 49 公斤以下级,女子 57 公斤以下级,女子 67 公斤以下级,女子 67 公斤以上级。

(九)防护服

由于在竞赛中全身接触,跆拳道比赛要求参赛选手穿防护服,于头部、身上、前臂、胫骨、腹股沟佩戴护具。比赛前所有参赛选手将接受检查,以确保其将应穿护具穿戴整齐。

(十)其他规则

(1)若同时出现的犯规在一种以上,则裁判以处罚较重的犯规为准。

(2)若双方均被击倒且读秒至 10 秒后均无法恢复,则击倒前得分高者获胜。

(3)若选手得分后立即犯规,则其所获分数可判无效,如故意摔倒。

(4)头部被击中倒地的选手在 30 秒内不得参加比赛。

任务二　跆拳道基本技术

一、基本步法

(一)格斗姿势

两脚开立,与肩同宽,膝关节微微弯曲,前脚脚尖向身体正面方向倾斜 45°,后脚跟微微抬起,将重心置于两腿之间,上身保持自然直立状态,身体的侧面对着前方,双手握拳,前手与肩膀保持同一高度,后手置于下颚处,两拳的拳心相对,同时目光直视前方。

注意,双臂所放置的位置不是一成不变的,要根据实战的实际情况随时进行调整。双脚之间的距离和重心的高低,也应根据具体情况随时调整,调整至适合进攻、动作稳健的状态(视频 12-2-1)。

(二)前进后退步

(1)前滑步:实战姿势准备站好,上体保持不变,后脚蹬地发力向前,前脚向前滑行一步,后脚迅速跟上,最终保持实战姿势(视频 12-2-2)。

(2)后滑步:实战姿势准备站好,上体保持不变,前脚蹬地发力向后,后脚向后滑行一步,前脚迅速跟上,最终保持实战姿势(视频 12-2-3)。

视频 12-2-1
格斗姿势

视频 12-2-2
前滑步

视频 12-2-3
后滑步

(3)上步:实战姿势准备站好,以前脚脚掌为轴,向内旋转 90°,后脚抬起向前脚内侧方向前迈一步,身体向前,转换成另一侧实战姿势(视频 12-2-4)。

(4)撤步:实战姿势准备站好,以后脚脚掌为轴,向内旋转 90°,前脚抬起向后脚内侧方向一步,身体向前,转换成另一侧实战姿势(视频 12-2-4)。

(三)跳换步

实战姿势准备站好,两脚同时跳起,在空中进行前后交换,同时身体随之旋转,形成另一侧的实战姿势(视频 12-2-5)。

注意:在做上述步法的过程中应该注意重心不能上下起伏过大,通过胯部拧转和腿脚蹬地相结合而发力,保持平稳,做完后迅速恢复到实战姿势准备状态,做到能够随时进攻或者躲闪。

视频 12-2-4
上步、撤步

视频 12-2-5
跳换步

二、手的技术

(一)直拳

拳:将食指至小拇指并拢握紧,大拇指紧贴置于中指和食指第二关节处于地面。使用直拳时,将双手握拳置于腰间,拳由腰部向前径直冲出,击打心窝位置(位于身体垂直的中心线处),拳心向下(视频 12-2-6)。

(二)下格挡(以右手为例)

左臂屈肘,右拳置于右肩,拳眼朝外,拳心向上,右手微弯置于身体前方,随即左臂下拉,同时右手收回腰间完成动作,在这个过程中两臂在身体前方交叉(视频 12-2-7)。

(三)中格挡(以左手为例)

左臂屈肘向左后方 45°位置外展,大臂与小臂之间成 120°左右的钝角,左拳置于耳朵高度,同时右拳伸直抬起在大约冲拳位置,随即左臂向身体中心摆动,同时旋转发力,右手收回腰间(视频 12-2-8)。

(四)上格挡(以左手为例)

左臂屈肘置于右腹前,右臂屈肘置于左肩,两拳的拳心相对,小臂平行,随即左手上拉置于头部的斜上方,同时右手收回腰间,在这个过程中,双臂在体前交叉(视频 12-2-9)。

视频 12-2-6　直拳

视频 12-2-7　下格挡

视频 12-2-8　中格挡

视频 12-2-9　上格挡

三、腿的技术

（一）前踢

后脚蹬地，同时重心移动至前腿。提起大腿过程中髋部略向前送，膝盖朝前，脚背绷直，双手自然放于身体两侧；继续前送髋关节，同时继续向前抬腿，当大腿抬起至适合高度时弹出小腿，使用脚面击打目标。髋部回落同时小腿快速折叠收回，落于体前，最后撤回开始位置，还原站架（视频 12-2-10）。

注意：提膝要尽量贴近裤线，踢出时尽量打直，同时支撑腿予以积极配合。

（二）横踢

后脚蹬地提膝，大小腿折叠向上和前提膝，以支撑脚的脚掌为轴旋转 180°，同时将提膝腿的膝关节旋转抬至水平状态，小腿快速鞭打向前踢出，按照原路线收回后恢复成实战姿势（视频 12-2-11）。

注意：提膝同样要尽量贴近裤线，大小腿之间折叠夹腿充分，膝关节转平，踢完后注意收腿动作，不能直接落地。

（三）下劈

重心移动至前脚，后腿提起，略微旋转同时向上送髋，使该腿膝盖尽量贴近胸部，身体重心上移，再将该腿高举过头，伸直贴近上体，身体略微向前或者保持正直，重心持续向上；再将该脚脚面绷直，腿快速下劈，用脚掌或者脚后跟击打对方的头部，同时身体稍微向后仰来控制重心，击打完成后自然落地（视频 12-2-12）。

注意：充分利用蹬地、绷脚、下落以及转髋的力量，使动作发挥出最大的威力。上身要与腿进行充分的配合，不能僵直不动。

视频 12-2-10　前踢

视频 12-2-11　横踢

视频 12-2-12　下劈

四、品势步法

（一）准备势

两脚开立，与肩同宽，双脚脚尖向前，双手握拳置于腹前。

（二）开立步

两脚开立与肩同宽，双脚脚尖向前，双手握拳置于身体两侧。若右手握拳，左手抓住右手手腕，置于背后，则为跨立步（视频 12-2-13）。

（三）马步

两脚开立，略宽于肩膀，双脚内缘间隔两三倍脚长，两脚脚尖平行，挺胸收腹直背，双膝屈膝半蹲，重心置于两脚之间（视频 12-2-14）。

（四）前行步

像是正在向前行走一样，两脚之间的距离为正常走路一步的步距，重心置于两腿之间，前脚脚尖朝前，后脚脚尖略向外倾斜 15°至 30°(视频 12-2-15)。

(五)弓步

前后脚分立，两脚之间间距一步半，宽度为一拳，前腿屈膝，后腿用力蹬直。要注意，前腿膝关节和脚尖垂直，身体重心置于双腿之间，前脚脚尖向前，后脚脚尖略向外倾斜 15°至 30°(视频 12-2-16)。

视频 12-2-13 开立步

视频 12-2-14 马步

视频 12-2-15 前行步

视频 12-2-16 弓步

任务三 基础品势

(一)太极一章

(1)品势准备。

(2)向左转身前行步，左手下格挡。

(3)右腿上步成前行步，右手冲拳。

(4)向右后方转身成前行步，右手下格挡。

(5)左腿上步成前行步，左手冲拳。

(6)以右脚为轴，左脚向左方旋转 90°落成弓步，左手下格挡。

(7)腿脚不动，右手冲拳。

(8)左脚为轴，右脚向身体右侧旋转 90°落成前行步，左手中格挡。

(9)左脚上步成前行步，右手冲拳。

(10)左脚向左后方旋转 180°落成前行步，右手中格挡。

(11)右脚上步成前行步，左手冲拳。

(12)以左脚为轴，右脚向右方旋转 90°落成弓步，右手下格挡。

(13)腿脚不动，左手冲拳。

(14)右脚为轴，左脚向左旋转 90°落成前行步，左手上格挡。

(15)左腿不动，右腿前踢后落成前行步，右手冲拳。

(16)左脚为轴，右腿向右后方旋转 180°落成前行步，右手上格挡。

(17)右腿不动，左腿前踢后落成前行步，左手冲拳。

(18)右脚为轴，左腿向右侧旋转 90°落成弓步，左手下格挡。

(19)右腿上步成弓步，右手冲拳。

(20)收势(视频 12-3-1)。

视频 12-3-1
基础品势一
太极一章

(二)太极二章

(1)品势准备。

(2)左手下格挡，向左转身前行步。

(3)右弓步冲拳。
(4)右手下格挡,向右转身前行步。
(5)左弓步冲拳。
(6)右手中格挡,向左转走步。
(7)左手中格挡,右走步。
(8)左手下格挡,左走步。
(9)右上冲拳,右脚高前踢。
(10)右手下格挡,右走步。
(11)左上冲拳,左脚高前提。
(12)左手上格挡,左走步。
(13)右手上格挡,右走步。
(14)右手中格挡,向后转。
(15)左手中格挡,原地向后转。
(16)左手下格挡,左走步。
(17)右手冲拳,右脚高前踢。
(18)左手冲拳,左脚高前踢。
(19)右手冲拳,右脚高前踢。
(20)收势。

课后练习与作业

1. 简述跆拳道运动的起源与发展。
2. 请谈一谈跆拳道运动在学生身心发展中的作用。

项目十三　游　泳

■ 教师寄语

游出快乐，游出健康，游出美丽人生。

——蓝开辉

■ 学习目标

知识目标：了解游泳运动的基本常识、安全知识，领会游泳运动的锻炼价值，熟悉水性，了解蛙泳、自由泳、仰泳的基本知识。

能力目标：学会蛙泳、自由泳、仰泳基本技术、技能，进行科学的锻炼，提高身体素质，并能够学会自救。

素质目标：积极参加游泳运动，克服畏惧心理，提升自信心，保持健康体魄。

■ 项目思维导图

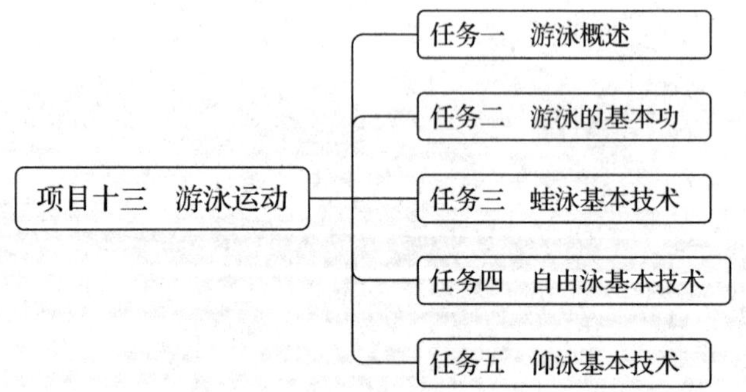

■ 课程思政

游泳运动是一种全身性运动，也是大众喜欢的体育项目。它不仅可以锻炼身体，还可以增强意志力。同时，练习者可以结交新朋友，扩大社会交往。

东京奥运会和巴黎奥运会上，中国泳军获得多枚金牌，体现出了高度的责任感和爱国情怀，表现出了自信、自觉、顽强拼搏、敬业进取的精神，值得我们学习。

任务一 游泳概述

一、游泳的起源

关于游泳的起源,国外可追溯到古埃及当时日常用的器皿上,所展现出人体在水中活动或猎物的景象。在我国可追溯到《诗经》:“就其浅矣,泳之游之……”中关于游泳的记载。这里的“游”即指潜行入水里,而“泳”是指水中浮游之意,而此后人们将两字拼凑起来,“游泳”这一用词便正式出现。有学者指出:“垒十轫之深渊,以训练游泳和驾船的水师,这在当时还是罕见的事”。而现代的游泳运动大约在19世纪中期和20世纪初,相继在英国、澳大利亚等国出现。1986年第一届希腊雅典奥运会上,游泳项目开始被列为正式的竞赛运动项目。伴随着运动竞赛的开展,游泳的姿势和技术也呈现多样性和多元化发展,因此也就展现出蛙泳、自由泳、蝶泳和仰泳等正式竞技游泳姿势。

二、游泳的锻炼价值

游泳的运动方式比较独特,运动过程中体位始终处于与地面相平行的状态:(1)有利于静脉血回流;(2)游泳时有节奏地憋气和呼气有助于增强心肺功能;(3)能改善心血管系统,提高肺活量;(4)增强机体抵抗力,加强皮肤血液循环以及微循环;(5)能提高机体对温度的适应力,改善健美形体等。例如赵波在《探析游泳运动对小学生身心健康的影响》一文中指出:“从健身价值方面阐述了游泳运动对中小学生身体发展的重要性,它可增强中小学生呼吸系统机能,促进中小学生身体形态健康均衡发展;在另一方面,通过游泳可以培养学生坚韧不拔的意志品质和顽强的拼搏精神,消除学生心理忧患,融洽学生个体间的人际关系。”

三、游泳运动装备

游泳的运动装备是进行游泳活动的必备品,只有挑选出合适的游泳运动装备,才能有效地促进游泳运动的顺利进行。游泳的主要装备主要包括:泳衣、泳裤、泳帽、泳镜、漂浮物品、耳塞和鼻夹、浴巾、拖鞋等。

四、游泳场所的选择

大学生群体尽量不要选择天然水域游泳,原因主要包括:第一,天然水域多数水质不佳,容易感染细菌,对健康不宜;第二,不清楚水里的具体情况,例如,是深是浅、是否有暗流,是否存在有危险和威胁的动植物,等等,可能对生命构成威胁;第三,没有配备救生员以及救生措施,出现危险时,缺乏救护措施。如果发生危险,不能有效地采取救护措施,给生命带来威胁。所以,尽量选择室内或室外的人工游泳池,人工游泳池都配备有救生员,以及救生防护措施。游泳池的水有定期消毒,并清澈见底。游泳池分浅水区和深水区,因此,初学者或不会游泳者应当首先从浅水区开始活动。

五、游泳运动前的准备活动

游泳前必须做好充分的准备活动，因为人体的身体器官和肌肉组织在运动前具有一定的惰性，在运动前必须调动身体的兴奋性，这样有利于调动身体各器官以及运动系统，也有利于唤醒运动神经系统的运作，这样可以使得运动神经和运动器官达到协调一致，进而也有利于游泳时运动肢体的伸展，也能有效防止肌肉抽筋和拉伤的现象出现。

准备活动的内容、形式和负荷量根据个人而定，但要有个基本原则，就是要充分活动身体的主要关节。主要包括：颈部、腰部、髋关节、膝关节、踝关节等，特别对四肢肌肉的活动与拉伸。下水之前，应当用水池的水轻轻拍打自己的身体，这样使得身体对泳池水温有个适应。而准备活动切记不可大汗淋漓，满身是汗切不可下水。

六、把握适宜的游泳时间

游泳运动时间因人而异，但一般不宜过久，特别是在水温较低的情况下。在游泳运动的时间和负荷量方面要有良好的自我调节和监控意识。在水中运动时，如果频繁表现出打寒战或嘴唇青紫等现象，应当抓紧时间上岸并用浴巾擦干身上的水，然后披上浴巾保暖，避免身体散发和流失更多的热量和能量，也可适当喝点热水，进行驱寒。

七、对溺水者的救护

（一）间接救护

间接救护是指利用救生器材对较清醒的溺水者施救的一种方法。这种方法既简便省力又安全迅速。常用的救护器材和使用方法如下：

1. 救生圈

最好使用较重的实心救生圈，同时圈上系一根绳子，当发现溺水者时，可将救生圈掷给溺水者。

2. 绳索

使用绳索时，在绳索的一头系一漂浮物，将绳子盘成圆形，救护者握住绳子的一端，然后将盘起来的绳子掷在溺水者前方，将溺水者拖上岸。

3. 竹竿

溺水者离岸较近时，把竹竿伸给溺水者，待溺水者抓住竹竿后将其拖至岸上。

4. 木板

在没有其他救护器材的情况下，木板（树干或其他漂浮物）也可以作为救生工具。使用时可将木板掷给溺水者，也可扶木板游向溺水者，让溺水者扶住木板，将其拖带游回上岸。

（二）直接救护

直接救护技术是救护者不借助任何救生器材，徒手对溺水者施救的一种技术。这种方法要求救护者必须具备舍己救人的精神，有较好的游泳技术和救护的基本知识技能。直接救护技术包括入水前的观察、入水、游近溺水者（包括使其解脱）、拖带、上岸（包括急救）等。

1. 入水前的观察

发现溺水者，首先应发出求救信号，争取更多的人参加救护，在自己准备下水的同时，应对周围环境作简单的观察并迅速作出判断。如在自然水域，首先要辨别水流的方向、水面的宽窄等,救护者要遵循尽快游近溺水者的方法,迅速选择入水地点。

2. 入水

入水时要求安全、迅速、注意目标。根据不同情况采用不同的入水方法:在熟悉的水域或游泳池,可用头先入水的出发动作,动作要快;在不熟悉的水域,可采用脚先入水的动作。

3. 游近溺水者

一般采用速度较快的抬头爬泳,亦可采用速度较快的抬头蛙泳,以便观察溺水者的情况。当游到离溺水者 2~3 m 处,深吸气后再接近溺水者,以保留自身体力,接近溺水者有以下三种方法。

(1)如果在溺水者背后。这是最理想的情况,可直接从后面靠近溺水者,双手托其腋下,使其口鼻露出水面后进行拖带。

(2)当溺水者面向自己。一般情况下,溺水者均会不同程度地表现出挣扎的求生欲望。为避免被溺水者抓住,救生者除大声要求溺水者保持安静外,应先吸一口气潜入水中,在水下两手扶住溺水者髋部,将其扭转 180°至背向自己,然后用第一种方法接近溺水者。

(3)溺水者面向自己,而且有单手或双手上举的求救动作。可以从正面接近溺水者。方法是:从正面用左(右)手准确果断地抓住溺水者的左(右)手腕,用力向自己的左(右)后方拉,借助这个惯性力使其转体 180°背向自己,然后用第一种方法控制溺水者。

4. 对溺水者进行拖运

指救护者把溺水者从水中拖运靠岸的方法。一般采用侧泳或反蛙泳两种泳式进行拖带。

(1)侧泳拖运。一臂伸直托住溺水者的后脑,一手在体侧划水,两腿用侧泳蹬剪水前进。左手(右手)从溺水者的背后沿左肩(右肩)通过溺水者的胸前,握住右(或左)腋窝后面的肩背,右(左)手在体侧划水,腿用侧泳蹬剪水前进。

(2)反蛙泳拖运。救护者仰卧于水中,一手或两手扶住溺水者,用蛙泳腿动作使身体前进。

5. 岸上急救

溺水者被救上岸后,首先要观察症状,然后再决定采取哪些措施。如果溺水者神志清醒,只需一般性引吐、保暖和休息便可逐渐恢复正常,无须做其他救护;如果溺水者处于昏迷状态、神志不清,应立即与医疗急救单位联系,同时进行急救。

任务二　游泳的基本功

一、熟悉水性

熟悉水性指初学者对水的认知和熟悉过程,达到能够在水中自如地玩耍。例如,水中行走,水中憋气,水中原地换气,水上漂浮,水中滑行后能够自主站立等各种形式,这是身体和心理共同对水环境的适应性过程。一方面,克服怕水的心理障碍,另一方面,使得肢体在水中不至于僵硬,这样有利于对游泳技术动作的学习,同样也是前提条件。

然而,这些熟悉水性的各种形式在学习的时候,也要按一定的科学顺序。第一,首先要在水中行走，以克服在水中的恐惧心理；第二，在水中呼吸，包括水中憋气、水中换气，这样是为漂浮和滑行奠定基础；第三，原地漂浮后站立起来，这是滑行后站立起来的基础；第四，滑行后站立，这是熟悉水性的最后阶段。有学者指出："在无辅助器材的游泳浅水教学中，浮冬瓜—展体漂浮—蹬边滑行这一游泳教学过程是非常重要的，因为它不仅是一种熟悉水性的有效手段。"

二、水中行走

在水中能够自如地行走，其目的在于使得初学者体会、熟悉和适应在水中的阻力和浮力，通过在水中站立以及行走并保持身体平衡的技巧，达到消除怕水的心理障碍。此项水中行走多在水深为齐腰的水中练习，因为只有这样才能克服对水的恐惧，也能体会水中的浮力。由于在水中的阻力约是空气中的八百倍，因此，行走在水中要比在陆上相对困难。在水中行走需要一定的技巧。向前迈步时，上身应略向行进方向稍微倾斜，迈腿的大腿略抬起，当迈腿落地站稳后，另一腿方可再提腿向前迈，为保持行走时的平衡，两手臂应在体侧处轻轻拨水。学习行走开始阶段向前的步伐和速度应当保持适中，并从浅水逐步过渡到深水，循序渐进地掌握使身体重心的移动与肢体的动作协调一致。练习方法见视频 13-2-1。

视频 13-2-1
水中行走

三、水中换气

水中呼吸主要包括，水中憋气，水中吐气（其中有两种方式，一种是用鼻子往外吐气，另一种是用嘴巴往外吐气），以及水中吐气后出水时张大嘴巴吸气等练习。学会换气是掌握游泳技能的前提条件。同时也是熟悉水性阶段的重要内容，初学游泳者只有掌握了水中换气的方式和方法，才能更好地适应水环境，从而进一步消除对水的恐惧。有学者指出"首要任务是排除学生的恐水心理，以学生为主体，先让学生自主体会水中漂浮的感觉"。

初学者如果不敢在水中憋气，可以尝试先在水面上进行憋气，懂得如何憋住呼吸后再尝试整个头部潜入水中进行憋气，按照"憋气从长到短，潜入从浅入深"的原则进行练习。在水中的换气方法总结为："入水利落，嘴不留水，及时吸气、水中稍闭、深吸猛吐"。练习方法见视频 13-2-2。

视频 13-2-2
呼吸练习方法

四、站立与漂浮

站立与漂浮是体会水环境的浮力的一种练习方式，对增强身体在水中的控制平衡能力和掌握水中站立的技巧有显著效果。需要注意在练习漂浮之前。应当先学习水中站立的练习，这样是出于练习漂浮的流畅性以及漂浮后的安全性考虑。漂浮的一个基本因素也是憋足够的气体，另外还要保持全身心放松，因为越是放松，身体的体积就会越大，相对面积越大，身体的浮力就越大，也就越容易漂浮起来。

（一）水中抱膝站立

站立的练习选择在浅水区，待站立水中后，深吸一口气低头憋气于水中，双臂伸直贴近双耳，双腿并拢伸直，整个身体保持一条直线并放松，这一系列动作做完后。再进行稍微低头后双手臂抱膝收腹至团身，随着浮力放松直到背部自然漂浮于水面。当一系列动作做完以后，进行站立时，两手臂自然前伸后向下缓缓压水，此时头顶水面露出，与此同时两腿保持并列伸直，使双脚一起接触到水底同时站立，最后两手臂自然放松位于体侧。

（二）静力漂浮

（1）初学者可以选择一个浮板夹与两腿之间，双手臂伸直贴于双耳，双腿并拢伸直，双手扶于池壁，双手臂和双腿充分伸展放松，此时特别要注意双肩放松，微抬头深吸一口气后低头憋气于水中，保持身体在水中呈直线水平的姿势。

视频 13-2-3 浮体练习方法

（2）在夹浮板漂浮练习熟练后，完全体会到水中的浮力，并懂得如何运用水中的浮力让自己放松漂浮起来。这时方可去掉浮板，自行漂浮。练习方法见视频 13-2-3。

五、动力漂浮——滑行

熟悉水性的重要环节就是滑行。使初学者掌握在漂浮状态下维持身体平衡的能力，体会游泳的基本身体姿势，为以后学习各泳式技术打下基础。

滑行应力求熟练，做到既滑得远，又滑得稳。滑行中，要注意保持良好的流线型身体姿势，腰、腹部肌肉要适度紧张，臂、腿伸直并拢，头夹在两臂之间，使身体伸展成一直线，以利于减小滑行时的阻力。注意不要过分抬头或低头，不要屈髋、屈膝或勾脚尖。滑行时，要尽量延长闭气时间，努力增长滑行距离。

（一）蹬池底滑行

在浅池，直立水中，手臂上举伸直，两臂夹耳，目视前方。深吸气后屈膝、弯腰、低头，准备蹬池底。蹬池底时，手、腿伸直并拢滑行。站立方法同展体漂浮。

（二）蹬池壁滑行

一手前伸，另一手拉池边，目视前方，大、小腿尽量收紧，脚掌贴池壁，臀部靠近池边两臂体侧后伸扶池壁，其余同上。低头、双臂前伸，背部和臀部露出水面后，双脚蹬住池壁。双脚用力蹬离池壁，身体呈流线型滑行。

视频 13-2-4 滑行练习方法

通过以上几项内容的练习，熟悉水性技术基本掌握。接着就可以学习各种游泳姿势了。在学习各种姿势过程中，呼吸练习、滑行练习还应经常复习，直至熟练为止。练习方法见视频 13-2-4。

任务三 蛙泳基本技术

蛙泳是游泳技术中较为简单和基础的泳姿，是一种休闲和放松的泳姿，并受到大众的喜爱和青睐。蛙泳因为模仿青蛙在水中蹬水的姿势而得名，其动作最大特点在于，每个动作周期都存在一个间歇，动作完成后又有一个很长的自主滑行阶段，所以，游起来相对比较轻松，特别是对初学者来说，是一个较为容易掌握和接受的动作技术。完整配合技术练习见视频 13-3-1。

视频 13-3-1 完整配合技术练习

一、身体姿势

蛙泳运动时其身体姿势并非一成不变，在每个动作中表现都有所不同，并随着双手和双腿的动作周期变化而变化。在完成一系列动作后的滑行阶段，整个身体姿势是平行于池底，并且双手臂和双腿并拢伸直，要求胸部自然状态，不可挺胸，也不可含胸，腹部微收，腰部稍微下榻，头部夹在两臂之间，双耳贴紧双臂，两眼注视前下方，腹部微收并与腿部保持在相同的平面上，而臀部应自然漂浮于水面。

身体纵轴与水平面的夹角大约成 5～10°(图 13-3-1 之①)。此时的身体姿势能够有效地减小前进时所产生的阻力。

身体按照一定的节奏上下起伏地向前游进。在吐气、抬头、划水时，上体向前上方成一定锐角抬起，由头顶先浮出水面，之后依次露出肩和背部的部分，这时身体的纵状轴与水平面呈现的角度较大(图 13-3-1 之②)。之后，两手臂由胸前迅速前伸，同时两腿外翻后向两侧水平蹬夹并拢伸直，头部做完吸气动作后迅速入水，此时整个身体保持一个流线型向前自主滑行。

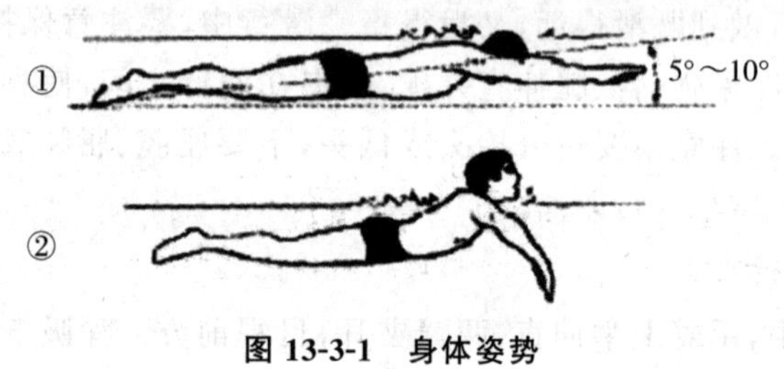

图 13-3-1　身体姿势

二、腿部技术

腿部动作是蛙泳前进的主要动力，同时也是维持身体平衡的关键因素，蛙泳腿技术掌握的好坏直接影响到蛙泳的前进速度。所以，蛙泳腿技术部分的学习应当是学习蛙泳的重要环节和关键部分。初学者首先应当学习好蛙泳腿部的技术，因为这是学习蛙泳技术的基础。蛙泳腿部技术主要包括：收(小腿)、翻(脚腕)、蹬夹、滑行四个紧密相连的动作环节。

(一)收腿

收腿是指收小腿，初学者应当避免收大腿的习惯，收腿也是向两侧翻脚腕和蹬夹技术动作的准备工作，收腿的时机应把握在身体成流线状滑行结束后开始。收腿时，腿部肌肉应当自然放松，大腿稍微下沉，不可用力，双膝进行弯曲后逐渐分开，初学者应当将小腿收至贴近大腿，只有这样发力的距离才会增加，向两侧的距离才会更长。收腿时，脚踝呈放松状态，不用力地绷脚使得脚底向上，而脚跟的方向为向上和向前位移，最终尽量向臀部贴近，双膝伴随收腿而稍微分开。收小腿和双脚时应当避开迎面水流，从而减小收腿时的阻力。然而做收腿动作应当用力均匀而柔和，切勿用力过大。在收腿的整个过程中臀部应当稍微下降。收腿动作结束后，双膝内侧的间距约小于或等于肩宽，大腿与躯干约成 130°～140°。小腿要充分折叠，贴近于大腿，脚跟贴近于臀部，小腿折叠约与水面垂直，整个过程流畅、顺利结束后为翻脚和蹬夹做好充分准备，如图 13-3-2。

（二）翻脚

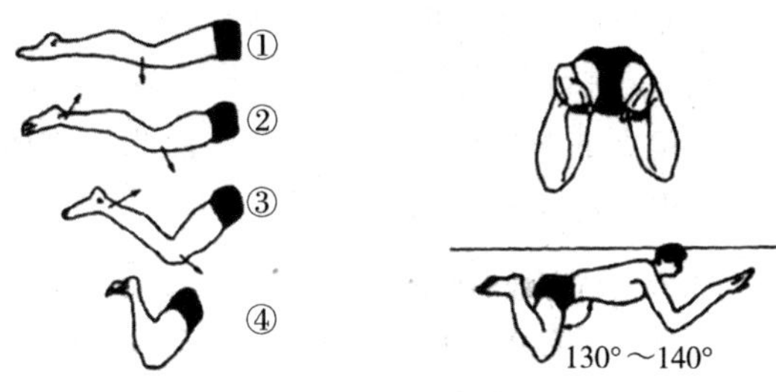

图 13-3-2　收腿

翻脚技术动作是指踝关节用力，脚尖下勾并向两侧外翻，此时需要注意的是，翻脚是在收腿的基础上进行的，切忌翻脚使小腿向后移动。其目的在于为双腿的蹬夹建立正确的对水面。整个蛙泳技术动作环节中，翻脚技术动作是重要内容，翻脚是否充分直接影响到蹬夹水的效果。

收双腿使脚跟尽量贴近臀部时，大腿处于内旋，两膝稍向内扣，小腿向两侧充分展开，两脚背向下屈脚尖勾紧并向两侧翻开，使脚的内侧面和小腿充分向后，并构成有利的对水面，从而为蹬夹动作做好充分准备。翻脚动作的时机应在收腿技术动作接近结束以后，此时翻脚切记不可使小腿向后移动，否则蹬距就会缩短，影响蹬夹速度。收腿、翻脚、蹬夹三个技术动作应当充分，且顺序紧紧相连而流畅，动作技术层层递进，形成一个连贯而流畅的鞭打动作。

（三）蹬夹

蹬夹动作是蛙泳腿动作技术的关键环节，也是推动身体前行的重要动力因素来源。蹬夹动作是否充分关键在于蹬夹时小腿蹬的运动方向以及是否运用脚底面蹬水，向两侧蹬出需大于肩宽，并拢需及时，蹬水及夹水面的大小与速度直接影响身体前行的速度。

蹬夹动作时机应把握在翻脚即将完成时。翻脚动作具有一定的惯性，即是完成充分的翻脚动作，后蹬的起初阶段仍是继续向外的运动阶段。紧接着双腿和腰腹同时发力，下肢各关节依次充分伸展，两脚发力转为向后侧方向蹬，向内夹水运动并稍微下压，直至两脚绷直和两腿蹬直夹紧并拢，完成弧形的鞭打式的蹬夹。蹬夹动作技术是“蹬”和“夹”的有机结合，双腿后蹬与内夹是同时进行的，当两小腿蹬直后大腿和膝关节已经向内并拢（图 13-3-3）。

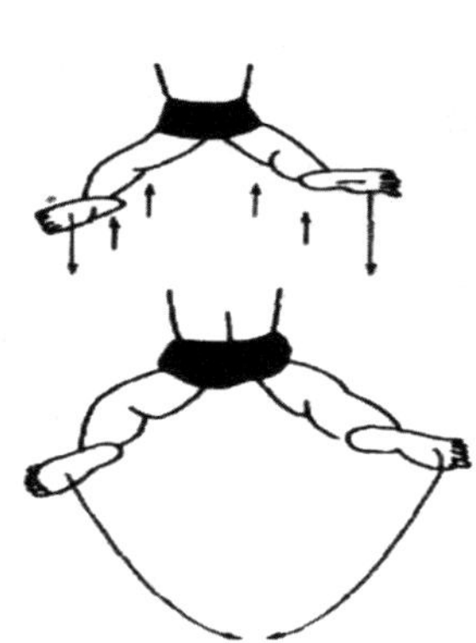

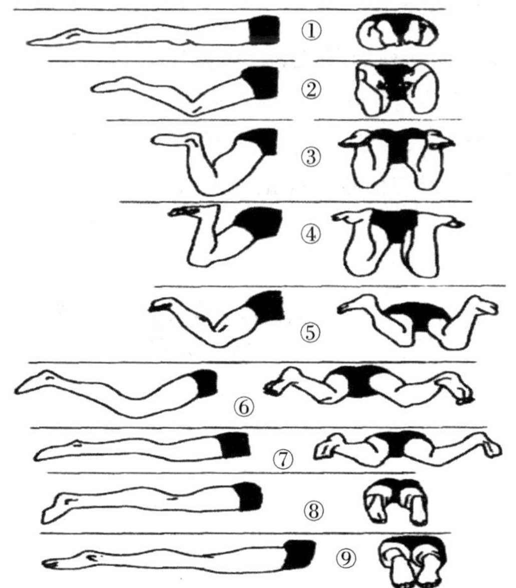

图 13-3-3　蹬夹

完成蹬夹动作时，最佳的蹬水面积的决定因素是下肢各关节的伸展和发力顺序。正确的顺序包括：首先是髋关节充分伸展，其次伸膝关节，再次伸踝关节，直到双腿伸直夹紧并拢。蹬夹的开始阶段主要是大腿向侧后方运动，而膝关节则不应过早伸展，这样使得小腿尽量保持垂直状态，以保持对蹬水面的有利姿势，尽量避免小腿向下打水的错误现象。

视频 13-3-2 腿部动作练习方法

（四）滑行

蹬夹动作结束后，双腿的位置相对上身较低，脚距离水面比上身稍深。此时，两腿和两脚应当及时迅速伸直并拢，肩部、背部、腰部、腹部、臀部及腿部的肌度，两手臂划手向后划水时与肩稍宽。练习方法见视频 13-3-2。

三、手臂技术

蛙泳的手臂划水动作是蛙泳技术的重要部分，因为手臂动作是蛙泳技术中推动身体前行的重要因素。进行蛙泳时，整个手臂动作都是在水下完成。蛙泳的手臂动作应是与抬头结合，并且是先抬头后划手，双手应五指并拢，手腕适度绷直绷紧，肘关节弯曲大约略宽于肩。即两手从并拢开始下划水至胸前合抱。（图 13-3-4）。蛙泳的一个划水动作周期主要包括：双手并拢——两手分开外划——两手掌下划——两手掌内划——两手合抱于胸前——两手并拢前伸等六个动作阶段。

（一）外划

两臂并拢伸直前伸、两手五指并拢上下相叠、掌心向下的滑行姿势结束后开始外划。外划时两手臂处于内旋运动，两手掌心向两侧转向斜下方，此时手腕略弯曲，两臂向外划时小手臂和大手臂夹角近约 90°，划臂宽度略大于肩宽。（图 13-3-4）。外划的动作速度应当匀速放松。

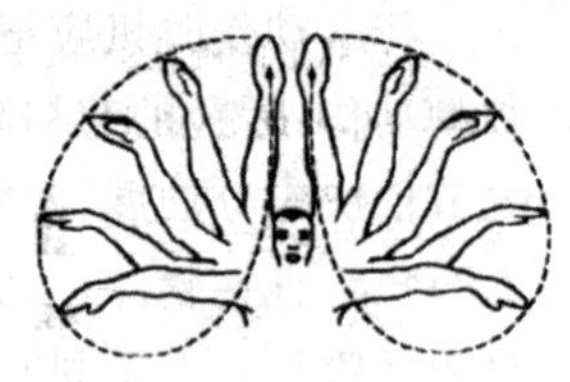

图 13-3-4　臂部技术/外划

（二）下划

双臂在外划的阶段，手臂略向外旋，转腕使掌心转为朝后下方，以肘关节为轴由外向内运动，双手和前臂迅速向下后方向划动。在下划的过程中，手臂的运动幅度大而快，但是上臂的移动不宜过多。下划动作结束后，肘关节明显高于手和前臂，手和前臂与前行方向接近垂直，肘关节弯曲约 130°（图 13-3-5）。初学者应避免肘关节弯曲角度过大。

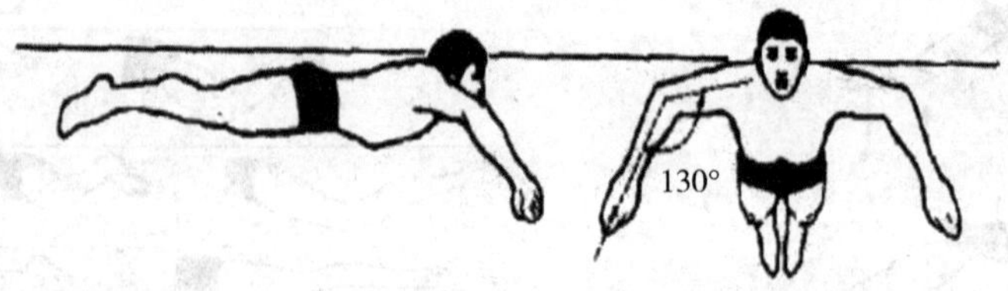

图 13-3-5　下划

（三）内划

内划既是手臂划水的抱水动作，同时也是手臂划水产生推动力的关键技术动作。伴随下划动作的结束，手腕迅速内旋，使得掌心向内后方合抱。与此同时，手臂加速由外向内并稍向后横向划动，屈肘程度进一步加大，肘关节也同时向下、向后、向内收夹至胸部侧下方。两手划至胸前时几乎靠在一起(图 13-3-6)。

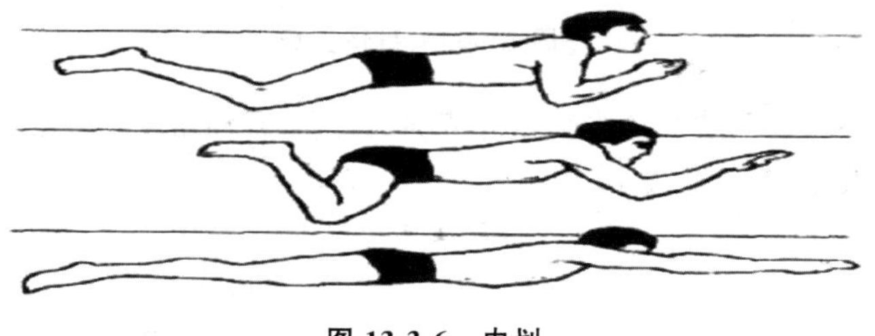

图 13-3-6　内划

(四)前伸

当内划接近完成时，两手在继续向内、向上划动的过程中逐渐转为向上、向前弧形运动至颌下。此时两手靠拢，两掌心逐渐转向下，手指朝前。接着，肘关节不停顿地沿平滑的弧线前移，推动两手贴近水面向前伸出。与此同时迅速低头，将头夹于两臂之间。伸臂动作完成时，两臂伸直并拢，充分伸肩，两手掌心向下，成良好的流线型向前滑行(图 13-3-7)。

练习方法见视频 13-3-3。

视频 13-3-3 臂部与呼吸配合的练习方法

图 13-3-7　前伸

任务四　自由泳基本技术

自由泳又称爬泳。自由泳的速度非常快，由于它的动作非常像爬行，所以称之为爬泳。竞技游泳规则中的自由泳比赛允许运动员自由选择泳式。因为爬泳的游进速度最快，所以在自由泳比赛中被运动员广泛采用，今天两者可以互为代名词。爬泳虽然在实用方面不如蛙泳和仰泳，但是可根据不同的要求利用其速度快的优点。

一、身体姿势

爬泳时，身体要尽量保持俯卧的水平姿势。但是为了取得更好的动作效果，头部应自然稍抬，两眼注视前下方，头的 1/3 露出水面，水平面接近发际，双腿处于最低点，身体纵轴与水平面约成 3°～5°的仰角(图 13-4-1)。

图 13-4-1　身体姿势

游爬泳时,身体可以围绕身体纵轴做有节奏的转动,转动角度一般为 35°～45°(图 13-4-2)。如果速度加快,角度就会相对减小。

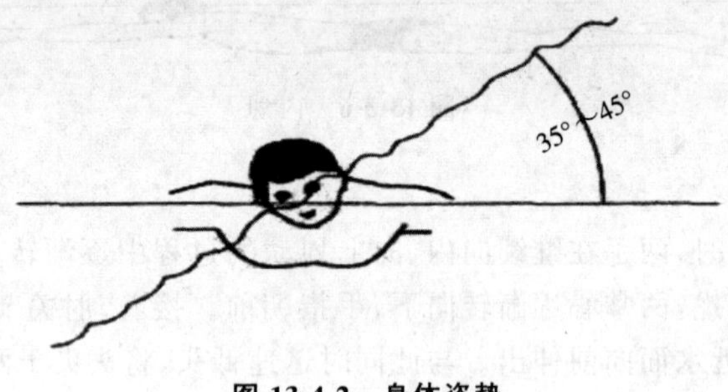

图 13-4-2　身体姿势

二、腿部技术

在爬泳技术中,大腿动作除了产生推动力外,主要起着维持身体平衡的作用,它能使下肢抬高,以及协调配合双臂有力地划水。

爬泳腿的打水动作,几乎与水平面呈垂直方向进行,从垂直面看,两腿分开的距离约为 30～40 cm,膝关节弯曲的角度约为 160°(图 13-4-3)。

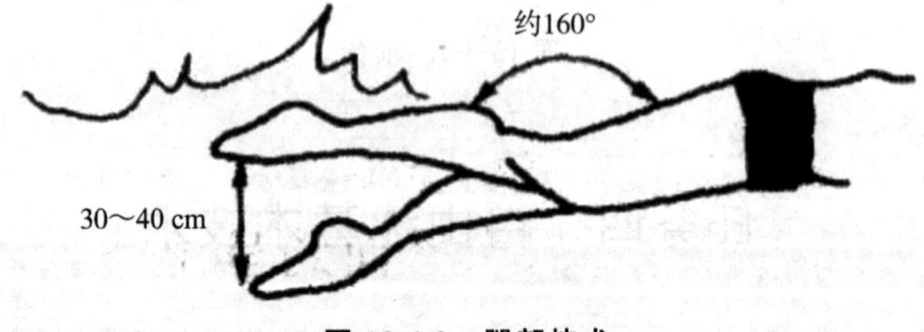

图 13-4-3　腿部技术

在向前游的过程中,腿向上打水时,脚应接近水平;向下打水时,不应超过身体在水中的最低部位。正确的打水动作是脚稍向内旋,踝关节自然放松,向上和向下的打水动作应该从髋关节开始,大腿用力,通过整个腿部,最后到脚,形成一个“鞭状”打水动作。

三、臂部技术

爬泳的两臂划水是推动身体前进的主要动力。为了便于分析,把臂部动作一个周期分为入水、抱水、划水、出水和空中移臂五个部分,但整个划水是连贯的动作,各部分之间没有明显界线。

(一)入水

手臂的入水点一般在肩的延长线或身体纵轴与肩的延长线之间(图 13-4-4)。入水时手指自然伸直并拢，肘部高于手，指尖对着入水的前下方或通过臂的内旋而使手掌向外，拇指向下，切入水中。

图 13-4-4　入水

手切入水后，手和小臂继续向前下方伸展，手由向前—向下—稍向内的运动变为向前—向下—稍向外的运动(图 13-4-5)。

图 13-4-5　入水

(二)抱水

手臂入水后要到与水平面成 40°左右时才能进入有效的划水阶段，因此，在划水之前应有一个抱水阶段，做好划水前的准备。抱水动作是手入水后，积极插向前下方，并逐渐开始屈腕、屈肘抱水，保持高肘为划水做准备(图 13-4-6)。

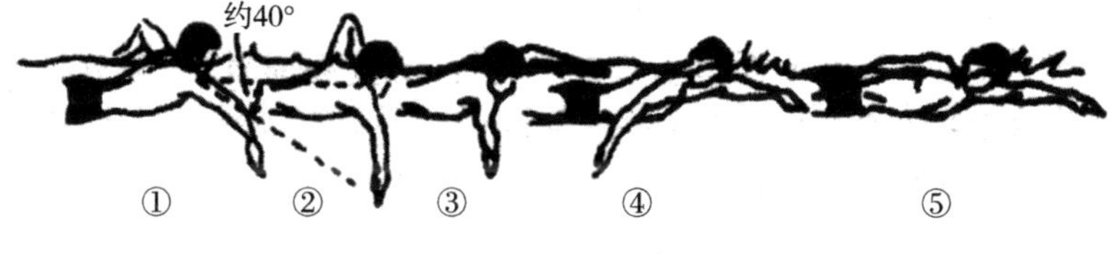

图 13-4-6　抱水

(三)划水

手臂在前方与水平面呈 40°起至后方与水平面约呈 15°～20°角止的运动过程都是划水动作。它分为两个阶段：从抱水结束到划至与水面垂直之前称为“拉水”，过垂直面后称为“推水”。拉水时，应保持高肘姿势，手向内—向上—向后运动。当拉水结束时，手在体下接近中线，这时，肘关节弯曲的角度约为 90°～120°，小臂由外旋转为内旋，掌心由向内后方变为向外后方(图 13-4-7)。向后推水是通过屈臂到伸臂来完成的。在推水过程中，手是向外—向上—向后的运动。肘关节要向上、向体侧靠近，并且手掌始终要与水平面保持垂直。

图 13-4-7　划水

(四)出水

划水结束后,利用肩带肌肉的力量,由肩带动前臂、肘向外上方提拉出水面。要求臂和手腕的肌肉要放松。

(五)空中移臂

臂出水后,由肩带动上臂、前臂和手做高肘快速移臂。整个移臂过程的前半部分是肘关节领先,前臂相对慢,后半部分前臂向前伸出做入水准备(图 13-4-8)。

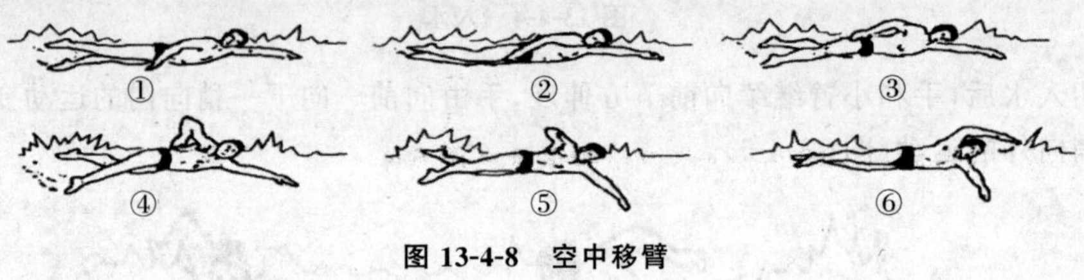

图 13-4-8 空中移臂

任务五 仰泳基本技术

仰泳是指身体姿势在水面上成仰卧状态进行的泳式。仰泳和爬泳在技术动作方面原理大致一致,最大的区别在于身体方位正好相反,前者面向上,后者则面向水下,因此,仰泳也俗称"爬式仰泳"。仰泳与其他泳姿最大的区别在于不用换气,因为仰泳时身体体位正面向上,鼻和口都不用在水中。但是仰泳不足在于前行时方向难以监控和掌握。

一、身体姿势

仰泳时身体体位处于仰卧在水中的状态,头部和肩部略高于胸部和自然伸展,头部和腰腹部保持与水面平行,身体形态呈流线状,身体中心纵轴在水平面上所形成的迎角约为10°,腰部以下均处在水面之下(图 13-5-1)。

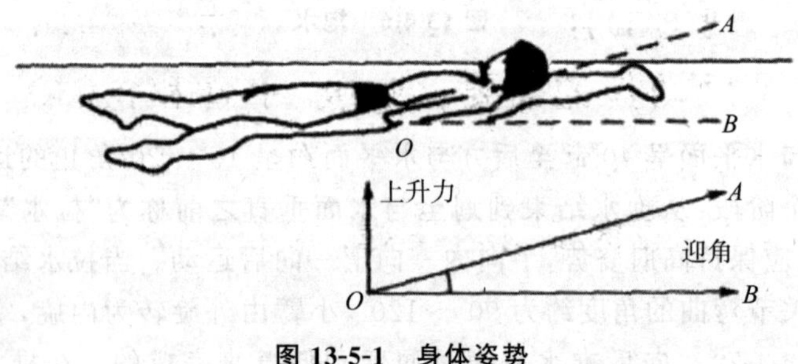

图 13-5-1 身体姿势

采用仰泳姿势的游泳过程中,头部相当于"船头"观察方向的作用,手臂相当于方向盘,起着控制方向作用,腿部和手臂滑行相当于"马达"起着推动的作用。因此,仰泳时头部应当保持相对稳定,尽量避免上下和左右移动,此时,颈部肌肉应当放松,与水面保持水平,后脑勺完全处在水中,并防止耳朵入水,眼光保持在用力腿的上方。

二、腿部技术

在仰泳技术中，腿部技术动作直接影响到身体在水中的体位姿势以及仰泳角度，同时也是保持身体上浮和身体前行的重要动力。

仰泳的腿部技术动作是由大腿带动小腿上下直摆腿形成鞭打动作完成，即以髋关节为轴直腿下压，屈腿上踢，脚背绷直。直腿下压的动作由臀部和腿部肌群协同用力收缩来完成。在整个腿下压动作中，前部分下压时应当保持膝关节充分展开，腿部肌肉处于放松状态。下压后期，到一定程度后，通过腹肌和腰肌的控制，停止下压而过渡到向上摆腿。由于向下的惯性作用，小腿仍然稍微弯曲继续向下摆动，所以在腿下压后期，膝关节是处于为弯曲状态。

随着腿部下压的惯性逐渐减弱和腿部肌肉力量的带动，小腿自然向上摆动，但此时脚仍然继续向下摆动用力，直到惯性完全消失，大腿、小腿和脚完成一次结束向下的“鞭打”动作。下压过程中腿部各关节要保持自然放松的状态。当下压动作结束时，膝关节弯曲角度约成135°～140°，小腿与水平面约成40°～45°。

腿部上摆动作的开始，需要克服水中阻力增加腿部力量和速度，向上摆动过程中速度和力量逐渐增大。当大腿向上摆动超过水平面时则上摆动作结束，此时膝关节接近水面。随后小腿和脚背也依次结束向上，膝关节充分伸展，构成向上“鞭打”的动作。上摆动作是以大腿带动小腿、小腿带动脚依次用力完成，避免膝关节或脚尖露出水面。脚上踢过程中，脚尖应内旋，加大受力面积，从而产生更大的推动力。

三、臂部技术

仰泳的手臂划水动作是保证身体前行的主要动力之一。手臂的划水技术动作主要包括：入水、抱水、划水、出水和空中移臂，其中要求手上动作要五指并拢，稍内合。左右两臂用力均匀，有节奏地交替进行。（图13-5-2）。

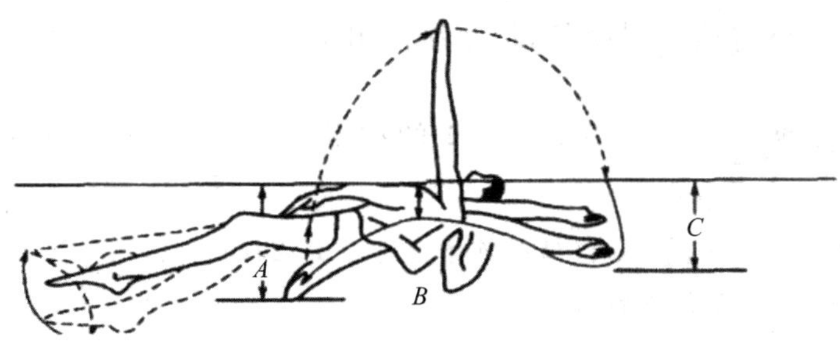

图13-5-2　臂部技术

（一）入水

手臂入水时，应借助空中移臂动作的惯性，此时臂部自然放松，入水点应控制在身体纵轴线与划水所在肩部的延长线之间，入水点若落在肩的延长线上，则划水位移最大，所产生的划水力度就越大，但是划水频率则会降低。手臂应保持直臂，肘部不要弯曲，直到抱水为止。手入水时小指朝向水下，大拇指向上，掌心向侧后方。手掌与小臂约成150°～160°。

(二)抱水

抱水是划水的前提条件,抱水越多划水的推动力越强。手臂入水后,通过利用移臂时所产生的动能积极主动下滑到一定的适合深度,手掌向下并向侧移动。通过伸肩、屈肘、上臂内旋和屈腕等一系列动作,配合腿上动作,使手臂和手掌产生对水有适当压力的感觉。当完成抱水动作时,肘部微屈约成150°～160°,手掌距水面约30～40 cm,肩保持较高的位置。

(三)划水

划水动作是推动身体前进的主要动力。整个动作是由屈臂抱水开始,以肩为中心,划至大腿外侧下方为止。划水动作包含拉水和推水两个阶段。

拉水是在臂前伸抱水的基础上进行的。开始时前臂内旋,手掌上移,肘部下降,使屈肘程度加大,手掌和小臂要保持与前进方向垂直。当手掌划至肩侧时,屈臂程度最大,约为70°～110°,手掌接近水面。

推水是在手臂划过肩侧时开始的,这时肘关节和大臂应逐渐向身体靠近,同时用力向脚的方向推水。当推水即将结束时,小臂内旋做加速转腕下压的动作,掌心由向后转向向下。推水结束时,手臂要伸直,手掌在大腿侧下方,借助于手掌压水的反弹力迅速提臂出水。

(四)出水

出水的手形有多种形式:第一种,出水角度是手背先出水;第二种,出水角度是大拇指先出水;第三种,出水角度是小拇指先出水。三种出水角度各有优缺点,经过调查与实践发现,第三种使用的相对比较多,同时也相对比较容易掌握。无论采用哪种手形出水,都应当保持手臂的自然、放松以及迅速出水,最后还应当先手掌完全压水后立即提肩、肩部环绕露出水面后,以肩部为核心动力,从而带动大臂、小臂和手依次自然出水。

(五)空中移臂

手臂内旋出水,出水以后手应及时迅速从大腿外侧,由出水零角度到垂直于水面再移至肩前,整个过程为180°。当手臂移至肩上方时,手掌应当内旋,使掌心向外翻转(采用小拇指先出水技术的无此动作)。空中移臂时,臂要伸直放松,移臂的后阶段要注意肩关节充分伸展,为入水和划水做好准备。

课后练习与作业

1. 游泳的起源是什么?
2. 如果发现有溺水现象,如何借助物体进行岸上施救?
3. 当有人溺水,该如何进行人工呼吸?
4. 蛙泳的基本技术环节包括哪些?

项目十四　幼儿体育基本动作与游戏实践

教师寄语

幼儿就像春天的花朵
幼儿体育就像营养助其茁壮成长
——蔡宇君

学习目标

知识目标：了解幼儿体育基本动作的基础知识，了解幼儿体育的走、跑、跳、投、爬、攀登、平衡等基本技能。

能力目标：能够运用幼儿体育基本动作技术、技能，进行幼儿体育游戏实践指导。

素质目标：促进幼儿动作发展并达到锻炼目的，保持健康体魄，提高自身基本动作素质和体育素养。

项目思维导图

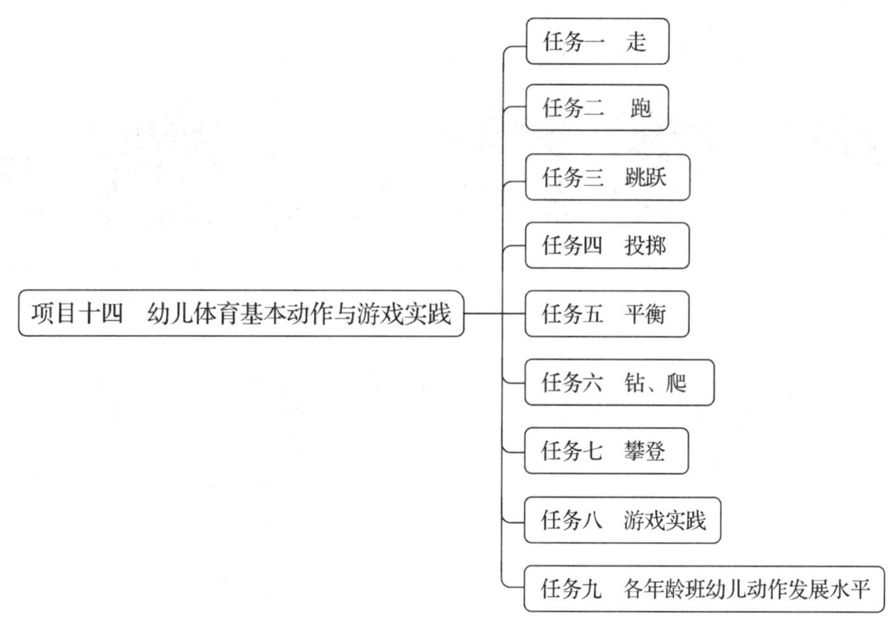

■ 课程思政

基本动作是运动的基础，基本动作因运动而提升，运动也因基本动作而发展。幼儿体育基本动作就是通过对幼儿运动教学的指导，使幼儿了解他的身体，学会巧妙地使用他的身体，并能富有创意地表现自己。除了身体上的能力之外，还要更进一步地促进其学习能力、对人的行为能力、与自己的感情或环境的关系等的发展。简单地说，幼儿基本动作教学的意义不只在于身体的运动上，同时还要促进幼儿的学习、人际、认知等各方面的发展。幼儿体育教学，目的在于引导幼儿潜在能力的发展，培养幼儿自我保护的能力，增进幼儿对社会环境的适应能力。基本动作教学法是根据儿童个人的本能与需求，以最经济的精力、时间与设备来收到最好的效果，也即以体智能的教学方式开展幼儿体育游戏课程，以帮助幼儿实现身体健康、心理健康、头脑健康。

任务一　走

一、走的动作要领

(1)上体正直，自然挺胸，头正，眼向前看，肩和手臂放松，两臂自然前后摆动，步幅要大而均匀。抬腿方向要向正前方，脚尖向前，落地要轻。

常见走的方法有：自然走步、前脚掌走、轻轻地走、后脚跟走、高抬腿走、弹簧步走、顶脚向前走、企鹅走、侧身并步走、交叉步走、全蹲走，见视频 14-1-1 至视频 14-1-11。

视频 14-1-1 自然走步　视频 14-1-2 前脚掌走　视频 14-1-3 轻轻地走　视频 14-1-4 后脚跟走　视频 14-1-5 高抬腿走　视频 14-1-6 弹簧步走

视频 14-1-7 顶脚向前走　视频 14-1-8 企鹅走　视频 14-1-9 侧身并步走　视频 14-1-10 交叉步走　视频 14-1-11 全蹲走

(2)重点：腿的动作和躯干姿势。

(3)动作要求：①小班：上体正直自然走。②中班：上体正直，上下肢协调地走。③大班：

步伐均匀，有精神地走。

二、常犯错误和纠正方法

（一）内外八字脚

纠正方法：(1)向家长和教师、保育员做宣传工作，早期预防。(2)经常提醒有内外八字脚缺点的幼儿走路时要脚尖朝前。(3)纠正外八字，可让幼儿两脚内扣站立，用脚内侧踢毽子。(4)可沿一条直线向前走来纠正八字脚。

（二）抬腿过高

纠正方法：(1)向幼儿讲清楚高抬腿是错误动作，在向前迈步和走步时教师应经常提醒，及时纠正。(2)排队走时前后距离要稍大，以免影响向前迈步。

（三）落地重

纠正方法：(1)要求走步时上体正直，脚跟着地后迅速向前滚动。(2)走步时教师可提醒"向前迈步，落地要轻"或提出"看谁走路轻"等。教师喊口号时不要过于用力。

（四）摆臂紧张，幅度过大，身体左右摆动

纠正方法：(1)向幼儿讲清楚正确的摆臂方法。(2)教师示范要正确。(3)让姿势正确的幼儿做示范或当排头。(4)让犯有此错误的幼儿跟在走得正确的幼儿后面走。

（五）低头含胸，上体扭晃

纠正方法：(1)向幼儿讲清楚正确的姿势，教师平时应注意走步的正确姿势。(2)在排队走步时经常提醒幼儿"挺胸、眼睛看前面"。(3)针对不同情况采取相应措施。

三、教学注意事项

(1)走步教学重点是腿的动作和躯干姿势。只要做到蹬地有力，步幅大，方向正，挺胸直腰，走步就有精神。

(2)循序渐进，逐步提高要求。小班主要要求走得平稳、步子迈得开。排队走步时能注意跟上前面的幼儿，保持队形，不要求步伐整齐。可以逐步要求中、大班幼儿做到动作正确、协调、放松、均匀、步幅大、有节奏、步伐整齐。

(3)教师走步的姿势对幼儿的动作发展影响很大，因此教师无论在教室还是在日常走步时，都要求有正确的走步姿势，还要做好宣传工作，引起家长的重视。

(4)散步和游览是发展幼儿走步能力的较好形式。散步和游览时，允许幼儿比较自由地走，只要队形不散就行，不必要求队形整齐。走步速度可以有变化，也可以走走停停，观察附近的自然景色。如果在途中能带幼儿爬个小坡，走过小桥，跨过小障碍物，幼儿会更感兴趣。中间休息时还可以做些活动量小的游戏，以丰富活动内容。要注意安全卫生和幼儿的体力负担，不要使幼儿过累。散步宜在阳光充足、空气新鲜、行人和车辆较少、噪音小的地方。

(5)在早操和体育活动中，练习排队走步，对发展幼儿走步能力和培养幼儿遵守纪律是很有意义的。但由于这种走步需要改变自己原有的习惯和节奏，对幼儿注意力要求较高，动作单调、乏味，所以练习时间不宜过长。排队走步时可用拍手、击鼓、音乐伴奏等方法来培养动作节奏感，使动作整齐以激发幼儿的兴趣。

(6)在走步教学中，要特别重视幼儿躯干的姿势。因为幼儿期是脊柱、胸廓生长发育的

极重要时期，可塑性较强，一些错误动作一旦形成习惯，极易造成畸形发展。因此在走步、跑步等活动中经常要求幼儿挺胸、头正、直腰，把躯干姿势做正确，促进胸廓、脊柱的正常发育，使幼儿将来能有一个健美的体型，为其内脏的发育提供良好的条件。

四、走的内容及游戏介绍

(一)小班

(1)听信号向指定方向走。如“找玩具”。

(2)一个跟着一个走。如“开火车”。

(二)中班

(1)听信号有节奏地走。如“听鼓声走”。

(2)听信号变速走。如“听哨声走”。

(三)大班

(1)听信号变换方向走。如“熊和石头人”。

(2)一对一对整齐地走。

(3)走跑交替。如“老狼老狼几点钟”。

(4)走跑变换。如“爱护小树”(图 14-1-1)。

图 14-1-1　走的游戏

五、走的形象动作介绍

(1)半蹲走：如学猫走、小鸭走、矮人走、老公公走。

(2)高抬腿走：如公鸡走、老狼走、老鹰走。

任务二　跑

一、跑的动作要领

(1)上体稍前倾，眼向前看，两手轻握拳，两臂屈肘于腰侧前后自然摆动。腿向后用力蹬地，向前摆腿方向正、幅度大、膝放松。用前脚掌先着地，脚尖朝前，落地要轻，呼吸自然而有节奏。

常见跑的方法有：摆臂练习、起跑姿势、跑步、原地小步跑、高抬腿跑、跨大步跑、曲线跑、侧身跑、交叉步跑，见视频 14-2-1 至视频 14-2-9。

视频 14-2-1
摆臂练习

视频 14-2-2
起跑姿势

视频 14-2-3
跑步

视频 14-2-4
原地小步跑

视频 14-2-5
高抬腿跑

视频 14-2-6 跨大步跑　视频 14-2-7 曲线跑　视频 14-2-8 侧身跑　视频 14-2-9 交叉步跑

(2)重点:腿的动作。

(3)动作要求:①小班:两臂屈肘在体侧自然跑。②中班:上下肢协调轻松地跑。③大班:上体稍前倾,用前脚掌着地跑。

二、常犯错误和纠正方法

(一)"坐着"跑

纠正方法:多做发展腿部肌肉的速度力量和髋关节的灵活性练习。如纵跳、跨跳、跨步跑、弓箭步走、放松大步跑等。纠正错误时少组织快跑竞赛。

(二)"跳着"跑

纠正方法:告诉幼儿要向前摆腿,多做大步跑等练习。

(三)摆腿和脚落的方向不对:向前摆时两膝外撇或内拐,落地时八字脚

纠正方法:使幼儿了解摆腿的正确方向和落地方法,在跑步时经常提醒。如"膝盖朝前""脚尖朝前"等。可做高抬腿走练习,注意抬腿方向。或提出"比比谁的脚尖没朝前,谁能跑直线"等要求。

(四)跑时过分紧张,耸肩,摆臂僵,握拳紧,落地重,两臂左右摆动,上体晃动大

纠正方法:多做自然放松大步跑。在赛跑时要提醒幼儿放松,在纠正错误动作期间,少做接力跑或其他形式的赛跑。

(五)上体过分前倾或后仰

纠正方法:做原地摆臂或弓步下振练习时,强调躯干的正确姿势,练习时应经常提醒幼儿注意向前看。

(六)跑的路线不直

纠正方法:要求幼儿跑时眼看前方,可让幼儿做窄道跑或朝指定的目标跑去,或一个跟着一个跑。

三、教学注意事项

(1)跑是人的一项基本活动能力,幼儿期是跑的动作形成的重要时期,因此幼儿园应把跑步作为体育活动的主要内容。跑的教学应以形成正确姿势为主,不要追求数量和速度上的发展。可以定期检查动作质量来了解幼儿动作发展水平。但不宜制定指标,不宜搞评分。

(2)要特别重视对中、大班幼儿跑的动作指导。这个年龄阶段幼儿动作发展快,接受能力较强,好奇心强,爱模仿,但缺乏鉴别能力,如不加指导,容易形成错误动作,给动作发展带来不利影响。

(3)跑与跳都是以下肢活动为主的练习，动作有很多相近之处，参加活动的肌肉群基本相同，又都需要速度力量素质，所以在教学中要把两类教材搭配合适，以便互相促进，互相补充。

(4)跑的教学必须从幼儿生理特点出发，特别要考虑幼儿的心脏血管系统和呼吸系统的特点。参与一些激烈的追捉跑的游戏时，大部分幼儿的心率都会达到每分钟180次左右，这是大运动量的心率，容易造成心脏疲劳。幼儿的呼吸系统正处于发育阶段，呼吸道狭窄，呼吸表浅，长时间跑跳练习容易导致其疲劳。根据两个主要系统的特点，幼儿跑步的距离不应太长，时间不应太久，强度不应太大，以免幼儿心脏受损害。

四、跑的内容及游戏

(一)小班

(1)一人追一人跑，如“看谁能追上我”。

(2)听信号向指定方向跑，如“宝宝找动作”。

(3)走跑交替：如“老鹰抓小鸡”。

(4)在指定范围内四散跑，如“抓尾巴”。

(二)中班

(1)一路纵队跑，如“跟着老师一路纵队跑”。

(2)听信号跑，如“狡猾的狐狸在哪里”。

(3)快速跑10～20 m，如：拍手接力跑。

(4)走跑交替，如“老狼几点钟”。

(5)在一定范围内四散追逐跑，如“捕小鱼”。

(三)大班

(1)听信号变速跑或改变方向跑或在跑中做动作。

(2)快跑20～30 m，如“看谁放得对”。

(3)四散追逐跑，如“套圈游戏”“三打白骨精”。

(4)跑走交替，距离为200～300 m。

(5)接力跑，如“抱瓜接力赛”。(图14-2-1)

图14-2-1　抱瓜接力赛

任务三　跳　跃

一、跳跃动作的内容

(一)原地双脚向上跳(纵跳摸高)(图14-3-1，视频14-3-1)

(1)动作要领：预备动作，两腿弯曲，上体稍向前倾，重心落在两脚上，两臂自然垂于体侧或稍向后摆；起跳时，两臂向上摆动，提腰，两腿用力快速蹬伸向上跳起；落地时，双脚用前脚掌先着地，两腿弯曲缓冲。

(2)重点：起跳和落地动作。

(3)要求：起跳时要求两腿快速用力，充分蹬伸，落地时要屈膝缓冲。

(4)常犯错误：①两脚蹬伸不充分，向上屈大腿或后屈小腿跳。②落地不屈膝缓冲。

(5)纠正方法：教师要示范正确的跳跃动作。幼儿练习时，教师用语言提醒幼儿"膝盖蹬直""向上跳"，落地时可提醒幼儿看谁的膝盖有弯曲。

图 14-3-1　纵跳摸高

视频 14-3-1 原地双脚向上跳(纵跳摸高)

(二)原地双脚向前跳(立定跳远，见视频 14-3-2)

视频 14-3-2 原地双脚向前跳(立定跳远)

(1)动作要领：预备动作，两脚自然开立，屈膝半蹲，上体前倾，两臂后摆，当两臂由后向前上方做摆动时，两前脚掌用力蹬地，两膝充分蹬直向前跳起，身体尽量前送；落地时，脚跟着地，屈膝半蹲，上体前倾，两臂自然放下，保持平衡。

(2)重点：起跳和落地动作。

(3)要求：起跳时两腿要充分蹬直，落地时屈膝缓冲。

(4)常犯错误和纠正方法：

①起跳时腿蹬伸不充分，两腿蹬伸用力不同，不会摆臂助跳。纠正方法：练习原地向上跳摸高，向前跳时用手触摸在身前的绳子或教师的手。

②落地缓冲差。纠正方法：看正确的落地示范，强调落地时要屈膝，也可要求幼儿落地后立即蹲下拾地上的东西或提出"比比谁落地声音最小"等。

(三)从高台处跳下(视频 14-3-3)

视频 14-3-3 从高台处向下跳

(1)动作要领：预备动作，两脚屈膝半蹲，上体前倾，两臂后摆，当两臂由后向前摆动时，两前脚掌用力蹬地，两腿蹬直向前下方跳下；落地时，屈膝缓冲，两臂前平举维持平衡后站立。

(2)重点：落地动作。

(3)要求：落地时屈膝半蹲后站直，保持平衡。

(4)常犯错误：起跳时两脚蹬地的力量不均匀，两脚没有同时落地。

(5)纠正方法：可练习双脚向前和向上跳的动作，要求幼儿两脚同时落地，两臂要前平举以维持平衡。

(四)助跑跨跳(图 14-3-2,视频 14-3-4)

(1)动作要领:助跑时要求自然放松、短距、中速,起跳时起跳腿用力蹬直,摆动腿屈膝快速向前摆起,幅度大,上体正直可稍前倾,两臂自然摆动,摆动腿着地后继续向前跑几步,然后停下来。

图 14-3-2　助跑跨跳

视频 14-3-4
助跑跨跳

(2)重点:起跳腿蹬地和摆动腿摆腿动作。

(3)要求:起跳腿蹬伸要充分,摆动腿的幅度要大,动作要协调。

(4)常犯错误和纠正方法:

①起跳腿蹬伸不充分。纠正方法:让幼儿看正确的示范动作。跨跳的距离要适中,不可太短。

②腾空时低头弓腰。纠正方法:要求幼儿跳起后直起腰往前看或看固定的标志物,起跳时尽量自然。

③双脚起跳。纠正方法:可增加练习次数,教师要多做示范,并强调幼儿单脚起跳。

④落地重,落地后停顿。纠正方法:要求幼儿轻松地跳,不要很用力,落地后不能马上停下来,要继续向前跑几步。

(五)跳绳

(1)动作基本要领:(两脚跳绳)上体正直,挺胸,头要正,向前看,肩放松,两肘关节弯曲,大小臂屈 90°,跳时两膝和踝关节充分蹬伸,主要用小臂和手腕摇绳,落地时前脚掌先着地。

(2)动作做法:①双脚跳:向前摇绳双脚跳时,由后向前摇绳,双脚同时跳过绳子。

②单脚交替跳:向前摇绳单脚交替跳时,由后向前摇绳,左右脚轮流跳过绳子,摇一次绳子,单脚跳一次,左右脚交替进行。

(3)重点:手脚配合。

(4)要求:手脚配合要协调。

(5)常犯错误和纠正方法:

①双脚或单脚向上跳的高度不够,使绳子无法从脚下轮转过去。纠正方法:可多练习原地向上跳的动作。常练习跳绳就可以让幼儿掌握好时机。

②屈腿跳。纠正方法:要求幼儿腿要蹬直,用前脚掌起跳用力。看教师的示范动作。

③向前弯腰。纠正方法:要求幼儿上体要直。可多练习纵跳摸高。

(六)兔跳

(1)动作要领:两脚自然站立,两膝弯曲,上体稍前倾,两臂屈肘,两手背靠头上两侧,五指并拢或两手食指和中指竖起当耳朵,掌心朝前,前脚掌蹬地向前跳起,落地时前脚掌先着地,落地后腿稍屈,同时准备下一次跳。

(2)重点:起跳和落地动作。

(3)要求:动作要协调、轻松、有节奏,稍有腾空。

(4)两腿蹬伸较差。

(5)纠正方法:鼓励幼儿向上跳起,两腿蹬直。比比"看谁跳得高"。

(七)蛙跳

(1)动作要领:两脚稍分开脚尖稍朝外,屈膝成半蹲状,上体稍前倾,两臂屈肘于肩侧,五指分开,掌心朝前,做好预备姿势。接着两腿用力蹬伸,充分伸直髋、膝、踝三个关节,同时两臂迅速上举,身体向前上方跳起,前脚掌先着地,屈膝缓冲,两臂收回成预备姿势,准备下一次跳。如此连续进行。

(2)重点:起跳和落地动作。

(3)要求:动作要协调,两腿要蹬离地面,落地要轻。

(4)常犯错误:两腿蹬伸不充分或两腿没有蹬离地面。

(5)纠正方法:让幼儿看正确的示范,多练习。教师可帮助幼儿托大腿做蹬离地面的动作。

(八)双脚在直线两侧行进间跳(图 14-3-3,视频 14-3-5)

图 14-3-3　双脚在直线两侧行进间跳

视频 14-3-5
双脚在直线两侧行进间跳

(1)动作要领:预备时,两脚并拢或稍分开站在直线的一侧,两腿微屈,上体稍前倾,两臂后摆。起跳时,两脚用力蹬地跳起,两臂自然向前摆动,身体稍转向线的另一侧,落地时在直线的另一侧,屈膝缓冲,再进行下一次的跳动。如此反复进行。

(2)重点:起跳动作和落地动作。

(3)要求:起跳时身体稍转向线内,落地时在线的另一侧,两脚同时起跳同时落地。

(4)常犯错误:两脚不同时落地。

(5)纠正方法:让幼儿看正确的示范,要求幼儿要双脚同时着地,并屈膝缓冲。

(九)夹包跳

(1)动作要领:预备时,两脚并拢夹住一个沙包,两腿微屈,上体稍前倾,两臂屈肘放在身旁。起跳时,两脚用力蹬地跳起,两臂用力向上摆起,然后在空中把沙包扔向前方,落地时在原地,屈膝缓冲。

(2)重点:起跳后在空中扔沙包的动作和落地动作。

(3)要求:起跳时身体保持平衡,落地时两脚同时落地。

(4)常犯错误:两脚夹不住沙包或跳不起来。

(5)纠正方法:让幼儿看正确的示范,要求幼儿要双脚同时用力跳起,夹住沙包,着地时屈膝缓冲。

(十)助跑屈膝跳

(1)动作要领:助跑3～5步,一脚起跳,另一腿屈膝,两脚并拢同时过低(高度30 cm)的绳子,然后同时落在垫子上,两腿屈膝缓冲,上体稍前倾,两臂前摆至平举,最后站直,手臂放下才离开。

(2)重点:起跳动作和落地动作。

(3)要求:起跳后两腿屈膝过绳,落地时两脚同时落地站稳。

(4)常犯错误:两脚站不稳就离开,很容易摔倒。

(5)纠正方法:让幼儿看正确的示范,比比"看谁站得最稳"。

开合跳和单脚连续跳见视频14-3-6和视频14-3-7。

视频14-3-6
开合跳

视频14-3-7
单脚连续跳

二、跳跃动作的重点

不管是双脚还是单脚起跳,其重点都是起跳和落地动作。

三、教学要求

(1)小班:自然跳起,轻轻落地。

(2)中班:屈膝,前脚掌蹬地跳起,轻轻落地,保持平衡。

(3)大班:屈膝,摆臂,四肢协调,用力蹬地跳起,轻轻落地,保持平衡。

四、跳跃教学注意事项

(1)幼儿期神经系统发育快,可塑性大,是发展灵敏性和学习掌握跳跃动作的好时期。跳跃动作多种多样,动作组合变化无穷,对动作的准确性要求较高。跳跃活动所需要的器材少,场地小,且运动量较大,因此,幼儿园应把跳跃活动作为重点项目来开展。

(2)年龄小、体力差的幼儿在跳跃时,常会产生一些畏惧心理,如从高处跳下怕摔倒,跳"小河"怕会跳到"河里",屈膝跳怕绊到橡皮筋,教师要帮助幼儿克服这些心理障碍,培养勇敢、果断等意志品质。

(3)跳跃在教学前要做好准备活动,以免出现不必要的伤害事故。教师在教学时要注意自己的示范动作,以正确的示范动作让幼儿模仿,效果很好。

(4)因为跳绳技术较难掌握,开始学习跳绳时,建议采用以下辅助练习:第一,让幼儿模仿摇绳,原地双脚跳。第二,两手持短绳在体侧摇动,原地跳起。第三,从别人摇动的绳子上面跳过。第四,向前摇绳,当绳子落地后停在身前,从绳子上面走过或跳过。第五,和大人一起经常做摇绳跳绳练习。

五、跳跃内容及游戏

(一)小班

(1)原地双脚向前跳,如“小白兔跳”“小青蛙跳”。

(2)原地双脚向上跳,如“大皮球跳得高”“抓蝴蝶”。

(二)中班

(1)助跑跨跳(距离 40 cm),如“山沟里的狼”。

(2)在直线两侧行进跳,如“萝卜回来了”“小兔运粮食”。

(3)从高处跳下,如“学做跳水运动员”。

(4)跳圆圈或夹包跳。

(5)双脚向前跳,如“袋鼠跳”。

(三)大班

(1)助跑跨跳(距离 50 cm),如“小马运粮”。

(2)助跑屈腿跳(过障碍物)。

(3)跳绳子或跳皮筋或跳房子。

(4)从高处跳下,如“小老鼠偷油吃”。

(5)双脚向前跳,如“袋鼠跳接力”。

任务四　投　掷

一、投掷的内容

(一)滚球(图 14-4-1)

(1)动作要领:两手持球侧后方,五指向下,两臂向前摆,小臂和手稍外旋将球向前滚出。

图 14-4-1　滚球

(2)重点:两臂前摆。

(3)要求:两臂用力均匀。

(4)常犯错误:两手用力不均匀。

(5)纠正方法:可先做徒手模仿练习或多次练习。

(二)传球

(1)动作要领:双手抛球时,双手手心向上托球于腹前,用摆臂抖腕的力量将球向前或向上抛出。

(2)重点:摆臂、抖腕动作。

(3)要求:用力均匀,方向准确。

(4)常犯错误:传球不到位。

(5)纠正方法:可通过多次练习,可近距离先练习,再逐渐增长距离练习,不断纠正错误动作。

(三)接球

(1)动作要领:①两手伸出,手指自然分开,手心向上,接球后迅速收回胸腹前。此时适合初学者,传球者要轻传。②两手伸出,手指自然分开,拇指靠内成八字,手心对来球,接球后收回胸腹前。

(2)重点:接球动作。

(3)要求:向来球方向迎球,接球后屈臂缓冲。

(4)常犯错误:接球时不会伸手迎球。

(5)纠正方法:通过多次练习来纠正。开始练习时,教师与幼儿互抛互传,待幼儿熟悉后由幼儿互相传接。

(四)拍球(图 14-4-2)

(1)动作要领:

①原地拍球:两脚自然分开,上体稍前倾,拍球手的肘自然微屈,五指自然分开,手心向下,用小臂、手腕和手指力量向下拍球。当球反弹回手里时,手要随球上升缓冲,接着再向下拍球。

图 14-4-2 运球(拍球)游戏

②行进间拍球:预备时两脚前后分开,上体稍前倾,拍球时肘自然微屈,五指自然分开,手心向下,用小臂、手腕和手指力量拍球的后上方,使球前进。当球反弹回手里时,手要随球上升缓冲,接着再向后上方拍球。

(2)重点:小臂、手腕和手指力量的使用,注意拍球瞬间时机的掌握。

(3)要求:手臂、手腕要放松。

(4)常犯错误:怕球跑了,手指和手臂僵硬紧张。

(5)纠正方法:做徒手练习,练习时多提示动作要领。多做练习,比较熟练了就不紧张了。

(五)原地单手肩上投沙包

(1)动作要领:

①正面投掷沙包:(右手投掷)两脚开立约与肩同宽,手持沙包屈肘于头右侧后方,肘关节朝前(图 14-4-3),投时挥臂甩腕,快速将沙包向前上方投出。

②半侧面投掷沙包:(右手投掷)两脚前后开立,重心在右脚上,上体右转约 45°,手持沙包,臂高举过头,肘关节微屈,眼往前看,用蹬地、转体、挥臂甩腕的力量将沙包投出。

图 14-4-3 投沙包预备动作

(2)重点:挥臂和全身用力。

(3)要求:挥臂要快速,全身用力要协调。

(4)常犯错误和纠正方法:

①肘外展。纠正方法:可从正面和侧面看教师的正确示范,也可做击吊球等专门练习。

②肘关节下拖,投掷角度过小。纠正方法:伸直手臂做甩小臂的练习,也可采用投沙包过绳的方法来纠正。

③投掷时上体向左倾斜或过早前倾,左腿弯曲过大。纠正方法:看正确示范,幼儿在练习时教师站在幼儿的左侧用手挡住幼儿左肩,防止侧倒,投掷时提醒幼儿右腿蹬直。

④臀部后坐。纠正方法:从投掷的准备姿势开始,反复做蹬地转胯向前向上蹬移重心的动作,做击吊球练。

练习方法见视频 14-4-1。

(六)双手胸前投篮

(1)动作要领:两脚自然站立,两臂弯曲,肘关节自然下垂,两臂微屈自然张开,手腕后仰,持球的侧后方,置放于胸前,用伸臂、翻腕、伸指力量将球投向篮圈。

(2)重点:伸臂、翻腕、伸指动作。

(3)要求:用力均匀,方向准确。

(4)常犯错误和纠正方法:

①肘关节外张。纠正方法:可看正确示范,要求幼儿肘关节自然下垂。

②投不准。纠正方法:要求幼儿两手用力要平均,刚练习时距离要近,让幼儿投得进去,帮助幼儿建立自信,喜欢上这项运动。

练习方法见视频 14-4-2。

视频 14-4-1
单手肩上向前投掷

视频 14-4-2
双手肩上向前投掷

二、投掷的重点

投沙包的挥臂动作和全身用力动作的协调配合。

三、教学要求

(1)小班:初步掌握滚、接、抛、拍皮球。

(2)中班:在小班动作的基础上初步掌握正面肩上挥臂投物动作。

(3)大班:在中班动作的基础上掌握半侧面肩上快速挥臂动作和全身用力动作。

四、教学注意事项

(1)肩上投掷沙包是投掷的重点,注重形成正确的动作姿势,不要追求远度。

(2)小班应先教滚球、抛球、传递球,中、大班教肩上投掷沙包动作。

(3)组织幼儿进行投掷动作游戏时,可多采用击吊球,投球过绳等条件练习法进行。教师要具体帮助幼儿掌握正确的动作姿势。

(4)投掷练习前应注意做好充分的准备活动,特别要多活动肩、腰。

(5)投掷沙包时要注意安全,不要面对面进行。

五、投掷内容及游戏

(一)小班

(1)互相滚接大皮球,如“小猫玩球”。

(2)双手抛大皮球。

(3)原地拍皮球。

(4)双手接老师传来的球。

(5)滚球过门(用双手)。

(二)中班

(1)自抛自接球。

(2)两人对抛对接。

(3)肩上挥臂投物(投纸标、小沙包、飞盘),如“投过小河”。

(4)原地正面肩上挥臂投准(距离 3 m 左右),如“打狐狸”。

(5)左右手拍球练习。

(6)边走边拍球,如:“大西瓜动起来了”。

(三)大班

(1)两人相距 2~4 m 抛接球。

(2)原地半侧面肩上挥臂投准(距离 3 m 左右),如“打老虎”。

(3)原地听信号拍球转圈,如“看谁拿到球”。

(4)边走边拍球或边跑边拍球,如“看谁拍得快”。

(5)沙包投远,如“看谁投最远”。

任务五 平 衡

一、平衡的内容及要领

(一)在两条平行线之间或在平衡木上走或跑

(1)动作要领:头正,眼往前下方看,两臂自然摆动或侧平举。两脚脚尖朝前,交替向前迈步,动作自然放松,跑时身体要稍前倾,步幅要比平时小些。

(2)重点:两脚交替动作和身体姿势。

(3)要求:两脚自然放松走或跑,不踩线。

(4)常犯错误:低头含胸,身体左右摆动。

(5)纠正方法：教师强调正确动作，要求上体正直，不低头。启发幼儿勇敢、顽强的精神。可让胆大且平衡能力好的幼儿先做，教师注意保护动作，多采用鼓动表扬等方法增强其信心。

(二)闭目行走

视频 14-5-1
闭目转圈接
走平衡木

(1)动作要领：对正目标上体正直，头正，闭目，步小，脚尖朝前向目标走去(视频 14-5-1)。

(2)重点：上体姿势和上下肢动作。

(3)要求：上体正直，上下肢协调地朝前走去。

(4)常犯错误：走歪

(5)纠正方法：要求幼儿对正目标，站好后再闭目行走，多练习可提高准确性。

(三)单脚站立

(1)动作要领：上体正直，眼向前看或闭着眼睛，两臂侧平举或两手叉腰，左(右)脚全脚掌着地，膝部用力绷直，右(左)脚离地面，腿自然弯曲。(图 14-5-1)

图 14-5-1　单脚站立

(2)重点：腿脚动作。

(3)要求：站立的一脚膝部关节要用力绷直，脚趾抓地，站稳。

(4)常犯错误：站立的腿弯曲，上体摇晃。

(5)纠正方法：看正确的示范，强调幼儿上体正直，站立腿的膝关节要绷直。多练习就能站得好。比一比："看谁站得稳"。

(四)原地旋转

(1)动作要领：上体要直，头正，两臂侧平举或叉腰，两脚提踵(或不提踵)交替为轴向左(右方向)转动身体，在直径 50 cm 的圈内转 3 圈。(图 14-5-2)

图 14-5-2　原地旋转

(2)重点：两脚交替动作和上下肢配合的动作。

(3)要求：上体正直，上下肢协调。

(4)常犯错误：身体重心偏离轴心脚，上体歪斜晃动。

(5)纠正方法：旋转前要求身体重心落于轴心脚上，旋转时保持重心平稳，体正，头正，刚开始学时，可由教师牵着手练习，或速度稍慢进行练习，可提高幼儿的平衡能力，然后让幼儿独立完成动作练习。

(五)在间隔物上行走

(1)动作要领：放置有一定距离的间隔物体(石头、砖、木块)，两脚轮流踏上物体向前进。

(图 14-5-3)

(2)重点:脚踏物体时上体的协调配合。

(3)要求:两脚轮流踏上物体时,重心平稳,能顺利过河。

(4)常犯错误:一脚踏上物体时,没有站稳,重心失去平衡。

(5)纠正方法:刚开始学时两物体之间的间隔不能太远,待学习一段时间后,控制平衡的能力增强了,两物体之间的距离可稍长一点。

图 14-5-3　在间隔物上行走

(六)直体滚动

(1)动作要领:身体伸直平卧在垫上,头微抬起,两臂交叉放于胸前或两臂伸直放于体侧,向左或右直体滚动 1～3 圈。(图 14-5-4,视频 14-5-2)

图 14-5-4　直体滚动

视频 14-5-2
直体滚动

(2)重点:上体和下肢的滚动速度。

(3)要求:上体和下肢滚动速度要一致。

(4)常犯错误:滚歪。

(5)纠正方法:教师可从旁给予帮助,用语言提醒或用手帮助,告诉幼儿全身一起用力,防止滚歪或滚到垫外碰伤。

(七)团身滚动

(1)动作要领:身体团身、两臂屈臂、两手手指交叉抱膝仰卧在垫上,两腿用力、上身仰起成坐姿状,两腿依然屈膝,两脚着垫,然后上身向后用力倒成仰卧状,滚动数次(视频 14-5-3)。

视频 14-5-3
团身滚动

(2)重点:用力动作。

(3)要求:团身紧,用力正确。

(4)常犯错误:

①用力不正确,起不来。纠正方法:在教师的帮助下做前后滚动动作。

②团身不紧。纠正方法:向后滚时膝盖靠胸部,向前滚时不松手、抱住膝盖。

（八）前滚翻

（1）动作要领：全蹲，两手分开约与肩同宽，手扶垫，低头，屈臂，提臀，手推垫，同时用前脚掌蹬地，团身向前滚动。前滚时头、肩、背依次着垫，然后抱小腿团身成全蹲状（视频 14-5-4）。

视频 14-5-4
前滚翻

（2）重点：团身动作。

（3）要求：团身紧。

（4）常犯错误：

①头顶垫子。纠正方法：练习低头，使下颌紧贴前胸，在向前滚动时教师按其头部，托其臀部。

②团身不紧。纠正方法：要求幼儿滚动时大腿贴胸，保持团身动作。

③滚歪。纠正方法：两手推垫时用力要均匀，低头前滚时身体要正，练习时教师可帮助幼儿扶住臀部，使之向前。

二、平衡的重点

上体姿势和上下肢配合动作。

三、教学要求

（1）小班：身体不左右摇晃。

（2）中班：上体正直，上下肢协调。

（3）大班：上体正直，步子均匀，上下肢协调，动作自然。

四、教学注意事项

（1）教师要帮助幼儿克服惧怕和信心不足的心理影响，培养幼儿勇敢、沉着的意志品质。

（2）教学时应贯彻循序渐进的原则，即要由慢到快，由低到高，由宽到窄，由易到难，由简单到复杂，要合理增加难度，逐步提高要求，不可操之过急，旋转时速度不可太快，圈数不可太多，防止摔倒。

（3）幼儿平衡练习应以动力性平衡为主。练习前注意平衡器械的检查，注意保护，以保证练习的安全。

（4）注意区别对待，对能力强的幼儿，要注意防止他们的冒失，注意掌握其活动量，对胆小能力差的幼儿要多加鼓励，耐心帮助其完成动作。

五、平衡内容及游戏

（一）小班

（1）在宽 25 cm 以内的平行线中间走。如“走小路”。

（2）在 15～20 cm 的斜坡上走上走下。如“小汽车爬坡”。

（二）中班

（1）在高 20～30 cm，宽 15～20 cm 的平衡木上走。如“送雨伞”。

（2）原地转圈（1～3 圈）。如“迷迷转”。

(3)闭目向前走5～10步。如“找玩具”。

(三)大班

(1)在有间隔物体上走,如“踏石过小河”。

(2)在高30～40 cm,宽15～20 cm的平衡木上边做动作边走。如“我是体操运动员”。

(3)两臂侧平举闭目起踵转圈(3圈),如“我是飞行员”。

(4)两臂侧平举单脚站立5～10 s,如“比比看谁站最久”。

(5)踩高跷或角斗士或踢毽子。

任务六　钻、爬

一、钻

(一)动作要领及要求

(1)动作要领:

①正面钻:屈膝、弯腰、低头,一脚支撑,另一腿和头先钻过,然后躯干和支撑腿过障碍物(视频14-6-1)。

②侧面钻:侧对障碍物,下蹲,一腿向障碍物下伸出,低头弯腰,然后转体前移重心过障碍物(视频14-6-2)。

视频14-6-1
正面钻

视频14-6-2
侧面钻

(2)重点:低头、重心前移。

(3)要求:低头、屈腿、重心前移时动作要连贯。

①小班:低头钻过障碍物(在绳子下面钻过)。

②中班:低头缩身,手脚协调地钻过(钻过绳子或圈)。

③大班:协调灵敏地钻过。

(二)常犯错误和纠正方法

(1)手扶障碍物钻过。

纠正方法:教师可指导幼儿做动作,可让幼儿手放在身体的某个位置,也可请做得比较准确的幼儿示范。

(2)钻时背弓太高,不会低头,上体过早抬起。

纠正方法:教师可轻扶幼儿头后或背部,以帮助其体会动作要领。

(3)出现顾头不顾身,弯腰不弯腿等不协调的现象。

纠正方法:教师可站在障碍物旁提醒和帮助幼儿,也可以采用钻的游戏“火车钻山洞”“猫捉老鼠”“蚂蚁运粮”等游戏进行练习。

二、爬

(一)动作要领及要求

(1)动作要领:

①手膝着地爬:手膝着地、头稍抬起,眼向前看,左(右)手和右(左)膝协调配合用力向前

爬行。

②手脚着地爬：双手撑地、两腿稍屈膝、头稍抬起，眼向前看，左（右）手和右（左）脚协调配合用力向前爬行。

③半侧面匍匐爬行：以右侧为例，身体的右侧面着垫，右手臂屈肘，小臂支撑在垫上，左手放在左侧腿上，两腿屈膝，前进时以右手臂和左腿、脚蹬地同时用力。

④匍匐爬行：预备时俯卧右手臂弯曲约90°放在胸前的垫子上，同时左腿外张并屈膝贴在垫上，右腿伸直，然后右手和左腿同时用力向前爬行，身体贴在垫上前进，接着左手屈肘，右腿屈膝，动作同上。（图 14-6-1）

图 14-6-1

⑤曲身爬：预备时，两手臂伸直，两腿伸直，俯卧在垫上。开始爬时，两臂屈肘收回，胸前小臂支撑，上体和臀部拱起，两腿屈膝成跪撑状，然后两臂伸直，两手掌支撑在垫上，接着两腿伸直，上体和臀部继续拱起成拱形状，两脚用前脚掌依次前进爬行，最后两手依次向前爬行至最初的形状。动作反复进行。

爬行练习方法见视频 14-6-3 至视频 14-6-6。

视频 14-6-3
手膝着地爬

视频 14-6-4
手脚着地爬

视频 14-6-5
匍匐爬

视频 14-6-6
肘膝爬

（2）重点：手脚配合。

（3）要求：四肢配合协调。

①小班：手膝协调向前爬。

②中班：手脚协调地爬。

③大班：协调灵敏地匍匐爬行。

（二）常犯错误和纠正方法

（1）手脚爬行时两腿没屈膝。纠正方法：教师做正确的示范，可在旁用语言提示幼儿动作，放慢速度帮助幼儿做动作。

（2）手脚配合不协调。纠正方法：让幼儿看正确示范，强调要求不同侧的手和脚协调配合向前爬。

（三）钻和爬的教学注意事项

（1）幼儿进行钻爬练习时，教师要多鼓励，要注意安全，加强保护，予以必要的帮助，让幼儿体会动作要领。

（2）对于胆小力弱的幼儿要安排在后面做，第一次练习时，要多帮助，这样可消除害怕心理，增强幼儿的信心。

(四)钻、爬的内容及游戏

(1)小班：

①钻过 70 cm 高的障碍物(橡皮筋或绳子)，如“小鸡吃虫”。

②两手两膝着地向前爬，如“蚂蚁搬豆”。

(2)中班：

①钻过直径为 60 cm 的圈，如“火车钻山洞”“抓小鱼”。

②手脚着地屈膝爬，如“乌龟赛跑”。

③钻进钻出大圆圈，如“老鼠笼”。

(3)大班：除了内容同中班相同，还有俯卧匍匐爬行动作、侧身爬行动作、曲身爬(虫爬)。游戏：如“炸碉堡”“小猴摘桃”“猫抓老鼠”“钻地道”等。

任务七　攀　登

一、动作要领及要求

(1)动作要领：

①攀登架(在肋木上攀登)(图 14-7-1)

A. 用两手握上一格横木，然后两脚依次登上一格横木。

B. 两手两脚(同侧或异侧)交替向上攀登。攀登时先移手，后移脚。下时先移动脚，后移动手。

图 14-7-1　肋木

②攀岩(在墙壁上攀登)：

动作可以同上，也可以找最近距离的扶点向上攀登，难度较大，灵活多变，攀下时要注意安全。

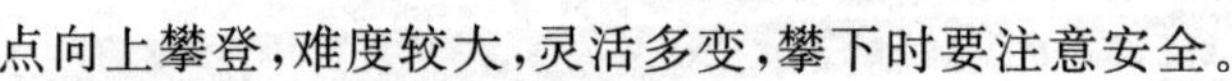

(2)重点：手脚交替配合动作。

(3)动作要求：动作自然协调，注意安全。

①小班：能在攀登架上攀上攀下。

②中班：手脚协调地攀登。

③大班：协调灵敏地攀登，有条件的可以在设定的墙壁上攀登。

二、常犯错误和纠正方法

精神紧张，害怕，不敢攀登。纠正方法：教师要注意保护和帮助，也可通过示范和语言提示等方法，增加幼儿的信心和勇气。

三、教学注意事项

(1)幼儿进行攀登练习时，教师要多鼓励，要注意安全，加强保护，予以必要的帮助，让幼儿体会动作要领。

(2)进行攀登练习时，要特别注意安全，不要让比较调皮的幼儿中途跳下，练习前要进行安全教育。

(3)对于胆小力弱的幼儿要安排在后面做，第一次练习时，要多帮助，这样可缓解幼儿害怕的心理，增强幼儿的信心。

四、攀登的内容及游戏

(1)小班：在肋木(攀登架)上攀爬。

(2)中班：在肋木(攀登架)上手脚协调地攀登。如游戏“看谁站得最高”。

(3)大班：除了以上内容，可以在墙壁上攀登(攀岩)，如游戏“看谁最快拿到红旗”。

任务八　游戏实践

一、垫子运动

(一)不倒翁

动作要领：双脚掌对齐，双手抱住双脚坐在垫子上，双膝尽量分开，成不倒翁的姿势(坐立状)。

教学要求：坐姿，身体保持紧张状态。

教学关键：注意前后项目的衔接，可在坐姿压腿后接上该动作练习。

练习方法见图 14-8-1 和视频 14-8-1。

图 14-8-1　不倒翁

视频 14-8-1
不倒翁

(二)滚圆木

动作要领：一名孩子躺在垫子上，双手上举并拢，使身体保持棍状。另一名孩子推动躺在垫上的孩子，像滚动原木一样。此时被推的孩子不要用力，而是让对方推动自己。

教学要求：躺在垫子上的孩子的身体姿势要保持紧张状态。垫子不够长的情况下，注意头部必须能枕在垫子上面。

教学关键：初次练习时，圆木扮演者适当配合推的同学。熟练后可以进行分组比赛。

练习方法见图 14-8-2 和视频 14-8-2。

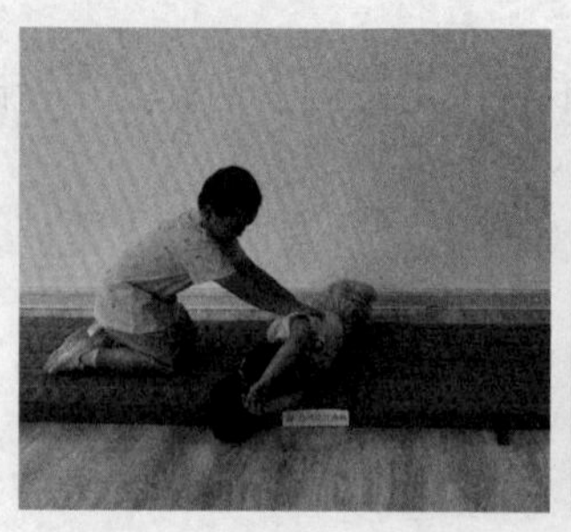
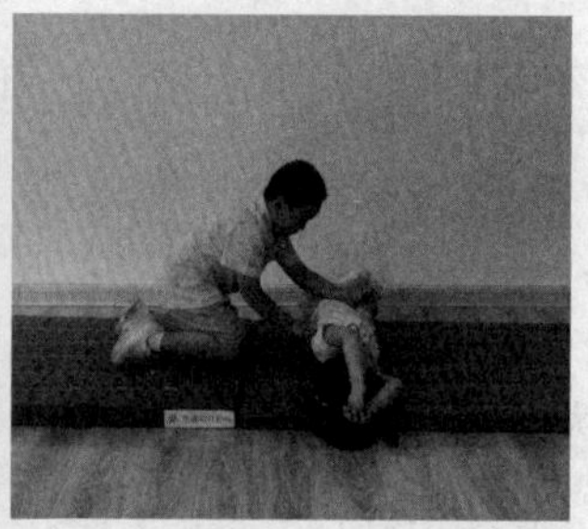

视频 14-8-2
滚圆木

图 14-8-2　滚圆木

（三）烤红薯

动作要领：将身体笔直地躺在垫子的边缘后进行侧滚。

教学要求：学生自行侧滚，要求直线滚动，双人练习时不宜进行比赛，提示学生同步协调进行。

教学关键：练习时引入相应场景，比如“教师肚子饿了，想吃烤红薯”之类的话语更容易激起学生兴趣。

练习方法见图 14-8-3 和视频 14-8-3。

视频 14-8-3
烤红薯

图 14-8-3　烤红薯

（四）软骨虫

视频 14-8-4
软骨虫

动作要领：仰卧后提起双腿，让脚尖能触碰到头顶的垫子。

教学要求：学生自行做到该动作，双脚轮换用脚尖敲动头部侧面的垫子，同时数数，或教师倒计时指示学生保持姿势。

教学关键：准备活动期间和后滚翻辅助练习时安排该练习较好，切忌教师人为地帮助做不到的同学将其腿往下压。

练习方法见图 14-8-4 和视频 14-8-4。

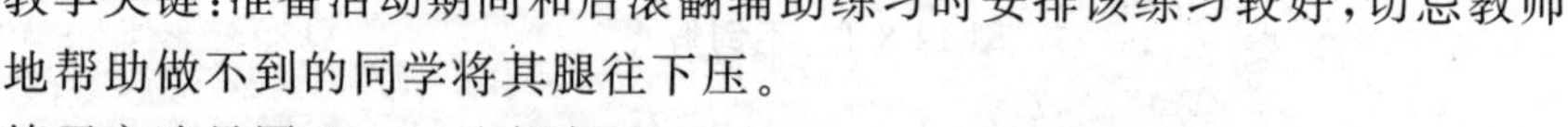

（五）肩肘倒立

视频 14-8-5
肩肘倒立

动作要领：上接“软骨虫”练习，比较容易进入该练习。由直角坐开始，向后倒肩、举腿、翻臀，当向后滚动至小腿超过头部时，向上伸腿、展髋、挺直身体，同时两手撑腰后侧，夹肘，成肘、颈、肩支撑的倒立姿势。

教学要求：双手支持稳固后，可先屈膝练习，熟练后慢慢伸直双脚。

教学关键：必要时教师双手轻轻辅助提起孩子的双脚，减轻双手的支撑力量。

练习方法见图 14-8-5 和视频 14-8-5。

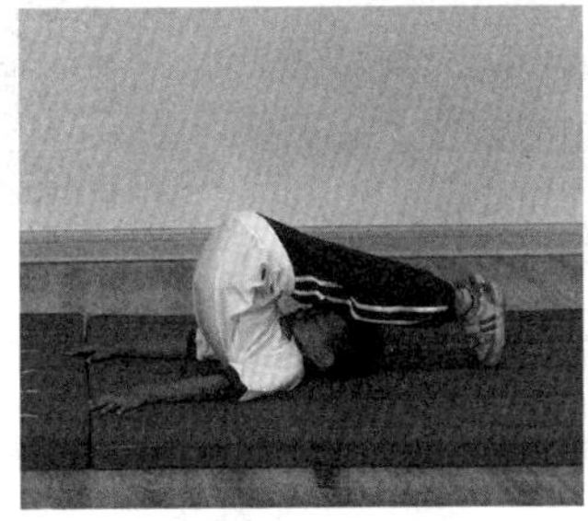

图 14-8-4　软骨虫

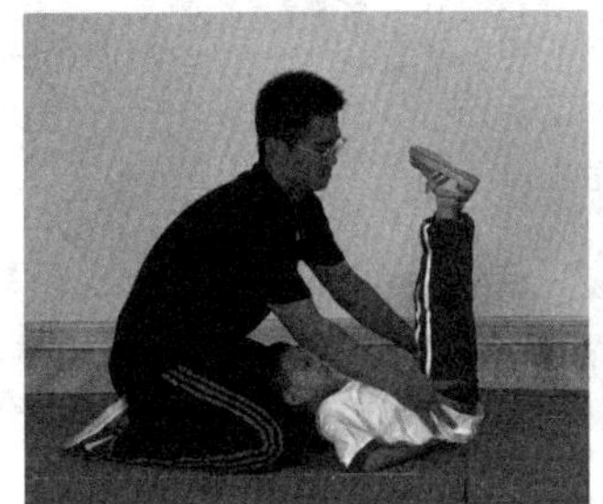

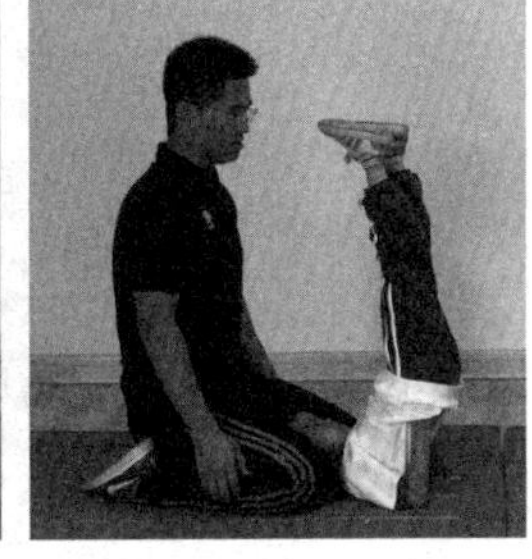

图 14-8-5　肩肘倒立

(六)头手倒立

动作要领:由蹲立姿势开始,上体前倾,两手撑垫与头部成正三角形。随即蹬地摆腿呈头手倒立姿势。

教学要求:头手撑垫成正三角形,两肘内夹。当腿摆至倒立部位时,蹬地腿应主动与摆动腿并拢。身体重心始终保持在支点垂直范围内。

教学关键:头手位置练习必须做好,语言提示"眼睛是否可以看到双手",教师可以跪姿在学生身后保护,把学生头部夹在双腿之间,肩部顶在双大腿上,以保护颈部。学生自己可以以青蛙状将双脚举起后独立练习。

练习方法见图 14-8-6 和视频 14-8-6。

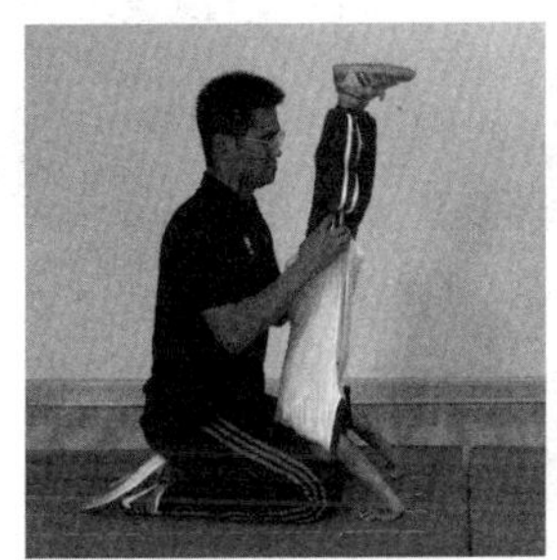

视频 14-8-6
头手倒立

图 14-8-6　头手倒立

(七)摇篮

动作要领:坐在垫子上紧抱双腿蜷缩身体,让后背成弧形状,如摇篮般让身体前后摇晃。脚尖用力踢垫子,将重心从臀部移到腰部,再到背部,并尽量将头蜷缩到自己的腰部,摇晃时让背部朝上,之后再恢复到最初的姿势。

教学要求:身体紧张,低头,背部呈弧形,有人帮助练习时充分体验重心移动的感觉,熟练后独立完成练习。

教学关键:配合教师口令或儿歌练习较为有效。

练习方法见图 14-8-7 和视频 14-8-7。

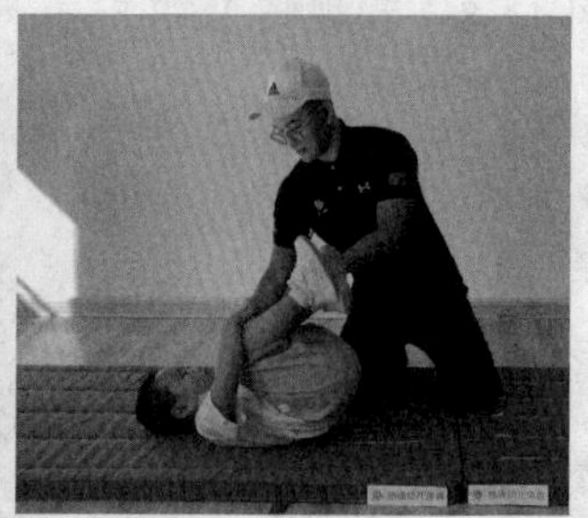

视频 14-8-7
摇篮

图 14-8-7　摇篮

(八)跪膝跳起

动作要领:跪姿于垫子上,练习者双脚起跳,教师或同学用双手协助提拉。

教学要求:提拉的同学要做到及时到位,多次练习后可以找到较好的默契。

教学关键:前后排同学两个一组,切忌左右组队,这样易造成左右可选择状况,容易对被忽略的学生造成一定的心理影响。

练习方法见图 14-8-8 和视频 14-8-8。

视频 14-8-8
跪膝跳起

图 14-8-8　跪膝跳起

二、单杠运动

(一)烤香猪

动作要领:双手抓住单杠的同时,双脚勾住单杠,使身体吊在单杠下。

教学要求:该练习除特别肥胖的学生外,一般均可完成,对于无法自主完成的孩子,教师可托住臀部使其完成动作。对于其他学生可以适当摇晃身体,以增加练习乐趣。

教学关键:排队等待的孩子可边等待边数数或唱歌。教师注意保护孩子,以防脱手掉下。

练习方法见图 14-8-9 和视频 14-8-9。

(二)悬垂

动作要领:单杠高度要超过学生举起双手的高度,跳起后手握住单杠,伸直手臂舒展身体保持悬挂姿势。

教学要求:双手正手握杠,下肢自然下垂,不要做憋气动作,时间不宜过长,5 秒左右为佳,禁止超过 10 秒,不得比赛谁的时间长。

教学关键:熟悉正手握杠,单杠教学前可简单示范几次。

练习方法见图 14-8-10 和视频 14-8-10。

（三）大波浪小波浪

动作要领：在悬挂姿势下，让学生双腿尽量向前踢，伸展身体后，立刻恢复到原位，并重复此动作。

教学要求：收腹举腿尽量往前送，复位迅速，双手紧握单杠。

教学关键：完成动作比较困难的同学，教师可适当推其臀部使其开始摆动，教师注意抓住学生一侧的手腕和单杆以防学生掉杠。熟练后可在前方设定标志物，使学生能触及标志物。

练习方法见图 14-8-11 和视频 14-8-11。

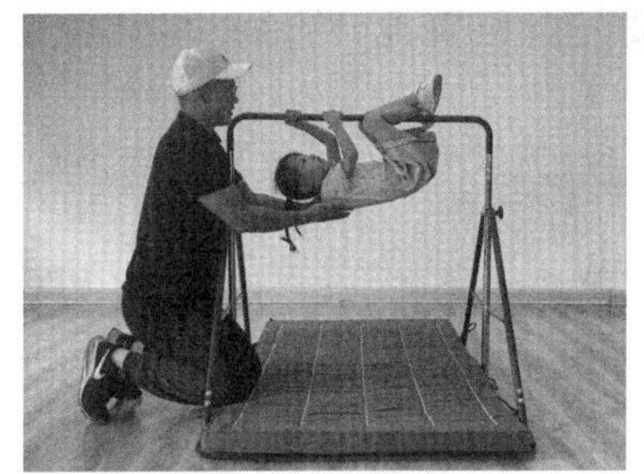

图 14-8-9　烤香猪

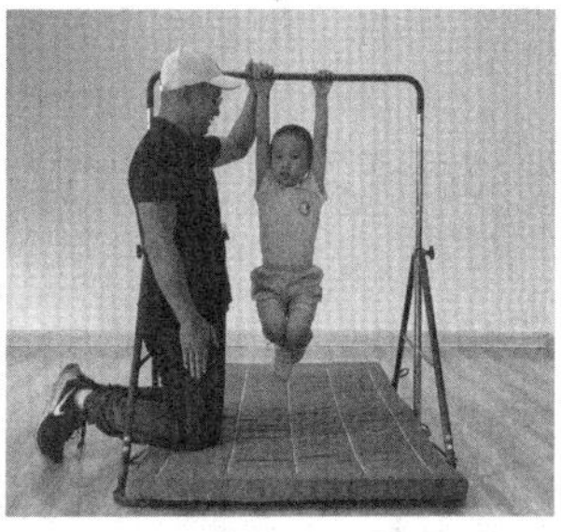

图 14-8-10　悬垂

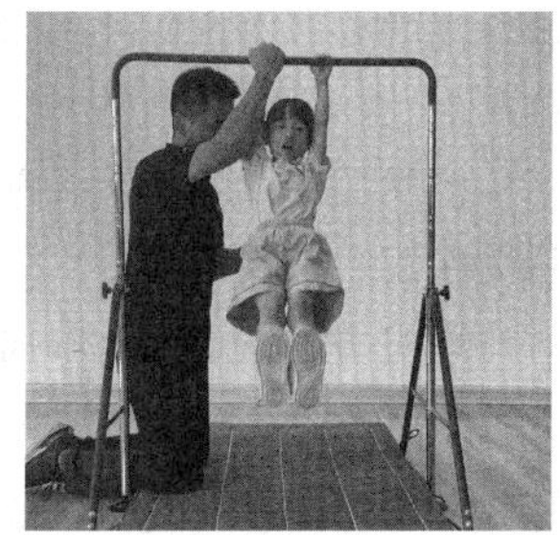

图 14-8-11　大波浪小波浪

视频 14-8-9
烤香猪

视频 14-8-10
悬垂

视频 14-8-11
大波浪小波浪

（四）支撑击腿

动作要领：撑杠跳上，双脚互击。

教学要求：体会杠上平衡，消除惧怕心理。首先练习杠上平衡，可先数数，熟练后双脚互击，最后进行石头剪刀布游戏。

教学关键：第一步杠上平衡的突破为关键，教师应该充分给予学生安全保护，以消除学生练习时的恐惧心理。

练习方法见图 14-8-12 和视频 14-8-12。

图 14-8-12　支撑击腿

视频 14-8-12
支撑击腿

（五）云中漫步

动作要领：手握杠跳上，伸直手臂支撑身体，双脚做骑自行车的动作，或向左右移动。

教学要求：支撑手臂和上肢保持稳定状态，左右移动的时候注意重心移动时机。

教学关键：待双脚骑自行车动作完全掌握后再进行左右移动练习，特别强调不要低头看杠，目视前方。

练习方法见图 14-8-13 和视频 14-8-13。

（六）前滚翻下

动作要领：双手握杠支撑全身，向前弯曲身体，前翻落地。注意动作的缓慢，可在老师的协助下进行。

教学要求：整个过程双手紧握杠，落地时注意不要用脚跟着地，落地点尽量靠近杠正下方。

教学关键：突破低头前倒的恐惧，要求双手紧握杠，教师保护时应抓住学生的手腕，以防手脱杠。

练习方法见图 14-8-14 和视频 14-8-14。

视频 14-8-13
云中漫步

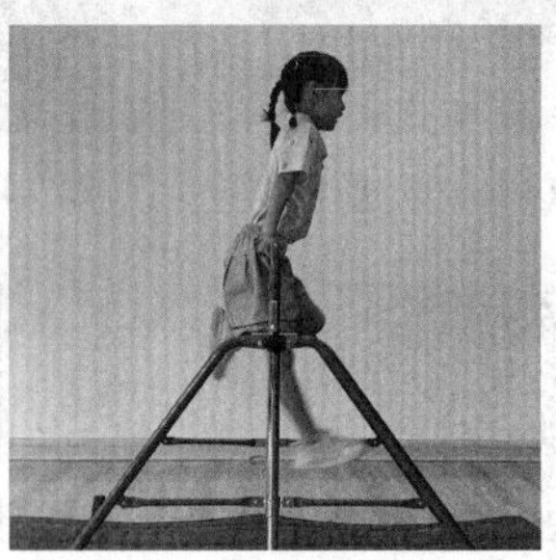

图 14-8-13　云中漫步

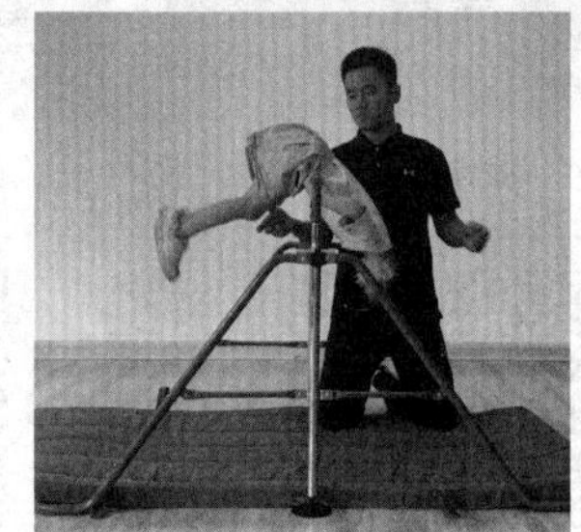

图 14-8-14　前滚翻下

视频 14-8-14
前滚翻下

（七）长臂猿

动作要领：用单手或双手抓住单杠后，双腿夹住单杠模仿猴子摇晃身体。可以将手或脚松开，做各种各样的姿势。

教学要求：先用双手抓杠，然后用双脚夹杠，依次松开手或脚。

教学关键：强调趣味性，可在做的同时模仿猴子的叫声。

练习方法见图 14-8-15 和视频 14-8-15。

（八）脚相扑

动作要领：2 人 1 组吊在单杠上，用脚使对方从单杠上掉落。不可以夹对方的脚，也不可以缠在对方的身上。教师注意安全保护。

教学要求：教师必须在孩子旁边做好安全保护，如果有孩子不慎掉落，教师应用双手将其接住。

教学关键：孩子分组时要注意水平相当，可以分组比赛，以整组胜利多者为胜，队员的派遣由各组自行决定，以锻炼孩子的组织能力。

练习方法见图 14-8-16 和视频 14-8-16。

视频 14-8-15
长臂猿

图 14-8-15　长臂猿

图 14-8-16　脚相扑

视频 14-8-16
脚相扑

（九）挂膝摆动

动作要领：双手正手握杠，单腿膝关节挂在单杠上，用另一支腿的力量使身体前后摇晃。

教学要求：双手一定要握稳杠，孩子尽可能自主摆动身体，必要时教师可以稍微推其肩部使其小幅度摆动。

教学关键：教师保护时一手握住孩子的手和杠，这样可以至少保证孩子有一个手不会脱杠。通常可以让等待的孩子数数，完成后给予孩子们掌声鼓励。

练习方法见图 14-8-17 和视频 14-8-17。

（十）杠上移动

动作要领：双手抓住单杠，双腿夹住单杠，在杠下前后挪动身体；双手抓住单杠朝一个方向移动，保持右手到左手（或左手到右手）的顺序；左右手交叉握住单杠，改变方向移动。

教学要求：由简到繁，第一个动作掌握后再进行第二、三个动作的教学。

教学关键：教学过程中教师注意保护。

练习方法见图 14-8-18 和视频 14-8-18。

视频 14-8-17
挂膝摆动

图 14-8-17　挂膝摆动

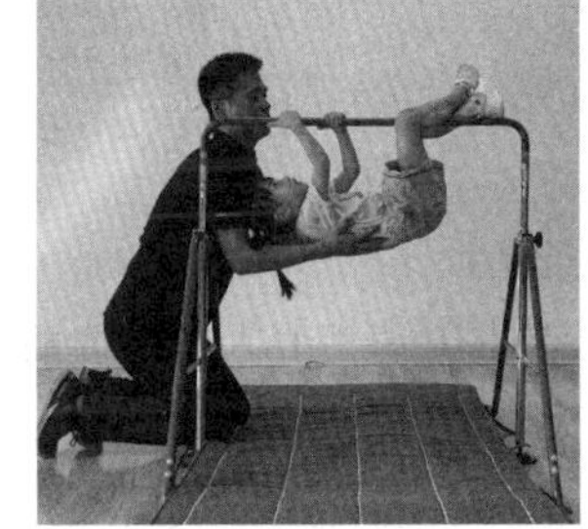
图 14-8-18　杠上移动

视频 14-8-18
杠上移动

（十一）空中作业

动作要领：在单杠下有呼啦圈或绳子做成两个圆圈，在其中一个圈里放入一个球或小布包。

教学要求：换位过程中双脚不能落地，落地算动作失败。杠高设置为比学生身高略高。

教学关键：为了鼓励做不到的学生，教师可以适当抓住其双手使其不掉杠，但必须让学生自己用双脚完成物体的移动。对于特别肥胖的学生，教师可以双手抱紧其腋下以减轻学生体重导致的部分重力。

练习方法见图 14-8-19 和视频 14-8-19。

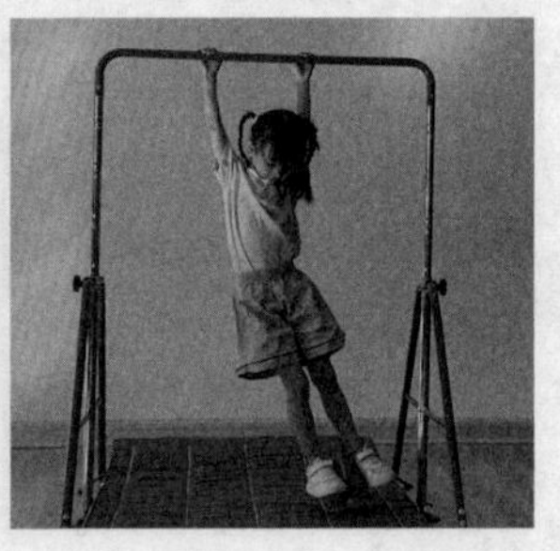

视频 14-8-19
空中作业

图 14-8-19　空中作业

（十二）杠下回环

动作要领：双手握杠悬挂，两脚从杠下双手中间位置穿过后翻落地，然后双脚略蹬地从杠下穿回原位。

教学要求：力求让学生自己完成。教学过程中先教前半部分，学生掌握以后，再自己练习蹬地返回。最好做到双脚不蹬地不触杠。

教学关键：教师站在侧面一手握住孩子的手和杠，也可托住其肩膀，切忌提脚。杠高比儿童身高略偏低即可。

练习方法见图 14-8-20 和视频 14-8-20。

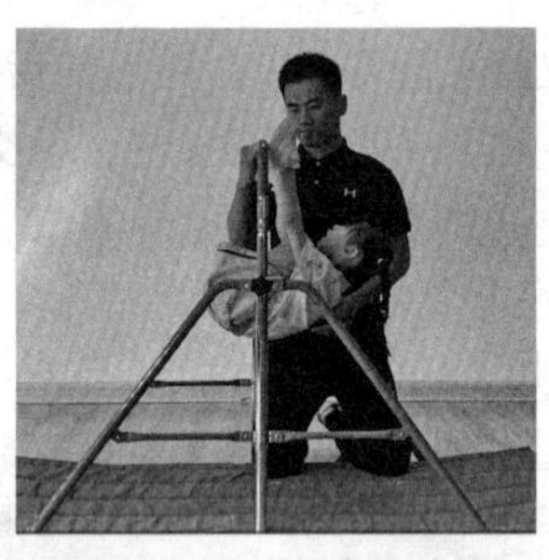

视频 14-8-20
杠下回环

图 14-8-20　杠下回环

（十三）正手翻上

动作要领：双手正手握紧单杠，双脚前后开立，双脚用力向上蹬地的同时双手用力拉杠，仰面朝上，翻上杠面后呈杠上支撑动作。

教学要求：分步教学，首先进行双手屈肘拉杠的练习，屈肘悬挂；其次屈肘向上踢腿，肚脐贴杠；最后练习完整动作。

教学关键：教师一手固定学生的手以防脱手，一手作为标志物放在杠上，要求学生踢腿到自己手的位置。对于不能独立完成者，在踢腿的瞬间适当托起其臀部，切忌提脚。落地时一定注意下颚不要碰到单杠。

练习方法见图 14-8-21 和视频 14-8-21。

（十四）挂膝接手撑地下

动作要领：双腿吊挂在单杠上，松开双手后摇晃身体。尽量向前后方向大幅度摇晃身体，然后等待其自然地停下来。停止后将双手撑在地面，松开双脚着地。

教学要求：练习时应穿长裤季节，以减少学生腿部摩擦。初次练习时或无法做到时，教师注意轻轻压住学生脚踝的位置，对于过于肥胖者可免做该练习。

教学关键：挂膝要牢固，教师保护必不可少，杠高在头部不触地和手可撑地的范围之内。

练习方法见图 14-8-22 和视频 14-8-22。

视频 14-8-21
正手翻上

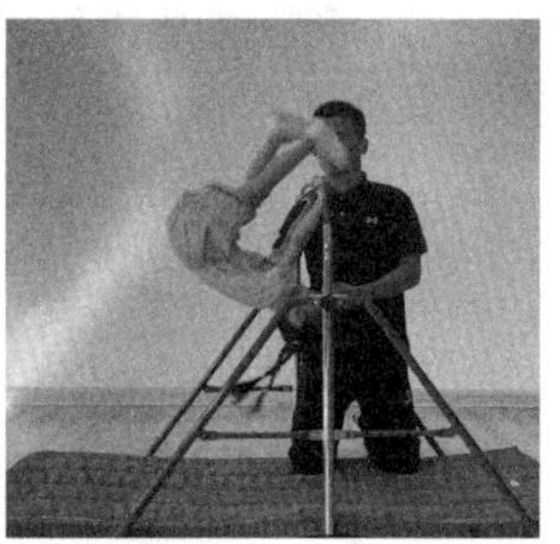
图 14-8-21　正手翻上

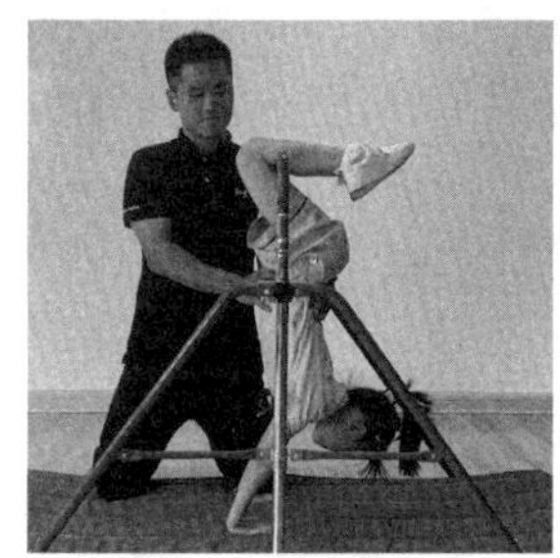
图 14-8-22　挂膝接手撑地下

视频 14-8-22
挂膝接手撑地下

（十五）悬垂摆动接跳下

动作要领：前后摇晃身体，利用摇晃时产生的惯性，跳下单杠。

教学要求：指定落地点可以是前后左右任意方向，但不要距离太远。

教学关键：悬垂摆动次数不宜太多，一般在 3 次左右。在进行往远处跳的练习时，教师在落地点后方进行保护以免学生后倒时导致不必要的受伤。

练习方法见图 14-8-23 和视频 14-8-23。

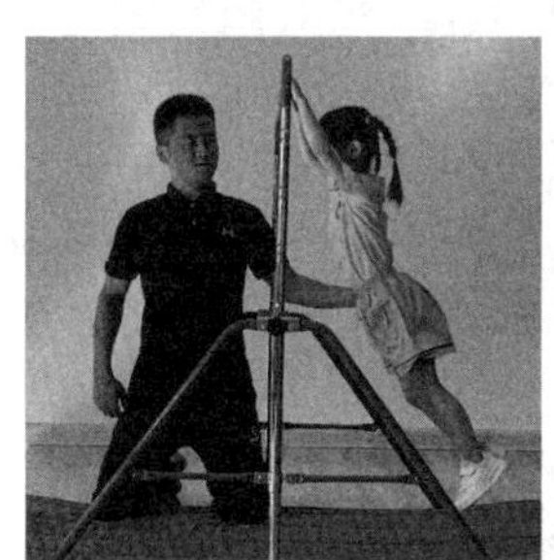
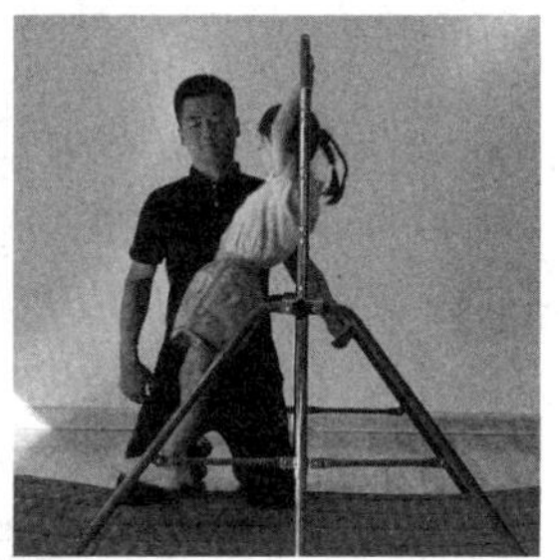
图 14-8-23　悬垂摆动接跳下

视频 14-8-23
悬垂摆动接跳下

（十六）支撑成站立跳下

动作要领：撑杠状态下双脚踩杠跳下，尽量在教师的保护下完成。

教学要求：本练习可以锻炼孩子的胆量，但幼儿园阶段的孩子基本无法独立完成，教师可以站立一旁保护，让学生自行跳下。

教学关键：落地处摆放较厚的垫子，以减轻孩子的恐惧。

练习方法见图 14-8-24 和视频 14-8-24。

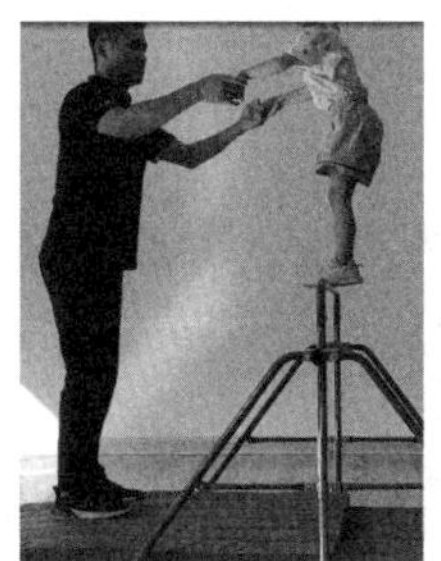
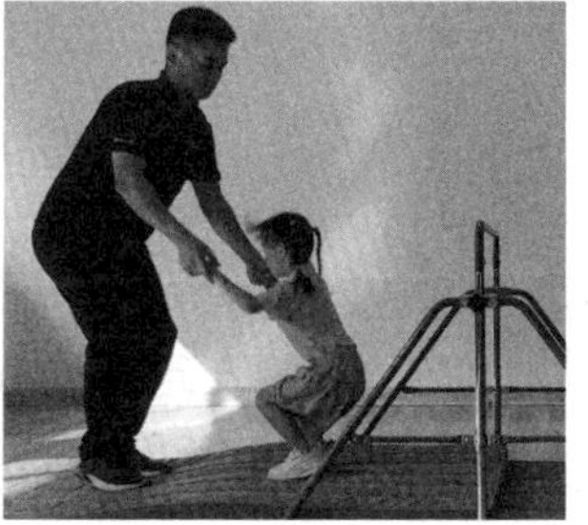
图 14-8-24　支撑成站立跳下

视频 14-8-24
支撑成站立跳下

(十七)挂膝摆动成骑撑

动作要领:单脚挂在双手间,利用另外一只脚摆动的力量使身体向上成骑撑。

教学要求:挂膝摆动动作能够做到比较到位之后,教师在其侧后成跪膝姿势,在学生向后摆动过程中顺势一手轻压摆动者的腿,一手托其背部辅助完成动作。注意不要用力过猛,以免造成杠上停不住向前回环。

教学关键:摆动充分,手臂撑起前后均要求手臂伸直。

练习方法见图 14-8-25 和视频 14-8-25。

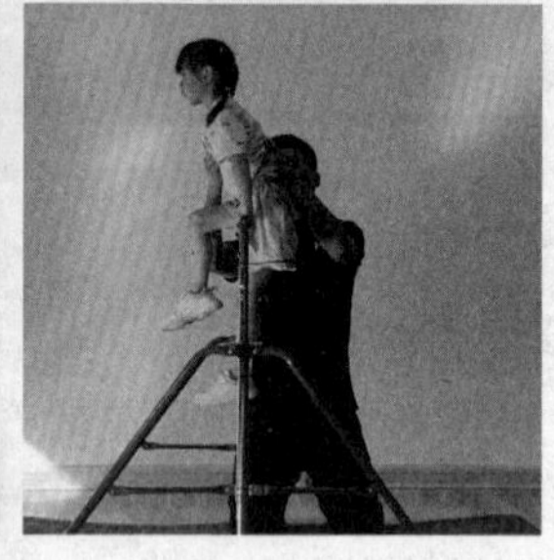

图 14-8-25 挂膝摆动成骑撑

视频 14-8-25 挂膝摆动成骑撑

(十八)支撑摆动接后跳下

动作要领:以杠上支撑姿势开始,前后摇晃双腿,当双腿摆到后方较高点时双手松开单杠,向后跳下。

教学要求:杠高稍高,摆动充分,落地准确稳定。

教学关键:摆动时无须外力辅助,第一次练习可以比赛看谁落地准和稳;第二次练习,比赛看谁落地远,应注意做好落地时的安全保护。

练习方法见图 14-8-26 和视频 14-8-26。

图 14-8-26 支撑摆动接后跳下

视频 14-8-26 支撑摆动接后跳下

三、跳箱运动

(一)穿越障碍

动作要领:将数个跳箱或箱型积木按一定间隔摆放成一列,设置起点终点,让孩子以 S 形穿过间隔从起点跑到终点。

教学要求:跑时重心降低,体会拐弯跑的技巧。

教学关键:第一次练习时让学生随意跑,之后教师提示要点再让学生练习。比赛时候教师可以提示较弱的一组，使其能够战胜另外一组，以激发孩子们对练习要点的学习欲望。

练习方法见图 14-8-27 和视频 14-8-27。

视频 14-8-27
穿越障碍

图 14-8-27　穿越障碍

(二)跳上练习

动作要领：双脚从地面跳上箱子，再跳下来。

教学要求：教师注意安全保护，以免孩子摔倒后产生恐惧心理。

教学关键：开始该内容教学之前让学生排成一纵列，有意识地让胆大的孩子排在前面。

练习方法见图 14-8-28 和视频 14-8-28。

视频 14-8-28
跳上练习

图 14-8-28　跳上练习

(三)跨越跳箱

动作要领：以约 2 块垫子长度作为助跑距离，让孩子单脚跨上跳箱后，另一只脚跳下或双脚跳下跳箱。

教学要求：保证助跑、踏上和落地这一系列动作的连贯。

教学关键：落地时注意安全，教师站在落地位置附近做好安全保护。

练习方法见图 14-8-29 和视频 14-8-29。

(四)向前跳下

动作要领：站在跳箱上，尽量往远处跳下。

教学要求：落地稳，脚步不移动。落地点准确。

教学关键：在指定位置时，要求站稳。孩子能够站稳后再指定落地点。

练习方法见图 14-8-30 和视频 14-8-30。

视频 14-8-29
跨越跳箱

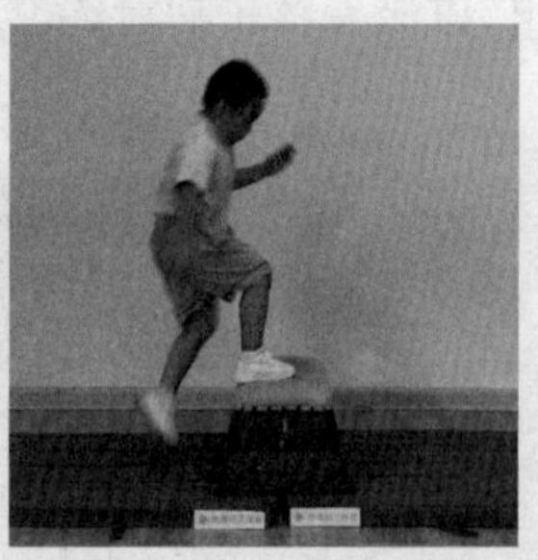
图 14-8-29 跨越跳箱

图 14-8-30 向前跳下

视频 14-8-30
向前跳下

(五)扶箱背向跳下

动作要领:蹲在箱子上双手扶住箱子边缘,背向跳下。

教学要求:跳后手臂用力推箱。

教学关键:落地时有可能会向后倒下,教师站在落地位置附近做好安全保护。

练习方法见图 14-8-31 和视频 14-8-31。

(六)脚碰脚跳下

动作要领:从跳箱跳下时要求孩子在落地之前左右脚相互碰撞。

教学要求:根据年段设定跳箱高度,小班 3 层,中班 4 层,大班 5 层。

教学关键:尽量往高处跳,增加滞空时间。看谁双脚碰撞的次数多。

练习方法见图 14-8-32 和视频 14-8-32。

视频 14-8-31
扶箱背向跳下

图 14-8-31 扶箱背向跳下

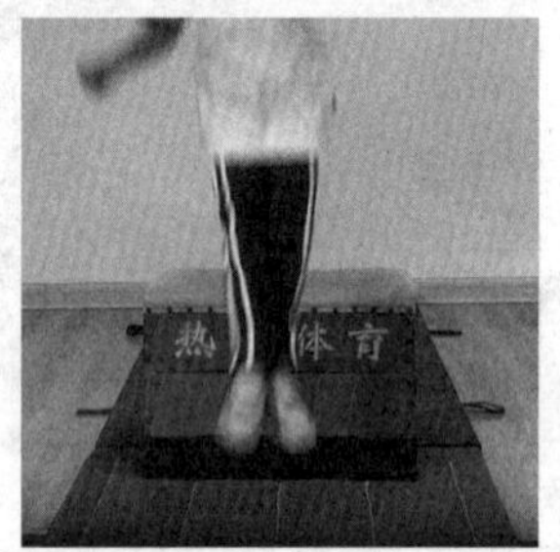

图 14-8-32 脚碰脚跳下

视频 14-8-32
脚碰脚跳下

(七)拍膝跳下

动作要领:跳下箱子时,要求孩子加上拍膝盖的动作。

教学要求:根据年段设定跳箱高度,小班 3 层,中班 4 层,大班 5 层。

教学关键:尽量往高处跳,增加滞空时间。看谁拍膝次数多。

练习方法见图 14-8-33 和视频 14-8-33。

(八)跳上跳箱

动作要领:原地或助跑跳上跳箱。

教学要求:助跑和踏跳动作连贯,往高处跳。可用踏跳板也可以不用踏跳板。

教学关键:踏跳时注意安全,教师站在跳箱旁边做好安全保护。

练习方法见图 14-8-34 和视频 14-8-34。

(九)拍手跳下

动作要领:从跳箱往下跳时加上拍手的动作。

教学要求:要求跳得高,滞空时间长,拍手速度快。

教学关键:教师示范的时候,拍手次数越多效果越好。

练习方法见图 14-8-35 和视频 14-8-35。

图 14-8-33　拍膝跳下

图 14-8-34　跳上跳箱

图 14-8-35　拍手跳下

视频 14-8-33
拍膝跳下

视频 14-8-34
跳上跳箱

视频 14-8-35
拍手跳下

(十)侧面跳上接跳下

动作要领:助跑跳上跳箱,再跳下。

教学要求:使用踏跳板,根据年段设定跳箱高度,小班 2 层,中班 3～4 层,大班 4～5 层。

教学关键:双脚踏跳,踏跳准确。

练习方法见图 14-8-36 和视频 14-8-36。

图 14-8-36　侧面跳上接跳下

视频 14-8-36
侧面跳上接跳下

(十一)撑手侧跳

动作要领:手扶在跳箱的前方,利用臂力跳到箱子上。等熟练后,进行连续练习。如果感觉跳上箱子有一些困难的话,可以扶住箱子在地上左右跳动。

教学要求:手臂不要弯曲,踏跳后臀部抬高。

教学关键:该练习比较枯燥,练习之前适当讲几个小故事激起学生兴趣。

练习方法见图 14-8-37 和视频 14-8-37。

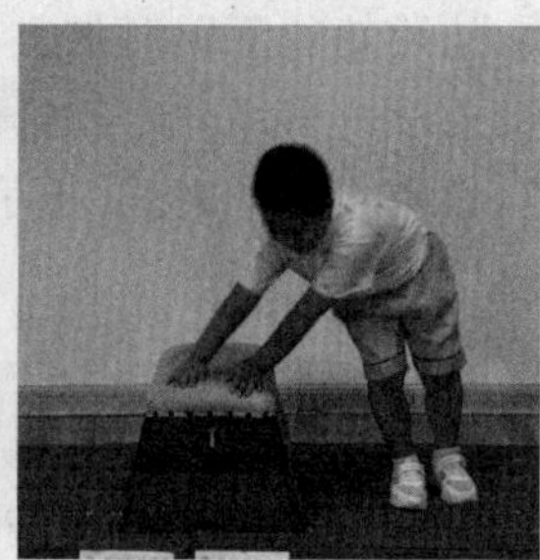

视频 14-8-37
撑手侧跳

图 14-8-37　撑手侧跳

（十二）撑手开脚跳成骑乘

动作要领：用手扶住箱子，开腿跨立在箱子上。根据箱子的大小可以逐步练习成扶手跳上箱子。

教学要求：原地撑手开脚跳成骑乘做好后，再做助跑撑手开脚跳成骑乘。

教学关键：撑手的位置为跳箱远侧，以免身体重力导致的手腕扭伤，骑乘姿势后可以做拍打马屁股的动作，以增强练习的趣味性。

练习方法见图 14-8-38 和视频 14-8-38。

（十三）箱上前滚翻

动作要领：双手撑跳箱距离自己身体最近的一侧，双脚用力蹬地后，低头，臀部抬高，在跳箱上前滚翻下。

教学要求：踏跳有力，低头看肚脐，臀部高抬，教师跪在跳箱侧面做好安全保护，一手护学生的头部，一手护学生的臀部。

教学关键：用一层跳箱开始练习，两侧铺上和跳箱一样高度的垫子，熟练后降低垫子的高度，让孩子感觉跳箱高度没有发生太大变化。

练习方法见图 14-8-39 和视频 14-8-39。

视频 14-8-38
撑手开脚跳
成骑乘

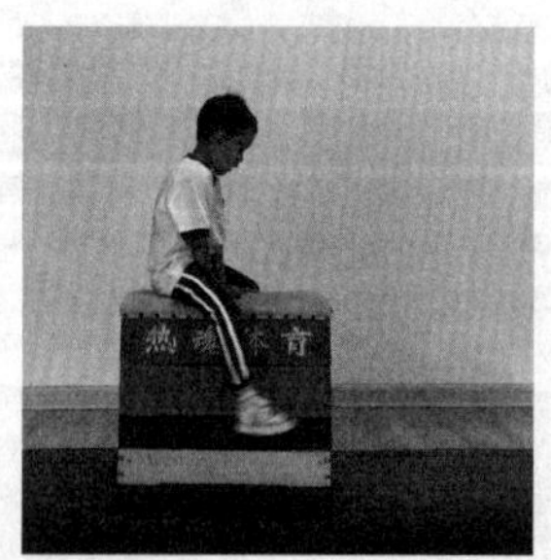

图 14-8-38　撑手开脚跳成骑乘

图 14-8-39　箱上前滚翻

视频 14-8-39
箱上前滚翻

（十四）撑箱跳上成跪膝

动作要领：手扶在跳箱上，双脚踩踏板，踏跳后双膝跪跳箱上。

教学要求：双手伸直，支撑距离比肩稍宽。

教学关键：强调挺胸抬头，双手伸直。

练习方法见图 14-8-40 和视频 14-8-40。

（十五）箱上平衡

动作要领：4 个孩子站在跳箱上手拉手成一个圆形，在保持身体平衡不掉落的情况下转动。

教学要求：箱子四周放置海绵垫，在教师不协助的情况下 4 人依次登上跳箱，然后在箱面上旋转 1 圈。

教学关键：4 人协调一致移动，教师在旁边用口令提示。

练习方法见图 14-8-41 和视频 14-8-41。

视频 14-8-40
撑箱跳上成跪膝

视频 14-8-41
箱上平衡

图 14-8-40　撑箱跳上成跪膝　　图 14-8-41　箱上平衡

（十六）牵引跳跃

动作要领：2 人 1 组，1 人站在跳箱上，牵住下面人的手，在下方学生跳起的时候顺势上拉协助其直接跳过跳箱。

教学要求：一次性跳过箱子。教师注意保护跳箱上的孩子。

教学关键：第一次练习时，教师不提示孩子，让他们自己做，如果发现有孩子会喊“1—2—3 跳”的口令，加以表扬，鼓励其他孩子模仿。

练习方法见图 14-8-42 和视频 14-8-42。

（十七）我是小时钟

动作要领：将脚尖（脚的背面）放在跳箱上，用胳膊支撑身体绕跳箱转一周。

教学要求：手臂撑直，身体伸直。顺时针和逆时针旋转均可。

教学关键：情景植入在先，跳箱周围站 12 名孩子，当指针指到一定的位置时让孩子们说出其所指示的时间。

练习方法见图 14-8-43 和视频 14-8-43。

视频 14-8-42
牵引跳跃

视频 14-8-43
我是小时钟

图 14-8-42　牵引跳跃　　图 14-8-43　我是小时钟

（十八）分腿跳跃横箱

动作要领：手撑跳箱面远侧，分腿跳过。

教学要求:根据水平安排跳箱高度,最低可以 2 层,双脚起跳,起跳有力迅速,双手顺势下压,落地时并腿站稳。

教学关键:双手伸直,推手下压动作明显,教师示范时故意把跳箱往后拉倒,以增强学生印象。

练习方法见图 14-8-44 和视频 14-8-44。

(十九)跳上接转体 180°跳下

动作要领:跳上跳箱后,转体 180°跳下(可正面跳也可背面跳)。

教学要求:踏跳动作应连贯,尽量往上方跳起,保持身体形态笔直,落地尽量站稳。

教学关键:身体紧张,重心贯穿双脚。充分体会空中转体,可先做原地跳起转体练习。优秀学生可在保护下做 360°转体跳下。

练习方法见图 14-8-45 和视频 14-8-45。

视频 14-8-44 分腿跳跃横箱

图 14-8-44 分腿跳跃横箱

图 14-8-45 跳上接转体 180°跳下

视频 14-8-45 跳上接转体 180°跳下

四、平衡木运动

(一)前走

动作要领:以直立的姿势自然地向前走。尝试各种走路姿势,如用脚尖走、用脚后跟走、蹲着走。

教学要求:诱导和趣味性教学,对姿势勿要求过高。

教学关键:以动物模仿的方式进行情景教学。

练习方法见图 14-8-46 和视频 14-8-46。

(二)横走

动作要领:在平衡木横立,尝试各种姿势横着走,如用脚尖横着走、蹲下横着走等。

教学要求:诱导和趣味性教学,对姿势勿要求过高。

教学关键:以动物模仿的方式进行情景教学。

练习方法见图 14-8-47 和视频 14-8-47。

(三)猜拳过独木桥

动作要领:两人在平衡木的两端面对面行走,遇上时进行猜拳,输的人跳下平衡木,赢的人继续前进。

教学要求:本练习可以分散学生在平衡木上的恐惧心理。

教学关键:分组比赛会有较好效果。

练习方法见图 14-8-48 和视频 14-8-48。

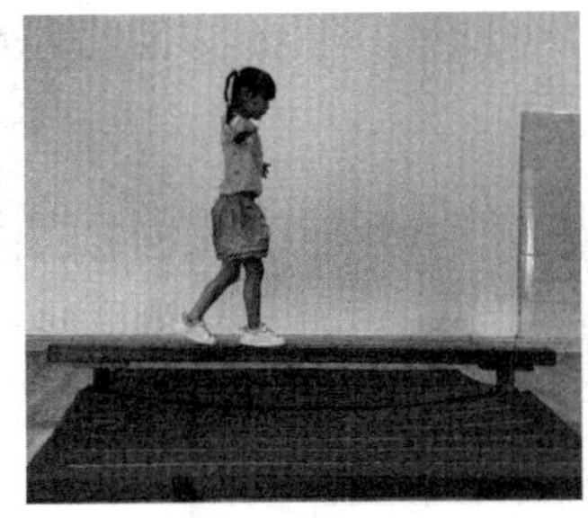
图 14-8-46　前走

图 14-8-47　横走

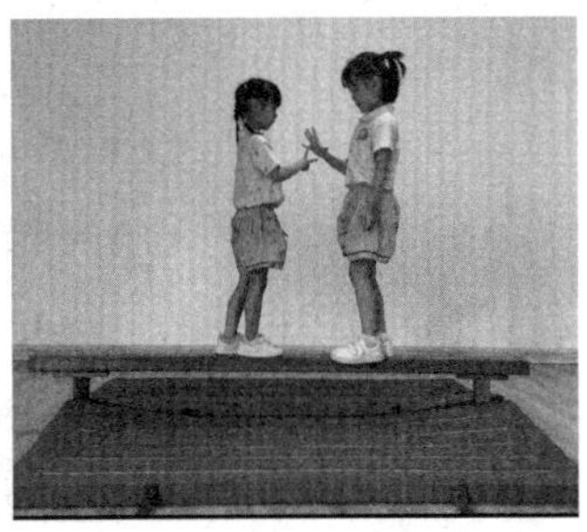
图 14-8-48　猜拳过独木桥

视频 14-8-46　前走

视频 14-8-47　横走

视频 14-8-48　猜拳过独木桥

(四)麻雀群

动作要领:几个人一组在平衡木上,通过指令指挥他们,例如让他们坐下去或站起来等。

教学要求:当班级中有非常恐惧平衡木的学生时可以多采用该练习,这样可以有效地带动不敢上平衡木的孩子。

教学关键:激发孩子的挑战欲望,教师可以在旁边进行干扰。

练习方法见图 14-8-49 和视频 14-8-49。

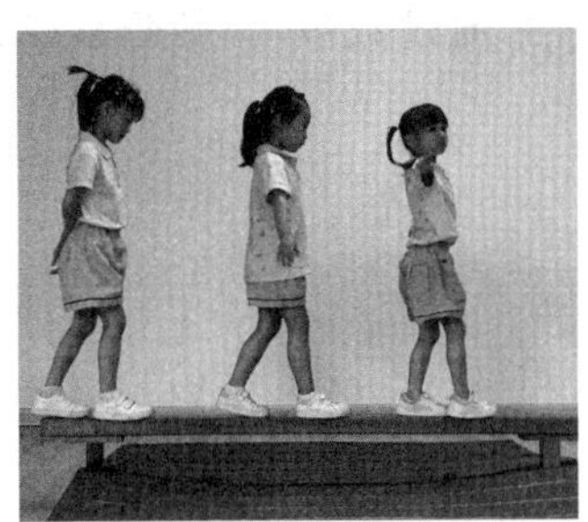

图 14-8-49　麻雀群

视频 14-8-49
麻雀群

(五)扭螺丝

动作要领:绕着高平衡木以跳过和从下面穿过的方式螺旋前进。

教学要求:大组教学时常采用此练习,集体运动量较大。

教学关键:两组进行比赛的形式会让该项目更有趣。

练习方法见图 14-8-50 和视频 14-8-50。

视频 14-8-50
扭螺丝

图 14-8-50 扭螺丝

（六）斜坡走

动作要领：平衡木的一端用跳箱等物品垫高成斜坡。

教学要求：器材设置一定要安全，条件允许的情况下可以进行器材组合，组成上坡下坡的连续路线。但不宜为了追求刺激设置过高的斜坡。

教学关键：在水平状态下练习熟练后，可增加难度激发孩子的挑战欲望和趣味性。

练习方法见图 14-8-51 和视频 14-8-51。

（七）飞机

动作要领：以平衡木为支点，学生俯卧在上面，与平衡木方向呈垂直姿势，保持身体平衡。

教学要求：静态的平衡能力练习能够锻炼幼儿小肌群的调节能力，由于幼儿小肌群较大肌群发育慢，可多做该练习。

教学关键：分组同时练习或增加比赛趣味性，通过数数、教师唱歌或讲故事能活跃课堂气氛。

练习方法见图 14-8-52 和视频 14-8-52。

视频 14-8-51
斜坡走

图 14-8-51 斜坡走

图 14-8-52 飞机

视频 14-8-52
飞机

（八）螃蟹走

动作要领：在两张相隔一定距离平行摆放的平衡木上，腹部朝下，双手和双脚分别撑在同一平衡木上，像螃蟹一样横着走。

教学要求：平衡木之间的距离恰当，两平衡木之间放软垫。

教学关键：动作比较简单，可整组连续通过或进行两组之间比赛。

练习方法见图 14-8-53 和视频 14-8-53。

（九）蜘蛛走

动作要领：在两张相隔一定距离平行摆放的平衡木上，腹部朝上，双手和双脚分别撑在同一平衡木上，像蜘蛛一样横着走。

教学要求：平衡木之间的距离恰当，两平衡木之间放软垫。

教学关键：注意臀部不要低于平衡木，为增加趣味性，可告诉孩子平衡木之间“有鳄鱼会咬屁股”。熟练后可整组连续通过或进行两组之间比赛。

练习方法见图 14-8-54 和视频 14-8-54。

视频 14-8-53
螃蟹走

图 14-8-53　螃蟹走

图 14-8-54　蜘蛛走

视频 14-8-54
蜘蛛走

（十）稻草人

动作要领：以“金鸡独立”姿势单脚站在平衡木上，并保持平衡。

教学要求：在低平衡木上练习，左右摆放软垫子，非支撑脚尽量抬高。

教学关键：为提高运动密度和减少等待时间，可同时安排 5 人横向站立练习和 8 人纵向站立练习。

练习方法见图 14-8-55 和视频 14-8-55。

（十一）骑马前进

动作要领：跨在平衡木上，双手撑平衡木，腰部用力向前移动。

教学要求：中班学生双脚可着地，大班学生进行双脚不着地练习。

教学关键：练习时多采用两组同时连续前进。

练习方法见图 14-8-56 和视频 14-8-56。

视频 14-8-55
稻草人

图 14-8-55　稻草人

图 14-8-56　骑马前进

视频 14-8-56
骑马前进

（十二）跨越障碍物

动作要领：将障碍物放置在平衡木上，跨过障碍物通过平衡木。

教学要求：障碍物随机，无须特意准备，可使用孩子的书包、水瓶等。

教学关键:一般以分组比赛的形式安排练习。

练习方法见图 14-8-57 和视频 14-8-57。

(十三)置换物品

动作要领:将任意一件物品放置在平衡木的一端,拿着其他物品从平衡木另一端走过去将它换成其他物品,再回到出发点。

教学要求:物品随机,无须特意准备,孩子的书包、水瓶和跳绳等均可,若想提高难度可以使用硬币。

教学关键:一般以分组比赛的形式安排练习。

练习方法见图 14-8-58 和视频 14-8-58。

视频 14-8-57
跨越障碍物

图 14-8-57　跨越障碍物

图 14-8-58　置换物品

视频 14-8-58
置换物品

(十四)平衡木相扑

动作要领:双方站在平衡木上相互推,直至将对手推下台为止。

教学要求:低平衡木,两边摆放软垫子。双方都掉下平衡木的情况以后掉下者为胜。

教学关键:可在大量运动后给孩子安排该项运动,两人一组比赛,非比赛孩子可以得到适当休息。

练习方法见图 14-8-59 和视频 14-8-59。

(十五)四肢行走

动作要领:手脚同时在平衡木上用四肢行走。

教学要求:低平衡木,两边摆放软垫子。手脚距离可近一些。

教学关键:行走时要抬头看前方。

练习方法见图 14-8-60 和视频 14-8-60。

视频 14-8-59
平衡木相扑

图 14-8-59　平衡木相扑

图 14-8-60　四肢行走

视频 14-8-60
四肢行走

(十六)持球走

动作要领:双手拿球直立向前走。

教学要求:可持一个球,也可持两个或三个球。

教学关键:比赛运球时可以一人直接运过平衡木或在平衡木上以两人交接的方式进行。

练习方法见图 14-8-61 和视频 14-8-61。

(十七)海豹

动作要领:面向前进方向,俯卧在平衡木上,像海豹一样,靠手臂力量向前移动身体。

教学要求:膝关节和踝关节伸直,可穿体操鞋或袜子进行练习,切忌赤脚,移动时抬头向前看。

教学关键:可两人连续进行。

练习方法见图 14-8-62 和视频 14-8-62。

视频 14-8-61
持球走

图 14-8-61　持球走

图 14-8-62　海豹

视频 14-8-62
海豹

(十八)缆车

动作要领:做俯卧或仰卧姿势,双手撑在地面以支撑身体,双脚放在平衡木上,左右移动身体。

教学要求:在低平衡木上完成。

教学关键:力量要求较高,是大班学生的主要练习项目。

练习方法见图 14-8-63 和视频 14-8-63。

(十九)单腿跳

动作要领:在平衡木上单腿跳。

教学要求:低平衡木,两边摆放软垫子。不要求速度,以不掉下平衡木为主。

教学关键:教师站在终点处,要求孩子看自己,不要看脚下。

练习方法见图 14-8-64 和视频 14-8-64。

视频 14-8-63
缆车

图 14-8-63　缆车

图 14-8-64　单腿跳

视频 14-8-64
单腿跳

(二十)平衡木上前滚翻

动作要领:并排摆放两张平衡木(或体操凳),在平衡木上铺上垫子后做前滚翻动作,翻滚起身时用双腿夹住平衡木。练习熟练后可试着在一张平衡木上进行练习,翻滚后也可起身站立。

图 14-8-65　平衡木上前滚翻

视频 14-8-65 平衡木上前滚翻

教学要求:在低平衡木上进行,先用两个并排摆放的平衡木练习(体操凳只需要一个),完成后采用单个平衡木练习,平衡木上垫上垫子,采用薄而软的瑜伽垫。平衡木下方铺软海绵垫。

教学关键:低头团身,直线滚翻,教师在旁保护,可在垫子上贴胶布进行辅助练习。

练习方法见图 14-8-65 和视频 14-8-65。

(二十一)单手跳平衡木

动作要领:单手扶在台上跳平衡木,左右手交换进行(如果直接跳过去有些困难,可以先从平衡木上往下跳开始)。

教学要求:低平衡木,手不离开平衡木。

教学关键:眼朝前看,双脚屈膝跳起。

练习方法见图 14-8-66 和视频 14-8-66。

图 14-8-66　单手跳平衡木

视频 14-8-66 单手跳平衡木

(二十二)轮流跳

动作要领:两人手拉手,一人站在台上,另一人站在台下,两人轮流跳上跳下。

教学要求:两侧不要摆放过于柔软的海绵垫,以免影响跳跃。

教学关键:跳跃时孩子同时喊口令“1—2—3,跳!”两人齐心协力完成。

练习方法见图 14-8-67 和视频 14-8-67。

(二十三)正踢腿

动作要领:侧着抬起手臂,一条腿站直,另一条腿向前踢腿,在空中稍停片刻后放下,将腿向前迈出,前进一步。双腿轮流交替缓慢前进。

教学要求:上体不要摇晃,踢腿高度不做过高要求,力所能及即可。

教学关键:强调身体姿势的正确,目视前方,躯干挺直。

练习方法见图 14-8-68 和视频 14-8-68。

视频 14-8-67
轮流跳

图 14-8-67　轮流跳

图 14-8-68　正踢腿

视频 14-8-68
正踢腿

任务九　各年龄班幼儿动作发展水平

一、小班水平

(1)能运用以下各项基本动作做游戏：
①按指定方向走和跑。
②在指定范围内四散走和跑。
③听信号一个跟一个走和跑。
④在直线、曲线上走和跑。
⑤双脚向上跳。
⑥并脚向上跳。
⑦投掷飞镖。
⑧在拱门下钻爬。
(2)基本体操：
①听信号(儿歌或音乐)跟老师做模仿操。
②会一个跟一个排队。
③会一个跟一个走圆圈。
(3)体育器械的运用与操作：
①会玩滑梯、荡椅、转盘、攀登架等大型体育器械。
②会拉小车、推小车。
③会滚球、传球。
④学习使用竹圈、木棒等小型器械玩简单的游戏。
⑤学习骑三轮车。
(4)愿意参加空气浴、日光浴。
(5)喜欢玩水，如在水中捞物、玩水球等。

二、中班水平

(1)能运用以下各项基本动作做游戏：

①听信号有节奏地走和跑。

②15 m 快跑。

③接力跑。

④原地纵跑触物。

⑤从 30 cm 高处往下跳。

⑥助跑跨跳。

⑦立定跳远。

⑧跳绳。

⑨布球投远。

⑩在拱门下钻爬(门高 60～65 cm)。

(2)基本体操：

①在音乐伴奏下做徒手操、轻器械操。

②会排成一路纵队或四路纵队。

③会走圆圈。

(3)体育器械的运用与操作：

①会玩摇椅、爬网、滚桶、多面攀登架、秋千等大型体操器械。

②会抛接球、拍球、踢球。

③会使用环、棍棒等小型器械玩游戏。

④学习使用轮胎玩游戏。

(4)坚持空气浴、日光浴和冷水盥洗。

(5)能够学习在水中打腿、打手、扶着浮板前行等游戏动作。

三、大班水平

(1)能运用以下各项基本动作做游戏：

①绕过障碍走和跑。

②迎面接力赛跑。

③两个两个走或跑。

④助跑跨跳和助跑跳远。

⑤单脚跳。

⑥助跑纵跳触物。

⑦跳绳和跳皮筋。

⑧布球投准。

⑨沙包投准。

⑩连续在几个拱门下钻爬。

(2)基本体操：

①在音乐伴奏下做轻器械操。

②会迅速地排队。

③会在音乐伴奏下变换队形走。

(3)体育器械的运用与操作:

①会玩秋千、跷跷板、云梯、低单杠等大型体育器械。

②会运球走、传球、投篮。

③学习玩乒乓球、羽毛球、踢毽子。

④使用环、棍棒、轮胎等小型器械玩游戏。

⑤学习踩高跷。

(4)定期开展三浴锻炼。

(5)学习潜水、浮体前进,有条件的幼儿园可教游泳。

幼儿体育基本动作考核见视频14-9-1和视频14-9-2。

视频14-9-1
幼儿体育基本动作考核一

视频14-9-2
幼儿体育基本动作考核二

课后练习与作业

1. 幼儿跳跃动作的内容有哪些?
2. 幼儿跳跃动作的重点和教学要求是什么?
3. 原地单手肩上投沙包的动作要领是什么?
4. 请说出至少五个幼儿练习平衡的动作内容。

参考文献

[1]武文强,尹军.高职体育与健康[M].北京:人民邮电出版社,2022.

[2]陈志伟,林致诚,林顺英.大学体育与健康教程[M].3 版.厦门:厦门大学出版社,2021.

[3]文烨,宋英杰,龙正印.大学体育新形态教程[M].上海:华东师范大学出版社,2022.

[4]任绮,高立.学前儿童体育与健康[M].北京:清华大学出版社,2024.

[5]于振峰,赵宗跃.体育游戏[M].北京:高等教育出版社,2007.

[6]张立燕,吕昌民,田志升.学前教育专业体育与幼儿体育活动指导[M].济南:山东人民出版社,2014.

[7]刘馨.学前儿童体育[M].北京:北京师范大学出版社,1997.

[8]王占春.幼儿体育教学法[M].北京:人民教育出版社,1986.

[9]易勤,左从现.大学体育教程[M].武汉:武汉大学出版社,2007.

[10]常生.师专体育(理论部分)[M].北京:高等教育出版社,2007.

[11]《师专体育》编委会.师专体育(理论部分)[M].北京:高等教育出版社,1999.

[12]钱北军,等.体育与健康[M].南开大学出版社,2012.

[13]教育部.国家学生体质健康标准.2014.

[14]颜雪珍.大学体育教程[M].北京:北京体育大学出版社,2010.

[15]张占忠.高职体育与健康规划教程[M].天津:南开大学出版社,2012.

[16]江仁虎,陈上越.高等院校体育与健康[M].厦门:厦门大学出版社,2009.

[17]尹航,陈孝亮.体育与健康[M].厦门:厦门大学出版社,2013.

[18]贾书申.高职体育与健康[M].北京:北京体育大学出版社,2012.

[19]陈铁成,王幼华.现代排球教学与训练方法设计教程[M].厦门:厦门大学出版社,2012.

[20]高等公共体育选项课教材编写组[M].北京:北京体育大学出版社,2011.

[21]啦啦操竞赛规则 2014 版[S].国家体育总局体育运动管理中心审定,2014.

[22]第二套全国啦啦操规定套路[S].国家体育总局体育运动管理中心审定,2014.

[23]王洪.啦啦操教程[M].北京:人民体育出版社,2013.

[24]郭淼,董文华.舞蹈啦啦操成套动作编排的研究[J].体育世界·学术,2012(11):122-123.

[25]高华华,我国高校舞蹈啦啦队成套动作编排的研究[D].山东师范大学,2011.

[26]徐静.舞蹈啦啦操创编理论研究[D].华中师范大学,2012.

[27]叶知飞.舞蹈啦啦操技术特征及表演风格的研究[D].山东体育学院,2011.

[28]周健生,蒋琛.中国古代体育文化刍议[J].湖南科技学院学报,2008(7):240-243.

[29]赵波.探析游泳运动对小学生身心健康的影响[J].体育世界(学术版),2010(10):27.

[30]刘希国,刘璐.浅谈游泳安全常识[J].体育教学,2009(7):66.

[31]丛宁丽、蒋徐万.中、美、澳、英、日五国游泳教学内容和方法比较[J].成都体育学院学报,2000(03):54-55.

[32]郭敏进.湖南省普通高校游泳课程开设现状及对策研究[D].北京:北京体育大学,2011.

[33]吴河海.游泳运动[M].北京:人民体育出版社,2006.